Das Grüne Gewölbe zu Dresden

Das Grüne Gewölbe zu Dresden

Führer durch seine Geschichte und seine Sammlungen

Herausgegeben von Dirk Syndram
unter Mitarbeit von Ulli Arnold
und Jutta Kappel

Koehler & Amelang

Konzeption: Dirk Syndram
Redaktion: Ulli Arnold, Elke Trommer
Beiträge: Ulli Arnold, Jutta Kappel, Dirk Syndram
Bildredaktion: Albero Bubach

Graphische Gestaltung und Satz: Michael Bauer, Weißenfeld
Lithographie: Karl Dörfel Reproduktions GmbH, München
Druck: Jütte Druck GmbH, Leipzig
Bindung: Kunst- und Verlagsbuchbinderei GmbH, Leipzig
Titelbild: Der »Mohr« mit der Smaragdstufe, Der Rote Raum, V

ISBN 3-7338-0218-7

Die Deutsche Bibliothek - CIP-Einheitsaufnahme
Das Grüne Gewölbe zu Dresden : Führer durch seine Geschichte
und seine Sammlungen / hrsg. von Dirk Syndram.
Unter Mitarb. von Ulli Arnold und Jutta Kappel. -
2., überarb. Aufl. - München : Koehler und Amelang, 1997
ISBN 3-7338-0218-7

gedruckt in leipzig

Inhalt

VORWORT

Im Jahre 1831 erschien der erste Führer durch das Grüne Gewölbe zu Dresden, von Baron von Landsberg verfaßt, der alle ausgestellten Objekte verzeichnete. Die Tradition derartiger Besucherhilfen reicht damit für dieses Museum sehr weit zurück. Die Ahnenreihe der Führer erlaubte es nicht nur vielen Generationen von Besuchern, sich der einmaligen Fülle an prächtigen Kunstwerken, die das Museum Grünes Gewölbe seit seiner Gründung 1723 durch August den Starken auszeichnet, besser nähern zu können. Diese Führer sind auch ein beredter Ausdruck des wechselnden Verständnisses für das sächsische Schatzkammermuseum.

Der letzte Sammlungsführer wurde 1937 von Haenel und Holzhausen vorgelegt. Seitdem hat sich das Erscheinungsbild des Grünen Gewölbes grundlegend verändert. Drei seiner acht ursprünglichen Ausstellungsräume im Dresdener Schloß fielen am 13./14. Februar 1945 dem Bombenkrieg zum Opfer, die anderen fünf waren für sehr lange Zeit nicht nutzbar. Nachdem die wertvollen Schätze des Grünen Gewölbes 1958 aus der Sowjetunion zurückgekehrt waren, fanden sie deshalb im Albertinum eine neue Heimstatt. Die heutige Dauerausstellung konnte 1974 eröffnet werden.

Auch wenn sich in einigen Jahren das Museum Grünes Gewölbe aus dem »Provisorium« im Albertinum endlich wieder in seine dann restaurierten und rekonstruierten angestammten Räume im Dresdener Schloß zurückziehen wird, so erscheint ein solches Buch heute ebenso sinnvoll wie 1831. Es verhilft den Benutzern durch Beschreibung der bedeutendsten Werke zu Hintergrundwissen und damit zu größerer Sehfreude. Es befriedigt aber auch den Wunsch vieler Besucher nach einer Hilfe, um sich unter den reichen, dicht gedrängt ausgestellten Schätzen des Museums besser zurechtzufinden. Die Funktion eines Wegweisers steht in Aufbau und Gestaltung dieses offiziellen Sammlungsführers im Vordergrund.

Das vorliegende Buch ist als ein erster Schritt gedacht. Alle Kunstwerke der Dauerausstellung sind verzeichnet, auch wenn die den Umzug des Museums vorbereitenden Restaurierungen einen Austausch mit anderen Werken, die sich sonst im Depot befinden, notwendig machen. Die vorgenommenen Zuschreibungen und Datierungen konnten noch nicht in jedem Fall kritisch überprüft werden. Dies wird in den nächsten Jahren geschehen und sich in den Neuauflagen niederschlagen.

Dresden, Oktober 1997
Dirk Syndram

Von der »Geheimen Verwahrung« des Kurfürsten August zum »Grünen Gewölbe« Augusts des Starken

Dirk Syndram

Noch heute sind die dickleibigen, in grünes Pergament eingebundenen Inventarbände des Jahres 1733 erhalten, die den überaus kostbaren und prächtigen Bestand der Sammlung verzeichnen, der damals in einem für seine Zeit gänzlich neuartigen Museum zusammengefaßt worden war. Für mehr als zweihundert Jahre – bis zu den Zerstörungen des Zweiten Weltkrieges – blieb dann dieses erste öffentlich zugängliche Museum für angewandte Kunst weitgehend unverändert. Die Inventare benennen den Ausstellungsort dieser Sammlung als die »Geheime Verwahrung des Grünen Gewölbes zu Dreßden« und verbinden damit den offiziellen Namen einer Raumfolge im Erdgeschoß des Westflügels im kurfürstlichen Schloß der Residenzstadt mit der damals schon populären umgangssprachlichen Bezeichnung für die Schatzkammer.

1548, im Jahr nach der Erhöhung des Herzogs Moritz von Sachsen zum Kurfürsten, wurde mit dem Bau dieses repräsentativen Schloßflügels begonnen. Ein monumentaler Trakt entstand, der der neuen Würde der Albertinischen Linie des Hauses Wettin entsprechen sollte. Erst 1553, im gleichen Jahr, in dem Kurfürst Moritz in der Schlacht bei Sievershausen fiel, war der Rohbau vollendet; er wurde bis etwa 1556 ausgestattet. Die ebenerdig gelegenen Räume des Schlosses, die die Geheime Verwahrung aufnahmen, waren durch meterstarke Mauern geschützt. Gewölbe zum Keller und zum Obergeschoß, Gitter und eiserne Fensterläden schufen optimale Feuer- und Diebstahlsicherungen und damit Bedingungen zur Einlagerung von besonders wertvollen Gegenständen. Seit ihrer Fertigstellung wurden in den vier Räumen der Geheimen Verwahrung deshalb auch neben gemünzten und ungemünzten Vorräten an Edelmetall bedeutende Staatspapiere sowie die wertvollsten Kleinodien und Kunstkammerstücke deponiert. Eine im inneren Mauerwerk verborgene Wendeltreppe verband die Schatzkammer mit den darüberliegenden Wohnräumen der kurfürstlichen Familie. Der nördliche Kopfsaal des Tresors, der spätere Pretiosensaal, war wohl ursprünglich für festliche Zwecke vorgesehen, denn er wurde fürstlich ausgestaltet. Italienische Künstler hatten ihn mit einer noch heute erhaltenen, außerordentlich qualitätvollen Stuckdecke versehen, der straßenseitig angrenzende Raum erhielt ebenfalls Gewölbestukkaturen, aufwendige Möbel nahmen die

Luftbild des Dresdener Schlosses und seiner Umgebung vor der Zerstörung

Schätze auf, ein grüner Anstrich zierte Türgewände, Kapitelle und Basen der Säulen. Dieser Anstrich, der erst wieder sichtbar wurde, als nach dem Zweiten Weltkrieg die Wandverkleidungen des 18. Jahrhunderts geborgen worden waren, gab zuerst den Räumen und schließlich der später darin ausgestellten Sammlung von Höchstleistungen des europäischen Kunsthandwerks ihren Namen: das Grüne Gewölbe.

Die kursächsische Kunstkammer

Kurfürst August (reg. 1553-1586), der Bruder und Erbe des kriegerischen Moritz, war der große sächsische Organisator der Renaissance. Er war auch einer der bedeutenden Sammler seiner Zeit. August erweiterte seine Rüstkammer zu einer der besten Prunkwaffensammlungen Europas, trug eine schon damals berühmte Bibliothek zusammen – den wertvollsten Altbestand der heutigen Sächsischen Landesbibliothek – erweiterte das Münzkabinett und erwarb Werke für seine Silberkammer. Vor allem aber gründete er um 1560 die kursächsische Kunstkammer, die im Obergeschoß unter dem Dach des westlichen Schloßflügels eingerichtet wurde. Die Sammlungsform der Kunstkammer, in der nach persönlichem Interesse des jeweiligen fürstlichen Besitzers seltene, kostbare und wunderliche Gegenstände aus den Bereichen Kunst, Naturwissenschaft und Technik unter enzyklopädischen Gesichtspunkten zusammengetragen wurden, hatte sich in der zweiten Hälfte des 16. Jahrhunderts in Europa entwickelt. Der überlieferte Anfangsbestand der Dresdener Kunstkammer weist August als

einen modernen, besonders den praktischen Wissenschaften und nicht so sehr den Künsten zugeneigten Mann aus. Seine Kunstkammer war vorwiegend eine Sammlung von neuartigen und kostbaren Instrumenten und wissenschaftlichen Apparaten. Zu finden waren aber auch Bücher, seltene Naturalien und Kuriositäten, die geeignet waren, das Wissen zu mehren oder bestaunt und wissenschaftlich erforscht zu werden. Allen Sammlungsgegenständen war gemein, in feinster Ausführung die neuesten technischen und künstlerischen Entwicklungen zu repräsentieren. Dieses besondere Charakteristikum der sächsischen Kunstkammer kann aus der jahrhundertealten industriellen Tradition Sachsens hergeleitet werden, es blieb bis ins Grüne Gewölbe des 18. Jahrhunderts wirksam. Die Dresdener Kunstkammer enthielt anfangs aber nicht nur eine Vielzahl von kostbar und sorgfältig gestalteten Geräten, Werkzeugen, Instrumenten und Automaten, früh schon wurden auch Kunstschränke, Graphiken, Gemälde und kleinformatige Skulpturen in ihr deponiert.

Viele dieser Kunstwerke, die zum Teil heute noch im Grünen Gewölbe zu finden sind, erreichten den sächsischen Hof als Diplomaten- und Fürstengeschenke an einen der einflußreichsten Herrscher des Heiligen Römischen Reiches Deutscher Nation. Dies gilt ebenso für die zur Sammlung gehörenden Kleinbronzen Giambolognas, des führenden Künstlers dieser Zeit, die der Großherzog von Toscana schenkte, wie für die großformatigen Arbeiten aus Bergkristall, die der Herzog von Savoyen nach Sachsen schickte.

Unter ihrem Gründer, Kurfürst August, erhielt die Kunstkammer auch schon zahlreiche jener aus Elfenbein gedrechselten Becher und Kunstobjekte, von denen das Grüne Gewölbe noch heute einige hundert besitzt. Gerade diese Werke der Maschinenkunst sind charakteristisch für den damaligen Kunstbegriff am sächsischen Hof: sie sind Ergebnisse verzwicktester Formspekulationen, hergestellt mit ebenso neuartigen wie komplizierten technischen Instrumenten, eigens geschnittenen Bohrern, Schneidemessern und exzentrisch arbeitenden Drehbänken.

Die Sammlungspolitik des Kurfürsten August wurde bestimmt durch sein Bemühen um die Konsolidierung des Kurfürstentums Sachsen nach den erbitterten Kriegen, die der protestantischen Reformation folgten und aus denen die Albertinische Linie des Hauses Wettin erhöht durch die Kurwürde hervorging. Als Folge dieser politischen Entwicklung wurde die damals noch vergleichweise kleine Stadt Dresden zur kurfürstlichen Residenz ausgebaut und erhielt nicht alleine eine fast uneinnehmbare Festungsanlage, sondern auch das Gepräge einer der schönsten Städte der Spätrenaissance in Deutschland. Heute läßt sich nach den Veränderungen, die Dresden im Zeitalter des Barock erfuhr, nur noch weniges davon erahnen. Was für die Residenzstadt der Renaissance gilt, trifft auch für die Sammlung des Grünen Gewölbes zu. Die Schätze des 16. Jahrhunderts wurden von dem Prunk des 18. Jahrhunderts weitgehend überlagert. Doch mehr noch als im durch den letzten Weltkrieg fast bis zur Unkenntlichkeit zerstörten Stadtbild Dresdens scheint inmitten des Grünen Gewölbes Augusts des Starken der Reichtum der Renaissancekunst durch. Die reichen Kunstschätze dieser Epoche wurden nicht allein vom Kurfürsten August, sondern vor allem von seinem Sohn Christian I. (reg. 1586-1591) und seinen Enkeln

Teile der Nordfront des Dresdener Schlosses mit Hausmannsturm und den Fenstern des Pretiosensaales vor der Zerstörung

Christian II. (reg. 1591/1601-1611) und Johann Georg I. (reg. 1611-1656) zusammengetragen und durch die nachfolgenden Kurfürsten des 17. Jahrhunderts, von Johann Georg II. bis zu Johann Georg IV., mit dem dem Haus Wettin eigenen Qualitätsbewußtsein ergänzt.

Der eigentliche Gründer des Museums Grünes Gewölbe und der meisten anderen naturwissenschaftlichen und kunsthistorischen Museen Dresdens war Friedrich August I., der seit 1694 als Kurfürst in Sachsen herrschte, drei Jahre später als August II. zum König von Polen gewählt wurde und unter dem populären Namen August der Starke in die Geschichte einging. Wie eineinhalb Jahrhunderte zuvor unter seinem Urahnen Kurfürst August sollten die vielfältigen kulturpolitischen Maßnahmen Augusts des Starken auch und vor allem zur Konsolidierung seines Staates beitragen, der Sächsisch-Polnischen Union. Die Vereinigung des ökonomisch starken Kurfürstentums Sachsen mit dem großflächigen, schwer zu regierenden Territorialstaat Polen zu einer europäischen Großmacht bewirkte auch die Umwandlung Dresdens zu einer der prachtvollsten königlichen Residenzstädte im Europa des 18. Jahrhunderts.

Die wirtschaftlichen Grundlagen

Um den Reichtum der Sammlung des Grünen Gewölbes besser verstehen zu können, bedarf es eines Blicks auf die Wirtschaftsgeschichte Sachsens. Dieses Land stieg seit dem Ende des 12. Jahrhunderts, als im Erzgebirge Silbererz entdeckt worden war, zu einem der reichsten Länder des Deutschen Reiches auf. Neben dem Münzmetall Silber wurden in den folgenden Jahrhunderten noch andere nützliche und kostbare Erze

Bildnisse der Kurfürsten Christian I., Christian II. und Johann Georg I., Email auf Kupfer, Georg Friedrich Dinglinger, Dresden, wohl Ende des 17. Jahrhunderts, je 3,2 x 2,7 cm, VI 72

und Gesteine in seinen Bergen gefunden: Wismut, Kobalt, Kohle, Zinn, Blei, Eisen, Serpentin, Marmor und Alabaster. Hinzu kamen seltene und begehrte Edelsteine wie Achat, Jaspis, Amethyst, Rauchtopas, Opal, und Granat. Die Montanindustrie förderte die Beschäftigung mit Naturwissenschaft und Technik. Rohstoff- und verarbeitende Industrien wurden frühzeitig gegründet, und die Qualifizierung von Facharbeit entwickelte sich unter den Einwohnern als eine Tradition, die bis in die Gegenwart reicht. Zahlreiche sächsische Landstädte vermitteln noch heute in ihren Kirchen, Rat- und Bürgerhäusern den jahrhundertealten Wohlstand dieser Region. Durch das erzgebirgische Silber wurde Sachsen im späten Mittelalter zu einem der wohlhabendsten Fürstentümer Deutschlands. Es ist kaum verwunderlich, daß in einem Teil des damaligen Sachsen die vom gebildeten Bürgertum getragene protestantische Reformation Martin Luthers ihren Anfang nahm. Das ereignisreiche 16. Jahrhundert brachte auch durch neue bergmännische Techniken einen sprunghaften Anstieg der Ausbeute an Silber aus dem sächsischen Erzgebirge. Allein im Freiberger Revier verfünffachten sich die dem Landesherrn zufließenden Gewinne zwischen 1524 und 1550 und erreichten im Jahre 1572 ihren Höchststand von beachtlichen 33 650 Mark. Gleichzeitig flossen dem Kurfürsten und den Städten durch die Reformation aus der Auflösung der Klostergüter erhebliche Einnahmen zu, und zudem mußte keine Steuer mehr nach Rom abgeführt werden. Die Folgen dieser vorteilhaften Konstellation sind bis heute sichtbar. Die Städte entwickelten sich, und die Kurfürsten ließen sich mächtige, meist vierflügelige Schloßanlagen an strategisch und wirtschaftlich wichtigen Orten ihres Gebietes erbauen. Der Überfluß an Münzmetall in Sachsen schlug sich in anderer Form in einer reichhaltigen Sammlung von Prunkpokalen, Trinkspielen und Schmuckkassetten nieder, die das Grüne Gewölbe zum Teil heute noch präsentieren kann. Trotz aller Gefährdungen des 17. Jahrhunderts mit seinem in Sachsen besonders hart wütenden Dreißigjährigen Krieg wurde der kunst-

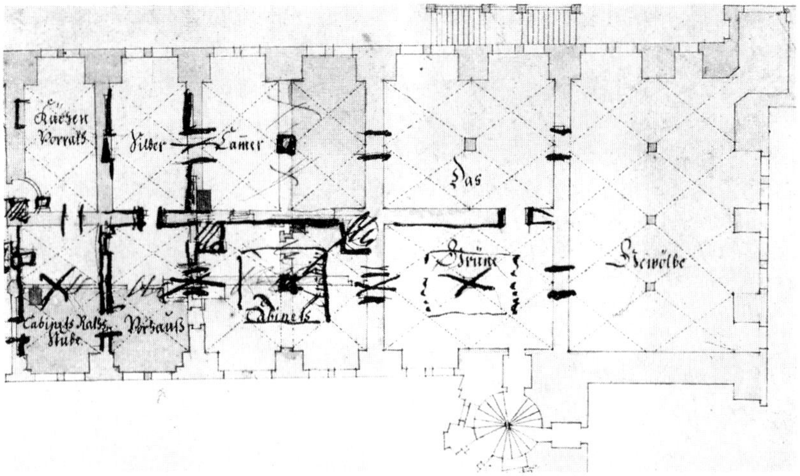

Grundriß des Erdgeschosses des Westflügels mit Eintragungen Augusts des Starken zur Erweiterung des Grünen Gewölbes, 1727

handwerkliche Staatsschatz des Landes nicht nur weitgehend erhalten, sondern sogar nach und nach noch weiter vermehrt.

Der Museumsgründer

August der Starke konnte seine politisch wie künstlerisch ambitionierte Regierung auf einem für damalige Verhältnisse hochindustrialisierten Land aufbauen, das nicht nur über reiche Silberminen verfügte, sondern auch mit der Universitätsstadt Leipzig einen der bedeutendsten Handelsplätze Mitteleuropas besaß. Schon am Ende des 16. Jahrhunderts wurde von Dresden aus – der Kapitale des lutherischen Protestantismus – Europapolitik betrieben. In den letzten Jahren des 17. Jahrhunderts knüpfte der Kurfürst von Sachsen mit seiner erfolgreichen Bewerbung um den polnischen Thron und der daraus resultierenden Sächsisch-Polnischen Union an diese Tradition an. Auch wenn seine Pläne zum Aufbau einer neuen, auf Dauer gesicherten europäischen Großmacht sich letztendlich nicht erfüllten und er zu Beginn des 18. Jahrhunderts den zermürbenden und verlustreichen Nordischen Krieg mit Schweden begann, führte die fast vier Jahrzehnte dauernde Herrschaft Augusts des Starken Sachsen in das Zentrum der europäischen Politik und Kunstentwicklung. Noch bevor er unvermutet die Herrschaft von seinem jung verstorbenen Bruder Johann Georg IV. (reg. 1691-1694) übernahm, hatte Friedrich August eine Vorliebe für die Künste entwickelt. Als allseits interessierter fürstlicher Auftraggeber, der sich vor allem für Architektur und Kunsthandwerk begeistern konnte, wurde August der Starke zu einem der großen Kunstmäzene der europäischen Geschichte. Gerade sein politisch begründeter Übertritt zum katholischen Glauben und das daraus resultierende Toleranzdekret von 1697 öffnete das bisher streng lutherische Land für Künstler aller Konfessionen. Das Vermögen dieses Herrschers, die Fähigkeiten der verschiedensten Künstler zu erkennen, zu fördern, sie immer wieder zu motivieren und sie in gemeinsame, die Schöpferkraft herausfordernde Projekte einzubinden, macht ihn zum Ausgangspunkt des »augusteischen« Barock.

Daneben entwickelte August der Starke eine weitsichtige Kulturpolitik, die die Schaffung von neuartigen Museen zur Steigerung von Macht und Ansehen eines vom Absolutismus geprägten Herrscherhauses zum Ziel hatte. Mehr noch als andere Bereiche der Kunstsammlungen des Kurfürst-Königs waren die überquellenden Schätze des Landesherrn dazu geeignet, den Anspruch der Sächsisch-Polnischen Union auf die Stellung einer neuen Großmacht seinen Untertanen wie auch anderen Mächten zu vermitteln. Das Museum Grünes Gewölbe schuf nicht allein politisches Prestige, es repräsentierte auch die Wirtschaftskraft des Landes und hatte – ganz in der Tradition der Kunstkammer – nachweisbar eine positive Wirkung auf die Qualität und damit auf die Exportfähigkeit sächsischer Produkte, von der Goldschmiedekunst bis zum Porzellan. Die Gründung eines Dresdener Schatzkammermuseums im Jahre 1723 war Teil einer bereits lange zuvor geplanten und tiefgreifenden Reorganisation des gesamten Sammlungswesens. Etwa zur gleichen Zeit entstanden aus der Urmasse der noch bis ins frühe 19. Jahrhundert als Institution weiterbestehenden sächsischen Kunstkammer und vermehrt durch Ankäufe Augusts des Starken das Kupferstich-Kabinett, die Gemäldegalerie, die Porzellansammlung, der mathematisch-physikalische Salon sowie die naturwissenschaftlichen Sammlungen. Viele der genannten Museen sollten eigens für sie errichtete Häuser und Räume erhalten. Für die stetig wachsende Porzellansammlung war beispielsweise das gesamte Japanische Palais vorgesehen. Von seinen großen Vorhaben konnte August der Starke allerdings einzig den vergleichsweise preisgünstigen Umbau des Grünen Gewölbes vollenden. Dessen Ausstellungsgegenstände entnahm er den Beständen der Kunstkammer und der Silberkammer, den Salons und Galerien seines Schlosses sowie dem alten kurfürstlichen Tresorraum selbst, der noch offiziell Geheime Verwahrung hieß.

Die Bauphasen

Der Ausbau zum Schatzkammermuseum begann im Sommer 1723 und wurde im ersten Bauabschnitt bereits im folgenden Jahr weitgehend abgeschlossen. Zunächst waren nur die vier unmittelbar zur alten Geheimen Verwahrung gehörenden Räume von der Baumaßnahme betroffen. Eine bald schon einsetzende konzeptionelle Neuplanung des Museums durch den in Polen weilenden König führte aber zur Notwendigkeit einer erheblichen baulichen und inhaltlichen Erweiterung des Grünen Gewölbes. In den Jahren 1727 bis 1730 wurden den schon ausgebauten Schauräumen durch Wanddurchbrüche vier zusätzliche Zimmer sowie ein Besucherfoyer mit Nebengelassen angeschlossen und die bereits fertiggestellten Räume stilistisch und funktional noch einmal überarbeitet. Der Museumsorganismus nahm nun das gesamte Erdgeschoß des Westflügels ein. Den durch Soldaten streng bewachten Zugang zu diesem ersten Kunsthandwerksmuseum der Welt verlegte man in den großen Schloßhof.

Die räumliche und inhaltliche Planung des Grünen Gewölbes ging unmittelbar von August dem Starken aus. Zur Realisierung seiner für die Zeit einzigartigen Ideen konnte der König auf erfahrene Kräfte zurückgreifen, so vor allem auf das Oberbauamt unter seinem Chef, dem Zwingerbaumeister Matthäus Daniel Pöppelmann. Dieser fungierte auch

Die Entwicklung des Grünen Gewölbes: nach 1723, nach 1727, nach 1913. Grundrißskizzen. 1 Bronzenzimmer – 2 Elfenbeinzimmer – 3 Weißsilberzimmer – 4 Silbervergoldetes Zimmer – 5 Pretiosensaal – 6 Eckkabinett – 7 Wappenzimmer – 8 Juwelenzimmer – 9 Kaminzimmer – A Eingang zum Grünen Gewölbe – B Foyer – C Funktionsräume des Museums – D Silberkammer – F Bereich Kabinetts-Ratsstube – G Bereich der Küche

als Bauleiter des Grünen Gewölbes. Unter der Führung von Benjamin Thomae, dem Meisterschüler Permosers und Hofbildhauer, wurden die Raumwände und Pfeiler zu hochmodernen Kompositionen von Spiegeln, Ornamentfeldern und Konsolen. Thomae entwarf und fertigte zum Teil auch selbst die Tische, die vor den Wänden standen und Tischblätter aus farbigem Marmor erhielten. Bei seiner Aufgabe unterstützten ihn Christian Kirchner und der junge Gehilfe Johann Joachim Kaendler, der nach dem Abschluß der Arbeiten im Grünen Gewölbe als Modellmeister nach Meißen berufen wurde und dort den plastischen europäischen Porzellanstil begründete. Die Lackierung ganzer Räume,

Das Bronzenzimmer im Jahre 1904

bis in die Gewölbe hinein, übernahmen die Hoflackierer Martin Schnell und Christian Reinow. Von zahllosen Handwerkern wurden die Fußböden und Türgewände der acht Schauräume mit geschliffenem sächsischen Marmor ausgestattet.
Das 1730 weitgehend vollendete Museum Grünes Gewölbe folgte einer bestechend modernen Museumsauffassung, die sich erst allgemein zum Ende des 19. Jahrhunderts durchsetzte. Es gab Dienst- und Depoträume für den internen Museumsbetrieb und für die Besucher eine Art Foyer mit Garderobe und öffentlicher Toilette. Vor allem aber gab es einen klaren Rundgang, durch den die Kostbarkeiten des kunsthandwerklichen Staatsschatzes – dem barocken Gestaltungswillen der Zeit entsprechend – in ein sich in den Sinneseindrücken steigerndes Gesamtkunstwerk eingebunden wurden. Die Ausstellungsstücke wurden in den materialorientierten Räumen in verschiedenen Ebenen präsentiert. Die exzellente Innenarchitektur war kein Selbstzweck, sie diente vielmehr der künstlerischen Steigerung der Stücke. Schließlich waren die verschiedenen Zimmer einander so zugeordnet und gestaltet, daß ein Ansteigen, Abklingen und nochmaliges Ansteigen der Spannung gewährleistet war und der Besucher – trotz der Fülle des Dargebotenen – nicht allzu schnell ermüdete. Bis zum Jahre 1913 blieb der Besuchsweg durch die Sammlung weitgehend unangetastet, wenn sich auch Art und Umfang der ausgestellten Kunstwerke im Laufe der Jahre wesentlich veränderten.

Der Museumsrundgang

Man begann die Besichtigung mit dem knapp 40 qm großen Bronzenzimmer. Hier waren die wichtigsten Bronzegruppen und Reiterstandbilder auf Postamenten vor Einzelwandspiegeln frei aufgestellt, so daß sie trotz der Kleinheit des Raumes vollplastisch erlebbar wurden. Die bedeutendsten Einzelfiguren standen auf Wandkonsolen, die weniger wichtig erscheinenden auf dem umlaufenden Wandsims. Die Vertäfelung aus dunkel gebeiztem Eichenholz, das farblich der Patina

Das Weißsilberzimmer (damals Emaillenzimmer genannt) im Jahre 1933

der Bronzestatuetten entsprach, schränkte die Wirkung der vorhandenen Figurenvielzahl bewußt ein. Dadurch wurde das Auge des Beschauers zunächst nur auf wenige, aber repräsentative Stücke gelenkt.
Das nächste, im Westen anschließende und etwa gleich große Zimmer war dem der Kunstkammer entnommenen Bestand an gedrechselten Kunststücken, reliefierten Gefäßen und Figuren aus Elfenbein gewidmet. Der vollständig vertäfelte Raum wurde von Reinow, wie es in den Quellen heißt, »auf italienischer marmor art von zwölfferley Sorten gemahlet, Hernachmahls lackieret, geschliffen und polliret«. Von dem bräunlichen Hintergrund hob sich das auf Tischen und Konsolen ausgestellte weiße Elfenbein besonders scharf ab. Trotz der hohen Wertschätzung des hier ausgestellten Materials verzichtete man bei diesem Raum auf die Wirkung von Spiegeln. Dies änderte sich im folgenden, etwa doppelt so großen Weißsilberzimmer, in dem der Mittelpfeiler und die Wandfelder verspiegelt waren. Das in diesem Raum in der Art eines permanenten Silberbuffets ausgestellte, unvergoldete moderne Tafelsilber des Kurfürst-Königs gewann vor den zinnoberrot lackierten Wandteilen noch an Glanz. Die herausragenden und besonders großen Stücke waren vor den Wänden auf dem Boden oder auf Tischen frei aufgestellt. Kleinformatige Stücke von großem Reiz standen vor den verspiegelten inneren Wandfeldern ebenfalls freiplastisch erlebbar. Die als zweitrangig eingestuften Teile an unvergoldetem Geschirr wurden vor den unverspiegelten Wandbereichen in die Zweidimensionalität zurückgedrängt. Fast der gesamte Bestand des Weißsilberzimmers, zum Teil handelte es sich um bemerkenswert große Gegenstände, wurde 1772 eingeschmolzen und vermünzt, ein unwiederbringlicher Verlust für die Geschlossenheit der Aufstellung des Grünen Gewölbes.
Vom einstigen Bestand des in der Raumfolge daran anschließenden,

Das Silbervergoldete Zimmer im Jahre 1904

etwa gleich großen Silbervergoldeten Zimmers ist hingegen manches erhalten geblieben. Die aus feuervergoldetem Silber und auch aus reinem Gold bestehenden Kunstwerke wurden nach dem gleichen Grundprinzip gestaffelt präsentiert. Der Raum war strahlend grün lackiert und besaß im Vergleich zum Weißsilberzimmer einen höheren Anteil an verspiegelten Wandflächen. Insofern stellte das Silbervergoldete Zimmer auch von der Innenraumgestaltung eine weitere Steigerung da. Neben zeitgenössischen Silberobjekten aus Augsburger und Dresdener Werkstätten war im Silbervergoldeten Zimmer auf über dreihundert Wandkonsolen auch die Formenvielfalt der ererbten figürlichen Gefäße zu sehen. Die fühlbare Steigerung erreichte dann im größten Zimmer der Raumfolge, dem bereits 1724 vollendeten Pretiosensaal, ihren vorläufigen Höhepunkt .

Auf den ersten beiden Feldern der Längswand dieses vollkommen verspiegelten Saales standen zahllose Gefäße aus farbigen Edelsteinen, aus den verschiedenen Jaspisvarietäten, Achat, Chalzedon, Alabaster, Lapislazuli und Serpentin auf prachtvoll geschnitzten Konsolen. Es folgten, nach Materialien getrennt, Werke aus Bernstein, in vergoldetes Silber gefaßte Nautilus- und Seeschneckengehäuse und schließlich auf die gleiche Weise veredelte Straußeneier. An der Schmalseite des Raumes fand der große und besonders kostbare Bestand an Arbeiten aus Bergkristall seine Aufstellung. In dem durch unendlich scheinende Widerspiegelung ein nahezu rauschhaftes Erlebnis vermittelnden Saal wurde das in den vorangegangenen Räumen aufgenommene Gliederungsprinzip beibehalten. Die an der Fensterwand aufgestellten Tische dienten zur Schaustellung der umfangreichen Sammlung an Limoges-Email, die zweite Schmalwand barg in ihrer Mitte ein großformatiges Emailgemälde von Georg Friedrich Dinglinger und die in Stein geschnittene Allegorie auf die Tugen-

Der Pretiosensaal nach 1913

den eines Prinzen von Johann Bernhard Schwarzeburger.
An diese Wand angrenzend, befand sich im Eckturm ein kleines und besonders intimes Kabinett, dessen Ausstattung gleichfalls in der ersten Bauphase um 1724 vollendet worden war. Das Eckkabinett enthielt, auf besonders sorgfältig skulptural geschnitzten Konsolen und Wandtischen gedrängt stehend, Hunderte miniaturhafter Figürchen und Gruppen aus Perlen, Saphiren, Smaragden, Elfenbein und emailliertem Gold – darunter die einmalige Sammlung an Groteskfiguren aus unregelmäßig gewachsenen Perlen.
Fast als wohltuende Ruhe mußte der aufs höchste erregte und sinnlich teilweise schon erschöpfte Besucher das auf den Pretiosensaal folgende, wegen eines hofseitig vorgesetzten Treppenturms dämmrige Wappenzimmer empfinden. In dem auf drei Seiten mit Wandschränken aus dunkel gebeiztem Eichenholz versehenen Raum wurden auf Tischen und Wandkonsolen nur wenige Gefäße aus Edelstein und Rubinglas ausgestellt. Die in die relativ schlichte Vertäfelung eingesetzten vierundvierzig kupfergetriebenen, vergoldeten Wappen und Initialschilder der Kurfürsten beherrschten den Raumeindruck. Der Bauherr dokumentierte an dieser Stelle einmal mehr den umfassenden Herrschaftsanspruch des Hauses Wettin.
Nach der kurzen Erholung für die Aufnahmefähigkeit gelangte der Besucher in das Juwelenzimmer. Er erreichte damit den Höhepunkt der Ausstattungspracht und gleichzeitig den Abschluß des fast dramatur-

gisch gestalteten Rundganges. Die in dem vergleichsweise kleinen Raum zusammengefaßten Kunstwerke – neben den diamantensprühenden, sinnreichen Hauptwerken Johann Melchior Dinglingers die Kronjuwelen des sächsisch-polnischen Herrscherhauses – waren in Europa unübertroffen. In vier großen Vitrinen lag eingetieft und auf schräggestellten, mit schwarzem Samt bezogenen Tableaus der größte Juwelenschatz des Kontinents: goldene Anhänger, Ketten und Ringe, Kurschwert und edelsteinbesetzte Paradedegen und die modernen Juwelengarnituren, von denen sich neun bis heute erhalten haben. Die Raumhülle war den Ausstellungsstücken entsprechend prunkvoll gestaltet. Alle Wand- und sogar die Sockelflächen wurden ringsum mit Spiegeln versehen, die von Ornamentfeldern mit Goldgravur auf blauem und karminrotem Grund eingefaßt waren. Die Gewölbe schmückten fein gemalte Ornamente auf weißlackiertem Grund. Der Juwelenbestand war so umfangreich, daß nicht alles in den Wandvitrinen gezeigt werden konnte. Aus diesem Grunde wurden einige Teile der Garnituren sowie ein großer Teil der Kleinodien des 16. und 17. Jahrhunderts in Schüben verwahrt, die sich unter den Glasvitrinen befanden. Aus dem überreichen Juwelenzimmer gelangte der Besucher schließlich wieder in das zurückhaltend gestaltete Bronzenzimmer, das einen angemessenen Ausklang bildete.

Die Festschreibung

Auch nach Beendigung der zweiten Bauphase des Grünen Gewölbes gegen 1730 darf man die königlichen Überlegungen für die Anordnung der Sammlung nicht als abgeschlossen betrachten. Mit dem Tod Augusts des Starken im Januar 1733 wurde aber der bis dahin erreichte Stand konserviert. Sein Sohn, der Kurfürst-König August III., legte den Schwerpunkt seiner Sammeltätigkeit auf die Vergrößerung der Gemälde- und der Kupferstichsammlung und vermehrte die Bestände des Grünen Gewölbes im Verhältnis zu seinem Vater nur unwesentlich. Offiziell trug das neue Museum anfangs die Bezeichnung »Königliche Schatz-Kammer«, im Hof- und Staatskalender erschien es seit dem Jahre 1728 als »Cabinet des gemmes«. Bald schon setzte sich aber der populäre Name Grünes Gewölbe auch im amtlichen Sprachgebrauch durch.

Das königliche Besuchsreglement des Museums gestattete zwar nicht, wie heute üblich, jedermann und zu jeder Zeit einen uneingeschränkten Zutritt. Es besaß aber, den Gepflogenheiten der sächsischen Kunst-

Das Juwelenzimmer im Jahre 1904

kammer des 16. und 17. Jahrhunderts folgend, ein für seine Entstehungszeit außergewöhnliches Maß an Öffentlichkeit. Aus dem Konzept für die Bestallungsurkunde des Inspektors Schlötter, Ende des Jahres 1732, ist dazu Näheres überliefert: »Und ob wir zwar recht geschehen lassen können, daß denen frembden sowohl als einheimischen die in offgemeldtes grünen Gewölbe befindliche Jubelen und Kostbarkeiten gezeigt werden; So ist doch ein guter Unterschied zu machen, daß nicht alle und jede auch deren niemahls zuviel auf einmahl geführet werden.« Der öffentliche Zugang war klar geregelt. Jeder Besucher mußte sich zunächst beim Oberkämmerer melden und erhielt von diesem die Besichtigungsgenehmigung. Den Besucherkreis überliefern genau geführte Verzeichnisse. Daraus ersieht man, daß beispielsweise in der Mitte des 18. Jahrhunderts neben Adeligen aus dem In- und Ausland, letztere vorwiegend aus Polen, vor allem Kaufleute und Gelehrte, aber auch Personen ohne Standes- und Berufsbezeichnung durch das Museum geführt wurden. Es galt als ein ungeschriebenes Gesetz, dem anwesenden Inspektor eine »Verehrung« zu überreichen. Bis etwa 1830 war das ein stolzer Dukaten für eine bis drei Personen, bis 1872 dann immerhin noch zwei Taler für eine bis sechs Personen. Auch dadurch regelte sich auf natürliche Weise der Besucherkreis. Seit dem Jahre 1850 wurden jedoch schon Freiführungen in Gruppen bis zu 12 Personen eingerichtet, an denen jeder teilnehmen konnte.

Das Museum Grünes Gewölbe von 1733 bis heute

Dirk Syndram

Die königliche Schatzkammer existierte in der Anordnung der Zeit um 1733 mit wenigen Veränderungen bis zum Beginn des Siebenjährigen Krieges, also nur 23 Jahre. Im Verlauf der Kriegshandlungen wurde die Sammlung des Grünen Gewölbes erstmals evakuiert und teilweise auf die Festung Königstein in Sicherheit gebracht. Als Resultat des von Preußen konsequent auf Kosten Sachsens geführten Krieges mußten 1772 über 620 Gegenstände, die August der Starke für das Weißsilber- und das Silbervergoldete Zimmer ausgesucht hatte, eingeschmolzen und vermünzt werden. Weitere Werke wurden von Zeit zu Zeit aus den Inventaren gestrichen, weil sie als fürstliche Geschenke das Museum verließen.
Im frühen 19. Jahrhundert geriet das Ensemble des Grünen Gewölbes, das heute aus über 3100 Kunstwerken bestebt, noch mehr außer Balance. Die Juwelengarnituren wurden über Generationen getragen und dafür teilweise erheblich verändert. Mehrere hundert Kunstwerke, die nicht von August dem Starken für das Schatzkammermuseum ausgewählt worden waren, kamen aus der 1832 aufgelösten Kunstkammer ins Grüne Gewölbe, weitere gelangten durch Austausch von Kunstwerken mit dem Historischen Museum in diese Sammlung. Im Jahre 1924 erlitt die Sammlung durch Abgaben an das Haus Wettin aufgrund der Fürstenabfindung nach der Umwandlung Sachsens in eine Republik einige bedeutende Verluste.

Das 20. Jahrhundert

Im Jahre 1913, noch vor der Abdankung des letzten sächsischen Königs, wurden die Räume des Grünen Gewölbes den Erfordernissen der Zeit und des steigenden Tourismus angepaßt. Eine Fußbodenheizung sowie eine elektrische Beleuchtung wurden installiert, die Ausstellungsfläche durch den Einbau von Vitrinen in die tiefen Fensterleibungen vermehrt, vor allem aber die kleinen und intimen Räume des Bronzen- und des Elfenbeinzimmers auf das Doppelte ihrer Grundfläche vergrößert. Der Besucher betrat von nun an die Raumfolge über das neu hinzugewonnene Kaminzimmer, in dem neben dem im Zweiten Weltkrieg weitgehend zerstörten Neuber-Kamin auch Schmuckkästen und andere Sammlungsmöbel ausgestellt wurden, die sich nicht in das barocke Konzept des Grünen Gewölbes einfügen ließen. Die Modernisierung von 1913 kam zwar dem gesteigerten Besucherinteresse entgegen, beeinträchtigte aber weitgehend die Wirkung des barocken Gesamtkunstwerks dieses Schatzkammermuseums.

Die schwierigste Periode in der Geschichte des Grünen Gewölbes begann mit dem Zweiten Weltkrieg. Im Jahre 1942 mußte das Museum wegen der zunehmenden Gefährdung durch Bombenangriffe geschlossen werden. Die mobilen Sammlungsbestände traten nun zum dritten Mal – nach dem Siebenjährigen und dem Napoleonischen Krieg – ihre Reise auf die Festung Königstein an. Dort überstanden sie weitgehend unberührt die Kriegszeiten, während das Gehäuse des Museums und die noch in ihm befindlichen Einbauten und Möbel am 13. Februar 1945 dem besonders schweren Luftangriff auf Dresden ausgesetzt waren. Die in der Renaissance eingebauten Brandsicherungen des Schatzkammermuseums bewährten sich in einzigartiger Weise. Obwohl die gesamte Innenstadt mit ihrem Schloß, den Adelspalästen und Bürgerhäusern ein Raub der Bomben und Brände wurde, überstanden fünf der acht Räume des Grünen Gewölbes mitsamt ihren Holzeinbauten die Bombenangriffe. Nur die drei hofseitig gelegenen Räume, das Wappen-, das Juwelen- und das Bronzenzimmer sowie die internen Diensträume mit der Bibliothek und Teilen des unersetzlichen Archivs wurden vernichtet.

Die ausgelagerten Kunstwerke des Grünen Gewölbes konnten schon wenige Tage nach der Kapitulation des Deutschen Reiches von sowjetischen Spezialtruppen sichergestellt und in die Tresore des Finanzministeriums der UdSSR nach Moskau sowie in weitere Depots im damaligen Leningrad verbracht werden. Dort blieben sie bis zum Jahre 1958, in dem sie der Regierung der DDR wieder übergeben wurden und fast vollständig mit anderen Beständen der Dresdener Museen in ihre Heimatstadt zurückkehrten. Da der ursprüngliche Aufstellungsort des Mu-

Blick vom großen Schloßhof auf die Fenster des ausgebrannten Wappen- und Juwelenzimmers, nach 1945

Der Grüne Raum im Albertinum seit 1974

seums Grünes Gewölbe, das Dresdener Schloß, auf Dauer unbenutzbar schien, wurde die erste Ausstellung mit Teilen der Sammlung am 8. Mai 1959 im notdürftig restaurierten Albertinum feierlich präsentiert.

Die heutige Ausstellung

Am 1. September 1974 wurde die vom Direktor des Museums, Joachim Menzhausen, konzipierte und noch heute bestehende Dauerausstellung eröffnet. Bei der Planung und Einrichtung unterstützten ihn der technische Direktor der Staatlichen Kunstsammlungen, Ulrich Aust, und das Architektenehepaar Susanne und Volker Berthold. In die Ausstellung wurden 620 Kunstwerke und zum Teil sehr umfangreiche Werkgruppen (knapp die Hälfte der gut 3100 Inventarnummern) dieses Museums einbezogen. Die Teilbereiche der Sammlung konnten in der gegenwärtigen Aufstellung nur unterschiedlich berücksichtigt werden. So sind der umfangreiche Bestand an Kunstwerken aus Elfenbein, Bronze oder Limoges-Email nur durch einzelne Hauptwerke vertreten, die Juwelen jedoch fast gänzlich ausgestellt. Die Kabinettstücke Augusts des Starken sind zum überwiegenden Teil zu sehen, ebenso das Silber; die Sammlung an Steinschnitten aus farbigen Edelsteinen oder Bergkristall ist es nur zum kleinen Teil.
Die heutige Ausstellung im Albertinum war von Anfang an nur als Zwischenlösung gedacht. Für sie wurde eine große Halle der Skulpturensammlung so in vier Räume unterteilt, daß diese sich in ihren Proportionen den ursprünglichen Räumen im Schloß annähern. Die Einrichtung dieser Sammlung im Jahre

Der große Schloßhof mit dem Eingang zum Grünen Gewölbe vor der Zerstörung

1974 bestimmte der Wunsch, in neutralen Räumen und unter modernen konservatorischen Gesichtspunkten den Charakter der kursächsischen Schatzkammer erlebbar werden zu lassen. Deshalb wurden Teile der originalen Ausstattung mit einbezogen, so eine Schauwand aus dem Silbervergoldeten Zimmer und eine weitere aus dem Elfenbeinzimmer. Außerdem wurden einige der barocken vergoldeten Tische der Sammlung in den Großraumvitrinen aufgestellt. Die einstige Pracht der alten Ausstattung verdeutlichen auch die damastbespannten Wände sowie die mit Marmor und Damast bedeckten Böden der modernen Vitrinen. In den Vitrinen und auf den Tischen und Konsolen der einbezogenen Schauwände stehen die kunst- und kulturgeschichtlich kostbaren Werke ähnlich gedrängt wie auf den historischen Wänden und Tischen im Grünen Gewölbe. Die den abgedunkelten Raum erhellenden Lichtquellen versuchen, der Zartheit und Wärme des Kerzenscheins nahezukommen. Alles vereint sich zum Bild eines fürstlichen Schatzkammermuseums des Barock im modernen Gewande.

Die traditionelle Einteilung des Museums Grünes Gewölbe in Sachgebiete wurde bei der Einrichtung der Schauräume 1974 respektiert, ordnete sich aber gleichzeitig einer historisch geprägten Aufstellung der Kunstwerke unter. So findet der heutige Besucher im ersten, dem Grünen Raum die bis zur Mitte des 17. Jahrhunderts entstandenen Silberobjekte, deutsche Steinschnittarbei-

ten aus dem gleichen Zeitraum und einige italienische Bronzen. Im zweiten, dem Blauen Raum sind eine kleine Auswahl an Werken aus Elfenbein und Bernstein sowie die bedeutendsten Steinschnitte aus Edelsteinen in der italienischen Traditionslinie zu sehen. Der dritte, der Rote Raum ist dem Kunstschaffen zur Zeit Augusts des Starken gewidmet. Er enthält fast ausschließlich Dresdener Pretiosen vom Anfang des 18. Jahrhunderts, daneben aber auch Augsburger Goldschmiedeobjekte. Der letzte, der Gelbe Raum birgt den Kronschatz der sächsisch-polnischen Könige: die Juwelengarnituren und die Sammlung von Anhängern, Ketten und Ringen aus dem 16. und 17. Jahrhundert sowie besonders kostbare Goldgefäße.

Die Schließung der heutigen Dauerausstellung des Grünen Gewölbes wird absehbar. Nach der Jahrhundertwende soll die Sammlung in ihre angestammten, bis dahin in den Proportionen des Jahres 1733 restaurierten Räume im Schloß einziehen. Neben die weitgehende Wiederherstellung der historischen, durch die Konzeption Augusts des Starken vorgegebenen barocken Präsentation der wettinischen Schätze als Gesamtkunstwerk im Erdgeschoß tritt dann im darüberliegenden ersten Stock eine Reihe modern gestalteter Dauerausstellungsräume. In dieser Raumflucht wird das als selbständiges Kunstwerk bedeutende Einzelobjekt in den Mittelpunkt gestellt. Nur die vorgesehene räumliche Vergrößerung macht es möglich, das traditionsreiche Schatzkammermuseum für den heutigen Besucherandrang geöffnet zu halten. Das Grüne Gewölbe ist ebenso ein beeindruckendes Museumskunstwerk, wie es ein Museum voller atemberaubender Kunstwerke ersten Ranges darstellt. Dieser Tatsache wird die Wiederherstellung und Neueinrichtung des Grünen Gewölbes im Dresdener Schloß Rechnung zu tragen wissen.

Ein Nachwort

Die im Text und in den Plänen angegebenen römischen Ziffern für die Vitrinen und Ausstellungsbereiche sollen die Orientierung erleichtern. Die Numerierung der ausgestellten Werke innerhalb der Vitrinen konnte jedoch nicht in das Beschriftungssystem der bestehenden Ausstellung einbezogen werden. Die Katalognummern geben nur die wichtigsten Maße (H. = Höhe, B. = Breite, T. = Tiefe, D. = Durchmesser) an. Die dann folgende Kombination aus einer römischen und einer arabischen Ziffer bezeichnet die Inventarnummer des jeweiligen Kunstwerks.

Das Staatsporträt des sächsisch-polnischen Kurfürst-Königs Augusts des Starken, Louis de Silvestre, Dresden, 1723, Gemäldegalerie Alte Meister, Gal.-Nr. 3945 (vgl. S.28)

Eingangsbereich zum Grünen Raum

Jutta Kappel

Das Gemälde im Eingangsbereich zur Schatzkammersammlung zeigt das Bildnis eines Mannes, der maßgeblich die Geschichte Kursachsens während seiner Regierungszeit 1694 bis 1733 beeinflußt hat (Nr. 6). Als Friedrich August I. übernahm er 1694 von seinem verstorbenen Bruder die Kurfürstenwürde. Drei Jahre später konvertierte er, um die Königskrone von Polen zu erlangen, zum katholischen Glauben. Im gleichen Jahr 1697 erfolgte seine Krönung zum König August II. von Polen. 1723, auf der Höhe seiner politischen Macht angelangt und mit den Plänen für den Ausbau des Grünen Gewölbes zu einer repräsentativen Schatzkammersammlung im Residenzschloß beschäftigt, wurde er von dem Hofmaler Louis de Silvestre in ganz herrschaftlicher Pose porträtiert. Silvestre kam 1716 nach Dresden und arbeitete hier 32 Jahre. Die Vornehmsten des Hofes verkehrten in seinem Hause. Der König von Polen, auch als August der Starke in die Geschichte eingegangen, stand dem Maler in kostbarer Kleidung Modell. Er ist mit einer langen gestickten Weste sowie einem zinnoberroten Rock bekleidet und trägt eine Allongeperücke. Ganz seiner polnischen Königswürde angemessen, trägt er den Polnischen Weißen Adlerorden und den dazugehörigen Ordensstern. Beide Stücke gehörten wie die Knöpfe, Litzen und Schuhschnallen zur wertvollen Diamantgarnitur.

Links vom Eingang zum Grünen Raum sind fünf Tafeln aus sogenanntem Florentiner Mosaik mit der Darstellung exotischer und besonders farbenprächtiger Papageien ausgestellt (Farbtafel 17). Jedes dieser Bilder zeigt eine andere Gestaltungsidee. Die drei Tafeln, auf denen Papageien auf Fruchtzweigen, umgeben von anderen Vögeln und Schmetterlingen, eingelegt wurden, sind im Februar 1748 durch Kurfürst Friedrich August II. von Sachsen und König von Polen in das Grüne Gewölbe gegeben worden (Nr. 2, 3, 4). Die beiden Papageien, je in einem Ring sitzend, waren ein Geschenk des Kurprinzen Friedrich Christian an seinen Vater Kurfürst Friedrich August II. zu dessen Namenstag 1755 (Nr. 1, 5). Ganz offensichtlich sind diese »commessi in pietre dure« in einer Serie gearbeitet worden, die vor 1748, dem Jahr ihrer ersten Erwähnung in der Schatzkammer, in Florenz entstanden ist.

LINKE WAND AM EINGANG ZUM GRÜNEN RAUM

1 (Farbtafel 17)
Papagei, in einem Ring sitzend
Einlegearbeit
Marmor, Achat, Amethyst, Chalzedon, Jaspis, Lapislazuli
Rahmen: Holz, Messing
Hofwerkstatt
Florenz, vor 1748
H. 60,5 cm, B. 45 cm (o. Rahmen); III 57

2

2 Papagei, auf einem Ast mit Äpfeln sitzend
Einlegearbeit
Marmor, Achat, Amethyst, Chalzedon, Jaspis, Lapislazuli
Rahmen: Holz, Messing
Hofwerkstatt
Florenz, vor 1748
H. 60,5 cm, B. 45 cm (o. Rahmen); III 68

3 Papagei, auf einem Ast mit Kirschen sitzend
Einlegearbeit
Marmor, Achat, Amethyst, Chalzedon, Jaspis, Lapislazuli
Rahmen: Holz, Messing
Hofwerkstatt
Florenz, vor 1748
H. 60,5 cm, B. 45 cm (o.Rahmen); III 59

4 Papagei, auf einem Ast mit Pflaumen sitzend
Einlegearbeit
Marmor, Achat, Amethyst, Chalzedon, Jaspis, Lapislazuli
Rahmen: Holz, Messing
Hofwerkstatt
Florenz, vor 1748
H. 60,5 cm, B. 45 cm (o. Rahmen); III 67

5 Papagei, in einem Ring sitzend
Einlegearbeit
Marmor, Achat, Amethyst, Chalzedon, Jaspis, Lapislazuli
Rahmen: Holz, Messing
Hofwerkstatt
Florenz, vor 1748
H. 60,5 cm, B. 45 cm (o. Rahmen); III 58

GEGENÜBERLIEGENDE WAND

6 König August II. von Polen
Öl auf Leinwand
Louis de Silvestre
Dresden , 1723
H. 225 cm, B. 132 cm; Gal.-Nr. 3945
Leihgabe der Gemäldegalerie Alte Meister

Der Grüne Raum

Dirk Syndram

Im ersten, mit grünem Damast bespannten Raum finden sich vor allem Werke der deutschen Goldschmiedekunst der Renaissance und des Frühbarock sowie bedeutende Statuetten aus der Zeit um 1600, die aus Metall und Holz gefertigt wurden. Aus dem 18. Jahrhundert stammen die in diesem Raum ausgestellten Rubingläser und die an der Längswand aufgehängten großformatigen Reliefs.

Der unvergleichlich reiche Bestand an Goldschmiedewerken gelangte seit der Mitte des 16. Jahrhunderts innerhalb von weniger als vier Generationen in den sächsischen Besitz. Die meisten der hier vereinten Kostbarkeiten wurden bereits durch August den Starken zur Aufstellung im Museum Grünes Gewölbe bestimmt. Einige herausragende Werke aber, die sich in das barocke Gesamtkunstwerk nicht einfügen ließen, sowie die im Grünen Raum präsentierten Zeugnisse mittelalterlicher Kunst wurden erst im Laufe des 19. Jahrhunderts aus der aufgelösten Kunstkammer oder aus anderen Quellen in das damals inhaltlich erweiterte sächsische Schatzkammermuseum überwiesen.

Obwohl Sachsen, in dessen Gebirge seit dem Ende des 12. Jahrhunderts Silbererz geschürft wurde, bereits früh zu Wohlstand kam, haben sich nur wenige Beispiele spätmittelalterlicher Goldschmiedekunst erhalten. Von dem einstigen Silberschatz, mit dem sich das wettinische Fürstenhaus im 15. Jahrhundert zum täglichen Gebrauch wie zur Repräsentation umgab, zeugen heute nur noch schriftliche Überlieferungen. Die ältesten Kunstwerke, die das Museum bewahrt, sind prachtvolle Gefäße aus Edelsteinen oder Horn mit Fassungen aus vergoldetem Silber, bei denen der Münzmetallanteil wohl zu gering erschien, um ihn einzuschmelzen und auf diese Weise den Gebrauchs- und Kunstwert des einzelnen Gefäßes zu vernichten. Auch aus der ersten Hälfte des 16. Jahrhunderts befinden sich nur wenige Arbeiten im Bestand. Diese sind jedoch wegen ihrer Seltenheit und künstlerischen Qualität von besonders hohem Rang. Die etwa das Gebiet des heutigen Sachsen beherrschende Albertinische Linie des Hauses Wettin besaß zu dieser Zeit noch nicht die Kurwürde und war daher, trotz ihres Wohlstandes, eigentlich zweitrangig. Erst nachdem Herzog Moritz im Jahre 1547 nach der Schlacht bei Mühlberg von Kaiser Karl V. den Titel und damit die weitreichenden Befugnisse eines der vier weltlichen Kurfürsten des Deutschen Reiches zugesprochen bekommen und zudem wichtige Teile des Erblandes der Ernestinischen Linie verliehen erhalten hatte, wurde Dresden zu einer bedeutenden Residenz ausgebaut. Zur selben Zeit wurde der Kurfürst als größter Grundherr, Bergwerksbesitzer und Unternehmer Sachsens immer wohlhabender. Dementsprechend ist der Besitz des Grünen Gewölbes an Werken, die nach der Mitte des 16. Jahrhunderts entstanden sind, sehr viel umfangreicher. Den früh verstorbenen Kurfürsten Moritz beerbte sein diplomatisch wie wirtschaftspolitisch befähigter Bruder August (reg. 1553 bis 1586), in dessen gegen 1560 errichteter Kunstkammer der Ursprung der meisten Dresdener Museen für Wissenschaft und Kunst liegt. Die Kunstkammer war unter ihm zunächst vorwiegend eine Sammlung von neuartigen und kostbaren Handwerkszeugen und komplizierten technischen Apparaten, von denen die in der Vitrine 2 ausgestellte Uhr zeugt. Das Interesse des Landesherrn an den im Lande reichlich vorhandenen Rohstoffen und deren Nutzung führte nach 1575 zur erneuten Öffnung der Serpentinitbrüche bei Zöblitz im Erzgebirge und zur Verarbeitung des seltenen Rohstoffes zu Gefäßen, die in vergoldetes Silber gefaßt wurden. Dem sparsamen und auf Wirtschaftlichkeit bedachten Kurfürsten verdankt der heutige Bestand des Grünen Gewölbes nur wenige Silberobjekte. Doch unter seiner Herrschaft gelangten als Diplomatengeschenke begehrte Kunstwerke aus Italien nach Dresden.

Einige besonders schön veredelte Gefäße in diesem Ausstellungsraum weisen das Monogramm mit den verschlungenen Buchstaben AA auf, das für den Kurfürsten August und seine Frau Anna steht. Die Kurfürstin, eine dänische Königstochter, galt als eine der elegantesten Damen des

Blick in den Grünen Raum im Albertinum

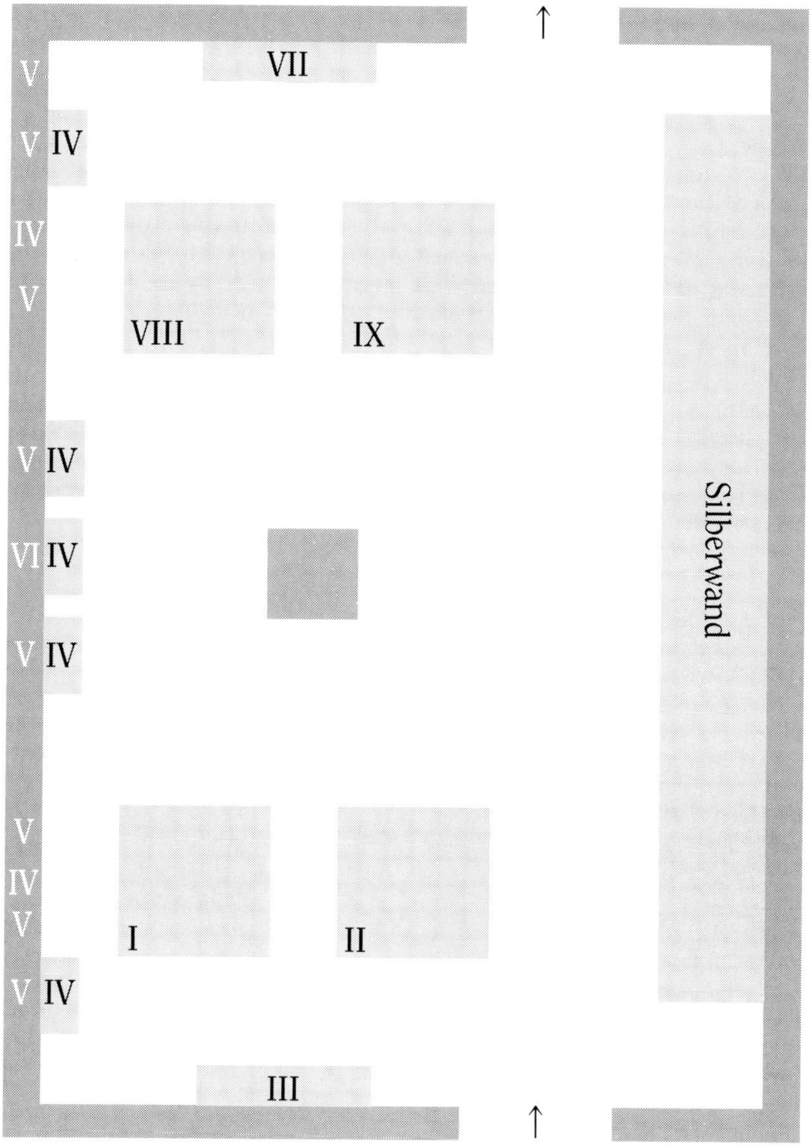

Deutschen Reiches. Mit ihrer Vorliebe für prächtigen Schmuck und vorzüglich gearbeitete Goldschmiedewerke, die teilweise noch im Grünen Gewölbe zu sehen sind, prägte sie die Kultur des sächsischen Hofes wohl ebenso nachhaltig wie ihr von der Technik faszinierter Gatte.
Der Sohn des Begründers der Kunstkammer, Christian I. (reg. 1586 bis 1591), erbte von seiner Mutter die Neigung zu prunkvollen Goldschmiedearbeiten und gab diese wiederum an seine beiden später Sachsen regierenden Söhne Christian II. (reg. 1601 bis 1611) und Johann Georg I. (reg. 1611 bis 1656) weiter. Die drei genannten Kurfürsten erweiterten – ihrem hohen Rang im Reich entsprechend – den Be-

stand der wettinischen Kunstkammer unter anderem um zahlreiche Werke der Goldschmiede- und Steinschneidekunst. Sachsen war zu dieser Zeit der technisch und ökonomisch am weitesten entwickelte deutsche Territorialstaat und besaß eine große Wirtschaftskraft. Bis in die Zeit des Dreißigjährigen Krieges hinein konnte die protestantische Residenz ihre Stellung als prunkvollster aller deutschen Fürstenhöfe neben dem Hof des Kaisers aufrechterhalten.

Die steigende Nachfrage des fürstlichen Hofes nach Silbergefäßen aller Art führte unweigerlich zu einer Erweiterung des Lieferantenkreises. Neben die namhaften Meister Nürnbergs und Augsburgs traten immer häufiger auch sächsische Goldschmiede mit Arbeiten, die in den Augen des Hofes und im Vergleich mit den süddeutschen Erzeugnissen bestehen konnten. Von den Dresdener Vertretern ihrer Zunft aus dem frühen 17. Jahrhundert sind dies vor allem Valentin Geitner, Daniel Kellerthaler und Georg Mond. Aus Leipzig gelangten zahlreiche um und kurz nach 1600 entstandene Werke des Elias Geyer uber die Kunstkammer und die Silberkammer ins heutige Grüne Gewölbe.

Die in der Goldschmiedekunst vorherrschenden Geräteformen blieben von Kurfürst August bis zu seinem Urenkel Johann Georg I. weitgehend die gleichen. So zeigt die Silberwand viele der damals beliebten, kunstvoll getriebenen und großformatigen Buckel-, Trauben- und Akeleypokale. Sie wurden zu Schauessen oder rituellen Umtrünken verwendet, zierten aber vor allem die Prunkkredenzen, die bei festlichen Anlässen den Wohlstand des Fürstenhauses aller Welt dokumentierten. Seltene, aus fernen Meeren und Kontinenten herangeschaffte Naturmaterialien wie Nautilus- und Seeschneckenschalen, Kokosnüsse und Straußeneier wurden in fantasievoll geformte Silberfassungen eingefügt. Sie dienten ebenso dem Entzücken und der Unterhaltung ihrer Betrachter und Benutzer wie die aus vergoldetem Silber getriebenen Trinkspiele in Form von Tieren, Fabelwesen, mythologischen oder christlichen Gestalten. Prunkbecken und die dazugehörigen Kannen wurden zu dieser Zeit, als in Europa auch Festessen noch mit bloßen Fingern eingenommen wurden, verwandt, um sich die Hände mit parfümiertem Wasser zu reinigen. Der wohlkalkulierte Schauwert der Garnituren, die zum Gebrauch herumgetragen werden mußten und die jeder Anwesende dabei genau betrachten konnte, führte zu einer besonders prächtigen Gestaltung. Die großen und kleinen Schreib- und Schmuckkassetten, die in seltenen und kunstvollen Beispielen im Grünen Raum zu sehen sind, prunkten auf den Tischen der fürstlichen Wohnräume oder gelangten gleich in die Kunstkammern der Kurfürsten oder diejenigen ihrer kunstfreudigen Ehefrauen. Sophia von Brandenburg, die Gattin Christians I., aber auch Hedwig von Dänemark, die mit Christian II. eine kurze Ehe führte, und Magdalena Sibylla von Brandenburg, die mit Johann Georg I. vermählt wurde, besaßen solche enzyklopädisch angelegten Sammlungen. Nach dem Tod der Kurfürstinnen wurden deren private Kunstkammern meist dem regierenden Herrscher vererbt und später in die kurfürstlich sächsische Sammlung einbezogen.

Mit dem für Sachsen besonders verlustreichen dreißiger und vierziger Jahren des 17. Jahrhunderts, als das Kurfürstentum in Folge des Dreißigjährigen Krieges auch seine Stellung als protestantische Vormacht im

Reich weitgehend verlor, wird die Zahl der für den Herrscher erworbenen Werke quantitativ wie auch qualitativ geringer. Sachsen wurde für viele Jahrzehnte in die Provinzialität zurückgedrängt und gelangte erst wieder unter August dem Starken um 1700 zu neuem, europäischem Glanz.

Die Silberwand

Den Grünen Raum beherrscht die fast 10 m breite Ostwand des Silbervergoldeten Zimmers. Sie überstand den Bombenangriff von 1945 ohne größere Schäden an ihrem ursprünglichen Aufstellungsort, wurde für die neugestaltete Ausstellung der Schatzkammersammlung im Albertinum 1974 rekonstruiert dorthin überführt und wird bald wieder ins Schloß zurückkehren. Die Ausmaße der unter Matthäus Daniel Pöppelmann ausgestatteten Räume des barocken Schatzkammermuseums lassen sich mit ihrer Hilfe in den modernen Schauräumen ebenso nachvollziehen wie die Höhe des eigentlichen Gewölbes, dessen Bogen sich bei den beiden halbrunden Abschlüssen der Seitenfelder wiederfinden. Über einem Sockel aus profiliertem, naturfarbenem Holz ragt die Wand bis zu einer Höhe von 4,75 m auf. Die Schauwand besitzt 108 Konsolen, die auf dem grünlackierten Holz und vor den Spiegeln, die von goldfarbenen Leisten eingefaßten werden, angebracht sind. Ihre Konzeption entstammt der ersten Bauphase des Grünen Gewölbes und wurde in den Jahren 1723 bis 1724 realisiert. Mit der Erweiterung des Grünen Gewölbes nach 1727 wurde dann das Arrangement grundsätzlich überarbeitet und die Flächen noch stärker verspiegelt. Damals erhielt sie ihr heutiges Aussehen.

Auf den bis unter die Decke symmetrisch angeordneten Konsolen dieser Wand und auf den ebenfalls dicht mit Konsolen besetzten anderen Wänden desselben Raumes ließ August der Starke einstmals den ererbten Schatz der sächsischen Kurfürsten an vergoldeten Silbergefäßen aufstellen. Viele Konsolen besetzte er zudem mit prunkvollen zeitgenössischen Werken aus Augsburger Werkstätten, die zum Teil heute im Roten Raum zu sehen sind.

Bei der heutigen Bestückung der Silberwand treten neben die ausschließlich auf das Edelmetall beschränkten Werke der deutschen Goldschmiedekunst auch zahlreiche von süddeutschen und sächsischen Meistern in vergoldetem Silber gefaßte Nautilus- und Seeschneckengehäuse, Kokosnüsse und Straußeneier, die nach der Konzeption des Kurfürst-Königs einst den Pretiosensaal zieren sollten. Das heutige Aussehen der Schauwand darf auch deshalb nicht als eine genaue Rekonstruktion verstanden werden, weil zur Zeit Augusts des Starken keinesfalls alle Konsolen bis unter die Dekke mit bedeutenden Kunstwerken besetzt waren. Die obersten Konsolen, die selbst der nicht durch eine Glaswand von den Werken getrennte Besucher kaum eingehend betrachten konnte, füllten ungefaßte und auf Holzsockeln erhöhte Naturschätze wie Straußeneier und Korallenzinken, manche blieben wohl auch einfach leer.

Trotz dieser Einschränkungen vermittelt der Anblick der Schauwand dem modernen Besucher doch einen Eindruck der im Barock angestrebten Erscheinung des sächsischen Schatzkammermuseums. Die sorgfältig gestalteten Einzelformen der Prunkgefäße, die kunstvolle plastische Wirkung der bizarren Kannen, der figurenförmigen Trinkspiele und der voluminösen Pokale verschwinden als eigenständige künstlerische

Die Silberwand im Grünen Raum

Aussage in der goldschimmernden Gesamtwirkung. Nur der konzentrierte Blick erlaubt es, die Schönheit des einzelnen Werkes oder eines seiner Details zu erkennen.
Es ist kaum möglich, unter den 115 einzigartigen Werken der europäischen Kunst, die auf den Konsolen und den vor die Wand gestellten Tischen stehen, einzelne besonders hervorzuheben. Den unteren Bereich des rechten Wandfeldes füllen prächtige Ensembles von Prunkbekken und -kannen. Dabei stammen die ausgestellten Perlmutterbecken mit ihren Kannen aus dem Orient (Nr. 81, 82, 83, 85). Den importierten Kostbarkeiten fügten bedeutende Goldschmiede nach europäischem Geschmack in vergoldetem Silber ornamentierte Ränder, Ausgüsse, Standringe und Handhaben hinzu. Die älteste Garnitur wurde so um 1530 in Nürnberg veredelt (Nr. 83, Farbtafel 4). Eine Garnitur aus dem gleichen Material, die zwischen 1611 und 1613 von Elias Geyer in Leipzig bearbeitet wurde (Nr. 82), belegt den hohen Stand der Goldschmiedekunst der Renaissance in Sachsen. Aus der Hand des Elias Geyer stammen auch acht über die gesamte Silberwand verteilte Meeresmischwesen, deren Körper in Schneckenschalen enden (Nr. 22, 23, 47, 48, 62, 63, 106, 107, Farbtafel 7). Ebenso skulptural und als eigenständiges Kunstwerk gedacht wurde die sogenannte Drachenkanne des Nürnberger Goldschmieds Christoph Jamnitzer (Nr. 69). Das um 1610 geschaffene Gießgefäß, dessen zugehöriges Becken nicht mehr vorhanden ist, zählt zu den wichtigsten Werken des deutschen Manierismus. Auf dem Tisch vor dem Wandfeld findet sich eine 1629 von dem Dresdener Goldschmied Daniel Kellerthaler gefertigte bizarre Garnitur aus vergoldetem Silber (Nr. IV, Farbtafel 12).

Sie zeigt im Relief des Beckens und in der plastischen Ausformung der Kanne den musikalischen Wettstreit Apolls mit Marsias und die Bestrafung des König Midas. Auf dem zweiten Tisch steht, als einziges ausgestelltes Beispiel dieses in der Sammlung des Grünen Gewölbes reichlich vertretenen Bestandes, eine mit farbkräftigem Maleremail bedeckte Gießgarnitur (Nr. III, Farbtafel 10). Solche Emailgefäße gelangten als besondere Prunkstücke aus den Werkstätten des mittelfranzösischen Limoges an die europäischen Fürstenhöfe. Das obere Wandfeld bedecken zahlreiche üppig getriebene Silberpokale. Es handelt sich vielfach um Deckelpokale, deren Wandungen in schwierigster Treibarbeit als Reihung von Buckeln gearbeitet wurden, die im Schein kerzenerleuchteter Tafeln oder Schaubüffets zu einer glanzvollen Vermehrung der Lichtreflexe führten. Einige Pokale sind in der besonders anspruchsvollen Form einer Akeleyblüte getrieben oder als dicht mit kleinen Buckeln übersäte Trauben geformt. Hervorzuheben sind der um 1610 vom Dresdener Goldschmied Georg Mond geschaffene Riesenakeley-Pokal (Nr. 96), dessen Wandungen Ornamente und Landsknechte zieren, der zylindrische Pokal des vor 1590 in Dresden tätigen Valentin Geitner (Nr. 98) und der für die sächsische Kulturgeschichte wertvolle Willkommpokal der Saigerhütte Grünthal, dessen Kuppa mit sechs Darstellungen des Hüttenwesens nach Georgius Agricolas wegweisendem Buch geschmückt wurde (Nr. 97).

Auf dem verspiegelten Wandpfeiler, der die beiden großen Felder der Silberwand trennt, finden sich zahlreiche Flaschen, Krüge und Pokale aus dem um 1700 an Fürstenhöfen besonders begehrten Goldrubinglas. Einige dieser Gefäße wurden in Potsdam, in der Werkstatt des Erfinders dieser Glasart, Johann Kunckel von Löwenstein, gefertigt. Andere stammen aus unbekannten, wohl süddeutschen Glashütten. Die Übernahme und Verbesserung der neuen Glastechnologie durch den in Sachsen tätigen Alchimisten und Entdecker des europäischen Porzellans, Johann Friedrich Böttger, belegen zwei Flaschen aus Überfangglas der Dresdener Glashütte (Nr. 50, 15). Auf das Glas der Renaissancezeit verweisen schließlich zwei Flaschen aus venezianischem Opalglas in deutschen Fassungen (Nr. 52, 55).

Die Form einer – in diesem Falle weit überdimensionierten – Pilgerflasche aus vergoldetem Silber besitzt das größte Schaustück der Sammlung (Nr. 18), das aus älterem sächsischen Hausbesitz bis heute erhalten blieb. Das monumentale Goldschmiedewerk steht im Zentrum des linken

Wandfeldes. Es weist getriebene Belagerungsszenen auf, die ein reicher ornamentaler Dekor der Zeit um 1530 rahmt. Ebenfalls von enormer Größe ist der flächig gewachsene und weit verzweigte Korallenzinken, den der Nürnberger Abraham Jamnitzer nutzte, um eine weibliche Figur zur Darstellung der Nymphe Daphne zu formen (Nr. 17, Farbtafel 9). Die Ende des 16. Jahrhunderts geschaffene Skulptur, deren fragiles Oberteil an der Gürtellinie abgenommen werden kann, diente, wie die meisten anderen auf dieser Wand versammelten Figuren, als ideenreiches Trinkgefäß. Derartige Trinkspiele und Scherzgefäße besaßen einen hohen Unterhaltungswert und wurden bei den nach heutigen Normen sehr exzessiven Trinkgelagen des 16. und 17. Jahrhunderts in Deutschland sehr geschätzt. Sowohl Trinkfestigkeit als auch Geschicklichkeit in der Handhabung waren bei ihrem Gebrauch vonnöten, denn nur mit vorsichtigem Überlegen konnten die Tücken mancher Trinkgeschirre erkannt werden. Dies gilt vor allem für die fragilen, mit Straußeneiern und Nautilusschalen verbundenen Schiffe, Vögel und Fantasiewesen dieses Wandfeldes.

Das Bewußtsein für den einstigen Gebrauchswert der figürlichen Goldschmiedewerke wird heute durch ihren Kunstwert fast gänzlich überlagert. Doch auch die schon ohne alkoholische Füllung recht schweren Gefäße auf mächtigen Sockeln verdanken ihre Entstehung dem fürstlichen Wunsch, die zahlreichen geselligen Gelage mit ungewöhnlichen Trinkgeschirren aus kostbaren Materialien zu verschönern. Dies gilt ebenso für den von Hans Keller gefertigten

hl. Georg im Kampf mit dem Drachen (Nr. 5) wie für die beiden eher dekorativen als gebrauchsfähigen Arbeiten von Urban Wolff, den Reitelefanten mit Kriegsturm (Nr. 19) und den mächtigen gekrönten Löwen mit Reichsapfel und Schild (Nr. 31). Alle drei Silberskulpturen wurden um 1600 in Nürnberg geschaffen. Besonderes Entzücken bereiteten aber solche Trinkspiele, die sich durch mechanische Vorrichtungen über die Tafel bewegen konnten und dadurch einen zusätzlichen Überraschungseffekt besaßen. Zu diesen beweglichen Skulpturen gehören die beiden als Paar gedachten Globusträgerpokale – Christophorus, der die vom segnenden Christuskind bekrönte Himmelskugel trägt, und Herkules mit der durch Zeus in Gestalt des Adlers bekrönten Erdkugel (Nr. 32, 33). Die von Elias Lenker in Augsburg geschaffenen Globen sind äußerst genau nach den damals neuesten Kenntnissen von Himmel und Erde gestochen. In der Gruppe der Automaten, der auch die beiden Globusträgerpokale zuzuordnen sind, hat die auf einem Kentauren reitende Diana, die 1610 von Kurfürst Christian II. im kaiserlichen Prag erworben wurde, einen herausragenden Platz (Nr. 21, Farbtafel 8). Auf den Konsoltischen vor diesem an Kunstwerken überquellenden Wandfeld stehen zwei Schmuckkästen, von denen der größere bereits 1589 in die Kunstkammer gelangte (Nr. I). Er wurde von Nicolaus Schmidt in Nürnberg nach einem Entwurf Wenzel Jamnitzers gefertigt und von Kurfürst Christian I. als Weihnachtsgeschenk seiner Gemahlin Sophie, geborene Markgräfin von Brandenburg, präsentiert.

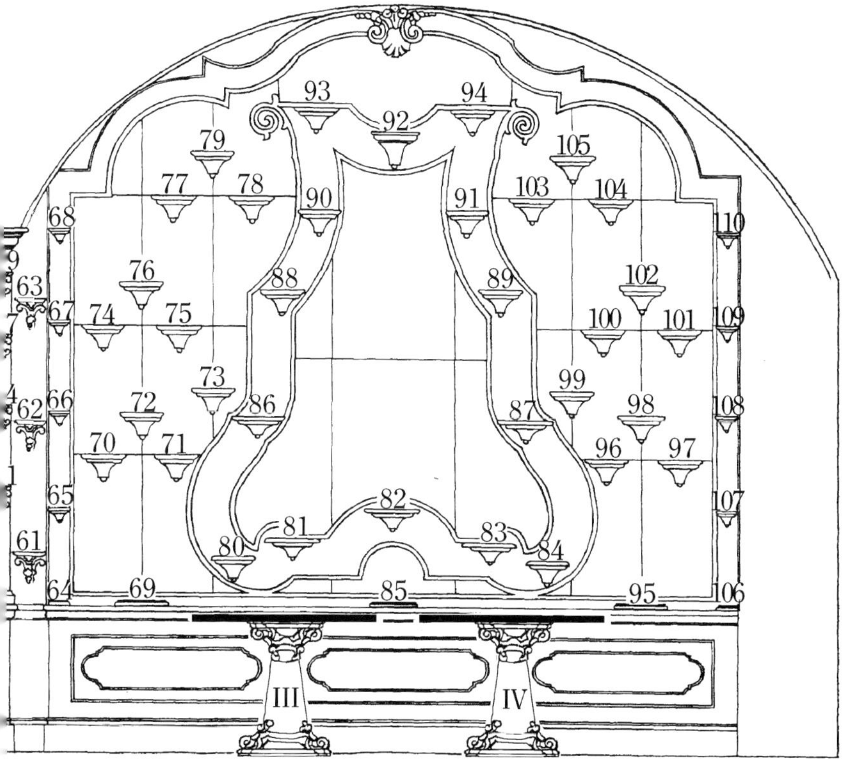

I

TISCHE, LINKES WANDFELD

I Großer Schmuckkasten der Kurfürstin Sophie
Holzkern, Silber, teilweise vergoldet, Perlmutter, Samt, Seide, Glas, Edelsteine
Entwurf: Wenzel Jamnitzer
Ausführung: Nicolaus Schmidt
Nürnberg, um 1585
H. 50 cm, B. 57 cm, T. 39 cm; IV 115

II Schmuckkasten für Christian I.
Holzkern, Silber, teilweise vergoldet, Muscheln, Edelsteine, Samt
wohl Nürnberg, vor 1590
H. 42 cm, B. 49 cm, T. 38 cm; IV 145

1

LINKES FELD

1 und 2 Hahn und Henne als Trinkgefäß
Silber, vergoldet, Nautilusschale
geschnittene Nautilus: China
Fassung: Friedrich Hillebrand
Nürnberg, um 1600
H. 30 und 29 cm; III 156 und III 193

5

3 Nautiluspokal mit Deckel, von Winzer getragen
Silber, vergoldet, Nautilusschale, Lackmalerei
Elias Geyer
Leipzig, 1606-1608
H. 36,8 cm; III 160

4 Seeschneckenpokal, getragen von kniendem Afrikaner
Silber, vergoldet, Turboschneckengehäuse
Tobias Wolff
Nürnberg, Anfang 17. Jahrhundert
H. 25 cm; III 208

5 Hl. Georg im Kampf mit dem Drachen als Trinkgefäß
Silber, vergoldet
Hans Keller
Nürnberg, um 1600
H. 52 cm; IV 124

6 und 7 Zwei Segelschiffe als Trinkgefäße
Silber, vergoldet, Nautilusschalen
Samuel Lormann
Torgau, Anfang 17. Jahrhundert
H. 66 cm und 64,2 cm; III 194 und III 191

8

8 Segelschiff als Trinkgefäß
Silber, vergoldet, Nautilusschale
Jörg Ruel
Nürnberg, Anfang 17. Jahrhundert
H. 59,5 cm; III 152

9 Doppelpokal mit Buckeln
Silber, vergoldet
Andreas Rosa, Nürnberg
Anfang 17. Jahrhundert
H. 67 cm; IV 296/IV 301

10 Straußeneipokal, getragen von einem Bauern
Silber, vergoldet, Straußenei
wohl Elias Geyer
Leipzig, Anfang 17. Jahrhundert
H. 45,3 cm; III 117

11 Straußeneipokal, getragen von einem Indianer
Silber, vergoldet, Straußenei
Deutschland, Anfang 17. Jahrhundert
H. 42,2 cm; III 116

13-15

12 Bemalter Straußeneipokal, getragen von Jüngling
Silber, vergoldet, Straußenei
Deutschland, Anfang 17. Jahrhundert
H. 47 cm; III 110

13 bis 15 Straußen als Trinkgefäße
Silber, Straußenei
Elias Geyer
Leipzig, vor 1610
H. 44,3 cm, 46,2 cm, 46,3 cm;
III 114, III 127, III 115
(Abbildung mit einem 4. Straußenpokal, Mitte hinten, der nicht ausgestellt ist)

16 Aktaeon als Trinkgefäß
Silber, vergoldet, Koralle
Jeremias Ritter
Nürnberg, um 1615
H. 50 cm; IV 261

17 (Farbtafel 9) Daphne als Trinkgefäß
Silber, größtenteils vergoldet, Koralle
Abraham Jamnitzer
Nürnberg, Ende 16. Jahrhundert
H. 64,6 cm; IV 260

18 Henkelflasche mit Belagerungsszenen
Silber, vergoldet
wohl Österreich/Ungarn,
Mitte 16. Jahrhundert
H. 81 cm; IV 253

19 Elefant mit Kriegsturm als Trinkgefäß
Silber, vergoldet, Perlmutterplättchen,
Farbsteine
Urban Wolff
Nürnberg, 1585-1598
H. 52 cm; IV 120

18

19

22/23

20 (Farbtafel 15)
Nautiluspokal mit Korallenzinken
Silber, vergoldet, Nautilusschale, Koralle, Granate
geschnittene Nautilus: Werkstatt des Cornelius van Bellekin
Amsterdam, Mitte 17. Jahrhundert
Fußgruppe: wohl Nürnberg, Anfang 17. Jahrhundert
Neufassung: Johann Heinrich Köhler, Dresden, 1724
H. 42 cm; III 185

21 (Farbtafel 8)
Diana auf dem Kentauren als Automatenwerk
Silber, teilweise vergoldet, Tiefschnitt-email, Rubine, Smaragde, Ebenholz
Melchior Mair
Augsburg, 1600-1610
H. 49,6 cm, B. 33,3 cm, T. 21,3 cm
IV 150

22 und 23 (Farbtafel 7) Zwei Greifen mit Hellebarden als Trinkgefäße
Silber, vergoldet, Seeschneckengehäuse
Elias Geyer
Leipzig 1608-1610
H. 37,9 cm und 40 cm; IV 127 und IV 132

24 Seeschneckenpokal mit Herkules und Weltkugel
Silber, vergoldet, Seeschneckengehäuse
Friedrich Hillebrand
Nürnberg, um 1600
H. 35,5 cm; III 147

25 Seeschneckenpokal mit kniendem Afrikaner
Silber, vergoldet
Tobias Wolff
Nürnberg, Anfang 17. Jahrhundert
H. 31,5 cm; III 148

26 Kokosnußpokal
Silber, vergoldet, Kokosnuß
wohl Elias Geyer
Leipzig, Anfang 17. Jahrhundert
H. 43 cm; IV 326

27 Kokosnußpokal, getragen von einem Putto
Silber, vergoldet, Kokosnuß
Friedrich Klemm
Dresden, 1. Hälfte 17. Jahrhundert
H. 37,3 cm; IV 332

28 Gefäß aus einer maledivischen Nuß
Silber, vergoldet, Maledivennuß
Mitte 16. Jahrhundert
H. 32,5 cm, B. 41 cm; IV 314

25

28

31

29 Deckelpokal aus Wildschweinhaut
Silber, vergoldet, Wildschweinhaut, Lackmalerei
Gefäß: Südostasien
Fassung: Deutschland, 1. Hälfte 16. Jahrhundert
H. 54 cm; IV 318

30 Kokosnußpokal mit Pferdeköpfen
Silber, vergoldet, Kokosnuß
Valentin Geitner
Dresden, 1580-1591
H. 49 cm; III 257

31 Stehender bekrönter Löwe als Kanne
Silber, vergoldet
Urban Wolff
Nürnberg, 1585-1598
H. 67 cm; IV 10

32 und 33 Deckelpokale, Herkules mit der Erdkugel und Christophorus mit der Himmelskugel
Silber, vergoldet
Elias Lenker
Augsburg, 1626-1629
H. 63,2 cm und 64 cm; IV 294 und IV 290

32

33

34 Deckelpokal, Herkules mit der Himmelskugel
Silber, vergoldet
Nürnberg, vor 1617
H. 75 cm; IV 292

35 Hoher Buckelpokal
Silber, vergoldet
Peter vom Lohe
Hamburg, dat. 1657
H. 87,5 cm; IV 186

36 Beschnitzter Kokosnußpokal mit Darstellungen aus dem Indianerleben
Silber, vergoldet, Kokosnuß
Süddeutschland, 2. Hälfte 16. Jahrhundert
H. 34,7 cm ; IV 325

37 (Farbtafel 11)
Beschnitzter Kokosnußpokal mit Szenen aus der Geschichte des verlorenen Sohnes
Silber, vergoldet, Kokosnuß
wohl Nürnberg, Mitte 16. Jahrhundert
H. 28 cm; IV 330

38 Kokosnußkanne
Silber, vergoldet, Kokosnuß
wohl Elias Geyer
Leipzig, Anfang 17. Jahrhundert
H. 30,6 cm; IV 328

39 Pelikan mit Jungen als Trinkgefäß
Silber, vergoldet, Nautilusschale, Smaragde
Christof Kunad
Nürnberg, dat. 1609
H. 41 cm; III 145

40 Pelikan mit Jungen als Trinkgefäß
Silber, vergoldet, Straußenei
Andreas Klette
Torgau, 1602
H. 35 cm; III 106

41

42

41 Schwan als Trinkgefäß
Silber, größtenteils vergoldet,
Nautilusschale
Friedrich Hillebrand
Nürnberg, um 1600
H. 39,5 cm; III 143

42 Rebhuhn als Trinkgefäß
Silber, vergoldet, Perlmutterplättchen,
Smaragde
Friedrich Hillebrand
Nürnberg, um 1600
H. 27 cm; III 150

43 Jungfrauenbecher
Silber, größtenteils vergoldet,
Perlmutterschnecke
Friedrich Hillebrand
Nürnberg, um 1600
H. 43 cm; III 184

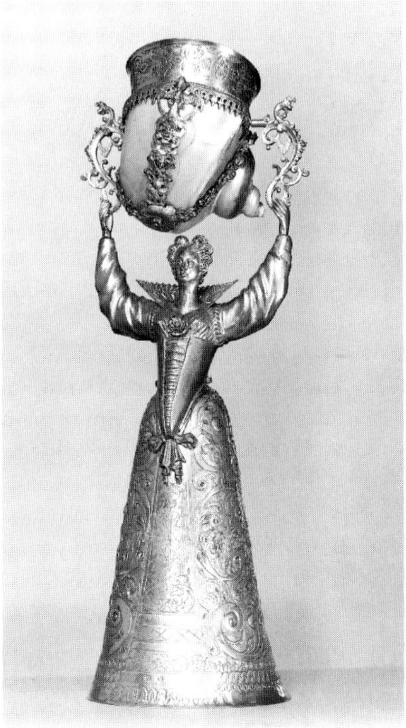

43

44

44 Pfau als Trinkgefäß
Silber, vergoldet, Nautilusschale, Lack
Paulus Widmann
Nürnberg, um 1600
H. 38 cm; III 200

45 Nautiluspokal, bekrönt von einer Sirene
Silber, vergoldet, Nautilus
geschnittene Nautilus: Ostasien
Fassung: Deutschland,
1. Hälfte 17. Jahrhundert
H. 33 cm; III 188

46 Springender Hirsch als Trinkgefäß
Silber, vergoldet, Koralle
Andreas Rosa
Nürnberg, Anfang 17. Jahrhundert
H. 43,7 cm; IV 119

47 Seepferd als Trinkgefäß
Silber, vergoldet, Seeschneckengehäuse
Elias Geyer
Leipzig, 1614-1616
H. 18,9 cm; IV 6

48

48 Nereide als Trinkgefäß
Silber, vergoldet, Seeschneckengehäuse
wohl Elias Geyer
Leipzig, vor 1610
H. 18,2 cm; IV 116

MITTLERES WANDFELD

49 Deckelkrug
Rubinglas, Silber, vergoldet
Potsdam, Ende 17. Jahrhundert
Fassung: Deutschland,
Ende 17. Jahrhundert
H. 29 cm; IV 235

49a

49a Zwei Kettenflaschen
Rubinglas, Silber, vergoldet
Potsdam, Ende 17. Jahrhundert
Fassung: Samuel Baur
Augsburg, 1680-1684
H. 36 cm und 36,7 cm; IV 219 und IV 220

50 und 51 Zwei Flaschen aus Überfangglas
rotes und klares Glas
Johann Friedrich Böttger
Dresden, 1713-1719
H. 28,5 cm und 27,6 cm; IV 136 und IV 135

52 Hohe, flache Flasche
blaues Opalglas, Silber, vergoldet, Email
Glas: wohl Venedig
Fassung: Kaufbeuren, dat. 1574
H. 47,4 cm; IV 268

53 und 54 Zwei Kettenflaschen
Rubinglas, Silber, vergoldet
Süddeutschland, Anfang 18. Jahrhundert
H. 35,5 cm und 35,0 cm;
IV 274 und IV 24

55 Flasche
blaues Opalglas, Silber, vergoldet
Glas: wohl Venedig
Fassung: Süddeutschland, um 1600
H. 35 cm; IV 205

56 und 57 Zwei Kettenflaschen
Rubinglas, Silber, vergoldet
Süddeutschland, Anfang 18. Jahrhundert
H. 31,8 cm und 30,7 cm;
IV 201 und IV 23

58 und 59 Zwei Deckelbecher
Rubinglas
Süddeutschland, Anfang 18. Jahrhundert
H. 17 cm und 18 cm;
1968/2 und 1968/3

60 Deckelpokal
Rubinglas
Potsdam, Mitte 18. Jahrhundert
H. 42, 5 cm; IV 225

50/51

55

IV

TISCHE, RECHTES WANDFELD

III (Farbtafel 10)
Becken mit Darstellung der Hure Babylon
Email, Kupfer
Martial Courteys
Limoges, um 1580
41 x 55 cm; III 8
und
Kanne mit Triumphzug der Diana
Email, Kupfer
Jean Courteys
Limoges, Ende 16. Jahrhundert
H. 28 cm; III 6

IV (Farbtafel 12)
Becken (Marsyas-Becken) und Kanne (Midas-Kanne)
Silber, vergoldet
Daniel Kellerthaler
Dresden, vor 1629
Becken 58 x 82 cm, Kanne H. 41 cm;
IV 57, IV 9

61

RECHTES WANDFELD

61 Springender Hirsch mit Hund als Trinkgefäß
Silber, vergoldet, Koralle
Meinrad Bauch d. Ä.
Nürnberg, Ende 17. Jahrhundert
H. 37 cm; IV 13

62 und 63 Seeinhorn und Triton als Trinkgefäß
Silber, vergoldet, Seeschneckengehäuse
Elias Geyer
Leipzig, vor 1610
H. 19,8 cm und 20,8 cm; IV 133 und IV 118

64 Papagei als Trinkgefäß
Silber, vergoldet, Perlmutterplättchen, Smaragde
wohl Nürnberg, Anfang 17. Jahrhundert
H. 32,5 cm; III 151

65 Jungfrauenbecher
Silber, vergoldet, Seeschneckengehäuse
Meinrad Bauch d. Ä.
Nürnberg, Ende 16. Jahrhundert
H. 27,5 cm; III 190

66 Hahn als Trinkgefäß
Silber, vergoldet, Nautilusschale
geschnittene Nautilus: China
Fassung: Samuel Becker
Braunschweig, Ende 16. Jahrhundert
H. 32 cm; III 153

67 Nautiluspokal, von einem Triton getragen
Silber, vergoldet, Nautilusschale
wohl Elias Geyer
wohl Leipzig, Anfang 17. Jahrhundert
H. 26,1 cm; III 161

68 Nautiluspokal, getragen von Amor
Silber, vergoldet, Nautilusschale
Elias Geyer
Leipzig, 1602-1604
H. 30,7 cm; III 198

65

68

69b

69a Drachenkanne
Silber, vergoldet
Christoph Jamnitzer
Nürnberg, um 1610
H. 46.5 cm; IV 293

69b Gießbecken mit Szenen einer Hirsch- und Bärenjagd
Silber, vergoldet
Elias Geyer
Leipzig, 1611-1613
57 x 75 cm; IV 250

70 und 71 Zwei Buckelpokale
Silber, vergoldet
Peter Wiber
Nürnberg, Anfang 17. Jahrhundert
H. 62 cm und 58 cm; IV 297 und IV 300

72 Pokal in Form eines Schlosses
Silber, vergoldet
Georg Mond
Dresden, dat. 1606
H. 65,1 cm; IV 345

72

73 Perlmutterpokal, von Triton getragen
Silber, vergoldet, Perlmutterplättchen
Elias Geyer
Leipzig, wohl 1613-1615
H. 35 cm; III 207

74 und 75 Zwei dreiseitige Pokale
Silber, vergoldet, Nephrit
Elias Geyer,
Leipzig, 1604-1606
H. 42,3 cm und 41 cm; IV 262 und IV 196

76 Ovaler Pokal, getragen von einem auf einer Kröte knienden Indianer
Silber, vergoldet, Nephrit
Nürnberg, 1. Hälfte 17. Jahrhundert
H. 45,8 cm; IV 272

77 Münzhumpen
Silber, vergoldet, 50 eingesetzte Münzen
Balthasar Lauch
Leipzig, dat. 1687
H. 23 cm; IV 351

78 Deckelhumpen
Silber, vergoldet
Liegnitz, 17. Jahrhundert
H. 20,5 cm; 1930/1

79 Humpen mit Smaragddubletten
Silber, vergoldet, Smaragddubletten, Perlen
wohl Deutschland, 2. Hälfte 17. Jahrhundert
H. 16 cm; V 594 a

73

74/75

80

82

80 Deckelpokal
Silber, vergoldet, Email
Hans Schebel
Augsburg, 1565-1570
H. 65,8 cm; IV 252

81 Perlmutterbecken und Kanne
Perlmutterplättchen, Seeschnecken-gehäuse, Silber, vergoldet
Nicolaus Schmidt
Nürnberg, um 1600
Becken D. 55,5 cm, Kanne H. 40 cm; IV 248 und IV 157

81

82 Perlmutterbecken und Kanne
Holzkern. Perlmutterplatten, Asphaltlack, Silber, vergoldet
Perlmutterarbeit: Naher Osten
Fassung: Elias Geyer
Leipzig, 1611-1613
Becken D. 60,1 cm, Kanne H. 35 cm; IV 287 und IV 189

83 (Farbtafel 4)
Perlmutterbecken und Kanne
Holzkern, Perlmutterplatten, Kupfer, Silber, vergoldet
Perlmutterarbeit: Indien oder Persien
Fassung: wohl Nürnberg, um 1530
Becken D. 56 cm, Kanne H. 29 cm; IV 181 und IV 256

84

86/87

84 Deckelpokal
Silber, vergoldet, Email
Hans Schebel
Augsburg, 1565-1570
H. 55,4 cm; IV 254

85 Perlmutterbecken
Holzkern, Perlmutterplättchen
Naher Osten, wohl Ende 16. Jahrhundert
D. 43 cm; IV 257

86 und 87 Zwei Traubenpokale, von Winzern getragen
Silber, vergoldet
Hanns Beutmüller
Nürnberg, vor 1622
H. 81 cm und 77 cm; IV 8 und IV 12

88 und 89 Zwei Traubenpokale, von Winzern getragen
Silber, vergoldet
Paulus Bair
Nürnberg, 1. Hälfte 17. Jahrhundert
H. 61 cm und 58 cm; IV 18 und IV 21

90 Deckelpokal
Silber, vergoldet
Deutschland, 17. Jahrhundert
H. 44,9 cm; IV 151

95a

92 Eule als Trinkgefäß
Silber, vergoldet
Deutschland, vor 1591
H. 45 cm; IV 302

91, 93, 94 Drei Deckelpokale
Silber, vergoldet
Abraham Tittecke
Nürnberg, Anfang 17. Jahrhundert
H. 45 cm, 61 cm, 57 cm;
IV 153, IV 121, IV 123

95a Ovales Gießbecken mit der Darstellung der vier Jahreszeiten
Silber, vergoldet
Hans IV. Pfleger
Augsburg, 1613-1615
67,3 x 79,8 cm; IV 183

95b Kanne mit Darstellung eines Frauenraubes durch Meeresgötter
Silber, vergoldet
wohl Balthasar I. Grill
Augsburg, vor 1615
H. 39,5 cm; IV 291

95b

96

97

96 Akeleypokal
Silber, vergoldet
Georg Mond
Dresden, um 1610
H. 70 cm; IV 185

97 Deckelpokal, »Willkomm der Saigerhütte Grünthal«
Silber, vergoldet
David Winckler
Freiberg, dat. 1625
H. 67 cm; IV 17

98 Deckelpokal
Silber, vergoldet, Email
Valentin Geitner
Dresden, dat. 1590
H. 54 cm; IV 187

99 Kleiner Doppelpokal
Silber, vergoldet, Perlmutterplättchen
Urban Wolff
Nürnberg, 1585-1598
H. 38 cm; III 154/III 155

100 und 101 Zwei dreiseitige Pokale
Silber, vergoldet, Nephrit
Elias Geyer
Leipzig, 1604-1606
H. 43,9 cm und 42,9 cm;
IV 199 und IV 259

102 Ovaler Pokal, von Fortuna bekrönt
Silber, vergoldet, Nephrit
Nürnberg, 1. Hälfte 17. Jahrhundert
H. 34 cm; IV 202

98

104

103 Deckelbüchse
Zimtholz, Silber, vergoldet
Jürgen Richels
Hamburg, Mitte 17. Jahrhundert
H. 22 cm; IV 335

104 Pokal in Form eines Mörsers
Silber, vergoldet
Friedrich Kellerthaler
Dresden, um 1650
H. 26 cm; IV 315

105 Pokal der Dresdener Goldschmiedeinnung
Silber, innen vergoldet
Dresden, um 1600
H. 35 cm; IV 197

106 und 107 Zwei Seepferde als Trinkgefäße
Silber, vergoldet, Seeschneckengehäuse
Elias Geyer
Leipzig, vor 1610
H. 21,9 cm und 18,1 cm;
IV 295, IV 4

108 Nautiluspokal mit kniendem Indianer
Silber, vergoldet, Nautilusschale,
Lackmalerei
Meister HV
Nürnberg, Anfang 17. Jahrhundert
H. 34,5 cm; III 159

109 Nautiluspokal mit Deckel in Gestalt eines Walkopfes
Silber, vergoldet, Nautilusschale
Olmütz, Ende 16. Jahrhundert
H. 34 cm; III 202

110 Nautiluspokal auf drei stehenden Delphinen
Silber,vergoldet, Nautilusschale
geschnittene Nautilus: Ostasien
Fassung: Egidius Blanke
Stettin, um 1600
H. 27,5 cm; III 206

I Mittelalterliche Kunstwerke

Das Grüne Gewölbe unterscheidet sich von anderen Schatzkammersammlungen darin, daß sich mit Hilfe der noch vorhandenen Inventarbände der Kunstkammer und des augusteischen Schatzkammermuseums von der Mehrzahl seiner Kunstwerke ziemlich genau sagen läßt, wann und zum Teil auch von wem sie erworben wurden. Solche kunst- und kulturgeschichtlich wichtigen Nachrichten gibt es allerdings für den Bereich der mittelalterlichen Kunstwerke dieses Museums nur in geringem Maße. Eine repräsentative Auswahl des Bestandes an Bildwerken und Gefäßen vom 10. bis zum 15. Jahrhundert sind in der Vitrine I ausgestellt.
Zu den bedeutendsten und ältesten Werken, die hier zu finden sind, gehört eine vor der Mitte des 10. Jahrhunderts in Byzanz entstandene Relieftafel mit den Aposteln Johannes und Paulus (Nr. 6, Farbtafel 1). Neben ihr liegt eine weitere byzantinische Elfenbeinplatte, die als Teil einer Doppeltafel (Diptychon) zwei Szenen aus der Ostergeschichte zeigt (Nr. 5). Sie entstand wohl gegen Ende des 10. Jahrhunderts und gelangte 1832 aus der aufgelösten Kunstkammer ins Grüne Gewölbe. Das dritte Werk dieser Kunstgattung, ein kleines Diptychon mit den Darstellungen der Anbetung der Könige und der Kreuzigung, ist ein schönes Beispiel Pariser Elfenbeinschnitzerei des frühen 14. Jahrhunderts und wurde 1837 für das Grüne Gewölbe erworben (Nr. 7).
Wohl aus Syrien, wo sich die islamische Kultur besonders blühend entwickelte, stammen die beiden um 1300 mit Emailmalerei geschmückten Glasbecher. Die kostbaren und zerbrechlichen Gefäße, auf deren Wandungen drei hintereinander reitende Polospieler (Nr. 4) und eine Reiherjagd (Nr. 8) dargestellt sind, wurden wohl zu Beginn des 15. Jahrhunderts in Deutschland mit silbernen Standringen und Deckeln versehen und so dem europäischen Geschmack angepaßt (Farbtafel 2).
Um 1400 ist ein älteres, wohl in Frankreich geschnittenes zwölfkantiges Bergkristallgefäß in der Hofwerkstatt zu Krakau für Hedwig von Polen prunkvoll gefaßt worden (Nr. 13, Farbtafel 3). Der Deutung seiner Beschriftung zufolge diente es als bischöfliches Geschenk an die Königin und sollte dieser aufgrund ihrer dem hl. Wenzeslaus geleisteten Verdienste überreicht werden. Der Deckelpokal war bei Hedwigs Tod im Jahre 1399 wohl noch nicht vollendet und gelangte später auf unbekanntem Wege in den älteren wettinischen Hausbesitz. Neben diesem bedeutenden Werk finden sich in der Vitrine mehrere Gefäße aus Bergkristall, Jaspis und Achat, die wohl größtenteils venezianischen oder französischen Ursprungs sind, im 13. bis 14. Jahrhundert geschnitten wurden und zum Teil erst Jahrhunderte später ihre heutigen Edelmetallfassungen erhielten. Es gelangten als Folge der Reformation nur solche Gefäße ins Grüne Gewölbe, die von vornherein zu profanem Gebrauch bestimmt waren oder denen eine ursprüngliche kirchliche Bestimmung nicht ohne weiteres anzusehen war.
Aus Sachsen selbst stammt kaum ein Werk des Mittelalters. Zumindest aus sächsischem Material, aus Serpentin, besteht aber eine mit Deckel versehene, stark gebauchte Trinkschale, die wohl um 1500 in Nürnberg ihre Fassung erhielt (Nr. 1). Diese älteste Form des Trinkgefäßes wird heute noch nach ihrer einstigen Benennung, dem mittelhochdeutschen Wort ›schiuve‹ für Becher, als Scheuer bezeichnet.

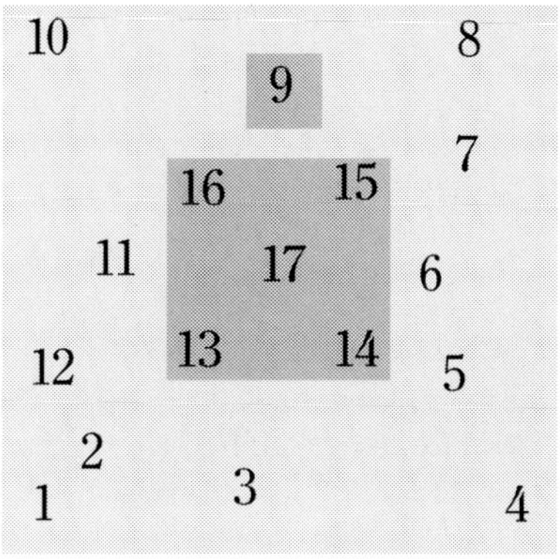

Zur Sammlung des Grünen Gewölbes gehören neben mittelalterlichen Steinschnitten auch insgesamt acht in vergoldetes Silber gefaßte Trinkhörner. Die einst Greifenklauen genannten Gefäße dokumentieren ebenfalls einen uralten Gefäßtyp.

Trinkhörner werden zwar schon in den Inventaren des 15. Jahrhunderts erwähnt, doch keines der erhaltenen Stücke kann sicher darin identifiziert werden. Es ist verlockend anzunehmen, daß einige der noch erhaltenen Gefäße schon von jener Zeit an zum Eigentum des Hauses Wettin gehörten und somit Reste der Silberschätze des mittelalterlichen Sachsen darstellen. Die drei ausgestellten Greifenklauen gelangten als »altväterische« Gefäße von historischem Wert in die sächsische Kunstkammer (Nr. 10-12). Ihre fantasiereichen spätgotischen Fassungen, die wie diejenigen der Edelsteingefäße immer wieder ergänzt wurden, stammen wohl zumeist aus süddeutschen Goldschmiedewerkstätten.

3

1

1 Runde Trinkschale mit Deckel
edler Serpentin, Silber, vergoldet
Fassung: wohl Süddeutschland, um 1480
H. 15,5 cm; V 404

2 Kleiner Deckelpokal mit schräggewellter Kannelierung
Jaspis, Bronze, vergoldet
Venedig und Deutschland,
2. Hälfte 15. Jahrhundert
H. 22,5 cm; V 488

3 Elfkantiges Deckelgefäß
Achat-Amethyst, Silber, vergoldet
Fassung wohl Burgund,
Ende 15. Jahrhundert
H. 14 cm; IV 343

4 (Farbtafel 2)
Glasbecher mit Polospielern
Glas, Email, Silber, vergoldet
Glas: Syrien, um 1300
Fassung: Deutschland, Anfang
15. Jahrhundert
H. 27 cm; IV 192

2

5

9

5 Tafel mit Szenen aus der Ostergeschichte
Elfenbein
Byzanz, wohl 2. Hälfte 10. Jahrhundert
H. 22,8 cm, B. 11,8 cm; II 51

6 (Farbtafel 1)
Tafel mit Johannes und Paulus
Elfenbein, Silber, vergoldet
Byzanz, 1. Hälfte 10. Jahrhundert
H. (insges.) 25,9 cm, B. (insges.) 13,9 cm; II 52

7 Diptychon
Elfenbein,
Paris, um 1320
H. 9,6 cm, B. (insgesamt) 15 cm; II 51

8 (Farbtafel 2)
Glasbecher mit Reiherjagd
Glas, Email, Silber, vergoldet
Glas: Syrien, um 1300
Fassung: Deutschland, Anfang 15. Jahrhundert
H. 34 cm; IV 193

9 Stammbaum Christi »Natternbaum«
Haifischzähne, Silber, teilweise vergoldet
wohl Nürnberg, um 1500
H. 19,5 cm; IV 108

10 Trinkhorn auf hockendem Mann mit Burg
Horn, Silber, vergoldet
Deutschland, Anfang 15. Jahrhundert
H. 34 cm, L. 48 cm; IV 333

11

11 Trinkhorn auf ruhendem Greifen mit Burg
Horn, Silber, vergoldet
Deutschland, Anfang 15. Jahrhundert
H. 29 cm, L. 23,5 cm; IV 269

12 Trinkhorn auf Adler
Horn, Silber, vergoldet
Deutschland, Ende 14. Jahrhundert
H. 22,5 cm, L. 25 cm; IV 338

13 (Farbtafel 3)
Zwölfkantiges Kristallgefäß der Königin Hedwig von Polen
Bergkristall, Silber, vergoldet, Email
Steinschnitt: wohl Frankreich,
14. Jahrhundert
Fassung: Krakau, Ende 14. Jahrhundert
H. 24 cm; V 234

14 (Farbtafel 3)
Zwölfkantiger kleiner Deckelbecher
Bergkristall, Silber, vergoldet, Email
wohl Frankreich, Mitte 14. Jahrhundert
H. 17 cm; V 208

15 Zwölfkantiges Kännchen
Bergkristall, Silber, vergoldet
Steinschnitt: wohl Frankreich,
um 1400
Fassung: 15. Jahrhundert
H. 21 cm; V 276

16 Pokal mit gewelltem Schliff
Bergkristall, Achat, Silber, vergoldet
Steinschnitt: 14. oder 15. Jahrhundert
Fassung: Deutschland, 17. Jahrhundert
H. 30,5 cm; V 223

17 Hoher Deckelpokal
Bergkristall, Silber, vergoldet, Perlen,
Farbsteine
Venedig, um 1290
H. 49 cm; V 231

II Kunstkammerobjekte

Die fürstlichen Kunstkammern des 16. und 17. Jahrhunderts vereinten seltene und kostbare Hervorbringungen der Natur mit Meisterwerken der menschlichen Kunst und Technik. In ihrem Schwerpunkt und in ihrer jeweiligen Zusammensetzung konnten diese enzyklopädischen Sammlungen, je nach Vorlieben ihrer Besitzer, erheblich variieren. Gerade in der Dresdener Kunstkammer waren beispielsweise Handwerkszeuge stark vertreten.
Bis auf diese umfaßt die Vitrine beispielhafte Kunstwerke von hohem Rang, die zum größten Teil während der Regierungszeit des Kurfürsten August, des Gründers dieser Sammlung, entstanden. Die von diesem geschätzte Gattung der Automaten und Uhren wird vertreten durch eine ursprünglich von einem Globus bekrönte, turmförmige astronomische Stutzuhr (Nr. 8). Diese auf allen vier Seiten mit Zifferblättern versehene technische Höchstleistung wurde 1570 von Andreas Schellhorn »zu Schneebergk in Meisen« signiert.
Seltene Naturmaterialien und menschliche Kunstfertigkeit begegnen sich in Werken aus Nautilusschalen, einer im Indo-Pazifik beheimateten Tintenfischart, Seeschneckengehäusen oder großen Perlmuttermuscheln, die in Gold und Silber gefaßt und mit Edelsteinen belegt wurden. Besonders prachtvolle Beispiele für diese Kunstkammerobjekte sind der kleine, besonders reich ausgestattete Nautiluspokal, um 1570 von einem noch unbekannten Meister in Süddeutschland gefertigt (Nr. 3), oder die mit Smaragden besetzte Kettenflasche aus der Nürnberger Werkstatt von Jörg Ruel (Nr. 9). Einzigartig aber ist der 1577 von Elias Lencker geschaffene Kalvarienberg, der wohl der fürstlichen Privatandacht diente (Nr. 1). Das Kruzifix, dessen Kreuzbalken aus Tropenholz besteht, erhebt sich über einem aus Perlmutterschalen und krüppeligen Perlen gebildeten Berg. Diesen bevölkert, zwischen silbernen Zweigen, kleines Getier. Der aus Ebenholz bestehende Sockel, den sechs vergoldete Reliefs mit der Leidensgeschichte Christi umziehen, birgt an der Hauptseite zwei Schubfächer.
Zum allgemeinen Bestand einer Kunstkammer gehörten auch kunstvoll und sinnreich gestaltete Werke der Goldschmiedekunst, so die ungefähr zeitgleich mit dem Kalvarienberg in Nürnberg entstandene, vergnüglich ermahnende Gruppe von Christoph Lindenberger (Nr. 7, Farbtafel 6). Weniger prächtige Silbergefäße wurden aus Erinnerungsgründen aufbewahrt, so der Deckelbecher, der als Mundbecher des Reformators Martin Luther angesehen wurde (Nr. 2), oder der aus englischer Fayence bestehende Krug (Nr. 6), dessen um 1560 entstandene Fassung das verschlungene Monogramm des sächsischen Kurfürstenpaares August und Anna aufweist. Eine flache Fußschale, um 1570 von Caspar Widmann in Nürnberg geschaffen (Nr. 5), überliefert das heute fremdartig erscheinende magisch-alchimistische Weltbild der Renaissance. Es handelt sich bei dem künstlerisch eher unscheinbaren Gegenstand um eine »Giftprobe«. Der in der Mitte aufragende Tierkopf aus Achat galt als ägyptischer Grabungsfund, die in den Schalengrund eingelassenen Plättchen aus Narwalzahn wurden als Hornteile des Fabelwesens Einhorn angesehen. Diese magischen Materialien schienen bestens geeignet, möglicherweise im Getränk befindliche Gifte anzuzeigen. Der Angriff in Gestalt eines Löwen aus Chalzedon, wohl ein

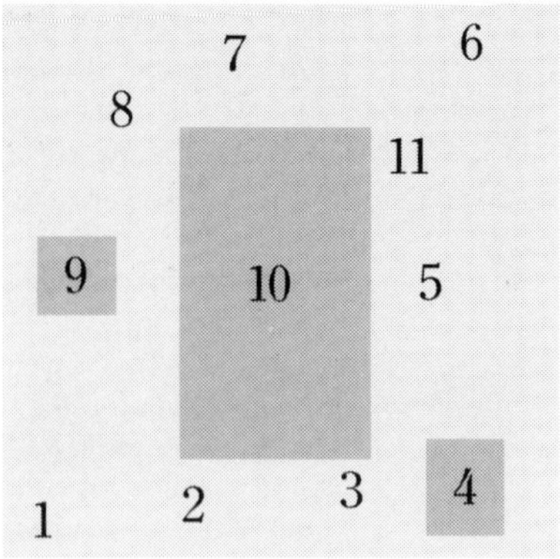

Grabungsfund aus der Spätantike, vervollständigt die kostbare Probierschale. Ein Hauptwerk des Grünen Gewölbes ist das inwendig mit Fächern für Schreibgerät, Tintenfaß und Streusandbüchse ausgestattete Kästchen Wenzel Jamnitzers (Nr. 4, Farbtafel 5). Den hohen Sockel, der nur durch einen geheimen Mechanismus geöffnet werden kann, zieren strenge, antikisierende Ornamente. Auf diesem kostbaren Unterbau lagert die weibliche Allegorie der Philosophie.

Der trotz seiner geringen Größe monumental wirkende Prunkkasten wurde mit der Jahreszahl 1562 datiert. Einige Jahre später entstand der mit zehn umlaufenden Reliefs mit Darstellungen aus der Leidensgeschichte Christi versehene große Schmuckkasten in der gleichen Vitrine (Nr. 10), der von einer aus Silber bestehenden Gruppe mit dem auferstehenden Christus bekrönt wird. Wie erst kürzlich nachgewiesen werden konnte, stammt auch dieses Kunstwerk, von dem es Wiederholungen in anderen Museen gibt, von Wenzel Jamnitzer.

10

1

2

1 Kalvarienberg
Silber, vergoldet, Holz, Muschelschalen, Perlen, Smaragde, Türkise, Granate
Elias Lencker
Nürnberg, 1577
H. 67 cm, B. 31 cm, T. 19,3 cm; III 187

2 Sogenannter Mundbecher Martin Luthers
Silber, vergoldet
Süddeutschland, dat. 1537 und 1539
H. 14,5 cm; IV 313

3 Nautiluspokal mit Baumstamm und Holzfäller
Nautilusschale, Silber, vergoldet, Türkise, Granate, Rubine
Süddeutschland, um 1570
H. 17,8 cm; III 177

3

5

4 (Farbtafel 5)
Schreibkassette mit Allegorie der Philosophie
Silber, teilweise vergoldet, Email, Samt, Seide, Bergkristall, Ebenholz
Wenzel Jamnitzer
Nürnberg, dat. 1562
H. 31 cm, B. 24 cm, T. 11 cm; V 599

5 Schale mit Fuß (Giftprobe)
Silber, vergoldet, Achat, Chalzedon, Narwalzahn
Caspar Widmann
Nürnberg, um 1570
L. (mit Griff) 26 cm; IV 321

6 Krug mit Monogramm AA
Fayence, Silber, vergoldet
England (sog. Malling-ware)
Fassung: Deutschland, um 1560
H. 27 cm; IV 279

7 (Farbtafel 6)
Schubkarrengruppe
Silber, vergoldet
Christoph Lindenberger
Nürnberg, 2. Hälfte 16. Jahrhundert
H. 19 cm; IV 337

8 Astronomische Stutzuhr
Bronze, vergoldet
sign. Andreas Schellhorn
Schneeberg, dat. 1570
H. 39 cm; IV 3

9 Kettenflasche
Perlmutterplatten, Silber, vergoldet, Smaragde
Jörg Ruel
Nürnberg, Anfang 17. Jahrhundert
H. 27,5 cm; III 192

10 Schmuckkassette
Kupfer und Messing, vergoldet, Silber
Wenzel Jamnitzer
Nürnberg, um 1580
H. 41 cm, B. 37 cm, T. 28 cm; IV 33

11 Relief mit der Anbetung der Hirten
Gold, Elfenbein
sign. Daniel Kellerthaler
Dresden, dat. 1626
H. 11 cm, B. 8,5 cm; IV 73

8

III Schmuckschrank von Matthias Wallbaum

Matthias Wallbaum gehörte in der Zeit um 1600 zu den berühmtesten Goldschmieden Augsburgs. Der gebürtige Norddeutsche wurde um 1590 in der aufstrebenden süddeutschen Kunststadt Meister und erwarb sich durch seine kleinen, der Privatandacht dienenden Hausaltärchen weitreichende Bekanntheit. Auch bei dem wohl zwischen 1595 und 1600 entstandenen, allseits verzierten und architektonisch gegliederten Schrank im Grünen Gewölbe mag es sich um eine direkte Bestellung des sächsischen Kurfürsten gehandelt haben. Ein solches Kunstwerk entstand in enger Zusammenarbeit mit einem Kunsttischler, der den dreigeschossigen Kastenaufbau mit Bekrönung fertigte. Die Überfülle des kleinteiligen Dekors, der aus gegossenen und ausgesägten silbernen Relieffiguren und Plaketten besteht, schuf dann der das Gesamtensemble entwerfende Goldschmied. Besonders bemerkenswert sind die künstlerisch herausragend gestalteten und figurenreichen Reliefs der Außenseiten des Schrankes. Sie schildern an der linken Tür die Befreiung der Königstochter Andromeda durch Perseus und an der rechten die dramatische Szene, wie Perseus die Gorgo tötet. Die bei der heutigen, wandgebundenen Aufstellung nicht sichtbaren Reliefs der Rückseite zeigen Venus und Mars in der Schmiede des Vulkan (links) und Venus und Mars, die von Vulkan überrascht werden (rechts). Weitere Reliefs an den Schmalseiten schildern Jagdszenen. Auf der Deckplatte des Mittelkastens finden sich Allegorien der vier Jahreszeiten. Bei geöffneten Türen sieht man dessen architektonisch gegliederte Innenfront, die aus einem Sockel mit Schublade, einem Mittelteil mit Türen und einem Gebälk mit drei Schubladen gebildet wird. Die Sockelschublade enthält ein aufklappbares Schreibpult sowie Tintenfaß und Streusandbüchse. Auch auf der Innenfront finden sich drei Reliefs: Auf der mittleren Türe eines, das einen Harfe spielenden Mann, wohl Orpheus, darstellt und auf den Innenflügeln der Türblätter zwei gleichartige Reliefs, die sitzende Frauengestalten mit Blumenkörbchen zeigen. In der Entstehungszeit war es üblich, daß – wie bei diesen beiden Reliefs und den sie umstehenden Nischenfiguren – die Gußvorlagen immer wieder in der gleichen Werkstatt verwendet wurden. Dies gilt auch für das flache Schweifwerkornament aus Silberblech, das den gesamten Schrank überwuchert. Bekrönt wird das kostbar ausgestaltete Vielzweckmöbel durch eine Uhr mit fein emailliertem Zifferblatt. Das schlagende Uhrwerk konnte mit Hilfe der sie überragenden Figur, einst eine Fortuna und heute ein Krieger, aufgezogen werden. Dieser figurförmige Uhrschlüssel wurde ebenso wie die Holzkugeln, auf denen der Schrank ruht, zwischen 1741 und 1775 »gantz neu ergänzet«. Der festliche Zweiklang von schwarzem Ebenholz und hellem Silber war um 1600 hochmodern und findet sich auch in der damals tonangebenden spanischen Hofkleidung wieder.

Solche Schmuckschränke, von denen das Grüne Gewölbe noch weitere besitzt, dienten als kostbar gestalteter Aufbewahrungsort für Kleinodien und Medaillen. Sie wurden in der Kunstkammer aufgestellt, in deren Inventaren der von Wallbaum gefertigte Schrank erstmals 1640 nachgewiesen werden kann. Erst im Jahre 1913 wurde er aus dem Bestand des Historischen Museums in das Grüne Gewölbe überwiesen.

Schmuckschrank
Ebenholz, Silber, teilvergoldet,
Tiefschnittemail (Zifferblatt der Uhr)
Matthias Wallbaum
Augsburg, 1595-1600
H. 85,5 cm, B. 56 cm, T. 42 cm, I 34

IV Werke aus dem Bronzenzimmer

In den Jahren 1727 bis 1729 ließ August der Starke in einer zweiten Bauphase das Grüne Gewölbe unter anderem durch einen Raum erweitern, der seiner Sammlung an Bronzestatuetten vorbehalten sein sollte. Der kleine Raum wurde dem Anlaß entsprechend mit dunkelgebeizten Holzvertäfelungen versehen. Die Gewölbekappen aber schmückten fünf große Rundreliefs aus vergoldeter Bronze, die das sächsische Herrscherpaar, den Erbprinzen sowie, einen zu dieser Zeit stattfindenden Staatsbesuch des brandenburgischen Nachbarn feiernd, den König von Preußen Friedrich Wilhelm I. und seine Gemahlin Sophie Dorothea darstellen. Die zuletzt genannten beiden Bronzereliefs sind im Grünen Raum zu sehen. Die kurfürstlich-königliche Bronzensammlung umfaßte laut Inventar von 1733 beachtliche 103 Statuetten, die Baron Raymond Leplat, der Kunstintendant Augusts des Starken, zum größten Teil 1699 und 1715 als Werke zeitgenössischer Kunst in Frankreich erworben hatte. Nur eine der dazugehörigen Bronzegruppen ist im Roten Raum ausgestellt, fast der gesamte Bestand leider noch im Depot. Zu dem umfangreichen Ausstellungsgut des Bronzenzimmers gehörten aber auch die bedeutenden Renaissancebronzen, die im 16. und 17. Jahrhundert erworben oder geschenkt worden sind. Von ihnen ist ebenfalls nur ein geringer Teil ausgestellt. Dazu zählen auch die Diplomatengeschenke des Großherzogs von Toscana, Francesco I. de' Medici, an den Kurprinzen Christian (I.) anläßlich seiner Ernennung zum Mitregenten im Jahre 1586. Zu sehen ist die Gruppe einer schlafenden Nymphe, die von Faun lustvoll betrachtet wird. Sie wurde von Giambologna, dem berühmtesten Bildhauer seiner Zeit, gefertigt und war – ebenso wie andere Statuen dieses Künstlers – schon zu ihrer Entstehungszeit eine begehrte Kostbarkeit. Die zweite, tänzerisch wirkende Gruppe von Venus und Faun schuf Adrian de Vries, der als junger Mitarbeiter bei Giambologna tätig war, vor 1588 in Italien. Sie gelangte 1621 aus dem Nachlaß Giovanni Maria Nossenis in sächsischen Kronbesitz, ist im Inventar der Kunstkammer aber erst nach 1716 nachweisbar. Die sitzende Badende entstand kurz nach 1600 im Umkreis des Adrian de Vries, als dieser als kaiserlicher Kammerbildhauer in Prag wirkte. Sie gelangte erst nach dem Zweiten Weltkrieg in die Sammlung des Grünen Gewölbes. Zum alten Bestand gehört hingegen das auf der äußeren rechten Wandseite ausgestellte springende Einhorn aus Gelbguß, das, dem Kunstkammerinventar von 1595 zufolge, beim Augsburger Rotgießer Hans Reisinger erworben wurde. Ganz links gesellt sich dieser kleinen Gruppe bedeutender Bronzeskulpturen der Renaissance ein herausragendes Beispiel deutscher Bildschnitzerkunst hinzu, das als Ausdruck der Gegenreformation um 1588 entstand: Der Erzengel Michael besiegt das Böse in Person des Satans (Farbtafel 16). Die Gruppe variiert eine kolossale Großbronze des Hubert Gerhard an der Fassade von St. Michael in München. Diesem Künstler wird auch die äußerst subtil geschnitzte Holzstatuette zugeschrieben. Nicht aus politischen Gründen, sondern allein aus ästhetischen Gesichtspunkten erwarb August der Starke die Skulptur und ließ sie in einem der Haupträume seines Schatzkammermuseums, im Pretiosensaal, als besonderen Blickpunkt aufstellen.

2

1 (Farbtafel 16) Hl. Michael im Kampf mit dem Bösen
Lindenholz
wohl Hubert Gerhard
München, um 1588
H. 61 cm; I 41

2 Bronzegruppe: Schlafende Nymphe, die von Faun betrachtet wird
Bronze
Giambologna und Mitarbeiter
Florenz, vor 1587
H. 22 cm, B. 35 cm, T. 18 cm; IX 34

3 Bronzegruppe: Venus und Faun
Bronze
Adrian de Vries
Italien (Turin ?), wohl vor 1588
Venus H. 34,6 cm, Faun H. 48,2 cm;
IX 20 und IX 36

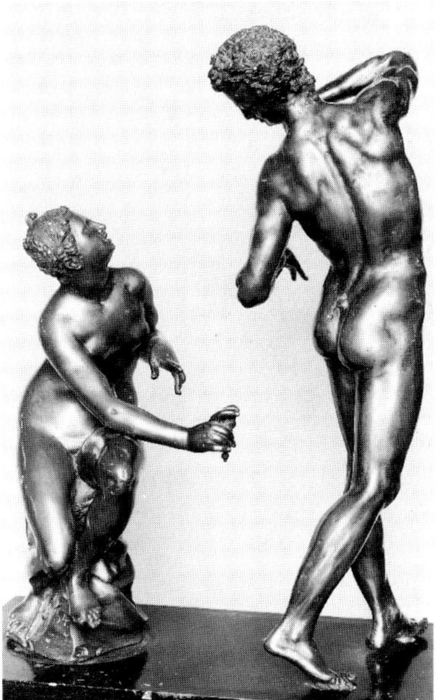

3

4

4 Badende
Bronze
Umkreis des Adrian de Vries
Deutschland oder Prag, nach 1600
H. 40 cm; ohne Inv. Nr.

5 Springendes Einhorn,
Gelbguß
vom Rotgießer Hans Reisinger erworben
Augsburg, vor 1587
H. (o. Sockel) 37,8 cm; IX 51

6 Bildnismedaillon des Königs Friedrich Wilhelm I. von Preußen
Kupfer, vergoldet
wohl von Johann August Dammann
Berlin, vor 1733
D. 71,5 cm (ohne Rahmen); IX 115 d

7 Bildnismedaillon der Königin Sophie Dorothea von Preußen
Kupfer, vergoldet
wohl von Johann August Dammann
Berlin, vor 1733
D. 72 cm (ohne Rahmen); IX 115 e

5

Tafel 1 (I/6)
Elfenbeintafel

Die byzantinische Elfenbeinikone gehört zu den ältesten Werken des Grünen Gewölbes. Auf den in den Plattengrund rechts und links der beiden Köpfe eingravierten Inschriften werden die Namen der dargestellten Heiligen genannt. Im antiken Gewand, jeweils mit ihrer Linken das Wort Gottes in Form eines Buches haltend und auf einem von Säulen gestützten Podest stehend, erscheinen links der Lieblingsjünger Christi, der Evangelist Johannes, und rechts Paulus, der machtvolle Verkünder des Neuen Bundes. Die sorgfältig als Relief in zwei Zeilen oberhalb der Heiligen aus dem Elfenbein geschnittene, fast ornamental wirkende griechische Inschrift lautet in deutscher Übersetzung: »Das göttliche Gefäß bespricht sich mit dem unberührten Jüngling darüber, wie der Herrscher Konstantin vor Schaden zu schützen sei.« Bei dem genannten Kaiser Konstantin handelt es sich wohl um Konstantin VII. Porphyrogennetos, der zwischen 912 und 959 das byzantinische Reich regierte. Im Umkreis seines Hofes muß diese Tafel zusammen mit weiteren dieser Art in Venedig, Wien und London entstanden sein. Es handelt sich um ein besonders sorgfältig und fein gearbeitetes Werk byzantinischer Hofkunst, das zu einer Zeit entstand, als sich die Bildkunst in der oströmischen Metropole auf einem hohen Niveau entwickelt hatte. Der Überlieferungsweg der Tafel läßt sich bis in die Kirche S. Giovanni in Verdura in Padua zurückverfolgen. Die Ikone wurde wohl in der Mitte des 18. Jahrhunderts der Kurprinzessin Maria Antonia von Sachsen, Gemahlin Friedrich Christians, zum Geschenk gemacht und gelangte 1855 aus der Kapelle des Dresdener Taschenberg-Palais in das Grüne Gewölbe.

Tafel 2 (I/4 und 8)
Syrische Emailgläser

Fast das ganze europäische Mittelalter hindurch waren das vom Islam beherrschte südliche Mittelmeergebiet und vor allem der Nahe Osten dem Abendland kulturell weit überlegen; dies wird auch in den damals entstandenen bemalten Gläsern sichtbar. Wohl aus dem Gebiet des heutigen Syrien, in dem sich die islamische Kultur besonders blühend entwickelt hatte, stammen die beiden mit strahlender Emailmalerei geschmückten Glasbecher. Abnehmer dieser Art prunkvoll mit Schmelzfarben bemalter Trinkgefäße waren nicht allein die reichen Höfe der Luxusstädte Samarra, Bagdad und Kairo, die zerbrechlichen Kostbarkeiten gelangten auch als »Andenken« von Kreuzzügen und Pilgerfahrten nach Europa oder wurden über Venedig importiert. Dies mag auch für die beiden Becher mit trichterförmig erweitertem Mundrand zutreffen, die ihre heutige nordeuropäische Fassung erst zu Beginn des 15. Jahrhunderts erhielten. Die Glasgefäße selbst sind weitaus älter und stammen wohl aus der Zeit um 1300. Eindrücklich vermitteln sie das aristokratische Lebensgefühl der Herrscher des Orients.
Der kleinere der beiden Becher zeigt zwischen goldenen, ornamenthaft wirkenden Inschriftfriesen drei Polospieler. Diese reiten in goldenen und mehrfarbigen Gewändern zwischen Ranken auf je einem weißen, gelben und roten Pferd hintereinander. Die arabischen Inschriften, die diesen Bildstreifen einfassen, preisen am oberen Rand in alter Naskhi-Schrift, am unteren mit gleichem Text in kursiver Schrift den Ruhm eines leider nicht namentlich genannten Sultans. Im figürlichen Stil mit dem kleineren Becher erheblich übereinstimmend, stammt auch der höhere Becher möglicherweise aus der gleichen Werkstatt. Dessen Wandung schmückt eine umlaufende Darstellung der Jagd auf Reiher. In einer Flußlandschaft erkennt man im Schilf zwei turbantragende Männer, über denen, in zwei Reihen entgegengesetzt, die Wasservögel ihre Bahnen ziehen.

Tafel 3 (I/3 und 14)
Mittelalterliche Bergkristallpokale

Dem Mittelalter galt der wasserklare Bergkristall als reinster Lichtstoff. Er symbolisiert daher die Weisheit des göttlichen Wortes und die Reinheit der Jungfrau Maria. Bergkristallscheiben wurden als Altarsteine in Tragaltäre eingesetzt oder als Reliquiare zu Hüllen der sterblichen Überreste der Heiligen gestaltet. Neben dieser christlichen Symbolik hatte sich auch der antike Edelsteinglaube erhalten, wonach dem durchsichtigen Kristall aus den Bergen heilsame Kräfte zugeschrieben wurden. So sollte er die Eigenschaft besitzen, Frische zu bewahren, vor Durst und vor Blutsturz zu schützen und unter anderem auch gegen Wassersucht oder Zahnschmerz zu helfen. Auch deshalb entstanden zu profanen Zwecken Trinkgefäße aus diesem harten Material, wie der kleinere Pokal (links), bei dem Gefäßkörper wie auch Deckel aus Kristall bestehen, reich in vergoldetes Silber gefaßt und mit Email geschmückt. Dieses Beispiel einer frühen Trinkgefäßart mit seiner horizontal abstehenden Handhabe entstand wohl in Frankreich im 14. Jahrhundert und mag im Laufe seiner wechselvollen Geschichte auch als Reliquienbehälter gedient haben.
Gegen Ende des 14. Jahrhunderts wurde ein älteres, wohl ebenfalls aus Frankreich stammendes, dickwandiges »Kopflein« aus Bergkristall in der Krakauer Hofwerkstatt mit einer aufwendigen, silbervergoldeten Fassung versehen (rechts). Nach der Deutung der schwarzemaillierten Inschrift in lateinischer Sprache am oberen Teil des Schaftes handelt es sich um das Geschenk eines Bischofs an die Königin Hedwig (polnisch Jadwiga) als Dank für ihre dem hl. Wenzeslaus geleisteten Dienste. Die Fürstin (1370-1399), jüngste Tochter Ludwigs des Großen von Ungarn und Polen, war 1382 zur polnischen Königin gewählt worden. Das polnische Adlerwappen wie auch die Wappen des Hauses Ungarn-Anjou am Fuß des Pokals weisen auf die künftige Besitzerin. 1386 war diese mit dem Großfürsten Wladislaw Jagiello von Litauen vermählt worden, der zum Stammvater der polnischen Dynastie der Jagiellonen wurde. Das Bergkristallgefäß, das wohl als profanes Trinkgefäß gedacht war, war beim plötzlichen Tode Hedwigs 1399 noch nicht vollendet und wurde erst danach mit einem weniger sorgfältig gearbeiteten, von einer Krone geschmückten Deckel versehen. Auf unbekanntem Wege kam dieses Hauptwerk polnischer Goldschmiedekunst des Mittelalters in kursächsischen Besitz, wo es sich in einem Inventar von 1541 bis 1662 verzeichnet findet.

Tafel 4 (Silberwand 83)
Rosenwasserbecken und Kanne

Ein Abglanz der märchenhaften Pracht des Orients gelangte mit dem dicht von Perlmutterplättchen bedeckten Rosenwasserbecken und der aus dem gleichen Material gearbeiteten Kanne aus Indien oder Persien nach Süddeutschland. Wohl in der Freien Reichsstadt Nürnberg wurden die beiden exotischen Gefäße um 1530 von einem sehr guten Goldschmied mit einer einheitlichen Fassung versehen und dadurch dem Lebens- und Luxusbedürfnis damaliger Fürsten angepaßt. Die Kanne, deren originaler Kern aus Kupfer besteht, erhielt ein silbernes Halsstück und eine vogelartige Tülle übergestülpt sowie eine modische Handhabe und einen hohen, schön geformten Fuß. Alle neu hinzugefügten Teile wurden durch Spangen kunstvoll miteinander verbunden. Das Becken schmückte der heute unbekannte Meister mit einem breiten Rand, den Ornamentfriese nach Vorbildern des Entwerfers Peter Flötner überziehen. Durch Kitt und Stifte verband man diesen aufgesetzten Rand, den gleichfalls vergoldeten Edelmetallstreifen im Schalengrund und den Standring mit dem hölzernen Kern des Gefäßes. Löst man die aufgelegte Standfläche aus Silber vom Gefäßkörper, so wird ein hellrot lackierter Grund sichtbar, der bei den meisten dieser orientalischen Perlmutterarbeiten zu finden ist.
Diese Garnitur ist die älteste einer ganzen Reihe ähnlicher Gießgarnituren aus Perlmutterplättchen im Grünen Gewölbe. Sie waren ebenso wie die in Gold und Silber gefaßten Nautilus- und Seeschneckengehäuse aus den warmen Meeren des Fernen Ostens als Luxusgefäße im 16. Jahrhundert sehr beliebt. Viele dieser fragilen Perlmutterarbeiten mögen ihren Weg über Venedig, das europäische Tor zum Orient, in das süddeutsche Handels- und Kunstzentrum genommen haben, wo sie für einen reichen Fürstenhof veredelt wurden.

Tafel 5 (II/4)
Wenzel Jamnitzer – Schreibzeug

»Die Wissenschaft weckt erinnernd vergängliche Dinge zum Leben, sie errichtet bleibende Denkmale der Künste, sie ruft zurück ins Licht, was ins Dunkel fällt 1562.« So lautet in deutscher Übersetzung eine lateinische Inschrift auf der goldenen Tafel, die die blanksilbern belassene Figur einer jungen Frau vor sich hält. Der Nürnberger Goldschmied Wenzel Jamnitzer hat damit ein Meisterwerk datiert und erläutert, das wie kaum ein anderes programmatisch einen wichtigen Aspekt des Weltbildes seiner Zeit erhellt. Wissenschaft überflügelt die Schöpfungen der Natur, wandelt sie verbessert in menschliche Kunst und verewigt Vergängliches. Die antikisierend nackte Personifikation stellt die Philosophie dar, die ruhig hingelagert auf einer künstlichen Gesteinsstufe sitzt. In Silber nach der Natur gegossene Tiere bevölkern ihren Meditationsort, den eine aus Bergkristall geschnittene Vase mit einem silbernen Zweig schmückt. Als weiteres Symbol menschlichen Geistes ist auf der Rückseite der Tafel ein »Tabula Pythagoraea« überschriebenes Zahlenquadrat mit den Grundrechenarten aufgeführt. Das Monument menschlicher Gelehrsamkeit auf seinem hohen, von der Schönheit und Strenge antiker Architektur geprägten Sockel ist ein wahres Kunstkammerstück. Es reizt den Intellekt und erfreut durch seine Feinheit und Schönheit die Sinne des Betrachters. Es ist auch voller Überraschungen. Im Unterbau, der durch einen Geheimverschluß geöffnet werden kann, befindet sich alles, was der fürstliche Besitzer dieses Kunstwerks zur schriftlichen Fixierung seiner geistigen Tätigkeiten benötigte: silbernes Schreibgerät, Tintenfaß und Streusandbüchse. Die Kundschaft Wenzel Jamnitzers war international und gehörte der vermögenden Hocharistokratie an, die allein sich die sehr aufwendigen Werke des Meisters leisten konnte. Kurfürst August selbst pflegte den persönlichen Kontakt zu diesem genialen Künstler. Für ihn hat Jamnitzer wohl das einzigartige, monumental wirkende Kleinkunstwerk geschaffen. Drei Generationen später, im Jahre 1623, wurde dieses Hauptwerk deutscher Goldschmiedekunst der Renaissance aus dem Nachlaß der Kurfürstin Sophia, Schwiegertochter von August und Anna, an die kursächsische Kunstkammer abgegeben.

Tafel 6 (II/7)
Christoph Lindenberger – Trinkgefäß in Form einer Schubkarrengruppe

Ein bockshorniger Teufel steckt in einem Weinfaß. Er hat einen dickwanstigen Vielfraß fest im Griff, den er auf einer Schubkarre vielleicht gleich in die Hölle fährt, denn Völlerei erfüllt den Tatbestand der Todsünde. Der Faßteufel ist durch angehängte Fleischstücke und Geräte sowie durch eine Schürze als Koch charakterisiert. Den sitzenden Schlemmer schmückt eine Hahnreimütze mit Pilgermuscheln, er hält eine Glasflasche in der Hand und hat eine Laterne und Pilgerflasche vor sich. Auf dem Schurz des Teufels sowie auf drei Wänden des Schubkarrens finden sich derbe Trinksprüche eingraviert.
Diese vergnügliche Gruppe setzt sich vorsichtig belehrend mit einem Grundübel ihrer Zeit auseinander. Sie ist gleichzeitig aber auch diesem Laster dienlich, denn der Kopf des Höllenbewohners kann weggeklappt werden und gibt dann ein Trinkgefäß frei. Für den Benutzer des von Christoph Lindenberger sinnreich gestalteten Trinkspiels gab es viel zu sehen und viel zu lesen. Daß dies eine abschreckende Wirkung auf ihn ausübte, darf bezweifelt werden. Im Jahre 1562, fast zur gleichen Zeit, als diese Gruppe in Nürnberg entstand, beklagte der Pfarrer Mathesius in der gleichen Stadt wortreich die extravaganten und verschwenderischen Trinksitten seiner Zeitgenossen. »Heutigen Tages trinken die Weltenkinder und Trinkhelden aus Schiffen und Windmühlen, ..., Äpfeln, Birnen, Kokelhähnen, Affen, Pfauen, Mönchen, Nonnen, Bauern, Bären, Löwen, Hirschen, Rossen, Straußen, Käuzen, Schwänen, Schweinen, Elendsfüssen und anderen ungewöhnlichen Trinkgefäße, die der Teufel erdacht mit großem Mißfallen Gottes und im Himmel.« Die aufgezählte Menagerie kommt einem bekannt vor. Viele dieser in der zweiten Hälfte des 16. und der ersten Hälfte des 17. Jahrhunderts bei unbelehrbaren Genießern so beliebten figürlichen Gefäßformen finden sich auf der Silberwand des Grünen Raumes wieder. Die Anzahl und die Kostbarkeit der fantastisch gestalteten und als Gefäße geeigneten Statuetten entsprachen dem Reichtum und dem gesellschaftlichen Ansehen des jeweiligen Eigentümers. Der Kurfürst von Sachsen war damals einer der mächtigsten und wohlhabendsten Landesherren im Heiligen Römischen Reich Deutscher Nation, und dies schlug sich auch in den ihm gehörenden Trinkspielen nieder, die sich teilweise bis heute im Grünen Gewölbe erhalten haben.

Tafel 7 (Silberwand 22)
Elias Geyer – Trinkgefäß in Gestalt eines Greifen

Greifen sind uralte Fabeltiere, die bereits in der babylonischen Kultur die Künstler faszinierten und die in der griechischen Antike als Wächter des Goldes galten. Auch das Greifenpaar, das der Leipziger Goldschmied Elias Geyer zwischen 1608 und 1610 schuf und von dem ein Exemplar hier abgebildet ist, scheint im antiken Sinne als Schatzwächter aufgefaßt zu sein. Dieser Greif hat vier Flügel, von denen zwei, ähnlich Fledermausflügeln gebildet, schräg nach unten gerichtet sind und somit als Gefäßstützen dienen. Unter dem Greifenkörper wurde zudem ein sich ringelnder Delphin als dritte Stütze angebracht. Die beiden mit Schuppen belegten Arme des Greifen sind schräg nach vorn abgestreckt und halten eine lange Hellebarde. Der hoch aufragende Vogelhals ist wie eine Löwenmähne strukturiert und endet in einem Raubvogelkopf mit Schnabel und langer, vorschnellender Zunge. Am Halsband, das mit Diamantquadern besetzt ist, läßt sich der Kopf abnehmen. Das seltsame Untier wird dann zum Trinkgefäß. Eine Besonderheit und Abweichung von der Bildtradition stellt der Körper des Fabelwesens dar, an dem zwei wie Adlerschwingen erscheinende Flügel angebracht sind. Der hintere Teil des Körpers besteht aus einem großen, sorgfältig polierten Seeschneckengehäuse, wie es nur in der Südsee vorkommt, und macht den ursprünglichen Landvogel zu einem Meeresbewohner. Der »Greiff mit einer Hellebarten« war 1610 im Besitz des Herzogs Johann Georg, der im folgenden Jahr 1611 seinem älteren Bruder Christian II. als Kurfürst von Sachsen nachfolgte. Christian II. selbst hatte eine große Vorliebe für die Arbeiten des seit 1589 in der Messestadt Leipzig tätigen Elias Geyer und erwarb zahlreiche Werke dieses Meisters für seine Kunstkammer. Neben sehr sorgfältig gearbeiteten Gießgarnituren und Pokalen finden sich vor allem solche Goldschmiedewerke, bei denen seltene exotische Materialien wie Straußeneier, Nautilusschalen oder Seeschneckengehäuse mit fantasiereichen, silbervergoldeten Fassungen verbunden sind. Viele der im Kunstkamminventar genannten »Meermännlein«, »Meerweibesbildt«, »Meerlewe«, »Basiliscus« oder »Meerpferdt« sind noch im Grünen Gewölbe erhalten.

Tafel 8 (Silberwand 21)
Melchior Mair – Automat mit Diana auf einem Kentauren

Im Jahre 1610 war Kurfürst Christian II. im Prag Rudolfs II. zu Besuch. Das Inventar der kursächsischen Kunstkammer verzeichnet als Ergebnis dieser Reise an den Hof des Deutschen Kaisers, der als bedeutendster Sammler seiner Zeit zahlreiche Künstler und Kunsthändler um sich geschart hatte, diesen Automaten. Man liest dort: »1 Weisend Uhrlein in einem schwartzen Eubenen hölzern Postament, auff welchen ein Centaurus mit einem auf ihn sizenden Weibesbilde, von silber getrieben stehet, ist mit schönen großen Perlen und Edelgesteinen gezieret, helt in der Hand einen Pflizbogen, mit welchem er im gehenden Werck loßpheust, und die Augen verkert.« Es handelt sich dabei um eine 47 cm hohe, sehr sorgfältig gearbeitete Skulpturengruppe eines bärtigen, mit Pfeil und Bogen bewaffneten Kentauren, der wohl Diana, der Göttin der Jagd, als Reittier dient. Die Herrin des Waldes reitet im Damensitz. Eine Hundemeute begleitet die ungewöhnliche Jagdgesellschaft. Im hohen Sockel aus Ebenholz verbirgt sich nicht alleine das Schlagwerk einer mit emailliertem Zifferblatt versehenen Uhr, sondern auch eine Anzahl Zahnräder, mit deren Hilfe sich der große Automat über die Tafel bewegen konnte. Ein seltsames Ereignis muß dies gewesen sein. Der hintere große Jagdhund drehte den Kopf, der vordere wippt aufgeregt auf und ab, Diana aber und ihr Träger rollten mit den Augen. Schließlich schoß der Kentaur einen Pfeil von der Sehne seines Bogens in Richtung auf die sicherlich fasziniert beobachtende Tischgesellschaft.

Dieser Automat, der Höhepunkt der ›Unterhaltungstechnik‹ der Zeit um 1600, wurde in Augsburg gefertigt, das sich damals zum Zentrum der mitteleuropäischen Luxusgüterherstellung entwickelte. Ein solch kompliziertes Gebilde konnte nur in einer Werkstatt mit guten Beziehungen zu Spezialisten entstehen, die einen solchen anspruchsvollen Antriebsmechanismus herzustellen vermochten. Es handelte sich um diejenige des Melchior Mair, aus der auch ein etwas weniger fein gestaltetes Vergleichsstück mit Diana und Kentaur hervorging, das sich heute in Wien befindet. Der häufig am Laufmechanismus reparierte Automat verblieb bis zur Auflösung der sächsischen Kunstkammer in der kurfürstlichen Sammlung und wurde 1832 an das Grüne Gewölbe überwiesen.

Tafel 9 (Silberwand 17)
Abraham Jamnitzer – Trinkgefäß in Gestalt der Daphne

In den Metamorphosen des Ovid findet sich im ersten Buch die Geschichte der schönen, jedoch überaus keuschen Nymphe Daphne, für die Amor das Herz des Gottes Apollo entflammte. Sein stürmisches, aber erfolgloses Werben fand in einer Verfolgungsjagd seinen Höhepunkt, an deren Ende die fast vom verliebten Gott eingeholte Nymphe ihren Vater Peneios anflehte, »diese Gestalt, darin zu sehr ich gefallen«, zu verändern. So erfolgt ihre Verwandlung in einen Lorbeerbaum, wodurch sie sich jeder sexuellen Bedrängung für immer entzog. Der Gott aber machte dieses Gewächs zu seiner Lieblingspflanze.

Das antike Motiv der Metamorphose, der Verwandlung der jungen, anziehenden Nymphe in einen Baum, faszinierte viele Künstler, darunter auch den »kunstreichen« Goldschmied Wenzel Jamnitzer. Er schuf eine große Figur mit silbernem Inkarnat, gehüllt in ein vergoldetes, antikisierendes Gewand, die gerade im Begriff ist, sich in den Lorbeerbaum zu verwandeln. Auf dem Kopf erhebt sich ein großer, stark verzweigter Korallenzinken, die Arme enden in kleineren Korallenzweigen. Das von Wenzel Jamnitzer selbst gemarkte Werk befindet sich heute in Paris. Das Grüne Gewölbe besitzt eine genaue Wiederholung dieser auch als Trinkgefäß benutzbaren Skulptur. Sie ist aus derselben Gußform gefertigt worden, ebenfalls sehr sorgfältig ziseliert und graviert und unterscheidet sich nur in wenigen Details vom früher entstandenen Werk gleichen Themas. Dies betrifft insbesondere den Zapfen der Büste, der beim Dresdener Stück mit geätzten Mauresken geziert ist. Er wird erst sichtbar, wenn man den Oberkörper am Gürtel abnimmt, um die insgesamt 68 cm hohe Plastik als Trinkgefäß zu benutzen. Die Dresdener Version hat Abraham Jamnitzer gefertigt, der in der Werkstatt seines Vaters Wenzel in Nürnberg arbeitete, 1579 selbst Meister wurde und nur bis 1591 nachweisbar ist. Im ausgehenden 16. Jahrhundert muß die Wiederholung der Daphne bestellt worden sein. Vielleicht hat aber auch die Ankunft eines weiteren jener seltenen, sehr großflächig gewachsenen Korallenzweige in Nürnberg zu der Idee geführt, das Werk zu wiederholen. Heute fehlen die grünbemalten Silberblätter, die die Enden der Korallenzinken schmückten, sowie Steinchen und Erze, die wahrscheinlich den runden, flachen Sockel der Figur füllten und die Skulptur ebenso wie die Blätter naturalistischer gestaltet hätten.

Tafel 10 (Silberwand III)
Martial Courteys – Detail des Beckens

Die Kunst, mit Schmelzfarben auf kupfernem Untergrund juwelenhaft glänzende Emailgemälde zu schaffen, wurde in Limoges in der zweiten Hälfte des 15. Jahrhunderts entwickelt. Die zentralfranzösische Handelsstadt war schon im Mittelalter Zentrum der Emailherstellung, erreichte aber mit der beginnenden Renaissance einen neuen künstlerischen Höhepunkt. Nach einem strengen königlichen Dekret war es nur Mitgliedern ganz weniger Familien erlaubt, als Meister in der Zunft der Limousiner Emailmaler tätig zu werden. So finden sich unter anderem die Signaturen von Künstlern aus den Familien der Reymond, Pénicaud, de Court oder Courteys auf glanzvoll bemalten Fußschalen mit Deckeln, Salzfässern, Tellern, Becken oder Kannen. Die strahlenden, überaus kunstreichen und von reifer Technik zeugenden großformatigen Emailgefäße entsprachen dem Lebensgefühl und Repräsentationsbedürfnis der französischen Aristokratie und gelangten als Handelsware oder auf Bestellung auch nach Deutschland. In den Inventaren der sächsischen Kunstkammer finden sich auch einige Werke aus Limoges-Email; ein großer Teil der heute dreißig Werke umfassenden Sammlung des Grünen Gewölbes wurde allerdings von August dem Starken neu erworben, um auf den Tischen an den Fensterwänden des Pretiosensaales zu prangen.
Gegen Ende des 16. Jahrhunderts nahm das Käuferinteresse an dem subtil bemalten Prunkgeschirr aus Limoges rasch ab. Aus diesen letzten großen Jahren der Emailmalerei der Renaissance stammt das hier vorgestellte ovale Becken. Martial Courteys, ein Künstler mit kleiner Werkstatt, hat es mit höchstem künstlerischen Anspruch um 1580 mit einer Szene aus der Offenbarung des Johannes (17. 3-13) bemalt. Zu sehen ist »die große Hure Babylon«, die auf dem mit sieben Häuptern und zehn Hörnern bewehrten, scharlachfarbenen apokalyptischen Tier sitzt und von geistlichen und weltlichen Würdenträgern verehrt wird. Das »Weib war bekleidet mit Purpur und Scharlach und übergoldet mit Gold und edlen Steinen und Perlen und hatte einen goldenen Becher in der Hand, voll Greuel und Unflat ihrer Hurerei....« Martial Courteys hat mehrfach größere Schalen mit Szenen aus dem Neuen Testament und aus der Apostelgeschichte bemalt. Zwei dem Dresdener Becken thematisch entsprechende Gefäße befinden sich in London und Washington. Der Emailmaler und Goldschmied verstand es, seinen allseits bemalten Gefäße wie kaum ein anderer seiner Zeitgenossen den Glanz von Edelsteinen zu verleihen.

Tafel 11 (Silberwand 37)
Detail aus einem Kokosnußpokal

Die Kokosnuß, die weitverbreitete Nutzpflanze der Tropen, galt im Europa des 16. Jahrhunderts noch als »meernuß«, die in »ewiger Nacht auf dem Grunde des Meeres wächst«. Die auch »indianische« Nuß genannte hartschalige Frucht der Kokospalme gelangte seit der Antike immer wieder aus Südostasien ins Abendland, wo sie früh schon kostbar in silbervergoldeter Fassung zu Gefäßen verarbeitet wurde. Die Verbreitung dieser Gefäße steigert sich in Mitteleuropa seit der 2. Hälfte des 16. Jahrhunderts und wurde sehr wahrscheinlich durch wachsende Importe aus Mittel- und Südamerika angeregt. Zu dieser Zeit befassen sich auch immer häufiger deutsche und holländische Goldschmiede mit der Herstellung fantasievoller Pokale, Kannen oder Trinkspiele aus der seltsamen großen Nuß. Neben anderen kunstvoll gefaßten exotischen Naturmaterialien wurden diese ein Sammlungsgegenstand, der in den enzyklopädisch angelegten fürstlichen Kunstkammern Aufnahme fand. Das Grüne Gewölbe besitzt eine Reihe solcher Kokosnußgefäße, die zum Teil Schnitzereien auf ihren Wandungen tragen.
Um die Mitte des 16. Jahrhunderts wurde in einer süddeutschen, wohl in Nürnberg zu lokalisierenden Werkstatt die hier vorgestellte Kokosnuß auf ihrer Außenseite mit drei Szenen des Gleichnisses vom verlorenen Sohn (Lukas 15,11-32) in erhabenem Relief beschnitzt. Die Darstellungen gehen auf eine weitverbreitete Kupferstichserie von Sebald Beham zurück. Dieser Vorlage entsprechend, wurde vom Goldschmied selbst oder einem anderen spezialisierten Künstler aus dem eisenharten, spröden Material die abgebildete detailreiche Szene herausgearbeitet, die den verlorenen Sohn beim Verprassen seines Erbes zeigt. Das auf diese Weise kostbar veredelte Grundmaterial wurde anschließend mit einer silbervergoldeten Fassung versehen. Im Innern der Nuß befindet sich eine vergoldete Medaille mit dem Profilbildnis Christi, Gesicht und Hals in Silber, die die gravierte Inschrift: »ego sum Ihesus A et Ω« trägt. Der heute vorhandene Deckel ist im 18. Jahrhundert entstanden und ersetzt einen damals schon verloren gegangenen.

Tafel 12 (Silberwand IV)
Daniel Kellerthaler – Midas-Kanne

Die Kanne ist Teil einer aufwendigen Gießgarnitur, die der in Dresden tätige Goldschmied Daniel Kellerthaler 1629 datierte und mit seinem Monogramm signierte. Der seit 1608 als Meister tätige Kellerthaler war der führende Goldschmied der Residenzstadt in der ersten Hälfte des 17. Jahrhunderts und besaß eine hohe schöpferische Begabung. Bei seinem Ensemble handelt sich um eine außergewöhnlich prächtige Goldschmiedearbeit, die den Stand seines künstlerischen Könnens wie auch seine enge Beziehung zur Kunstauffassung des Prager Kaiserhofes deutlich werden läßt. Die Umrißlinie der Kanne ist fast vollständig aufgelöst. Vier zarte Spangenfüße heben den viel zu klein erscheinenden Sockel der Kanne, auf dem der von Meerwesen gehaltene Schaft aufsitzt. Den voluminös wirkenden, querovalen Kannenkörper aus gegossenem Silber umgeben Jagdtiere im Relief: Hochwild wie Hirsche und Wildschweine, aber auch Niederwild, Fische und Vögel sind erkennbar. Als Ausguß der Kanne dient ein Delphinkopf. Den zierlich geschwungenen Henkel schmückt ein lasziv lagernder junger Faun. Alles dies scheint allerdings nur der großen Figur des mit Eselsohren versehenen phrygischen Königs Midas als kunstvoller Sockel zu dienen. Midas sitzt in einer labilen Haltung, mit eingeschlagenem rechten Bein auf einer durch eine schwungvolle Volute verlängerten Kammuschel. Die Insignien seiner königlichen Macht liegen hinter ihm auf einem Blatt. Das zugehörige, technisch und künstlerisch perfekt getriebene Rosenwasserbecken zeigt den musikalischen Wettstreit zwischen dem Leier schlagenden Apollo und dem Flöte blasenden Marsyas. Diesen entschied der als Richter eingesetzte Midas zugunsten des Waldgottes, woraufhin Apollo ihn mit den schändlichen Eselsohren bestrafte. Kanne und Becken wurden vom Kurfürsten Johann Georg I. mit 2700 Gulden bezahlt. Die Garnitur erscheint als ein letzter Reflex des höfischen Manierismus, der fast drei Jahrzehnte zuvor, um 1600, seine Blüte erreicht hatte. Das prachtvolle Ensemble entstand in einer Zeit, als Mitteleuropa mit seiner schöpferischen höfischen Kultur in den Wirren und Verheerungen des Dreißigjährigen Krieges zu versinken begann. Sachsen war davon 1629 noch relativ wenig betroffen, so daß sich in den Werken Kellerthalers und seiner Zeitgenossen die letzten Zeugnisse einer vergehenden Zeit erhielten.

Tafel 13 (IX/13)
Dionysio Miseroni – Drachenkanne

Die 42 cm hohe Prunkkanne verrät noch in ihrer sechskantigen Grundform die Kristallstruktur des reinen Bergkristalls, aus dem sie einst geschnitten wurde. Es muß sich um ein besonders großes Exemplar gehandelt haben, das auf diese Weise um die Mitte des 17. Jahrhunderts in der Werkstatt des kaiserlichen Hofsteinschneiders Dionysio Miseroni auf der Prager Burg seine künstlerische Gestaltung erfuhr. Entstanden ist ein Gefäß mit verengter Öffnung am Hals und einer höheren Schnauze. Kanneluren schmücken dessen Wandung an den Kanten, auf den geraden Flächen wurde Rankenwerk eingeschliffen. Mit gleichem Ornament wurde der ebenfalls aus Bergkristall bestehende volutenförmige Henkel geschnitten. In seinem einfachen, blockhaften Umriß und der massiven Materialbehandlung entspricht das Prunkgefäß den großformatigen Arbeiten des letzten bedeutenden Vertreters der Steinschneiderdynastie der Miseroni. Gegenüber seinem berühmteren Vater Ottavio, dessen fantasievoll plastische Gestaltung Ausdruck einer extrem verfeinerten Kultur am Hofe Kaiser Rudolphs II. war, spiegeln die blockhaft-mächtigen Werke Dionysios einen vergröberten Zeitgeschmack um die Mitte des 17. Jahrhunderts wider. Dessen Bewunderung galt eher der Mächtigkeit des bearbeiteten Materials und seiner üppigen Fassung als der subtilen Form. Die Dresdener Kanne, die wohl als kaiserliches Geschenk ihren Weg nach Sachsen nahm, war darin kein Einzelstück. Eine Reihe bemerkenswert großer, säulenförmiger Vasen und Kannen aus Bergkristall und Topas verließen die Prager Hofwerkstatt, in der viele Hohlschleifer beschäftigt waren. Um das Jahr 1652, etwa zur gleichen Zeit wie die Dresdener Drachenkanne, entstand Dionysios größtes Werk aus Bergkristall, die 115 cm hohe Kristallpyramide, die sich heute, wie die meisten für Kaiser Ferdinand III. geschaffenen Monumentalsteinschnitte, in Wien befindet.

Ihren Namen verdient die Drachenkanne vor allem durch ihre Fassung, die möglicherweise in Augsburg geschaffen wurde. An einen drachenartigen Vogelkopf erinnert dabei der silbervergoldete Deckel. Ihn überziehen zahlreiche Farbsteine, darunter Chrysolithe, Amethyste, Türkise, Almandine, Granate, Rubine, Smaragde, Topase; eingefügt wurden aber auch Kameen. Ebenso üppig geschmückt wurden Fuß, Knauf und die beiden Ansatzstellen des Henkels.

Tafel 14 (IX/7)
Caspar Lehmann – Diana-Pokal

In den Jahren 1606 bis 1608/10 war der kaiserliche Kammeredelsteinschneider Caspar Lehmann in Dresden für den sächsischen Kurfürsten tätig. Zu den wenigen, eindeutig dem Schaffen dieses bedeutenden Edelstein- und Glasschneiders zuzuordnenden Kunstwerken gehört »ein Drinkgeschirr auß Behmischen Diamant mit Deckel und Fueß und Figurhen gesnitten«, das die in Ovids Metamorphosen ausführlich geschilderte Tragödie des Jägers Aktaion darstellt. Dieser hat durch Zufall die keusche Göttin Diana und die sie begleitenden Nymphen beim Bade in einer Grotte überrascht. Der von der verärgerten Jungfrau zur Strafe in einen Hirsch verwandelte Aktaion wurde von seiner eigenen Hundemeute zerrissen. Die ovale Kuppa aus Bergkristall zeigt in einem umlaufenden Fries in sorgfältigem Tiefschnitt das Bad der Göttin und ihrer Begleitung. Der kristallene Teil des silbervergoldeten Deckels schildert hingegen den von seinen Hunden gejagten stolzen Hirsch. Bekrönt wird der Deckel von dem energisch dahinschreitenden, von zwei Jagdhunden begleiteten jungen Jäger mit Lanze und wohl ehemals auch mit Bogen, dem als Attribut bereits Teile eines Hirschgeweihes aus der Stirn wachsen. Die Kuppa ruht auf einem Schaft, der auf einem liegenden Zwölfender aufsitzt. Ornamental verzierte Bergkristallscheiben in silbervergoldeter Fassung bilden den Fuß des über lange Zeit bei seinen wechselnden kurfürstlichen Besitzern sehr beliebten Jagdpokals. Nicht nur der ohne Zweifel auf Caspar Lehmann zurückzuführende Kristallschnitt, auch die plastische Fassung des Gefäßes sind von höchster Qualität. Die Goldschmiedearbeit, die versuchsweise Daniel Kellerthaler zugeschrieben wurde, entstand sehr wahrscheinlich ebenfalls in Dresden. Christian II. hat dieses Werk bereits 1606 für 200 Taler erworben. Das Trinkgefäß wurde, wie den Akten zu entnehmen ist, häufig aus der Kunstkammer ausgeliehen und fand 1687 im Auftrag des Kurfürsten Johann Georg III. seine Aufstellung in den kurfürstlichen Gemächern. Das erste Inventar des Pretiosensaales von 1725 vermerkt dann nicht nur dessen Aufstellung in diesem Hauptraum der ersten Schatzkammerkonzeption, sondern auch, daß der beliebte Pokal zerbrochen sei. Dieser Schaden, der große Teile der Kuppawandung betrifft, ist noch deutlich sichtbar. Trotzdem zögerte August der Starke nicht, den für die sächsische Kunst des frühen 17. Jahrhunderts überaus wertvollen Jagdpokal in seine Schausammlung zu integrieren.

Tafel 15 (Silberwand, 20)
Johann Heinrich Köhler – Nautiluspokal

Im Spätherbst des Jahres 1723 erhielt der Hofjuwelier Johann Heinrich Köhler von »Sr. Königl. Majt. in Pohlen und Curf. Durchlt. zu Sachßen« den mündlichen Auftrag, den für die Ausstattung des neuen Schatzkammermuseums im Grünen Gewölbe vorgesehenen historischen Bestand an Edelsteinschalen und Geräten aus Straußeneiern, Nautilus- und Seeschneckengehäusen gründlich durchzusehen. In erstaunlich kurzer Zeit und unterstützt von acht Gehilfen wurden 155 Kunstwerke restauriert: das Silber geputzt, neue Vergoldungen aufgetragen, die farblichen Fassungen kräftig aufgefrischt und zahlreiche Teile ergänzt. Im Sommer 1724 konnte alles übergeben und das Museum eingeräumt werden. Nicht zu dieser Maßnahme gehörte allerdings Köhlers größte Leistung als Restaurator im Grünen Gewölbe, die Erschaffung eines neuen, wunderbaren Kunstwerks aus zwei ursprünglich nicht zusammengehörenden Teilen. Zum Grünen Gewölbe gehörte ein Vorrat, in dem Kostbarkeiten, die noch keine silbervergoldete Fassung besaßen oder deren ehemalige Montierung verloren war, aufbewahrt wurden. Dort befand sich wohl auch eine Nautilusschale mit erhabenem Rankenwerk und eingeschnittenen, schwarz gefärbten Grotesken. Das Rankengespinst hatte man bei der Freilegung des Perlmuttergrunds aus der dünnen Prismenschicht der Schale stehengelassen, die Groteskengravuren in die silbrig glänzende Perlmutterschicht eingeschnitten. Die zerbrechliche Schale stammt wohl aus der Werkstatt des Cornelius van Bellekin und wurde um 1650/60 in Amsterdam gefertigt. Die seltsame Fußgruppe wird schon im Kunstkammerinventar des Jahres 1640 beschrieben und wird zu Anfang des 17. Jahrhunderts in einer Nürnberger Werkstatt entstanden sein. Die maskierte Groteskfigur im Brustpanzer sitzt auf einer Schildkröte als Sattel und reitet auf einem Drachen, dessen Hinterleib und Schwanz ein reich verzweigter Korallenzinken bildet. Köhlers Idee war es, die beiden Teile zu vereinen. Von seiner Hand sind nicht allein die vorzügliche Goldschmiedearbeit der alle Teile verbindenden Spangen und Schienen sowie der ebenso mit einer feinkörnigen, bewegten Oberfläche versehene Lippenrand, sondern auch der zahnbewehrte kleine Drache, der das Nautilusgehäuse bekrönt. Köhler schuf so den größten, prächtigsten und am meisten publizierten Nautiluspokal des Grünen Gewölbes, ein Werk des augusteischen Barock im Geiste des Manierismus.

Tafel 16
Hubert Gerhard – Der Erzengel Michael im Kampf mit Satan

Der alles entscheidende Kampf zwischen Gut und Böse vollzieht sich in schwebender Leichtigkeit. Der Erzengel Michael stößt den unter ihm liegenden Satan mit Hilfe seines langen Speeres aus dem Himmel, wie es in der Offenbarung des Johannes (12, 7-12) zu lesen ist. »Und es ward gestürzt der große Drache, die alte Schlange, die da heißt Teufel und Satan, der die ganze Welt verführt. Er ward geworfen auf die Erde, und seine Engel wurden mit ihm dahin geworfen.« Michael, der Anführer der himmlischen Heerscharen, galt als Beschützer der Kirche, Patron der christlichen Heere und Volksheiliger der Deutschen. In dieser Funktion ziert er die Fassade der Jesuitenkirche St. Michael in München, die als kämpferisches Zeichen der beginnenden Gegenreformation errichtet worden war. Zwischen 1588 und etwa 1590 erhielt Hubert Gerhard, der niederländisch-deutsche Bildhauer und Schüler des in Florenz wirkenden Giambologna, den Auftrag, diesen programmatischen Bau auszustatten. Die etwas strenger, aber ebenso dramatisch gestaltete monumentale Bronzegruppe des Titularheiligen ist der detailreichen, virtuos geschnitzten Lindenholzstatuette im Grünen Gewölbe so eng verwandt, daß man anzunehmen geneigt ist, daß auch dieses 61 cm hohe Werk aus der Hand des gleichen Künstlers stammt. Einen eindeutigen Beleg dafür, daß es sich um eine vorbereitende Studie oder eine kleinformatige Wiederholung des gleichen Themas durch den sonst vor allem in Bronze arbeitenden Plastiker handelt, gibt es allerdings nicht. Die unterschiedliche Körperdrehung des überwältigten Satans, die noch größere Leichtigkeit der Bewegung des Erzengels, sein subtil herausgearbeitetes Gewand, die überirdische Ruhe im Gesicht des siegesgewissen Überwinders machen die Holzskulptur zu einem eigenständigen Kunstwerk ersten Ranges und lassen es als unmöglich erscheinen, daß es sich hierbei bloß um das Werk eines Kopisten handelt. Das kurz vor 1600 entstandene grandiose Schnitzwerk wurde im Auftrag Augusts des Starken im Hamburger Kunsthandel erworben und fand, allein wegen seines herausragenden künstlerischen Wertes, seinen Platz an hervorgehobener Stelle im Pretiosensaal des Grünen Gewölbes.

V Die Wappenschilde

Bei der Erweiterung und endgültigen Einrichtung des Grünen Gewölbes nach den Anweisungen Augusts des Starken wurde im Jahre 1727 der zwischen dem Pretiosensaal und dem Juwelenzimmer gelegene Raum auf den drei fensterlosen Seiten mit fest eingebauten Eichenholzschränken versehen. Als äußeren Schmuck dieser Aufbewahrungsmöbel, die ursprünglich zur Aufnahme und Schaustellung des Krönungsornates und der Ordensgewänder gedacht waren, verwendete man eine Reihe von Wappenschilden, die sich bis dahin in der königlichen Garderobe befanden. Die um 1700 entstandenen 27 in Kupfer getriebenen und feuervergoldeten Tafeln wurden in zwei Reihen übereinander in die Wandschränke eingelassen. Sie zeigen Wappen verschiedener Landesteile des Kurfürstentums Sachsen und die Monogramme der Kurfürsten der wettinischen Dynastie. Die ursprünglichen Zierplatten mußten für ihren neuen Verwendungsort um 17 Platten ergänzt werden, die die beiden Dresdener Goldschmiede Christian Friedrich Holland und Siegmund Weniger 1727 bis 1728 in gleicher Manier neu fertigten. Unter den neuen Wappentafeln finden sich vor allem jene des Königreichs Polen, die den 1697 neu erworbenen Rang Augusts des Starken auswiesen. Übereinstimmend waren die neuen und die alten Ziertafeln so gestaltet, daß ein von Laubwerk umgebenes ovales Mittelfeld entweder für ein Wappen der sächsischen und polnischen Landesteile beziehungsweise Herrschaften oder für ein in barocker Weise »verzogenes« Monogramm des Monarchen und seiner kurfürstlichen Vorfahren bestimmt war. Weil die Wappendarstellungen in der Anzahl weitaus überwiegen, wurde nach ihnen der Raum bereits 1733 »Wappenzimmer« genannt. Der Raum brannte bei dem Luftangriff auf Dresden im Februar 1945 aus, die kupfernen Schilde wurden durch die großen Hitzeeinwirkungen schwer beschädigt. Die Mehrzahl der Zierplatten blieb zwar erhalten, einige konnten aber nur noch in Bruchstücken geborgen werden. Sie müssen in aufwendigen Rekonstruktionen wiederhergestellt werden. Die ausgestellten Wappen zeigen verschiedene Stadien der Restaurierung. Einige sind noch unvergoldet, andere bereits versuchsweise feuer- oder galvanisch vergoldet.

von links nach rechts:

1. Monogramm J G (Johann Georg)
2. Herzogtum Sachsen
3. Monogramm F A C (Friedrich August Kurfürst)
4. Monogramm A R (August Rex)
5. Landgrafschaft Thüringen
6. Amt Rochlitz
7. Markgrafentum Meißen
8. Pfalz Thüringen

7

VI Das Gastmahl der Kleopatra

Neben den einzigartigen Kunstwerken seines Bruders, des sächsischen Hofgoldschmieds Johann Melchior, sind die großen künstlerischen Leistungen Georg Friedrich Dinglingers ungerechtfertigterweise weitgehend verblaßt. Der Emailleur hatte aber nicht nur einen wesentlichen Anteil an vielen Werken seines Bruders, er schuf auch zahlreiche kleinere und größere Emailgemälde, die zu den bedeutendsten Arbeiten ihrer Art zählen. Aus diesen zumeist medaillonhaften Emailbildern mit Porträts, antiken Figuren und Landschaftsansichten ragen zwei wegen ihres erstaunlichen Formats hervor. Neben dem hier ausgestellten Gastmahl der Kleopatra ist es vor allem das lebensgroße Brustbild der Jungfrau Maria, das 1712 von August dem Starken erworben und später als eines der Hauptwerke seiner Sammlung im Pretiosensaal des Grünen Gewölbes aufgehängt wurde. Diese beiden Emailgemälde sind allein schon von ihrer Größe her bis dahin unerreichte technische Meisterleistungen. Das auf Kupfer emaillierte Bild mit der figurenreichen Darstellung des Gastmahles der ägyptischen Königin geht auf ein Ölgemälde des gleichen Themas von Ottmar Elliger d. J. (heute Hamburger Kunsthalle) zurück, dessen Komposition für die Umsetzung in Emailmalerei allerdings weitgehend verändert wurde. Von besonderer künstlerischer wie technischer Meisterschaft zeugen

Das Gastmahl der Kleopatra
Emailmalerei auf Kupfer
Georg Friedrich Dinglinger
Dresden, wohl nach 1712
H. 67,5 cm, B. 88,5 cm; III 23

bei G. F. Dinglingers Gemälde nicht allein die zahlreichen Figuren mit ihren in verschiedenen Farben und Tönungen gehaltenen Gewändern, sondern auch die großen Licht- und Schattenkontraste der Malerei. Diese großflächig in Emailmalerei aufzubringen und anschließend auf die Kupferplatte ohne Beschädigungen einzuschmelzen, konnte nur einem kühn experimentierenden und geschickten Meister gelingen, der unablässig bestrebt war, über das Herkömmliche hinaus neue Wirkungen zu erzielen. Das querovale Emailbild wurde 1769 als »Göttermahl« aus dem Nachlaß des Grafen Brühl für das Grüne Gewölbe erworben.

VII Lüneburger Spiegel

Der monumentale, die Form eines Epitaphs aufnehmende Spiegelrahmen aus Silber gehört zu den selbständigsten Werken der deutschen Goldschmiedekunst um 1600. Eine beeindruckende Fülle von aus Silber gegossenen und getriebenen Figuren, von üppigem Schweifwerkornament, durchsetzt mit Gehängen, Fruchtbündeln, Trophäen, Tierköpfen, Mischwesen und Masken, sowie mehr als 30 medaillonförmige Hinterglasmalereien und eine Vielzahl von Edelsteinen bedecken den Rahmen – und doch wird die architektonisch straffe Gliederung des Grundgerüstes sofort erkennbar. Das komplizierte Bildprogramm versucht eine allegorische Darstellung des im Buch Daniel (Dan., 2.1–45) wiedergegebenen Traumes des babylonischen Königs Nebukadnezar. In der biblischen Deutung durch den Propheten wird der Untergang der vier mächtigen Weltreiche Assyrien, Persien, Griechenland und Rom und das Aufziehen des eigentlichen Reiches der Wahrheit, des ewigen göttlichen Reiches auf Erden, vorausgesagt. Dieses wird auf dem Spiegelrahmen mit dem Heiligen Römischen Reich Deutscher Nation gleichgesetzt, dessen Symbol, der kaiserliche Doppeladler mit den Wappen der zugehörigen Länder, in der runden Hinterglasmalerei unterhalb der den gesamten Rahmen bekrönenden »Statua Danielis« zu sehen ist. Die alttestamentliche Prophezeiung wurde mit der damaligen Gegenwart bedeutungsvoll vereint. Den eigentlichen Spiegel verbarg ursprünglich ein heute abgenommener Deckel, der in hochplastischem Silberrelief den auf einer Weltkugel sitzenden und klagend emporblickenden Genius der Zeit zeigt. Das mittlere Spiegelfeld rahmen berittene und stehende Krieger im Harnisch, die die wichtigsten Herrscher der vergangenen Weltreiche der Antike symbolisieren. Unterhalb des Spiegels finden sich figurenreiche Allegorien auf das gute und das schlechte Fürstenregiment.

Kurfürst Christian I. hat dieses beziehungsreiche Stück wohl bald nach seinem Regierungsantritt bei dem Lüneburger Händler Luleff Meier bestellt. Dieser ließ es durch den für ihn tätigen jungen Goldschmied Dirich Utermarke ausführen. Die niedersächsische Salzstadt war damals wegen ihrer vorzüglichen Goldschmiedewerke bekannt. Der Beginn und das Ende der Arbeiten sind am Spiegelrahmen inschriftlich mit den Jahren 1587 beziehungsweise 1592 angegeben. Der Auftraggeber erlebte die Vollendung des Meisterwerkes nicht mehr. Noch im Jahr der Fertigstellung gelangte der Spiegel in den Besitz seiner Witwe Sophie, für die er von Christian I. als Geschenk bestimmt war. Im Jahre 1610 übergab Sophie das für ein Privatgemach zu repräsentative Kunstwerk, das wohl von

Anfang an zur Aufstellung in der Kunstkammer vorgesehen war, derjenigen des Hauses Wettin. Nach der Auflösung der Kunstkammer gelangte es dann 1832 in die Sammlungen des Grünen Gewölbes.

Spiegel in epitaphförmigem Prunkrahmen
Holzkern, Silber, größtenteils vergoldet, Spiegelglas, Hinterglasmalerei, Bergkristall, Amethyst
Dirich Utermarke
Lüneburg, dat. 1587 und 1592
H. 115 cm, B. 85 cm, IV 110
Abbildung mit Spiegeldeckel

VIII Sächsischer Steinschnitt

Sachsen ist überaus reich an Bodenschätzen. Neben edlen und unedlen Metallen finden sich in diesem Lande auch verschiedenfarbige Marmorarten, Serpentine, Jaspise und andere Edelsteine wie Amethyste, Granate sowie Topase. Schon in der Mitte des 16. Jahrhunderts begann man planmäßig, das Land nach neuen oder besseren Steinbrüchen zu erkunden. Der 1575 von Kurfürst August nach Dresden berufene italienische Architekt und Bildhauer Giovanni Maria Nosseni war bei der Suche nach edlen Gesteinen, die sich »insonderheit zu allerlei Kunstarbeit gebrauchen lassen«, besonders erfolgreich und entdeckte und eröffnete neue Brüche von weißem Alabaster und farbigem Marmor. Vor allem aber ist es sein Verdienst, die Erträge der Serpentingewinnung bei Zöblitz erheblich gesteigert zu haben. In dieser kleinen Stadt am Rande des Erzgebirges wurde diese Gesteinsart, die von den Geologen genauer als Serpentinit bezeichnet wird, bereits seit dem 15. Jahrhundert gebrochen. Bei Serpentin unterscheidet man zwischen einem undurchsichtigen, meist dunkelgrünen, braun, rot und grau gefleckten »gemeinen« Serpentin und dem durchsichtigen »edlen« Serpentin, der in hellgrüner, aber auch in rötlicher und gelblicher Färbung vorkommt. Schon Kurfürst August entwickelte für den vielfach verwendbaren Stein, dem magische Eigenschaften zugeschrieben wurden, zielstrebig eine Exportindustrie, deren Erfolg noch heute die alten fürstlichen Sammlungen Europas belegen. Die Gefäße konnten aus dem direkt nach dem Bruch noch relativ weichen Stein auf der vor- und zurück rotierenden Drehbank, der Fitschel, geschliffen werden. Der ausgestellte Doppelpokal (Nr. 1) ist ein hervorragendes Beispiel sächsischer Dreherkunst. Zwischen den beiden als dünne Halbkugeln gearbeiteten Pokalkörpern liegt eine Platte, in deren Profil die beiden Gefäßränder exakt eingepaßt sind. Pokale dieser Form wurde von der Zöblitzer Zunft als Meisterstück gefordert.

Über einen langen Zeitraum belieferten ihre Meister das Herrscherhaus mit gedrechselten Gefäßen für die kurfürstliche Tafel. Urban Schneeweiß, einer der ersten Dresdener Goldschmiede, die uns namentlich bekannt sind, hat einige dieser bauchigen Behälter sehr schlicht und edel für das Kurfürstenpaar August und Anna mit streifenförmigen Fassungen in vergoldetem Silber versehen, die mit geätzten Mauresken verziert sind (Nr. 10–12). Die gleich nach der Neuöffnung der Brüche entstandenen fürstlichen Vorratsgefäße wurden wohl nach Entwürfen Nossenis gefertigt. Andere Dosen und Krüge tragen ebenso das Wappen oder das Monogramm des Kurfürsten oder seiner dänischen Gemahlin (Nr. 7).

Neben hochwertigen Gebrauchsgeräten entstanden auch regelrechte Kunstkammerstücke, die kostbar mit Gold und Emailornament gefaßt wurden. Besonders die durchscheinend grünen Serpentinarten wurden bevorzugt in dieser Weise veredelt. Ein besonders schönes Luxusgefäß ist die ovale, achtfach gebauchte Fußschale, die 1651 für Magdalena Sibylle (Nr. 6), Tochter des Kurfürsten Johann Georg I. und Witwe des 1647 verstorbenen Erbprinzen Christian von Dänemark, ein Jahr vor ihrer Rückkehr nach Deutschland wohl in Dänemark geschaffen wurde. Alle dargestellten Tiere – Löwen, Schwan, Drachen und Lindwurm – sind dem damals gültigen dänischen Wappen entnommen.

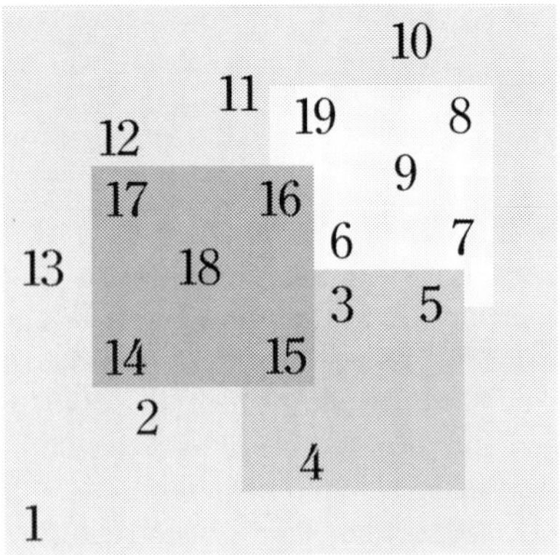

Doch nicht allein zahlreiche Serpentingefäße, von denen sich nur ein geringer Teil erhalten hat, gelangten in die sächsische Kunstkammer, sondern auch ein reicher Bestand an Alabastergerät. Wahrscheinlich handelt es sich hierbei um Material aus Brüchen bei Weißensee in Thüringen, deren wirtschaftliche Erschließung ebenfalls auf Nosseni zurückgeht. Zwei Beispiele der heute seltenen sächsischen Alabastergefäße (Nr. 3, 4) finden sich in dieser Vitrine ebenso wie ein Deckelhumpen mit biblischen Szenen in Relief, der aus Brandenburg stammt (Nr. 5).
Die fünf ausgestellten Ziergefäße aus gleichartigem rötlichen Jaspis (Nr. 14-18) mögen, zumindest im Material, ebenfalls sächsischen Ursprungs sein. Die in vergoldetes Silber gefaßten Schalen und die Kanne entstanden zumeist in der zweiten Hälfte des 17. Jahrhunderts. Schon zu Beginn dieses Jahrhunderts befand sich auf der nahe dem heutigen Albertinum gelegenen elbseitigen Venusbastion eine Steinmühle, in der Edelsteine geschliffen und geschnitten wurden. Dort geschaffene Werke sind bisher allerdings nicht nachweisbar. In den kunstvoll ausgezierten Räumen eines bei dieser Bastion auf den Befestigungsmauern gelegenen Lusthauses wurden neben den schönsten Serpentinarbeiten auch kostbare Steinschnitte aus Bergkristall prunkvoll präsentiert.

7

1

6

1 Doppelpokal
Serpentin
Zöblitz, 16. Jahrhundert
H. 32,8 cm; V 613

2 Runde Deckeldose mit Wappen der Kurfürstin Sophie
Serpentin, Silber, vergoldet
wohl Sachsen, um 1600
H. 11,2 cm, D. 13,1 cm; V 391

3 Humpen
Alabaster, Jaspis, farbige Steine
Sachsen, letztes Viertel 16. Jahrhundert
H. 14,2 cm; V 611

4 Deckelkrug
Alabaster, Silber, vergoldet
wohl Dresden, um 1620
H. 18,2 cm; V 411

5 Humpen mit biblischen Darstellungen und Brandenburger Wappen
Alabaster, Silber, vergoldet
Brandenburg, 16. Jahrhundert
H. 15,5 cm; VII 271

6 Ovale Fußschale der Magdalena Sibylle
edler Serpentin, Silber, vergoldet, Gold, Email, Diamanten, Rubine
Fassung: Dänemark, dat. 1651
H. 23,3 cm; V 381

3

5

7 Kleine Deckeldose aus dem Besitz der Kurfürstin Anna
edler Serpentin, Gold
Fassung: wohl Urban Schneeweiß
Sachsen, dat. 1572
H. 10,5 cm; V 384

8 Schälchen
edler Serpentin, Gold
Fassung: wohl Sachsen, um 1600
H. 3,7 cm; V 382

9 Bauchiger Krug mit Delphinspangen
edler Serpentin, Silber, vergoldet, Email
Steinschnitt: wohl Sachsen, um 1480
Fassung: Philipp Pehner
Augsburg, um 1600
H. 15 cm; V 385

10 Deckelhumpen
Serpentin, Silber, vergoldet
Fassung: Urban Schneeweiß
Dresden, Ende 16. Jahrhundert
H. 16,9 cm; V 388

11 Deckelgefäß
Serpentin, Silber, vergoldet
Fassung: Urban Schneeweiß
Dresden, letztes Viertel 16. Jahrhundert
H. 29 cm; V 380

12 Hohe Deckelkanne
Serpentin, Silber, vergoldet
Fassung: Urban Schneeweiß
Dresden, vor 1585
H. 28 cm; V 398

9

11

12

13 Liegendes Faß
Serpentin, Silber, vergoldet
Deutschland, Anfang 17. Jahrhundert
H. 17,6 cm, L. 17,5 cm; V 410

14 Fußschale mit Trägerfigur
Jaspis, Silber, vergoldet
Deutschland, Ende 17. Jahrhundert
H. 17,5 cm; V 122

15

18

15 Doppelhenklige Kanne
Jaspis, Silber, vergoldet, Email, Perlen, Granate
Deutschland, 2. Hälfte 17. Jahrhundert
H. 25 cm; V 549

16 Kleine gewellte Fußschale
Jaspis, Gold, Email
Deutschland, 17. Jahrhundert
H. 9,3 cm; V 99

17 Muschelförmige, ovale Schale mit Löwenkopf
Japsis, Silber, vergoldet
Deutschland, 17. Jahrhundert
H. 12,5 cm; V 123

18 Deckelpokal mit Putto als Trägerfigur
Jaspis, Silber, teilweise vergoldet
Deutschland, 2. Hälfte 17. Jahrhundert
H. 35 cm; IV 334

19 Tassenförmige Schale
Serpentin, Gold, Email
Steinschliff: Antike
Fassung: wohl Mailand,
Ende 16. Jahrhundert
H. 7 cm; V 383

19

IX Bergkristallarbeiten

Der Besitz einer umfangreichen Sammlung großer Gefäße aus dem ebenso harten wie spröden Bergkristall galt bis ins 18. Jahrhundert als Zeichen höchsten fürstlichen Reichtums. Die durch ihre Größe besonders kostbaren und künstlerisch bedeutenden Gegenstände aus diesem mineralischen Werkstoff gelangten schon im 16. Jahrhundert in das Grüne Gewölbe – damals als »Geheime Verwahrung« der Staatstresor des Kurfürsten. Nur ein kleiner Teil des noch vorhandenen Bestandes aus kurfürstlichem Besitz kann heute in diesem und dem folgenden Raum ausgestellt werden. Die Vitrine enthält bis auf zwei Kunstwerke vor allem solche Geräte, die auch für den Gebrauch geeignet schienen.

Die fast selbstverständliche Tatsache, daß die Wertschätzung des wasserklaren kristallinen Materials auch in seiner kostbaren Fassung deutlich wird, ist im Nesenschen Lutherpokal (Nr. 1) mit dem Wert einer protestantischen Reliquie verbunden. Den in diesen Pokal als Kuppa eingeschlossenen schlichten Becher aus Bergkristall, der wohl im 13. Jahrhundert geschnitten wurde, hat Martin Luther seinem Freund, dem in Wittenberg lehrenden Professor Wilhelm Nesen, geschenkt. Dessen Bruder und Erbe gab vor 1560 die kostbare silbervergoldete Fassung bei Christoff Ritter d. Ä. in Nürnberg in Auftrag. Der letzte männliche Nachkomme des Konrad Nesen vermachte den Pokal 1793 der Dresdener Kunstkammer. Ebenso prächtig verziert wie dieses Kunstwerk wurde der zwischen 1570 und 1580 in Freiburg im Breisgau entstandene Deckelpokal (Nr. 4). Die badische Stadt gehörte damals zum österreichischen Herrschaftsgebiet und war seit dem 14. Jahrhundert der Hauptort einer florierenden Bergkristallindustrie. Neben den anderen Zentren des Gefäßschnittes (Venedig bis zum späten Mittelalter, Mailand in der Renaissance und im Frühbarock und Prag um und nach 1600) hielt sich die Freiburger Steinschneidetradition mit gleichbleibender Beliebtheit über Jahrhunderte. Spezifisch für den Freiburger Bergkristallschliff war die gotisierend anmutende horizontale oder vertikale Facettierung, die der Materialwirkung und Lichtbrechung des Quarzes entgegenkam. Die von den dortigen Bruderschaften hergestellten Steinschnitte besaßen zwar nicht die künstlerische Qualität der anderen Produktionszentren, waren aber an den europäischen Fürstenhöfen reich vertreten. So auch in Dresden, wohin Freiburger Gefäßteile auch in Nürnberger und Augsburger Fassungen gelangten. Dies belegt ein um die gleiche Zeit wie der Freiburger Pokal entstandenes, noch prächtiger in vergoldetes Silber mit Emaileinlagen gehülltes Trinkgefäß in dieser Vitrine (Nr. 5). Vielfach ist aber nach dem heutigen Stand der Forschung noch nicht feststellbar, wo im einzelnen Bergkristallgeräte wie Trinkgefäße, Fußschalen, Kerzenleuchter oder Vasen hergestellt wurden, denn im Verlauf des 17. Jahrhunderts wurden an verschiedenen europäischen Fürstenhöfen oder Fertigungsorten von Luxusgütern für mehr oder weniger lange Zeit Steinmühlen eingerichtet, in denen Bergkristalle geschnitten und mit geschliffenen Ornamenten versehen wurden.

Auch der Dresdener Hof leistete sich eine Steinmühle. Dort stand der für den Prager Hof tätige Caspar Lehmann, der als einer der ersten Meister die Technik des Steinschnitts auf das Glas übertrug, zeitweilig im sächsischen Dienst. Lehmann hat mehrere Arbeiten für die Dresdener

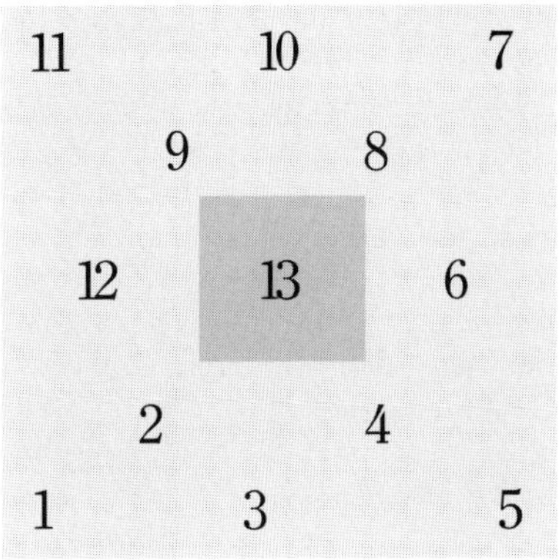

Kunstkammer geschaffen, unter denen der Bergkristallpokal mit dem in vorzüglichem Tiefschnitt wiedergegebenen Bad der Diana besonders herausragt (Nr. 7, Farbtafel 14).
Wohl in Prag, in der kaiserlichen Hofwerkstatt des Dionysio Miseroni, des Sohns des weitaus berühmteren Ottavio Miseroni, entstand kurz nach 1650 die sogenannte Drachenkanne (Nr. 13, Farbtafel 13). Ein derart großer und kompakter Kristallblock von ausgezeichneter Reinheit, ohne Risse und andere Störungsflächen, wie er für dieses Prunkgefäß verwendet wurde, ist äußerst selten und daher von hohem Wert.
Handwerkliche Präzision und technische Leistungsfähigkeit waren bei der Entstehung der überreich mit Farbsteinen und Kameen versehenen Kanne allerdings wichtiger als deren künstlerische Virtuosität. Darin ist dieses wahrhaft kaiserliche Schaugefäß, das wohl als Geschenk an den sächsischen Hof gelangte, ein Zeugnis der damaligen Bergkristallbearbeitung.

1

1 Nesenscher Lutherpokal
Bergkristall, Silber, vergoldet
Steinschnitt: wohl 13. Jahrhundert
Fassung: Christoff Ritter d. Ä.
Nürnberg, vor 1560
H. 39 cm; V 188

2 Deckelbecher mit Bekrönungsfigur
Bergkristall, Silber, vergoldet
Fassung: Deutschland, um 1600
H. 25,5 cm; V 262

3 Kleiner Pokal ohne Deckel
Bergkristall, Gold, Email
Steinschnitt: wohl Freiburg
Fassung: um 1600
H. 16,2 cm; V 285

6

4 Deckelpokal
Bergkristall, Silber, vergoldet
Steinschnitt: Freiburg
Fassung: Meister BF, vielleicht Burkhart Frauenfeld
Freiburg, 1570-80
H. 27 cm; V 187

5 Hoher Deckelpokal
Bergkristall, Silber, vergoldet, Email
Steinschnitt: wohl Freiburg
Fassung: Hans II. Schweinberger
Augsburg, um 1560-70
H. 40 cm; V 180

6 Muschelförmige Schale mit geschnittenen Landschaften
Bergkristall, Silber, vergoldet
Steinschnitt: wohl Nürnberg, 2. Hälfte 17. Jahrhundert
Fassung: Meister MS
H. 13 cm; V 317

7 (Farbtafel 14)
Diana-Pokal
Bergkristall, Silber, vergoldet
Steinschnitt: Caspar Lehmann
Dresden, 1606
H. 36,5 cm; V 282

8 Leuchter
Bergkristall, Silber, vergoldet
Steinschnitt: 17. Jahrhundert
H. 27,4 cm; V 246

9 Leuchter
Bergkristall, Silber, vergoldet
Steinschnitt: 17. Jahrhundert
H. 28,0cm; V 241

10 Kleines Faß
Bergkristall, Gold, Email
Steinschnitt: wohl Prag, Anfang 17. Jahrhundert
H. 15,7 cm; V 205

11 Becher in Form eines Fasses
Bergkristall
Steinschnitt: wohl Prag oder Mailand, Anfang 17. Jahrhundert
H. 32 cm; V 281

12 Vase mit Henkeln
Bergkristall, Silber, vergoldet
Steinschnitt: Deutschland oder Italien, um 1600
H. 19,0 cm; V 286

12

13 (Farbtafel 13)
Prunkkanne
Bergkristall, Silber, vergoldet, verschiedene Farbsteine und Kameen
Steinschnitt: Dionysio Miseroni
Prag, nach 1651
H. 42 cm; V 183

Der Blaue Raum

Jutta Kappel

Der zweite Ausstellungsraum, dessen Wände mit blauem Damast bespannt sind, gewährt einen Einblick in die reichen Bestände an Werken der Elfenbein-, Bernstein- und Steinschneidekunst, die sich einstmals im Elfenbeinzimmer, Pretiosensaal und auch im Eckkabinett des historischen Grünen Gewölbes befunden haben.
Der erste Aufbewahrungsort der Sammlung von Elfenbeindrechseleien war die kurfürstliche Kunstkammer im Dresdener Schloß. Dort, im großen Eckgemach, hatte man bereits die wertvollsten Elfenbeindrechseleien der Hofkünstler Georg Wecker, Egidius Lobenigk und Jakob Zeller neben Uhren, Statuen und Gemälden aufgestellt, bevor sie schließlich in das speziell eingerichtete Elfenbeinzimmer des Grünen Gewölbes gelangten. Bereits in der ersten Beschreibung des Grünen Gewölbes aus dem Jahre 1737 ist über das Elfenbeinzimmer zu lesen: »Hieselbst sieht man lauter Helffenbein, so wohl an der Wand, als auf Tischen, und Gesimsen stehend in großer Menge«. Eine Vorstellung von der einstigen Eleganz der Dekoration dieses Raumes, in die Wandvertäfelungen, Türfüllungen und Konsolen gleichermaßen einbezogen waren, vermittelt der rekonstruierte Wandabschnitt aus dem einstigen Elfenbeinzimmer in der Großraumvitrine. Auf dem Gesims ist eine Auswahl von Elfenbeindrechseleien aufgestellt worden, die einen Eindruck von der Spezifik der jeweiligen Handschrift der Hofdrechsler geben, aber auch den Stand der künstlerisch-technischen Perfektion in der Beherrschung des kostbaren Naturstoffes Elfenbein dokumentieren.
Maßgeblich gefördert wurde die Kunst des Elfenbeindrechselns am sächsischen Hof durch Kurfürst August, entscheidend vermehrt wurde dieser Sammlungsbestand durch die umfangreichen Ankäufe unter Johann Georg I. An der Wende vom 16. zum 17. Jahrhundert gehörte das Drechseln im Dresdener Schloß, wie in anderen einflußreichen europäischen Fürstenhäusern auch, zur höfischen Bildung und Erziehung. Groß war die Achtung vor dem Können jener Meister, die es verstanden, Drechselkunststücke auf eigens dafür konstruierten und mit einem umfangreichen Instrumentarium an Spezialwerkzeugen ausgestatteten Drechselbänken auszuführen. Die Erlernung dieses Handwerkes im höfischen Sinne sollte zur geistigen Vervollkommnung beitragen, technisches Wissen, vor allem konstruktives Denken schulen, aber auch das

Blick in den Blauen Raum, rechte Seite mit den Vitrinen II bis V

Empfinden für eine neue und ungewohnte Schönheit bilden. Kurfürst August von Sachsen ließ daher bereits 1559 eine »Drehstube« im Schloß einrichten. Er selbst und sein Sohn Herzog Christian (I.) wurden durch Georg Wecker und Egidius Lobenigk in dieser Kunst an ihren eigenen Drechselbänken unterwiesen; Hans Lencker aus Nürnberg unterrichtete den jungen Herzog seit 1576 in der Perspektivlehre.
Annähernd 300 Elfenbeindrechselkunstwerke, die zum Großteil von den in Dresden tätigen Meistern, gefertigt wurden, machen den heutigen Bestand des Grünen Gewölbes aus. Es sind dies äußerst kompliziert strukturierte geometrische Gebilde, auch Kunststücke genannt, durchbrochene Kugeln, die als »Contrefaitkugeln« kleine Bildnisse in sich bergen, Polyeder und Pyramiden, spiralig gedrehte Säulen mit allerlei zierlich gedrechselten Verzierungen. Aber auch glattwandig gedrehte Schalen, Becher und Pokale, teilweise verschieden profiliert, stehen für eine Gestaltqualität von Gefäßen, wie sie nur auf der Drechselbank entstehen konnte.
Das Grüne Gewölbe verfügt darüber hinaus über eine ausgezeichnete Sammlung figürlicher Elfenbeinschnitzkunst, die zum Teil im Blauen Raum ausgestellt ist. Diese Werkgruppen entstanden vor allem im süddeutschen Raum und gehörten zu den begehrten Kunstkammerstücken der fürstlichen Sammler. Für die Elfenbeinschnitzer wie auch die Bildhauerkunst jener Zeit bot die Kunst der Antike einen reichen Schatz an mythologischen Motiven und Szenen. Sie fanden ihre Wiederbelebung und variationsreiche Nachahmung in den Bronzewerken der Florentiner Bildhauer Giambologna, Pietro Tacca und Antonio Susini, die neben malerischen und graphischen Vorlagen Anregung und vollendetes Maß für die Elfenbeinschnitzer gewesen sind. Das künstlerische Schaffen jener deutschen Meister wie Melchior Barthel, Adam Lenckhardt, Leonhard Kern und Johann Georg Kern, von denen Elfenbeinschnitzwerke auf den Tischen und Konsolen

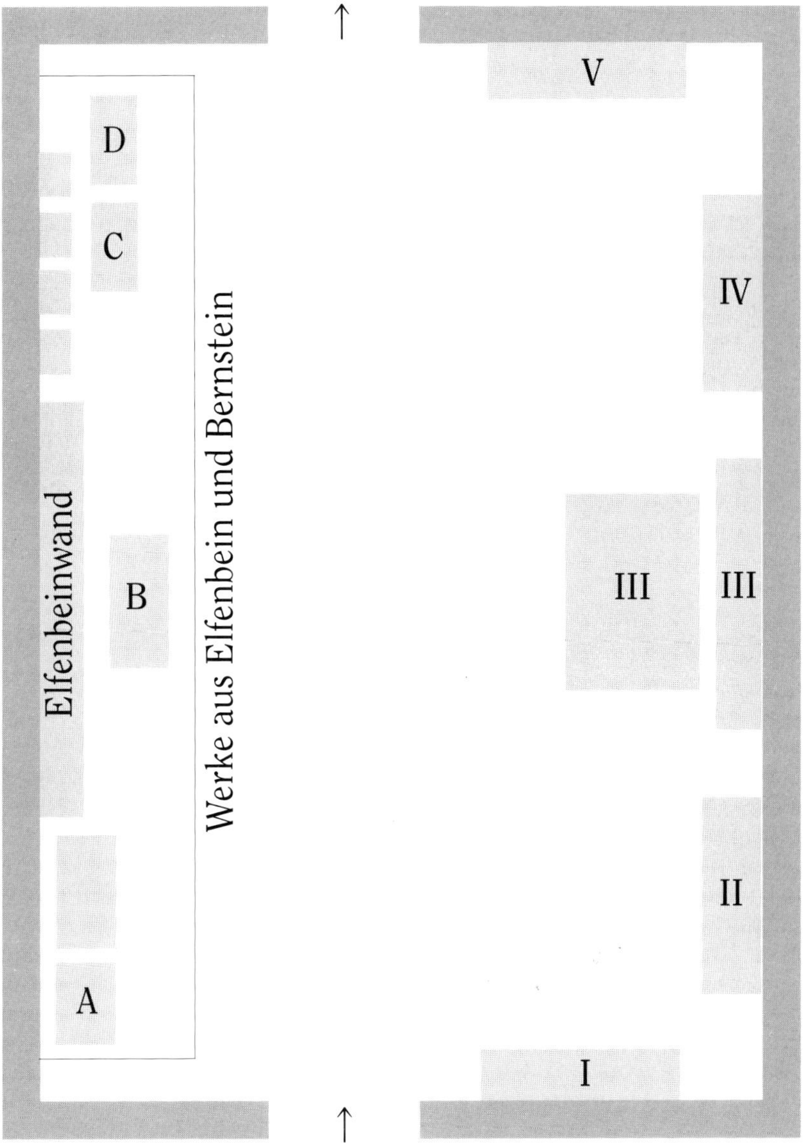

der Elfenbeinwand in der Großraumvitrine gezeigt werden, ist daher undenkbar ohne ihre Aufenthalte in Italien. Sie waren geschulte Bildhauer im besten Sinne.

Parallel zur figürlichen Elfenbeinschnitzkunst entwickelte sich die Reliefschnitzerei. Aus dem oberen, hohlen Stück des Elefantenstoßzahnes wurden mit umlaufenden Reliefs gezierte Zylinder geschnitzt, die als Wandung für Büchsen, Pokale und Humpen aus Silber dienten. Dies waren zumeist reine Prunkgefäße, wie die präsentierte Auswahl auf dem Konsoltisch der Großraumvitrine verdeutlicht, und sie sind von besonderem ästhetischen Schauwert.

Im Unterschied zu den aus Elfenbein gearbeiteten Gefäßwandungen wur-

Elfenbeinwand 3

de der spröde und zerbrechliche Bernstein bevorzugt im flachen Relief geschnitten, um seine nuancierte Farbigkeit und den matt schimmernden Glanz zur Geltung zu bringen. In Anlehnung an bekannte Gefäßtypen der Silberschmiedekunst wurden zwischen 1550 und 1610 zunächst unter Verwendung ähnlicher Formmotive gedrehte Becher und Pokale aus Bernstein hergestellt. Wenig später begann man in Danzig und Königsberg, den Bernstein auch reliefiert zu schneiden und ihn mit geschnitzten Elfenbeineinlagen zu kombinieren. An der Wende vom 17. zum 18. Jahrhundert entstanden, angeregt durch die Elfenbeinskulptur, vollplastische Figuren aus Bernstein. Die ausgestellten Meisterwerke aus Bernstein gelangten aus der kurfürstlichen Kunstkammer, dem Naturalienkabinett und nach 1782 aus dem Pretiosensaal in das Weißsilberzimmer des Grünen Gewölbes, das damals als Kaminzimmer neu eingerichtet wurde.

Die vergoldeten Holzkonsolen vor den Spiegelwänden des einstigen Pretiosensaales waren auch, zu Ma-

terialgruppen geordnet, mit Gefäßen aus Serpentin, Chalzedon, Achat, Jaspis, Amethyst, Onyx, Lapislazuli und Bergkristall besetzt. In einer erlesenen Auswahl wird dieser Bestand in den Wandvitrinen des Blauen Raumes gezeigt. Diese Edelstein- und Bergkristallgefäße entstanden zum Teil in den traditionsreichen Steinschneidewerkstätten der Brüder Sarachi und der Familie Miseroni in Mailand sowie in der Prager Hofwerkstatt, wo Mitglieder der Steinschneiderfamilie Miseroni bis über die Mitte des 17. Jahrhunderts tätig gewesen sind.
Ende des 16. bis über die Mitte des 17. Jahrhunderts wurde die Bearbeitung der kostbaren Mineralien in diesen großen Werkstätten mit einer Anzahl von Gesellen in einem arbeitsteilig strukturierten Verfahren durchgeführt. Dieses glich einer wunderbaren Verwandlung: Aus dem zunächst grob zugehauenen Fundstück wurde in Verantwortung des »Hohlwerksmeisters« mit Hilfe von Hand oder Wasser betriebener Schleifmühlen der Gefäßkörper, zumeist nur wenige Millimeter stark, geschliffen. Einem anderen Meister oblag die vertieft oder erhaben geschnittene ornamentale oder figurale Verzierung des Gefäßkörpers, die oft nach speziell angefertigten graphischen Vorlagen entstand und charakteristisch für die künstlerische Gestaltung der Kristall- und späterhin auch der Glasgefäße geworden ist. Größe und Materialbeschaffenheit der kostbaren Rohstoffe waren entscheidende Kriterien für die letztendliche Gestalt der Prachtgefäße, die ein Goldschmied in einem abschließenden Arbeitsgang in zumeist edelsteinbesetzte und emaillierte Fassungen brachte. Einige solcher kostbar gefaßten Bergkristallgefäße aus der Mailänder Werkstatt der Brüder Sarachi gelangten als Geschenke des Herzogs Emanuel Philibert von Savoyen an Kurfürst August von Sachsen nach Dresden. Die meisten von ihnen blieben zunächst in der Schatzkammer – der »Geheimen Verwahrung« – aufbewahrt.
Dieser Gruppe von Ziergefäßen aus Bergkristall kann der Sammlungsbestand an Schalen aus verschiedenfarbigen edlen Gesteinen angeschlossen werden. Diese Stücke sind besonders dünnwandig geschliffen und glatt poliert und bestechen durch ihre sehr phantasievollen Fassungen, die zumeist in emailliertem Gold ausgeführt worden sind.
In einer an die Intarsie erinnernden Technik entstand zu Beginn des 18. Jahrhunderts in den Florentinischen Hofwerkstätten die Tischplatte aus schwarzem Marmor, in die, aus vielen einzelnen Steintäfelchen zusammengefügt, ein prachtvoller Blumenkranz eingelegt wurde.

Die Elfenbeinwand Kunstwerke aus Elfenbein und Bernstein

1752 wurde das Elfenbeinzimmer im Grünen Gewölbe mit großer Begeisterung beschrieben: »Im anderen Zimmer, dessen vier Wände über und über auf Marmor-Art lacciret, auch der Fußboden mit Marmor belegt, siehet man lauter aus Elfenbein verfertigte Kunststücke, die so wohl an den Wänden auf Consolen als auch auf Tischen sehr ordentlich rangiret.« Diese Wandverkleidungen, Konsolen und Türfüllungen wurden von dem als Lackierer und Vergolder in höfischen Diensten stehenden Christian Reinow »auf italienischer marmorart von zwölfferley Sorten gemahlet,...«.
Einen Eindruck von dieser Raumatmosphäre des früheren Elfenbeinzimmers vermittelt die rekonstruierte Schauwand in der Großraum-

Elfenbeinwand 39

Wandabschnitt von der Südwand des einstigen Elfenbeinzimmers im Grünen Gewölbe

vitrine des Blauen Raumes, in der Meisterwerke der Elfenbein- und Bernsteinschnitzerei und herausragende Beispiele der Elfenbeindrechselkunst gezeigt werden. Die ausgestellten Elfenbeindrechseleien auf dem Gesims der Schauwand (Nr. 6-9, Farbtafel 18) stehen stellvertretend für das umfangreiche Schaffen der am Dresdener Hof tätigen Meister.
1578 trat der gebürtige Münchner Georg Wecker als Hofdrechsler in den Dienst Kurfürst Augusts. Von ihm sind, mit Signatur und Jahreszahl versehen, zwischen 1581 und 1589 vor allem runde und ovale, glattwandig gedrehte Dosen, Becher, Schalen, Pokale und Schreibzeuge nachweisbar. Georg Wecker bevorzugte, wie der vierfache Deckelpokal (Nr. 10) zeigt, klare Strukturen und war weniger ein Meister des »Kunststücks«.
1584 wurde Egidius Lobenigk ebenfalls an den Dresdener Hof berufen. Von ihm sind signierte und zumeist auch datierte Arbeiten aus den Jahren 1582 bis 1591 erhalten geblieben. Im Unterschied zu Georg Wekker erscheint in seinen Arbeiten die Raffinesse der Formbeherrschung noch weiter vorangetrieben. Geschraubte Pyramiden, übereinandergesetzte Schalen, durchbrochene Würfel und Contrefaitkugeln sind von ihm bekannt. Das Material Elfenbein wurde bis zur Grenze des Möglichen in der Formerfindung geführt. Aber wie die beiden Pokale Lobenigks zeigen, war er Georg Wekker sehr verwandt in der Gestaltung der Gefäßkörper (Nr. 5, 12).

Von dem Drechsler Georg Friedel sind keine Lebensdaten bekannt. Vermutlich war er Geselle in der Werkstatt Weckers am Dresdener Hof. Er signierte seine Arbeiten mit den Buchstaben »GF«, einem sechsstrahligen Stern und einem Fischreiher. Von seiner handwerklichen Geschicklichkeit zeugen die gedrehten Elfenbeinsäulen (Nr. 9, 11). Ein Teil seiner »Kunststücke« gelangte aus dem Besitz des Hofdrechslers Jakob Zeller 1619 in die Kunstkammer.

Das Hauptwerk des Elfenbeinschnitzers und Hofdrechslers Jakob Zeller, der von 1610 bis zu seinem Tod 1620 in Dresden tätig gewesen ist, entstand während der Regierungszeit Johann Georgs I. von Sachsen. Zwei seiner Pokale sind auf dem Gesims zu sehen (Nr. 7, 13). Jakob Zeller war Drechsler und Elfenbeinschnitzer zugleich. Seine Begabung als Bildschnitzer überragte jene als Drechsler. In seinem letzten Werk, der elfenbeinernen Fregatte (Nr. 17, Farbtafel 19), kündigte sich jene für das Kunsthandwerk des 17. und 18. Jahrhunderts charakteristische Hinwendung zur figürlichen Elfenbeinschnitzerei an, die die Kunst des Drechselns nicht verdrängte, aber doch in den Hintergrund treten ließ.

Ein unerschöpflicher Vorbildschatz für die Gestaltung der Figuren, Gruppen und Reliefs aus Elfenbein waren die Werke der Antike, die in zahlreichen Variationen und Reduktionen in der Kunst der italienischen Kleinbronze Nachahmung gefunden haben. So sind jene dem gebürtigen Dresdener Bildhauer und Elfenbeinschnitzer Melchior Barthel zugeschriebenen Elfenbeingruppen »Der Farnesische Stier« (Nr. 1, Farbtafel 20), »Pferd und Löwe« (Nr. 2) und »Raub der Sabinerin« (Nr. 24) auch als Bronzen aus dem Werk der Florentiner Bildhauer Giambologna und Susini bekannt geworden. Melchior Barthel, der annähernd zwanzig Jahre in Venedig verbrachte, könnte diese Werke wohl noch während seiner Zeit in Italien, aber auch zum Teil in den nur zwei Jahren seiner Tätigkeit als sächsischer Hofbildhauer zwischen 1670 und 1672 geschaffen oder vollendet haben. Sicher mit dem Namen Melchior Barthels verbunden sind die beiden Figuren »Venus« und »Kleopatra« (Nr. 27, 28), die 1659 als Ankauf in die Kunstkammer gelangten und demnach in Venedig entstanden sind. Ebenfalls aus der Mitte des 17. Jahrhunderts stammt die von Adam Lenckhardt signierte elfenbeinerne Figur des »Merkur« (Nr. 30, Farbtafel 21).

Für einige geschnittene Gefäßwandungen und Figuren aus Elfenbein sind – nach dem heutigen Stand der Erkenntnis – vorerst nur Werkstattzuschreibungen nach dem stilistischen Vergleich mit den Hauptmeistern jener Zeit und eine Lokalisierung in den süddeutschen Raum möglich (Nr. 21, 22, 26, 29). Jene Humpen und Schraubbüchsen, deren Gefäßkörper zumeist mit Darstellungen religiöser und antik-mythologischer Themen in geschnitztem Elfenbein ummantelt wurden, sind zum Teil durch die gemarkten Silberfassungen in einen überschaubaren Zeitraum zu datieren. Sie sind kunstvoll getrieben, ziseliert und graviert . Oft setzte der Goldschmied in der Wahl seiner Motive das Bildprogramm der elfenbeinernen Gefäßwandungen in der Gestaltung von Standfuß, Deckel, Henkel und Bekrönungsfigur fort (Nr. 52, Farbtafel 22). Unter den Augsburger Goldschmieden galt vor allem Andreas I. Wickert als Meister erfindungsreicher und besonders kostbarer Fassungen, wie jener des Elfenbeinhumpens mit der Darstellung der klugen und törichten Jungfrauen, die seine

Meistermarke trägt. Die Reliefschnitzerei stammt von Johann Georg Kern, Neffe und Schüler des Leonhard Kern in Schwäbisch Hall (Nr. 55).
Das Naturmaterial Bernstein forderte ganz ähnlich dem Elfenbein die Meister zu phantasievollen Formerfindungen heraus. Ergiebige Bernsteinvorkommen befanden und befinden sich an der Ost- und Südküste der Ostsee, bei Königsberg und Danzig. Daß Bernstein ein fossiles Harz tertiärer Nadelhölzer ist, erkannte man erst im 18. Jahrhundert. Die Bernsteinkünstler in den Werkstätten von Königsberg und Danzig fertigten, dem höfischen Geschmack entsprechend, jeden nur denkbaren Gegenstand. Dosen, Schalen, Leuchter, Brettspiele mit Spielfiguren und -marken waren begehrte Kunstkammerstücke. Einer der berühmtesten Bernsteinschneider in der ersten Hälfte des 17. Jahrhunderts war Georg Schreiber, der maßgeblich den Stil der Bernsteinkunst in Königsberg prägte (Nr. 33, 37, 38). Dem Werk des Jakob Heise aus Königsberg kann nach dem stilistischen Vergleich mit den von ihm signierten und datierten Stücken der Deckelkrug mit den Darstellungen der sieben freien Künste (Nr. 31) zugeordnet werden.
Um 1680 schnitzte Christoph Maucher in Danzig aus besonders dunkelfarbigen Fundstücken von Bernstein die »Gruppe der drei Grazien« (Nr. 36, Farbtafel 23). Von dem gebürtigen Danziger Jacob Dobbermann, der zwischen 1716 und 1729 am Hof zu Kassel tätig war, stammt die kleine weibliche Figur aus Bernstein (Nr. 35).
Spiegelumrahmungern, Kabinettschränke und sogar Innenräume, wie das einstmals berühmte Bernsteinzimmer von Zarskoje Sjelo, konnten seit der zweiten Hälfte des 17. Jahrhunderts in einer neuartigen, perfekten Technik, der Bernsteininkrustation, gefertigt werden: Dünnwandige, teilweise transparente Bernsteintäfelchen wurden auf einen Holzkern mosaikartig aufgebracht. Mitunter versah man diese auch mit Tiefschnittornamenten und hinterlegte sie mit Silberfolie, um die Leuchtkraft des Bernsteins zu erhöhen. Zu den Meisterwerken dieser Kunstfertigkeit gehören die beiden Kabinettschränke aus der Bernsteinsammlung des Grünen Gewölbes. Der große Kabinettschrank (Nr. 3) wurde 1728 in Potsdam durch den König von Preußen, Friedrich Wilhelm I., an August den Starken als diplomatisches Geschenk höchsten Ranges übergeben. In den Schubkästen befanden sich neben geologischen Raritäten und einem Schachbrett auch zahlreiche Utensilien aus Bernstein. Ein Teil davon (Nr. 40-50) ist auf dem Tisch zu sehen, der zwischen 1725 und 1726 von einem sächsischen Hoftischler angefertigt wurde und seit 1884 zur Ausstattung des Elfenbeinzimmers gehörte.
Im Jahre 1742, als der kleine Bernsteinschrank (Nr. 39) als königlich-preußisches Geschenk nach Dresden gelangte, beklagten die Bernsteinschneider in Königsberg bereits den Niedergang ihrer Kunst, während die Zahl der Bernsteinmeister in Danzig vehement zunahm. Unübersehbar blieb, daß die Bernsteinkunst, auf der Höhe ihrer Perfektion in der Anfertigung großformatiger Möbelstücke angelangt, zugleich ihren Zenit überschritten hatte. Die Bernsteinbearbeitung, zentralisiert im Raum Königsberg und Danzig, verlagerte sich im 18. Jahrhundert auf herausragende Einzelmeister wie etwa Jacob Dobbermann, Lorenz Spengler und Wilhelm Krüger an den Höfen in Kassel, Kopenhagen und Dresden.

TISCH A

1 (Farbtafel 20)
Der Farnesische Stier
Elfenbein, Postament aus Holz, mit
Elfenbeinschnitzerei belegt
Melchior Barthel
wohl Venedig, vor 1670, und Dresden,
zwischen 1670 und 1672
H. (mit Postament) 48,5 cm; II 47

2 Pferd und Löwe
Elfenbein, Postament aus Holz, mit
Elfenbeinschnitzerei belegt
Melchior Barthel
Dresden, zwischen 1670 und 1672
H. (mit Postament) 28,5 cm; II 342

2

3 Zweitüriger Kabinettschrank
Holzkern, Bernstein, Spiegelglas
Königsberg, vor 1728
H. 210 cm, B. 108 cm, T. 46 cm; III 88

WANDGESIMS

4 Glatt gedrehte Schale
Elfenbein, teilweise graviert und
geschwärzt
wohl Dresden, 1620
H. 19,3 cm; II 103

5 Spiralig gedrehter Deckelbecher
Elfenbein
sign. Egidius Lobenigk
Dresden, dat. 1589
H. 28 cm; II 192

6 (Farbtafel 18)
Gedrehtes Kunststück
Elfenbein
wohl Dresden oder Nürnberg,
1. Hälfte 17. Jahrhundert
H. 41 cm; II 284

7 (Farbtafel 18)
Gedrehter Deckelpokal
Elfenbein
Jakob Zeller
Dresden, zwischen 1610 und 1619
H. 49,2 cm; II 168

8 (Farbtafel 18)
Gedrehtes Kunststück
Elfenbein
wohl Dresden, um 1600
H. 58 cm; II 255

9 (Farbtafel 18)
Gedrehte Säule
Elfenbein
sign. Georg Friedel
Dresden, um 1600
H. 60 cm; II 298

10 Gedrehter, vierfacher Deckelpokal
Elfenbein
sign. Georg Wecker
Dresden, dat. 1588
H. 71 cm; II 161

11 Gedrehte Säule
Elfenbein
sign. Georg Friedel
Dresden, um 1600
H. 53 cm; II 326

12 Spiralig gedrehter Doppelpokal
Elfenbein
sign. Egidius Lobenigk
Dresden, dat. 1589
H. 61 cm; II 415

13 Gedrehter Deckelpokal
Elfenbein
wohl Jakob Zeller
Dresden, zwischen 1610 und 1619
H. 52 cm; II 172

14 Gedrehter Pokal
Elfenbein
sign. Georg Friedel
Dresden, um 1600
H. 50 cm; II 297

15 Gedrehter, granatapfelförmiger Deckelpokal
Elfenbein
wohl Dresden, 1. Hälfte 17. Jahrhundert
H. 46 cm; II 257

16 Glatt gedrehte Schale mit Korallenzinken
Elfenbein, Koralle
wohl Dresden, um 1600
H. 32 cm; II 259

TISCH B

17 (Farbtafel 19)
Fregatte
Elfenbein, Gold, Eisen
sign. Jakob Zeller
Dresden, dat. 1620
H. 115 cm, B. 80 cm; II 107

WANDKONSOLEN

18 Kauernde Venus
Elfenbein
Süddeutschland, Mitte 19. Jahrhundert
H. 18 cm; VII 133

19 Kimon und Pero, sog. Caritas Romana
Elfenbein
Süddeutschland, Mitte 17. Jahrhundert
H. 21cm; II43

20

20 Allegorie der Klugheit
Elfenbein
wohl Melchior Barthel
wohl Venedig, vor 1670, oder Dresden, zwischen 1670 und 1672
H. 30,5 cm;II 335

21 Deckelpokal mit der Darstellung des Saturn, der die Schlemmer überrascht
Elfenbein
wohl Bernhard Strauss
Augsburg, Mitte 17. Jahrhundert
H. 42,7 cm; II 398

22

24

22 Deckelpokal mit Darstellung der Diana und bacchantischen Szenen
Elfenbein, Silber, vergoldet
Schnitzerei: Süddeutschland,
Ende 17. Jahrhundert
Fassung: wohl Augsburg,
Anfang 18. Jahrhundert
H. 54 cm; II 24

23 Diana und Nymphe
Elfenbein
wohl Melchior Barthel
Dresden, zwischen 1670 und 1672
H. 29 cm; II 339

24 Raub der Sabinerin
Elfenbein
wohl Melchior Barthel
Venedig, vor 1670, oder Dresden zwischen
1670 und 1672.
H. 43,7 cm; II 341

25

27/ 28

25 Deckelpokal mit Darstellung des Raubs der Lapithenfrauen durch die Kentauren
Elfenbein, Silber, vergoldet
Schnitzerei: Süddeutschland, Ende 17. Jahrhundert
Fassung: Elias Adam
Augsburg, zwischen 1731 und 1733
H. 47,5 cm; II 19

26 Deckelpokal mit Darstellung allegorischer Frauengestalten
Elfenbein
wohl Bernhard Strauss
Augsburg, Mitte 17. Jahrhundert
H. 73,5 cm; II 393

27 Venus mit Amor
Elfenbein
Melchior Barthel
Venedig, vor 1659
H. 20,2 cm; II 3

28 Kleopatra mit Schlange
Elfenbein
Melchior Barthel
Venedig, vor 1659
H. 19,8 cm; II 424

29

29 Neptun und Amphitrite
Elfenbein
Umkreis des David Heschler
Ulm, Mitte 17. Jahrhundert
H. 20,5 cm; II 44

30 (Farbtafel 21)
Merkur mit Putto
Elfenbein
sign. Adam Lenckhardt
Wien, Mitte 17. Jahrhundert
H. 27,5 cm; VII 18

BOULLE-KONSOLEN

31

31 Deckelkrug mit Darstellungen der sieben freien Künste
Bernstein, Silber, vergoldet
Jakob Heise
Königsberg, um 1660
H. 22 cm; III 77

32 Deckelkrug
Bernstein, Silber, vergoldet, Email, Perlen
Umkreis des Georg Schreiber
Königsberg, um 1610
H. 13,4 cm; III 79

33

33 Kanne mit Darstellung griechischer Gottheiten
Bernstein, Gold, Email, Diamanten
wohl Georg Schreiber
Königsberg, 1. Viertel 17. Jahrhundert
H. 20,5 cm; III 78

34 Kasten
Bernstein, mit Elfenbeinschnitzerei belegt
wohl Michael Redlin
Danzig, Ende 17. Jahrhundert
H. 30 cm, B. 25 cm, T.18 cm; III 91

35 Weibliche Figur mit Lendentuch
Bernstein, Postament aus Holz mit Bernsteininkrustation
Jacob Dobbermann
Kassel, um 1725
H. 16 cm (o. Postament); III 94

35

37

36 (Farbtafel 23)
Gruppe der drei Grazien
Bernstein, Postament mit
Bernsteininkrustrationen
Christoph Maucher
Danzig, um 1680
H. 19 cm (o. Postament); III 64

37 Achteckige Schale
Bernstein, Silber, vergoldet
wohl Georg Schreiber
Königsberg, 1. Viertel 17. Jahrhundert
H. 40,5 cm, B. 48 cm; III 86

38

38 Kanne in Form eines Trinkhornes, zur Schale gehörig
Bernstein, Silber, vergoldet
wohl Georg Schreiber
Königsberg, 1. Viertel 17. Jahrhundert
H. 22,2 cm, B. 16 cm, T. 9 cm; III 82

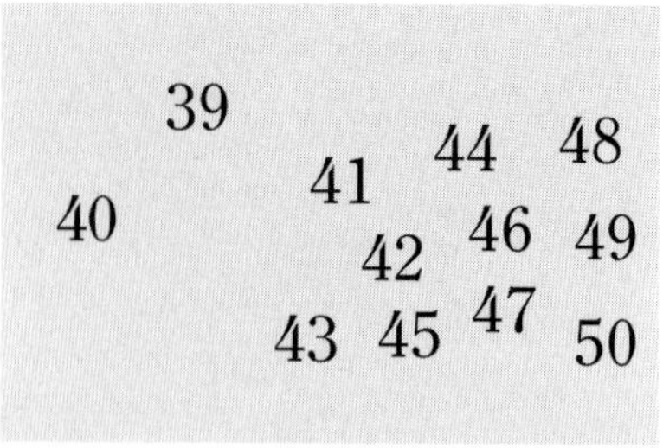

42

TISCH C

39 Zweitüriger Kabinettschrank
Holzkern, Bernstein, Spiegelglas
wohl Danzig, vor 1742
H. 59 cm, B. 41 cm, T. 26 cm; III 248

40 Schachbrett mit Figuren
Bernstein
Königsberg, um 1650
H. 25 cm, B. 25 cm
H. der Figuren: 4-7 cm; III 88b

Die kleinen Bernsteinsachen (41-50) gehörten unter anderem zu den Utensilien des großen Bernsteinschrankes, der 1728 nach Dresden gelangte, und waren in dessen Schubkästen aufbewahrt. Königsberg, 1. Viertel 18. Jahrhundert

41 Flache Dose in Form einer Muschel
Bernstein
B. 8 cm, T. 4,7 cm; III 88w, 9

42 Flache, ovale Schnupftabaksdose mit dem in Elfenbein geschnitzten Porträt Augusts des Starken
Bernstein, Elfenbein
B. 8 cm, T. 6,1 cm; III 88w, 21

43 Pfeifenstopfer in Gestalt eines Damenbeines
Bernstein, Silber
L. 7 cm; III 88h, 8

44 Achteckige Dose
Bernstein
H. 4,2 cm, B. 4,1 cm, T. 2 cm; III 88n

40

48

45 Gebogte Dose mit Darstellung eines Putto und eingravierter Inschrift
Bernstein
L. 8,6 cm; III 88w, 10

46 Längliche Büchse
Bernstein
L. 7,6 cm; III 88 f, 1

47 Scherenfutteral
Bernstein
L. 8,9 cm; III 88m, 5

48 Flache achteckige Dose
Bernstein
B. 7,2 cm, T. 5,2 cm; III 88w, 7

49 Flache ovale Dose
Bernstein
B. 7,6 cm, T. 4,6 cm; III 88w, 6

50 Flache rechteckige Dose
Elfenbein, Silber, vergoldet
B. 9,3 cm, T. 6,6 cm; III 88w

TISCH D

51 Büchse mit Darstellung einer Reiterschlacht
Elfenbein, Silber, vergoldet
Schnitzerei: wohl Schwäbisch Hall, Mitte 17. Jahrhundert
Fassung: Jeremias Peffenhauser
Stuttgart, Mitte 17. Jahrhundert
H. 27 cm; II 392

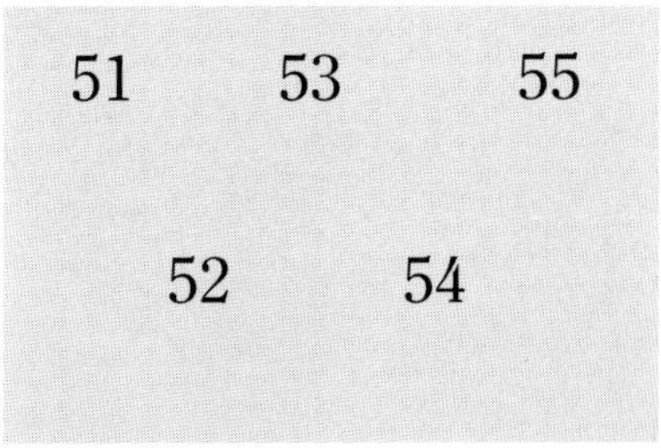

52 (Farbtafel 22)
Humpen mit Darstellung badender Frauen
Elfenbein, Silber, vergoldet
Schnitzerei: Werkstatt des Leonhard Kern
Schwäbisch Hall, vor 1649
Fassung : Martin Borisch
Dresden, vor 1649
H. 33,5 cm; II 22

53 Büchse mit Darstellung des Apoll mit musizierenden Frauen
Elfenbein, Silber, vergoldet
Schnitzerei: wohl Johann Heinrich Hurdter, Werkstatt des David Heschler
Ulm, um 1660
Fassung: Werkstatt des
Johann Baptist I. Weinet
Augsburg, um 1660
H. 24 cm; II 389

53

54

54 Humpen mit Darstellung einer bacchantischen Szene
Elfenbein, Silber, vergoldet
Schnitzerei: wohl Ulm, um 1650
Fassung: Daniel Harnischter
Straßburg, nach 1651
H. 27 cm, II 395

55 Humpen mit Darstellung der klugen und törichten Jungfrauen
Elfenbein, Silber, vergoldet
Schnitzerei: Johann Georg Kern
Öhringen, vor 1661
Fassung: Andreas I. Wickert
Augsburg, vor 1661
H. 58 cm; II 399

55

**Tafel 17 (linke Wand im Eingangsbereich)
Papagei, in einem Ring sitzend**

Die Bildtafeln mit Darstellungen von buntgefiederten Papageien, die im Eingangsbereich gezeigt werden, und auch die Tischplatte im Blauen Raum entstanden in einer an die Intarsie erinnernden Technik. Diese Sonderform der Steinschneidkunst wurde in der Hofwerkstatt der Medici zu Beginn des 17. Jahrhunderts in großem Stil für die Ausgestaltung der mediceischen Grabkapelle an der Kirche San Lorenzo in Florenz gefördert und mit besonderer Perfektion ausgeführt. Arbeiten dieser Art fanden für die Verkleidung von Altären, als eigenständige Bildtafeln und Tischplatten, aber auch als Einlagen für repräsentative Möbelstücke Verwendung. Sie sind so minutiös gearbeitet, daß mitunter erst bei ganz genauer Betrachtung aus der Nähe offenbar wird, daß es sich nicht um gemalte Stücke handelt.

Die Herstellung derartiger Einlegearbeiten war technisch wie künstlerisch ein äußerst komplizierter und vor allem zeitaufwendiger Vorgang. Zunächst mußte ein Entwurf gezeichnet werden, der die farblichen Akzente setzte und als Arbeitsgrundlage diente. Die Flachsteinschleifer zersägten Fundstücke besonders harter Schmucksteine, *»pietre dure«*, in wenige Millimeter dünne Scheiben. Auf diese wurden dann nach Schablonen die Umrißformen der jeweiligen Motive aufgezeichnet. Mit einem Eisen- oder Kupferdraht, der waagerecht über einen Holzbogen gespannt wurde, konnten daraus plane Täfelchen unter Hinzufügung von Wasser und Pulverschmirgel geschnitten werden. Aus praktischen Gründen wurde der Schnitt schräg zur Oberfläche geführt, um letztendlich die vielen Einzelteile fugenlos miteinander verbinden zu können. Um Werke von solcher Farbenpracht wie das Bild des in einem Ring sitzenden Papageien fertigen zu können, mußte man unzählige Edelsteinproben anschleifen und prüfen, um schließlich eine Frucht, einen Zweig, die Flügel eines Schmetterlings oder erdigen Grund entstehen lassen zu können. Das Resultat dieses Arbeitsgangs wird als »commesso« bezeichnet, abgeleitet von dem italienischen Wort »commettere«, was soviel wie zusammenfügen oder verbinden bedeutet. War ein Motiv vollständig zusammengesetzt, konnte es nach dem Prinzip der Intarsie, das auch für andere Materialien wie Holz, Elfenbein und Silber gebräuchlich ist, in eine Grundplatte eingelegt werden und erhielt durch einen abschließenden Feinschliff eine glatte Oberfläche. In Florenz fertigte man vor allem *commessi in pietre dure,* die in einen schwarzen Marmorgrund eingelegt wurden. Bevorzugte Motive waren neben Landschaften auch Vögel, Blumen, Früchte und fantasievolles Ornamentwerk.

Tafel 18 (Elfenbeinwand/Gesims, 6–9)
Elfenbeindrechseleien

Die Auswahl von Elfenbeindrechseleien zeigt die stilistische Vielfalt, komplizierte Geometrie und bizarre Künstlichkeit jener auf der Drehbank gefertigten Meisterwerke. Ganz rechts ein gedrehter Elfenbeinpokal (Nr. 7), der im Inventar der Kunstkammer von 1619 als eine Arbeit des seit 1610 in kurfürstlichen Diensten stehenden Hofdrechslers und Bildschnitzers Jakob Zeller ausgewiesen ist. Allein 23 gedrehte und geschnittene Elfenbeinarbeiten des Meisters erwarb Johann Georg I. für die stattliche Summe von 2300 Gulden, um sie 1619 in der Kunstkammer aufstellen zu lassen. Die gedrehte Säule (Nr. 9) mit fünf Wendelsteinen und ihrem von freien Spiralen umzogenen Schaft hat Georg Friedel gefertigt. Das von Friedel signierte Stück gelangte aus dem Besitz Jakob Zellers in die Kunstkammer.

Besonders ausgeprägte Geschicklichkeit verlangte die Anfertigung der »Kunststücke«. Es waren zumeist Pokale oder Kugeln aus Elfenbein, in deren versetzte Wendeltreppen oder Aushöhlungen Würfel oder andere geometrische Gebilde eingearbeitet wurden, die Zakkensterne tragen, gedrehte Spitzen oder Spiralen. Von herausragender Meisterschaft zeugt jenes Elfenbeinkunststück, das aus einem halben, durchbrochenen Dekaeder mit fünf Zackensternen, einem leicht gebogtem Fuß und dünnem Schaft besteht und hier ganz links abgebildet ist.

Für eine ganze Anzahl dieser besonders kompliziert gestalteten, unbezeichneten Kunststücke ist die Zuschreibung an einen Meister nicht möglich. Zumeist gibt die annähernd zutreffende Beschreibung im Kunstkammerinventar von 1619 einen Anhaltspunkt für ihre Datierung in das frühe 17. Jahrhundert. Vermutlich sind auch diese unsignierten Stücke in Dresden entstanden (Nr. 6, 8). In jedem Falle sind sie auf dem Höhepunkt technisch perfektionierter Drechselkunst entstanden.

Tafel 19 (Elfenbeinwand/Tisch B, 17)
Jakob Zeller – Fregatte

Die Fregatte aus Elfenbein ruht auf einer geschnitzten Fußgruppe , die Neptun auf einer geflügelten Kugel in einer Muschel sitzend und von Meeresrossen getragen zeigt. Ein Triton auf der Rückseite dieser Fußgruppe hält eine Tafel mit der Signatur des Jakob Zeller und der Jahreszahl 1620. Wohlwissend um die außerordentliche Qualität seines Werkes fügte er seiner Signatur den Hinweis hinzu, daß er es sowohl selbst erdacht als auch eigenhändig gefertigt hat: »Jacobus Zeller C. S. bestalter Kunstdrechsler fecit et inventavit 1620«. Genealogisches Wissen, technische Raffinesse und künstlerisches Formempfinden führte der 39jährige Jakob Zeller in diesem Meisterwerk frühbarocker Elfenbeinkunst zu einer harmonischen Einheit.
Auf dem präzis und authentisch nachgestalteten Schiffsrumpf stehen auf acht Schriftbändern eingeschnitzt die Namen und Regierungszeiten aller dynastischen Vorfahren, beginnend in vorchristlicher Zeit bis hin zum regierenden Kurfürsten Johann Georg I. von Sachsen, dem Zeller 1620 diese genealogische Ahnenfolge in Gestalt eines außergewöhnlichen Kunstkammerstückes übergab. Das künstlerisch und technisch Unglaubliche gelang Jakob Zeller in der Gestaltung der scheinbar windgefüllten, pergamentdünn aus Elfenbein geschnittenen Segel. In feiner Reliefschnitzerei sind auf dem Hauptsegel die Wappen des kurfürstlichen Paares, Johann Georgs I. von Sachsen und seiner Gemahlin Magdalena Sibylla von Brandenburg, sichtbar. Winzige Matrosen aus Elfenbein klettern in der Takelage aus Golddraht. Goldene Kanonen, Ketten und Anker vervollständigen das Bild einer repräsentativen Staatsfregatte, lassen aber auch die Lust des Meisters am Detail erkennen.

Tafel 20 (Elfenbeinwand/Tisch A, 1)
Melchior Barthel – Der Farnesische Stier

Melchior Barthel arbeitete nur zwei Jahre, von 1670 bis zu seinem Tode 1672, als Hofbildhauer in seiner Geburtsstadt Dresden. Sein bildhauerisches Hauptwerk schuf er mit den monumentalen Mohrenatlanten für das Grabmahl des Giovanni Pesaro in Venedig. Doch zugleich hat er bereits in seiner Italienzeit miniaturhaft fein in Elfenbein geschnitzt. Geprägt durch seine Lehre bei dem namhaften Elfenbeinschnitzer David Heschler in Ulm, nahm Barthel das Formengut italienischer Bildhauerkunst in den Stil seiner Elfenbeinwerke auf.
Die ausgestellte Elfenbeingruppe zeigt zwei kräftige junge Männer, die einen Stier niederzwingen. Die für diese Darstellung übliche Bezeichnung »Farnesischer Stier« geht zurück auf die 1546 in den Thermen des Caracalla zu Rom aufgefundene späthellenistische Monumentalskulptur aus Marmor, die im Palast des Kardinals Alessandro Farnese in Rom nach ihrer Wiederentdeckung ihren ersten Aufstellungsort fand.

Melchior Barthel ließ sich bei seinem aus Elfenbein geschnitzten und aus einzelnen Teilen zusammengefügten Werk ohne Zweifel von diesem antiken Vorbild leiten. Es dürfte ihm aber auch die von Antonio Susini 1613 in Florenz gefertigte Bronzegruppe, heute in der Galleria Borghese in Rom, bekannt gewesen sein. Im Unterschied zu Susinis Darstellung, die sich sehr genau an das antike Original gehalten hat, entschied sich Melchior Barthel für die dramatische Hauptszene der überlieferten Sage: Die thebanischen Brüder Amphion und Zethos, Söhne des Zeus und der Antiope, bezwingen einen wilden Stier, um die Strafe der Dirke vorzubereiten. Der aus Holz geschnitzte gebirgige Untergrund zeigt in der Vorderansicht eine freie Zone. Es liegt nahe, daß Melchior Barthel an dieser Stelle die Figur der Dirke hinzufügen wollte, sein Werk aber nicht vollendet hat.
Das Melchior Barthel zugeschriebene Hauptwerk barocker Elfenbeinkunst, das er wohl in Venedig begonnen und in Dresden nicht vollendet hat, gelangte neben der Gruppe »Pferd und Löwe« und anderen Elfenbeinschnitzereien erst 1769 aus der Sammlung des am Dresdener Hof außerordentlich einflußreichen Grafen Brühl in das Grüne Gewölbe.

Tafel 21 (Elfenbeinwand 30)
Adam Lenckhardt – Merkur und Putto

Adam Lenckhardt, 1610 in Würzburg geboren, war der bedeutendste Elfenbeinschnitzer vor Matthias Steinle am Wiener Kaiserhof. Er arbeitete seit Anfang 1642 als bestallter Kammerbildhauer für den Fürsten Karl Eusebius von Liechtenstein.
Von Adam Lenckhardt stammt die gezeigte elfenbeinerne Statuette des Merkur: Merkur, der von Jupiter gesandte Götterbote, weist mit dem charakteristischen Zeigegestus der rechten Hand zum Himmel. In der gesenkten Linken hält er den von zwei Schlangen umwundenen Heroldstab als Zeichen des Friedens. Er gehört neben den Flügelsandalen und dem geflügelten Helm zu den ständigen Attributen des Merkur, der nach der antiken Sage auch die Seelen der Verstorbenen in die Hölle oder in die Elysischen Gefilde zu begleiten hatte, aber auch in seiner mythologischen Bestimmung als Gott der Diebe, des Handels und des Gewerbes bekannt ist. Der Putto zu Füßen des Merkur schnürt in eifriger Geschäftigkeit die Sandale des Götterboten. Anders als bei den von Giambologna aus der zweiten Hälfte des 16. Jahrhunderts bekannten Darstellungen aus Bronze, folgt die Elfenbeinstatuette nicht dem Typus des fliegenden Merkur. Adam Lenckhardt verzichtete wohl ganz bewußt auf dieses spannungsreiche Motiv. Er schnitzte aus dem zartweißen Elfenbein eine ganz dem Irdischen verbundene Merkurgestalt, die fest am Boden verharrt. Das naheliegende Vorbild für diese Statuette dürfte in der überlebensgroßen Bronzegruppe des Augsburger »Merkurbrunnens« zu finden sein, die Adrian de Vries 1599 fertiggestellt hatte. Mit dem kauernden Putto zu Füßen des Götterboten führte Adrian de Vries ein genrehaftes Motiv ein, das die Gestalt des Merkur im Moment vor dem Flug in neuer künstlerischer Interpretation zeigt.

Tafel 22 (Elfenbeiwand/Tisch D, 52)
Werkstatt des Leonhard Kern – Elfenbeinhumpen mit Darstellung badender Frauen

Der aus dem Odenwald stammende Leonhard Kern, der 1662 in Schwäbisch Hall starb, war bereits zu Lebzeiten ein hoch geachteter Mann. Seine Holz- und vor allem Elfenbeinskulpturen wurden von zahlreichen fürstlichen Sammlern bestellt. Sein besonderes Interesse galt der Aktdarstellung. In Italien hatte er das Zeichnen nach dem lebenden Modell gelernt und Übung darin erworben. Wie für andere Elfenbeinmeister auch, war für ihn der Einfluß der venezianischen und florentinischen Bildhauerkunst jener Zeit allgegenwärtig. In Elfenbein geschnitzte Aktfiguren kehren in religiösen, mythologischen, aber auch weltlichen Zusammenhängen im Werk Leonhard Kerns immer wieder und haben den Stil seiner Werkstatt, die er seit 1620 unterhielt, nachhaltig geprägt. Die Darstellung der badenden Frauen war ein künstlerisches Thema, das Leonhard Kern und seinen Werkstattkreis zu wiederholten Variationen angeregt hat.

Das Elfenbeintrinkgeschirr des Grünen Gewölbes mit der Darstellung einer Badszene ist eine solide Werkstattarbeit, die ganz deutlich die stilistischen Einflüsse des Meisters erkennen läßt. Charakteristisch ist die im zweischichtigen Relief geschnittene Szenerie. Das Prinzip der Figurenreihung, aber auch die Vorliebe für die fülligen, statuarisch wirkenden Frauenakte in Vorder- und Rückansicht lassen an das Relief der »Drei Grazien« von Leonhard Kern denken, das sich im Museum für Kunst und Gewerbe in Hamburg befindet und 1645 datiert ist. Ebenfalls in den vierziger Jahren des 17. Jahrhunderts ist unser Humpenmantel entstanden. Er steht jenem heute in der Kunstkammer in Wien befindlichen sehr nahe, der von Leonhard Kern selbst geschnitten wurde. Einzelne Motive aus den Badeszenen gehen auf zwei Kupferstiche von Hans Sebald Beham zurück. Ganz sicher gehörten diese zum festen Vorlagenbestand der Leonhard-Kern-Werkstatt. Die glatte, silbervergoldete Fassung und die Deckelfigur einer sitzenden Badenden stammen von dem Dresdener Goldschmied Martin Borisch.

Tafel 23 (Elfenbeinwand/Boulle-Konsole, 36)
Christoph Maucher – Gruppe der drei Grazien

Am Ende des 17. Jahrhunderts, als die freiplastische Gruppe der drei Grazien aus Bernstein geschnitten wurde, galt dieser »im Meer geborene Stein« als eines der merkwürdigsten Wunder der Natur. Um seine Entstehung rankten sich Mythen und Legenden. Die alten Griechen glaubten, er sei aus den Tränen der Sonnentöchter entstanden. Ihre Art der Naturbeobachtung hatte sie zu dieser Erklärung geführt. Im transparent strahlenden oder undurchsichtigen Bernstein, dessen Farbigkeit von hellem Gelb bis zu kräftigem Rotbraun reicht, schien der Glanz der Sonne eingefangen zu sein. Sagengestalten der griechischen Mythologie haben den Bernstein- und Elfenbeinschnitzer Christoph Maucher, der seine Hauptwerke in Danzig schuf, in bemerkenswerter Weise inspiriert. In drei Variationen schnitt Maucher szenische Figurengruppen aus Bernstein, die »Das Urteil des Paris« vorstellen. Zwei dieser Gruppen befinden sich heute im Victoria and Albert Museum in London, eine weitere in der Berliner Skulpturengalerie. Diesen Gruppen aus Bernstein nahestehend ist die Darstellung der drei Grazien in der Bernsteinsammlung des Grünen Gewölbes. Der Sage nach handelt es sich dabei um die Töchter des Zeus, die Göttern wie Menschen Anmut, Schönheit und Freude bringen sollten. Die drei nackten Frauengestalten stehen dicht beieinander, von drei Putten und einem schwebenden Amor begleitet, auf einem kerbig geschnittenen Grund, dem reiche Vegetation entsprießt. Die Frauen sind von untersetzter, fülliger Statur und strahlen einen ganz biederen, gar nicht göttlichen Charme aus. Die plastische Durchbildung der Körper geschah sehr einfühlsam und erhielt durch die matt polierte Oberfläche des Bernsteins einen verhaltenen sinnlichen Reiz.

Die Christoph Maucher zugeschriebenen kleinfigurigen Bernsteinschnitzereien sind stilistisch zu unterscheiden von seinen Elfenbeinarbeiten. Das einzige von ihm signierte Werk aus Elfenbein und Ebenholz, die heute in Wien befindliche »Apotheose Kaiser Leopolds I.«, zeigt ihn aber ebenfalls als ausgezeichneten Meister filigraner Schnitzkunst.

Tafel 24 (I/2)
Daniel Vogt – Kästchen mit Darstellungen aus der Passion Christi

Der Meister dieses goldemaillierten Kästchens, dessen Wandungen wie auch der walmdachartige Deckel mit zierlich geschnittenen Glasplatten ausgelegt wurden, ist der als Goldschmied und Medailleur bekannt gewordene Daniel Vogt aus Breslau. Wo er die Kunst des Glasschneidens erlernt hat, ist ungewiß.

Auf drei der insgesamt acht Glasplatten mit szenischen Darstellungen aus der Passionsgeschichte hat der Künstler seine Signatur eingeschnitten. Demnach ist die rückwärtig eingefaßte Platte des Deckels mit der Darstellung der Himmelfahrt bereits während seiner Wanderjahre zwischen 1654 und 1660 in Paris entstanden. Wie die Signatur auf der Glasplatte mit der eingeschnittenen Kreuzigung Christi auf der Frontseite des Kästchens bezeugt, ist diese hingegen in Breslau gearbeitet worden, wohin er 1660 zurückkehrte und bereits 1666 zum Zunftältesten der Goldschmiedeinnung ernannt wurde. In Breslau hat er sein Werk wohl auch vollendet. Die Motive der Glasplatten und die Rahmung des Kästchens weisen ein wohldurchdachtes ikonographisches Bildprogramm auf. Dem Leiden Christi, seinem Kreuzesmartyrium, sind die Darstellungen auf den Glasplatten der Kastenwandungen gewidmet. Diese werden ergänzt durch die Leidenssymbole, die in das goldemaillierte Rankenwerk der Rahmen eingebunden sind. Die Auferstehung Christi ist das Thema der eingeschnittenen Szenen auf dem Deckel des Kästchens. Den vier Ecken des Kästchens sind kleine Säulen aus dunkelblauem Glas vorgesetzt, auf denen die goldenen und farbig emaillierten Statuetten der vier Evangelisten stehen. Alle diese Details sprechen dafür, daß dieses kleine Kästchen mit großer Wahrscheinlichkeit als Reliquienbehältnis gedacht war.

Tafel 25 (I/8)
Freiburger Bergkristallpokal

Der glattwandig geschliffene Deckelpokal aus Bergkristall in goldemaillierter Fassung fand seine erste Aufbewahrung nicht in der Kunstkammer, sondern in der Geheimen Verwahrung des Dresdener Schlosses, über deren Bestand an Kristallgefäßen 1588 ein Inventar erstellt wurde. Beschrieben ist dort ein »Christalin glaß«, und »oben uf dem deckel, stehet ein weiß und blau geschmelzter Man«, der als Bekrönungsfigur in Gestalt eines römischen Kriegers einstmals Schild und Lanze bei sich trug. Gefäß und Fassung sind an verschiedenen Orten Deutschlands entstanden. Der kegelförmige Kelch des Kristallpokals wurde in einer Werkstatt von Freiburg im Breisgau geschliffen. Bereits Mitte des 16. Jahrhunderts verfügte die traditionsreiche Freiburger Bruderschaft der Steinschneider, daß allein der sogenannte Hohlwerker aus dem gebrochenen Stein Gefäße schneiden durfte. Für den Freiburger Stil der Gefäßbearbeitung waren der senkrecht facettierte oder auch ganz glatte Schliff der Wandungen, die flache und halbkugelförmige Gestaltung von Deckel und Fuß kennzeichnend (siehe Grüner Raum, IX). Die geschliffenen Kristallteile wurden, wenn nicht in Freiburg selbst, so aber zumeist im süddeutschen Raum gefaßt. Unser Bergkristallpokal dürfte seine besonders kostbare Fassung in Augsburg erhalten haben. Die in vielfarbigem Tiefschnittemail ausgeführte Goldfassung des Mundrandes, die allerlei Pflanzenmotive und phantasievolles Getier zeigt, steht den in gleicher Technik und in ganz ähnlichem Stil gefertigten Werken des Goldschmiedes David Altenstetter aus Augsburg sehr nahe.

Tafel 26 (II/6)
Deckelschale mit Bekrönungsfigur

Bereits im 13. oder 14. Jahrhundert muß der Schalenkörper dieses prachtvoll gefaßten Ziergefäßes aus violettem Amethyst mit seinen eingeschnittenen runden Vertiefungen, sogenannten Mulden, entstanden sein. In dieser Frühzeit der Steinschneidekunst waren Muldenschliffdekore gebräuchlich, die der Schleifer mit einem pilzförmigen, rotierenden Schleifkopf von wenigen Millimentern Durchmesser einschnitt. Die auffallend unregelmäßige Anordnung solcher Muldenschliffe an der Außenwandung unserer Schale deutet allerdings darauf hin, daß sie wohl dazu dienten, störende Fehlerstellen in dem schön gezeichneten Quarz zu beseitigen. Solch eine Schale aus Amethyst wurde im Mittelalter mit einem tief verwurzelten Steinglauben betrachtet und verehrt. Erst in der zweiten Hälfte des 17. Jahrhunderts hat sie ihre jetzige Gestalt mit Angriff, Fuß, Deckel und Bekrönungsfigur erhalten. Die aufgelegten bunten Blüten, Blattranken und Amethyste in Kastenfassungen lassen an diese Zeit der Entstehung denken. Die Fassung der Schale fand schließlich ihre Vollendung mit dem kleinen, goldemaillierten Ritter zu Pferde, der auf dem Deckel plaziert wurde. Dessen Rüstung und die Schabracke des Pferdes sind mit Diamanten, der Schild ist mit einem Rubin verziert. In der Art seiner Gestaltung ähnelt der Reiter sehr den bekannten figürlichen Schmuckanhängern, die, mit Edelsteinen besetzt, in der zweiten Hälfte des 16. Jahrhunderts mit Vorliebe getragen wurden. So ist anzunehmen, daß der kleine Reiter als bereits vorhandenes älteres Schmuckstück schließlich in der Ausstattung der Amethyst-Schale seinen Platz fand.

Tafel 27 (II/11)
Hans Kobenhaupt – Deckelschale mit Viktoria als Bekrönungsfigur

Der Steinschneider Hans Kobenhaupt stand von 1609 bis zu seinem Tode 1623 im Dienst von Herzog Johann Friedrich von Württemberg in Stuttgart. Für ihn fertigte er zahlreiche Trinkgeschirre aus Jaspis und Achat. Als einziges signiertes und sicher datiertes Werk von Hans Kobenhaupt ist ein um 1620 geschaffener Deckelpokal in der Königlichen Sammlung im Schloß Rosenborg in Kopenhagen erhalten. Er zählt zu den Meisterwerken deutscher Steinschneidekunst der Renaissance. Anhand dieses Deckelpokals konnte eine ganze Anzahl von Schalen, die sich in den Sammlungen von Wien, Stuttgart, Dresden und Kopenhagen befinden, dem Werk Kobenhaupts zugeordnet werden. Der stilistische Vergleich dieser Edelsteingefäße zeigt, daß bestimmte Merkmale der Gestaltung in den zumeist aus lebhaft gezeichnetem Jaspis und Achat geschliffenen Schalen in variierter Form stets wiederkehren und sich auch an unserer Hans Kobenhaupt zugeschriebenen Schale aus rotem Jaspachat entdecken lassen: Die glatt geschliffene Deckelschale ruht auf einem vasenförmigen Schaft und ovalen Fuß. Eine Blattmanschette mit zwei Delphinen aus Goldemail verbindet den Schalenansatz mit dem Schaft. Auf dem Deckel steht die kleine Figur der Viktoria, die aus Gold gegossen und farbig emailliert wurde. Ob die Goldemailfassungen und Bekrönungsfiguren, die für die Schalen Kobenhaupts typisch sind, von ihm selbst oder zusammen mit dem am Stuttgarter Hof tätigen Medailleur und Goldschmied François Guichart gefertigt worden sind, kann nicht mit Sicherheit gesagt werden.

Tafel 28 (IV/10)
Ottavio Miseroni – Schale aus Heliotrop

Die dünnwandige ovale Schale wurde aus Heliotrop geschliffen. Die roten Einsprengsel in dieser dunkelgrünen Jaspisart galten dem alten Steinglauben als versteinerte Blutstropfen Christi und gaben ihm auch den Namen Blutjaspis, von dem man sich besondere magische Heilungskräfte versprach. Im reichen Sammlungsbestand an Steinschnittarbeiten, den das Grüne Gewölbe verwahrt, stellt diese Schale eine besondere Kostbarkeit dar. Sie wurde in der Hofwerkstatt zu Prag von Ottavio Miseroni geschliffen und erhielt auch dort ihre sehr elegante goldemaillierte Fassung am gedrungenen Schaft und am Fußring.
Kaiser Rudolf II. berief 1588 den Steinschneider Ottavio Miseroni nach Prag. Ottavio entstammte der berühmten Steinschneiderwerkstatt der Familie Miseroni in Mailand. Drei seiner Brüder folgten ihm an den kaiserlichen Hof. Ottavio Miseroni wurde 1608, nach zwanzig Jahren treuen Dienstes, in den erblichen Reichsadelsstand erhoben. Sein Werk wurde durch seinen Sohn Dionysio und schließlich durch seinen Enkel Ferdinand Eusebio bis 1684 in Prag fortgeführt.
Der Vergleich mit bekannten Arbeiten Ottavio Miseronis, die sich zum Großteil in der Kunstkammer des Kunsthistorischen Museums in Wien befinden, läßt für unsere Schale eine Datierung zwischen 1600 und 1605 als begründet erscheinen. In diesen Jahren fand Ottavio Miseroni zu seinem ganz eigenen »Prager Stil«. Die Härte des Steins scheint in den Gefäßformen von weicher Plastizität mühelos bewältigt, und die Wandungen sind mit erhaben aus dem Grund geschnittenen Ornamenten verziert. Mit Jan Vermeyen, dem in Brüssel geborenen Kammergoldschmied des Kaisers, hatte Miseroni einen ebenbürtigen Künstler in Prag an seiner Seite. Aus dieser einander ergänzenden Zusammenarbeit zwischen dem Steinschneider und dem Goldschmied ist unsere Schale aus Heliotrop hervorgegangen. Die Virtuosität des Steinschneiders Miseroni erfuhr ihre Bestätigung in der des Goldschmieds Vermeyen. Dies war eine Form überaus kreativer künstlerischer Arbeit, wie sie ebenfalls in den Werkstätten der Steinschneider von Mailand und Florenz zu beobachten war.

Tafel 29 (IV/11)
Schale des Kronprinzen Christian von Dänemark mit Neptun als Bekrönungsfigur

Aus dem Besitz des dänischen Königshauses stammt die kleine Schale aus Jaspis mit Neptun, deren vielfarbiges Goldemail auf eine Entstehung in Mailand am Ende des 16. Jahrhunderts hindeutet.
Sie war bestimmt für den Auserwählten Prinzen Christian (1603–1647), Sohn König Christians IV. von Dänemark. Auf der Unterseite des Fußteiles wurde unter einer Krone das Monogramm des Prinzen »C5« eingraviert. Nach der Form der Krone zu urteilen, muß dies vor dem Jahr 1623 geschehen sein. Der Schaft in Gestalt eines Delphins könnte die Würde des Jünglings als Thronfolger versinnbildlichen. Die Neptunfigur mit Dreizack steht für den dänischen König als Herrn der Ostsee und des Nordmeeres. Christian heiratete 1634 Magdalena Sibylla, Tochter des sächsischen Kurfürsten Johann Georg I. Der Erbprinz starb, noch bevor er die Regentschaft in Dänemark antreten konnte. Die Neptunschale befand sich schließlich im Nachlaß der 1717 verstorbenen Anna Sophia, Tochter König Frederiks III. von Dänemark und Gemahlin Kurfürst Johann Georgs III. von Sachsen. Ihr Sohn, August der Starke, ließ das pretiöse Stück 1725 in das Grüne Gewölbe aufnehmen.
Die gedeihlichen dynastischen Verbindungen zwischen dem sächsischen und dänischen Herrscherhaus fanden ihren Ausdruck auch im Austausch kostbarer Geschenke, von denen das Grüne Gewölbe bis heute eine ganze Anzahl verwahrt.

Tafel 30 (V/1)
Werkstatt der Sarachi – Flasche mit Darstellungen aus der Geschichte des Noah

Eine lavierte Federzeichnung, die in einem Sammelband der Mailänder Ambrosiana enthalten ist, zeigt eine bauchige Flasche, auf deren Wandung die Pflanzung eines Weinstockes durch Noah, erster der Erzväter und Patriarch des Alten Testaments, dargestellt ist. Diese Zeichnung hat als unmittelbare Bildvorlage für die Anfertigung der im Grünen Gewölbe verwahrten Flasche aus Bergkristall in der Werkstatt der Sarachi gedient und wurde für die Gestaltung einer Wandung nahezu detailgetreu übernommen. Die Zeichnung stammt von dem vielseitig begabten Künstler Annibale Fontana aus Mailand, der als Bildhauer, Medailleur und Kristallschneider bekannt geworden ist. Annibale Fontana, gleichaltrig mit seinem Schwager Giovanni Ambrogio Saracho, stand in sehr enger Beziehung zur Werkstatt der Kristallschneider. Fontana hat aufgrund seiner überlegenen künstlerischen Fähigkeiten im zeichnerischen Entwurf, aber auch im Kristallschnitt selbst ganz entscheidend den Stil der Sarachi-Brüder bestimmt.

Die leicht abgeflachte, in allmählicher Verjüngung in den Hals übergeführte bauchige Form der Flasche war durch die natürliche Gestalt des rohen Bergkristallstückes vorbestimmt. Auf den glatten Gefäßkörper wurde eine Szene aus der Geschichte des Noah eingeschnitten. Durch differenzierten Tiefschnitt treten Muskulatur der Figuren und Faltenwerk der Gewänder, aber auch Bäume und die Ornamentierung des Flaschenhalses in elegantem Kontrast als Mattierungen aus der wasserhellen Wandung hervor.
Der Kostbarkeit des geschliffenen und geschnittenen Bergkristalls angemessen ist die mit Rubinen und Smaragden besetzte Fassung des Gefäßes, die ein ausgezeichneter Meister seines Faches angefertigt hat. Einen besonderen Schmuck der Flasche bilden die beiden goldenen Angriffe in Gestalt doppelschwänziger, von Schlangen umgebener Sirenen. Deren Flügel sind mehrfarbig emailliert, die Fisch- und Schlangenleiber mit schwarzer Schuppenmusterung aus dem Goldgrund hervorgehoben.

Tafel 31 (V/3)
Werkstatt der Sarachi – Henkelkanne mit eingeschnittener Teufelsgestalt

Ebenfalls in der Mailänder Werkstatt der Sarachi entstand die sogenannte Teufelskanne aus Bergkristall. Das Ziergefäß steht auf einem runden Fuß mit kurzem Schaft. Rand und Knauf sind in eine goldemaillierte Einfassung gebracht, die, mit Rubinen und Smaragden besetzt, jener der Kristallflasche sehr ähnlich ist. Die Gefäßwandung ist überdeckt mit vertieft geschnittenen Ornamenten und skurrilem Getier. In der Gestaltung der grotesken Figur des Teufels haben Steinschneider und Goldschmied virtuos zueinander gefunden: Der Körper wurde erhaben aus dem Kristall geschnitten, Kopf und Flügel sind vom Juwelier ergänzt.
Bereits in der Entwurfsphase zu diesem Stück müssen sich beide Meister auf diese übergreifende Idee verständigt haben, die in der Gestaltung des Henkels eine diabolische Ergänzung findet. Der ganz aus Gold gefertigte Henkel ist aus einer männlichen und einer weiblichen Halbfigur gebildet, die an den Schultern und Köpfen – in der Art der Doppelherme – miteinander verbunden sind. Die Biegung der stilisierten Körper macht den graziösen Schwung des Henkels aus, dessen Stege mit Rubinen und Smaragden in Kastenfassungen besetzt sind.

Tafel 32 (IV/5)
Kanne aus Lapislazuli

Wegen seiner intensiven Blaufärbung fand der Lapislazuli zur Herstellung von Schmuckstücken und als Grundstoff für Farben (Ultramarin) bereits in der Antike Verwendung. Der körnig eingesprengte, goldfarbene Pyrit verleiht dem Lapislazuli einen besonderen ästhetischen Reiz und gilt als Zeichen seiner Echtheit.
Aus einem besonders großen, schön gezeichneten und damit seltenen Fundstück von Lapislazuligestein wurde die Henkelkanne in der Werkstatt von San Marco in Florenz gefertigt. Sie ist im Sammlungsbestand des Grünen Gewölbes ein singuläres Stück geblieben. Vergleichbare Kannen befinden sich im Museo degli Argenti in Florenz. Diesen ganz ähnlich, ist der Gefäßkörper unserer Kanne glatt geschliffen und sparsam mit Schnittmotiven versehen. Die klassisch elegante Umrißgestaltung des Kannenkörpers dürfte wohl auf eine Entwurfszeichnung von Bernardo Buontalenti zurückgehen, die zwischen 1574 und 1576 entstand. Buontalenti gehörte als Bildhauer und Architekt zu den vielseitigsten Künstlern im Dienst der Medici. Nach seinen Entwürfen wurden besonders Gefäße aus Lapislazuli in den großherzoglichen Steinschneidewerkstätten ausgeführt und zumeist außerordentlich prachtvoll gefaßt. Buontalenti legte seine Zeichnungen – einen Teil verwahrt die Graphische Sammlung der Uffizien in Florenz – als Skizzen an, die Steinschneidern wie auch Goldschmieden freien Raum für die künstlerische Ausgestaltung ließen.

I Bergkristallgefäße

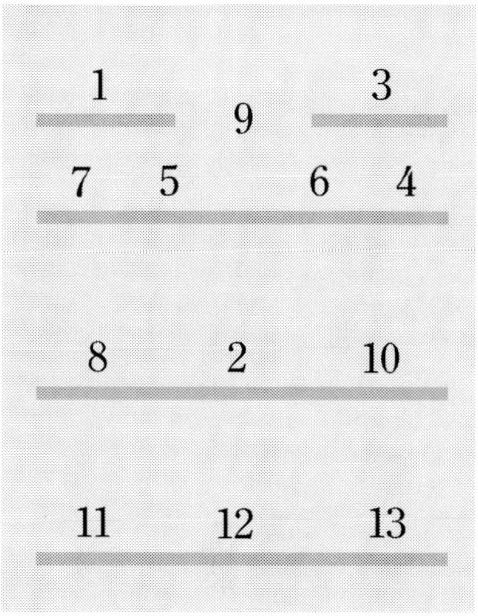

Das Wort Kristall ist wie andere Bezeichnungen für Edelsteine aus der griechischen Sprache abgeleitet. Im antiken Griechenland glaubte man, die klaren Bergkristalle seien zu ewigem Eis erstarrtes Wasser. In der christlichen Liturgie galt Bergkristall als Zeichen göttlicher Reinheit und Glaubensstärke und fand daher auch bevorzugt Verwendung für die Anfertigung von Reliquienbehältnissen (siehe Grüner Raum I). Das kleine Kästchen, das Daniel Vogt aus Breslau gefertigt hat, kann auch diesem Zweck gedient haben (Nr. 2, Farbtafel 24). Die Wandungen des Kästchens bestehen allerdings aus Glas und nicht, wie lange Zeit angenommen, aus Bergkristall.
Reine Kristalle, aus denen Kugeln geschnitten wurden, waren besondere Raritäten. Solche glatten, durchsichtigen und eiskalten Kugeln dienten seit alters dem ganz profanen Zweck der Kühlung, galten aber auch als Symbol des mystischen Steinglaubens und der Magie schlechthin. Als Kurfürst August in den Jahren vor 1580 die große und mit 7,5 kg besonders schwere Bergkristallkugel (Nr. 12) als Geschenk des Herzogs Emanuel Philibert von Savoyen erhielt, war auch für ihn das Phänomen unerklärlich, daß man in dieser Kugel das eigene Antlitz verzerrt und auf dem Kopf stehend erblickte.
Das Kruzifix aus Bergkristall mit dem vertieft eingeschnittenen Körper Christi (Nr. 9) dürfte wohl in der Mailänder Werkstatt der Brüder Sarachi entstanden sein. Christian II. bescherte dieses sakrale Kunstwerk seiner verwitweten Mutter Sophie zur Weihnacht 1601. Sowohl das Kreuz aus Bergkristall als auch der Pokal, der in Freiburg im Breisgau geschliffen wurde (Nr. 8, Farbtafel 25), erhielten ihre goldemaillierten Fassungen wohl in Augsburg.
Als ein kurioses und bewundernswertes Goldschmiedewerk gilt die Orpheus-Kugel (Nr. 10), die im Schatzkammerverzeichnis von 1588 aufgeführt wurde. In der zweigeteilten Hohlkugel aus Glas, die sich öffnen läßt, sitzt auf einem Hügel der sagenhafte Sänger Orpheus, der mit der Macht des Musizierens wilde Tiere zähmen konnte. Der Hügel ist mit goldemailliertem Rankenwerk, Tieren und Edelsteinen dicht bedeckt. Auf der Unterseite der gewölbten Bodenplatte wird in einem kurzen Vers die wundersame Kraft des Sängers beschrieben. Ein waagerecht eingebautes Uhrwerk befindet sich in der obenauf sitzenden Kugel. Der Saturn als Bekrönungsfigur ist Aufzug für das Uhrwerk und zeigte einst mit seiner Lanze das Stundenmaß an. Vielleicht ist dieses Wunderwerk mit jener Orpheus-Kugel identisch, die Herzog Wilhelm von Bayern 1573 bei einem Augsburger Goldschmied in Auftrag gab. Als repräsentatives Geschenk für Kurfürst August von Sachsen könnte sie nach Dresden gelangt sein. Als sicher dürfte gelten, daß unsere Kugel, die

ganz ähnlich jener in der Kunstkammer des Kunsthistorischen Museums in Wien ist, vor 1580 in Süddeutschland gefertigt wurde.
In der Mailänder Werkstatt der Miseroni, einer weitverzweigten Familie von ausgezeichneten Steinschneidern, entstand um 1600 der vierpaßförmige Becher (Nr. 5). In der oberen Gefäßzone sind überaus fein geschliffene Festons und Fruchtbündel zu erkennen. Die Fußschale mit reichem Ornamentdekor (Nr. 1) ist von Ferdinand Eusebio Miseroni in der Prager Hofwerkstatt um 1680 gefertigt worden. In die Wandung sind Füllhörner mit Früchten, Phantasievögel und Blattranken mit Punktreihen tief eingeschnitten.

Die Gestaltung der schlichten silbervergoldeten Fassung des Angriffs, die durch den Granatsteinbesatz eine sichtbare Aufwertung erhielt, ist für die Spätzeit der Prager Werkstatt und für die Gefäße des Ferdinand Eusebio Miseroni charakteristisch. Die Geschicklichkeit und künstlerische Akuratesse in Kristallschliff erwarb Ferdinand Eusebio Miseroni bei seinem ungleich bekannteren Vater Dionysio, der in angesehener kaiserlicher Gunst stand. Bis zu seinem Tode 1684 führte Ferdinand Eusebio die traditionsreiche Werkstatt der Miseroni fort, die 1588 mit der Ankunft seines Großvaters Ottavio ihre Arbeit im Dienst Kaiser Rudolfs II. begonnen hatte.

10

1 Muschelförmige Schale
Bergkristall, Silber, vergoldet, Granate
Steinschnitt und Fassung:
Ferdinand Eusebio Miseroni
Prag, um 1680
H. 13,2 cm;
V 313

1

5

2 (Farbtafel 24)
Kästchen mit Darstellungen aus der Passion Christi
Glas, Gold, Email, Stahl
Glasschnitt und Fassung :
Daniel Vogt
Paris, zwischen 1654 und 1660,
sowie Breslau, nach 1660
H. 13,2 cm, B. 13,0 cm, T. 8,7 cm;
VI 8a

3 Muschelförmige Henkelschale
Bergkristall, Silber, vergoldet, Email
Steinschnitt:
wohl Ferdinand Eusebio Miseroni
Prag, um 1680
Fassung: Prag, um 1680
H. 11,7 cm; V 349

4 Muschelförmige Schale, von einem Delphin getragen
Bergkristall, Gold, Email
Steinschnitt und Fassung:
Prag oder Mailand, um 1600
H. 13 cm; V 310

5 Vierpaßförmiger Becher
Bergkristall, Gold, Email
Steinschnitt und Fassung:
Werkstatt der Miseroni
Mailand, um 1600
H. 15 cm; V 337

6 Papagei
Bergkristall, Gold, Email
Steinschnitt und Fassung:
wohl Mailand, Ende 16. Jahrhundert
H. 18,5 cm; V 307

7 Muschelförmige Schale
Bergkristall, Silber, vergoldet, Email
Mailand, Ende 16. Jahrhundert
H. 9,5 cm; V 319

8 (Farbtafel 25)
Pokal mit Bekrönungsfigur in Gestalt eines römischen Kriegers
Bergkristall, Gold, Email, Rubine
Steinschliff: Freiburg im Breisgau, vor 1588
Fassung: Art des David Altenstetter
Augsburg, vor 1588
H. 27 cm; V 172

9

11

12

9 Kruzifix
Bergkristall, Gold, Silber, vergoldet, Email, Smaragde
Steinschnitt: wohl Werkstatt der Sarachi Mailand, um 1580
Fassung: Art des Abraham Lotter d. Ä. Augsburg, um 1580
H. 41,5 cm; V 178

10 Kugel mit musizierendem Orpheus und kleinem Uhrwerk
Glas, Gold, Email, Brillanten und Rubine
Steinschliff und Fassung: Süddeutschland, wohl Augsburg, vor 1580
H. 21,5 cm; VI 19

11 Vierkantige Büchse
Bergkristall, Gold, Email
Steinschnitt und Fassung: Prag oder Mailand, zwischen 1610 und 1620
H. 16 cm, B. 8,5 cm; V 277

12 Kugel
Bergkristall
Steinschilff wohl Mailand, vor 1580
D. 17 cm, Gew. 7,5 kg; V 174

13

13 Kännchen
Bergkristall, Gold, Email, Edelsteine
wohl Süddeutschland, um 1600
H. 20 cm; V 173

II Edelsteingefäße des 17. Jahrhunderts

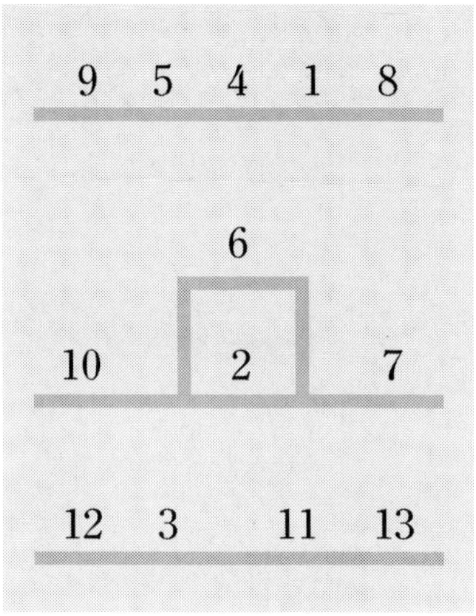

Zur Entwicklung des Steinschnitts, insbesondere des Gefäßschnitts, trugen im 16. Jahrhundert vor allem zwei Komponenten bei. Von seiten der Künstler, die sich dieser Gattung zuwandten, war es vor allem das Bestreben, die Härte des Steins mit relativ einfachen technischen Mitteln virtuos zu überwinden, seine Struktur zur Geltung zu bringen und dem geschnittenen Gefäß einen künstlerischen Rang zu geben. Auf der anderen Seite entsprach der Edelstein, als Gefäß geschliffen, dem Repräsentationsbedürfnis der kunstliebenden Fürstenhöfe Europas. Im Spannungsfeld von okkulter Bedeutung, naturwissenschaftlichem Interesse und manieristischer Formgebung angesiedelt, spiegelte sich gerade in diesen zumeist schalenförmigen Gefäßen von reizvoller Farbigkeit die exklusive höfische Sammelfreude wider. Auch der religiös geprägte Glaube an die wundersamen, unergründlichen Kräfte, die in den Edelsteinen verborgen sein sollten, hat das Interesse der fürstlichen Käufer und Sammler beflügelt.
In der ersten Naturgeschichte in deutscher Sprache, die Konrad von Mengenberg 1350 verfaßte, war beispielsweise über die Eigenschaften des Amethysts zu lesen: »Der Stein hat die Kraft, daß er vor Trunkenheit schützt und den Menschen wach macht und die bösen Gedanken vertreibt und gute Vernunft bringt.« Über den Achat berichtet er, daß dieser das Gift verscheucht, die Sehkraft stärkt, und wer ihn bei sich trägt, sei den Menschen angenehm.
Charakteristisch für die ausgestellten Schalen dieser Vitrine ist die Vielfalt ihrer phantasievollen Fassungen, die sie in ihrer Zweckbestimmung als kostbare Ziergefäße ausweisen. Zum einen wurde der Schaft aus der gleichen Edelsteinart geschnitten (Nr. 5), zum anderen wurde er figürlich gestaltet, wie die Schale mit musizierendem Orpheus zeigt (Nr. 1). Oder aber man fand ganz außergewöhnliche Lösungen, wie den farbig emaillierten Schaft in Gestalt einer Tulpe für die ovale Schale aus hellgrünem Nephrit (Nr. 8). Der ganz glatt geschliffene Schalenkörper aus durchscheinendem Chalzedon erhielt Schaft und Fuß aus vergoldetem Silber mit eleganten Emailverzierungen (Nr. 9), und die Deckelschale aus Amethyst wurde mit feinster Juwelierarbeit ausgestattet (Nr. 6, Farbtafel 26). Von dem namhaften Stuttgarter Steinschneider Hans Kobenhaupt stammt die Deckelschale mit Bekrönungsfigur (Nr. 11, Farbtafel 27). Mit seinem Schaffen ist der Dresdener Steinschnitt in besonderer Weise verbunden geblieben. 1629 berichtete der Augsburger Patrizier und Kunstverständige Philipp Hainhofer, daß er den Freiberger Steinschneider Bartholomäus Börner, »so des Kobenhaupts berühmten stainschneiders zu Stuttgart gesell gewesen...« in Dresden bei der Arbeit gesehen habe.

1

2

1 Schale mit Orpheus als Schaftfigur
Chalzdeon, Gold, Email, Rubine, Kameen
wohl Süddeutschland,
2. Hälfte 17. Jahrhundert
H. 13,5 cm; VI 22

2 Herzförmiger Flakon
Sardonyx, Gold, Email, Smaragde
2. Hälfte 16. Jahrhundert
H. 11 cm; VI 32

3 Muschelförmige Schale
Jade, Gold, Email
wohl Italien, um 1600
H. 9,7 cm; V 470

4 Muschelförmige Schale
Lapislazuli, Gold, Email
wohl Frankreich, Mitte 17. Jahrhundert
H. 9 cm; V 59

5 Deckelschale
Heliotrop, Gold, Email
Steinschliff: wohl Prag,
Anfang 17. Jahrhundert
Fassung: wohl Süddeutschland,
Anfang 17. Jahrhundert
H. 14,5 cm; V 21

5

8

9

6 (Farbtafel 26)
Deckelschale mit Reiter als Bekrönungsfigur
Amethyst, Silber, vergoldet, Gold, Email, Diamanten, Rubin
Steinschliff: 13. oder 14. Jahrhundert
Bekrönungsfigur: Süddeutschland, 2. Hälfte 16. Jahrhundert
Fassung: Süddeutschland, 2. Hälfte 17. Jahrhundert
H. 20 cm; VI 20

7 Deckelschale
Jaspis, Bergkristall, Onyx-Kamee, Gold, Email, Türkise
Steinschliff und Fassung: wohl Italien, Anfang 17. Jahrhundert
H. 17,7 cm; V 36

8 Schale mit tulpenförmigem Schaft
Nephrit, Gold, Email
Mitte 17. Jahrhundert
H. 10,7 cm; V 479

9 Ovale Schale
Chalzedon, Gold, Email, Edelsteine
wohl Süddeutschland, Anfang 17. Jahrhundert
H. 13,5 cm; V 44

10 Schale mit Pelikan
Jaspis, Achat, Gold, Email, Koralle
wohl Italien, Anfang 17. Jahrhundert
H. 17,5 cm; V 33

11 (Farbtafel 27)
Deckelschale mit Viktoria als Bekrönungsfigur
Jaspachat, Gold, Email
Hans Kobenhaupt
Stuttgart, 1. Viertel 17. Jahrhundert
H. 23 cm; V 6

12

12 Muschelförmige Schale
Onyx, Goldfiligran, Email
wohl Venedig, Anfang 17. Jahrhundert
H. 19,5 cm; V 12

13 Schale mit Mohrenkopf
Röhrenachat, Onyx, Silber, vergoldet, Diamanten
um 1700
H. 19,5 cm; V 11

III Kaminsims und Florentiner Tischplatte

Johann Bernhard Schwarzeburger und seine Söhne aus Frankfurt am Main zeigten mit dem Kaminsims (Nr. 1), der aus verschiedenen Edelsteinvarietäten besteht, ihre bildhauerischen Fähigkeiten wie auch ihre Kunstfertigkeit im Steinschnitt. Dargestellt ist ein Prinz auf kurbettierendem Pferd, über dessen Haupt ein kleiner Genius aus Alabaster schwebt. Die allegorischen Figuren der Tugenden, der Künste und der Wissenschaften weisen ihm den Weg zum ewigen Ruhm und geleiten ihn vorbei an den Lastern und Leidenschaften, die von einem mutigen Helden niedergerungen werden. Diese allegorische Darstellung war wohl ursprünglich als Zierde für die Gemächer eines fürstlichen Nachkommen gedacht. Die hohe künstlerische Qualität des Werkes legte aber seine Aufbewahrung in der Schatzkammer nahe. Der Kaminsims wurde erst kurze Zeit vor Vollendung der Raumeinrichtung 1729 an einem Fensterpfeiler der Westwand des einstigen Pretiosensaales im historischen Grünen Gewölbe angebracht .

Aus der großherzoglichen Steinschneidewerkstatt in Florenz, dem »Opificio delle Pietre Dure«, stammt die Serie von fünf Tafeln mit den Darstellungen von Papageien (Farbtafel 17) und die aus schwarzem Marmor gefertigte Tischplatte (Nr. 2), in die ein Blumenkranz aus einer Vielzahl farbenprächtiger, dünn geschliffener Plättchen von Jaspis, Achat, Chalzedon und Lapislazuli in einer an die Intarsie erinnernden Technik eingelegt wurde. Ein überaus großer und erlesener Steinfundus, über den die Hofwerkstatt der Medici verfügte, aber auch die hervorragenden Fähigkeiten spezialisierter Künstler dieser Sonderform der Steinschneidekunst waren Voraussetzungen für dieses außergewöhnliche Meisterwerk. Mit Sicherheit waren Vorlagezeichnungen, aber auch exakte botanische Kenntnisse notwendig, um diese Blütenpracht aus Stein Gestalt werden zu lassen. Die dargestellten Blumen waren vor allem in den Gärten vornehmer Pflanzenliebhaber zu finden, und sie blühten nicht zur gleichen Zeit, wie man leicht vermuten könnte. Viele dieser Blumen wie Tulpe, Hyazinthe und Formen der Anemone sind erst im 16. Jahrhundert aus dem osmanischen Reich nach Europa gekommen. Der Blütenkranz erhielt eine Rahmung aus eingelegten Bändern aus Lapislazuli. Eine besonders schön gewachsene Achatmandel wurde in vier dünne Scheiben aufgeschnitten und jeweils an den Längs- und Querseiten der Tischplatte in die Rahmung eingelegt. Im Inventar des Pretiosensaales des Grünen Gewölbes von 1733 ist eine Tischplatte als »bunt eingelegte Florentinische Arbeit« beschrieben, die August der Starke als großherzogliches Geschenk aus Florenz erhielt. Die Beschreibung ist nicht detailliert. Der hervorragende künstlerische Wert der Tischplatte entspricht aber ganz augenscheinlich dem Rang eines herrschaftlichen Geschenks. Sie dürfte daher um 1700, mit Sicherheit aber vor 1733 angefertigt worden sein. Die Tischplatte ist die einzige ihrer Art, die nach dem Zweiten Weltkrieg im Sammlungsbestand des Grünen Gewölbes erhalten geblieben ist.

1

1 Kaminsims mit allegorischer Darstellung
verschiedene Edelsteinsorten, Relief
Johann Bernhard Schwarzeburger
Frankfurt am Main, vor 1729
H. 79 cm, B. 142 cm; V 146

2 Tischplatte mit Blumenkranz
verschiedene Edelsteinsorten, schwarzer Marmor, Messing, Holz
Hofwerkstatt Florenz, um 1700
L. 103,5 cm, B. 88,5 cm (o. Messingrahmen); III 250

2

IV Edelsteingefäße der Renaissance

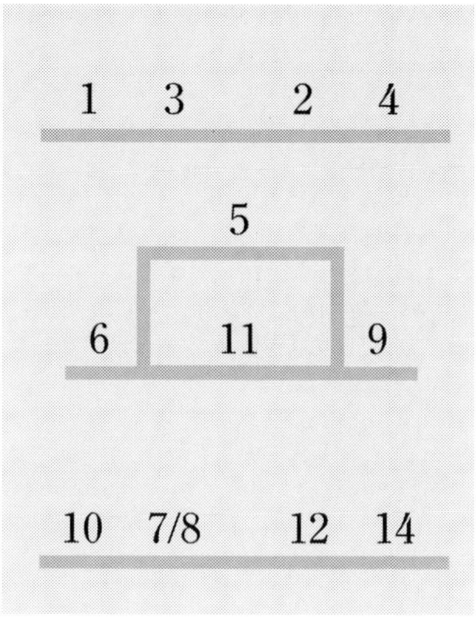

Der künstlerische Wert der oft lebhaft gefärbten und im Unterschied zum Bergkristall undurchsichtigen Steingefäße beruht vor allem auf der Kontur ihrer Umrißform. Die Gefäßwandungen wurden meist ganz glatt geschliffen und poliert, um die Struktur des edlen Steins als Wunderwerk der Natur, dem man magische Bedeutung beimaß, besonders zur Geltung zu bringen. Es entstanden Zierschalen aus Jaspis, Chalzedon, Heliotrop, Lapislazuli und anderen Steinsorten, die ihre Besonderheit durch zumeist weißgrundige, goldemaillierte Fassungen erhielten, die einen reizvollen Kontrast zum Schalenkörper bilden (Nr. 1, 3, 7). Aber auch goldemaillierte, miniaturhaft fein gearbeitete Figuren können den Rand der Schalen zieren und ihnen einen erzählenden Sinn verleihen. Dies zeigen die Neptunschale (Nr. 11, Farbtafel 29), aber auch die beiden Jaspis-Schalen mit Venus und Merkur (Nr. 6, 9), die wohl von dem Stuttgarter Steinschneider Hans Kobenhaupt stammen.

Die Steinschneidekunst im 16. Jahrhundert, deren anerkanntes Zentrum für den Bergkristallschliff Mailand war, erlebte in der zweiten Hälfte des 16. Jahrhunderts in Florenz, gefördert durch die Gunst der Medici, eine neue Blütezeit. Der Großherzog Francesco de Medici verpflichtete namhafte Mailänder Steinschneider wie die Gebrüder Caroni und Mitglieder der Familie Gaffuri. Sie fanden in den Ateliers im Casino di San Marco und seit 1588 im »Opificio delle Pietre Dure«, einer per großherzogliches Dekret in den Uffizien eingerichteten Spezialwerkstatt für

7 /8

Hartsteinschliff, gute Arbeitsbedingungen vor. Vasen und Kannen aus Lapislazuli gehörten zu den charakteristischen Werken der Florentiner Hofwerkstatt. Ihre klare Gestaltung, die ganz entschieden von den Formerfindungen in Mailand abwich, wurde maßgeblich durch die Entwürfe des Architekten Bernardo Buontalenti geprägt. Die ausgestellte Kanne aus Lapislazuli (Nr. 5, Farbtafel 32) steht für diese gestalterische Tendenz. Die Mailänder Steinschneider hatten sich durch ihre Leistungen ebenfalls für den kaiserlichen Hof in Prag empfohlen. Der Habsburger Kaiser Rudolf II., der auf dem Prager Hradschin residierte, ermöglichte seinen Hofkünstlern beste Entfaltungsmöglichkeiten. Der Mailänder Ottavio Miseroni – von ihm stammt die Schale aus Heliotrop (Nr. 10, Farbtafel 28) – stand mehr als dreißig Jahre als außergewöhnlicher Meister des Steinschnitts in kaiserlichen Diensten. Die tassenförmige Schale (jetzt Grüner Raum, Vitrine VIII, Nr. 19) aus dunkelgrünem Stein wurde von einem unbekannten, wohl in Mailand tätigen Meister zu Ende des 16. Jahrhunderts in Gold gefaßt. Der Rundbogenfries zeigt eine eingravierte lateinische Inschrift. Sie lautet übersetzt: »Dieses alte Gefäß aus Jaspis, aufgefunden in Alexandrien in Ägypten, ist eines solchen Schmuckes würdig«. Es handelt es sich bei diesem antiken Fundstück nicht um Jaspis, sondern um Serpentin, der schon in frühester Zeit für Gefäße verwendet wurde. Diese Schale mit der erläuternden Inschrift steht beispielgebend für die große Wertschätzung, die man dem geschnittenen Stein in der Kunst der Renaissance entgegenbrachte.

1

1 Runde Henkelschale
Chalzedon, Gold, Email
Ende 16. Jahrhundert
H. 8,3 cm; V 114

2 Flache Schale
Chalzedonachat, Gold, Email
wohl Mailand, 2. Hälfte 16. Jahrhundert
H. 5,5 cm; V 490

3

3 Runde Schale
Jaspis, Gold, Email
Ende 16. Jahrhundert
H. 5,5 cm; V 27

4 Runde Schale
Chalzedon, Gold, Email
Ende 16. Jahrhundert
H. 9 cm; V 47

5 (Farbtafel 12)
Kanne
Lapislazuli
Entwurf: wohl Bernardo Buontalenti
Hofwerkstatt Florenz,
1575-1580
H. 27 cm; V 56

4

6 Schale mit Venus als Bekrönungsfigur
Jaspis, Gold, Email
wohl Hans Kobenhaupt
Stuttgart, 1. Viertel 17. Jahrhundert
H. 7,5 cm; V 32

7 Ovale Deckelschale
Heliotrop, Gold, Email
wohl Mailand, Ende 16. Jahrhundert
H. 9,3 cm; V 16

8 Ovale Deckelschale
Heliotrop, Gold, Email
wohl Mailand, Ende 16. Jahrhundert
H. 9,3 cm; V 22

9 Schale mit Merkur als Bekrönungsfigur
Jaspis, Gold, Email
wohl Hans Kobenhaupt
Stuttgart, 1. Viertel 17. Jahrhundert
H. 7,5 cm; V 15

10 (Farbtafel 28)
Schale
Heliotrop, Gold, Email
Steinschliff: Ottavio Miseroni
Fassung: Jan Vermeyen
Hofwerkstatt Prag, 1600-1605
H. 10,5 cm; V 19

6

11 (Farbtafel 29)
Schale mit Neptun als Bekrönungsfigur
Jaspis, Gold, Email, Edelsteine, Perle
wohl Mailand, Ende 16. Jahrhundert
H. 14 cm; VI 36

12 Schale
Heliotrop, Gold, Email
Italien, Ende 16. Jahrhundert
H. 10,7 cm; V 24

13 Muschelförmige Deckelschale
Jaspisachat, Gold, Email
wohl Mailand, Anfang 17. Jahrhundert
H. 18,5 cm; V 452

V Mailänder Bergkristallgefäße der Sarachi-Werkstatt

Vielgestaltige Gefäßformen wurden aus dem harten und spröden Bergkristall in ausgezeichneter Qualität vor allem in Mailand geschnitten. Pokale, Krüge, Henkelkannen, aber auch groteske Tiergefäße (Nr. 4) und repräsentative Tafelaufsätze entstanden mit großem handwerklichen und künstlerischen Geschick in der Werkstatt der Brüder Sarachi. Die Mitglieder der Mailänder Familie Saracho waren universelle Meister der Steinschneidekunst der Renaissance. Aus der ersten Generation sind allein fünf Brüder bekannt, die sich als Edelsteinschneider im letzten Viertel des 16. Jahrhunderts auszeichneten. Ihr Werkstattbetrieb war arbeitsteilig gegliedert. Von dem 1540/41 geborenen Giovanni Ambrogio Saracho weiß man, daß er jener Künstler gewesen sein muß, der die phantasiereichen und komplizierten Gefäßformen der Werkstatt entworfen und für die weitere Bearbeitung vorbereitet hat. Sein um 1547 geborener Bruder Simone führte als Meister der »arte subtile« die vertieft oder erhaben geschnittenen Gefäßverzierungen aus. Die Söhne des Giovanni Ambrogio waren wiederum Steinschneider und Goldschmiede und führten die Tradition der Werkstatt bis in die erste Hälfte des 17. Jahrhunderts fort. Die Sarachi arbeiteten für die Herzöge von Bayern, Savoyen und Mantua. Aber auch die Großherzöge der Toskana und das Kaiserhaus gehörten zu ihren vornehmsten Auftraggebern. Kristallgefäße aus der Sarachi-Werkstatt gelangten als Geschenke des Herzogs Emanuel Philibert von Savoyen an den Dresdener Hof, wurden aber auch direkt in Mailand eingekauft. 1601 bezahlte Kurfürst Christian II. 275 Taler für drei Trinkgeschirre aus Bergkristall, die von Giovanni Ambrogio Saracho erworben wurden. Ob diese Gefäße jemals benutzt worden sind, ist unbekannt; wenn überhaupt, dann wohl nur bei besonders feierlichen Anlässen. Große Fundstücke von Bergkristall waren selten und deshalb außerordentlich wertvoll. Die daraus geschliffenen und geschnittenen Gefäße erhielten daher besonders kunstvolle Fassungen aus Gold und Email, die mit Edelsteinen besetzt wurden, wie die beiden um 1580 in der Sarachi-Werkstatt entstandenen Gefäße zeigen (Nr. 1, 3, Farbtafeln 30, 31). Als prachtvolle Tafelzier mag auch die große Galeere aus Bergkristall (Nr. 5) gedacht gewesen sein. Die Wandungen des Schiffskörpers zeigen mythologische Szenen aus der Andromeda-Sage. Die goldemaillierte Bandfassung am Vorderteil des Rumpfes ist eine restauratorische Ergänzung nach 1705, die eine Bruchstelle verdeckt. Dies geschah erst im Auftrag Augusts des Starken. Denn im Inneren des Schiffs wurde auf dem goldenen Querband ein gekröntes Schild mit dem Monogramm des Königs auf rotem Emailgrund aufgebracht. Auch die dänische Flagge auf dem Schiffsdach ist eine Ergänzung dieser Zeit. Vielleicht wurde sie anläßlich des Besuchs des Königs von Dänemark in Dresden 1709 hinzugefügt, um der engen dynastischen Verbindung des Königreiches Dänemark mit Kursachsen Ausdruck zu verleihen. Ganz ähnlich der Fregatte, die Jakob Zeller aus Elfenbein 1620 geschnitzt hatte (siehe Farbtafel 19), sollte auch dieses Kunstkammerstück als Sinnbild einflußreicher, weltlicher Macht gelten. Vergleicht man beide Stücke, so wird eine interessante künstlerische Tendenz offenbar: Ausdruck des sich wandelnden Kunstgeschmacks im 17. Jahrhundert war die Tatsache,

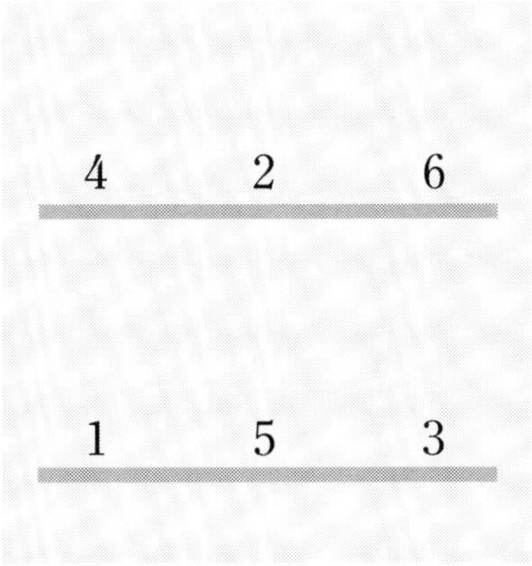

daß in den Kunstkammern und höfischen Sammlungen neben wertvollen Bergkristallgefäßen zunehmend geschnitzte Figuren und Reliefs aus Elfenbein ihren bevorzugten Platz fanden. Elfenbeinschnitzer wie Kristallschneider versuchten, mit ihren Meisterwerken den Kunstbedürfnissen ihrer fürstlichen Auftraggeber gerecht zu werden. Scheinbar mühelos überwanden sie die Eigenschaften des kostbaren Naturstoffes und bewiesen, daß die Grenzen des künstlerisch Erreichbaren für sie weit gesteckt waren.

2

1 (Farbtafel 30)
Flasche mit Darstellungen aus der Geschichte des Noah
Bergkristall, Gold, Email, Rubine, Smaragde
Entwurf: Annibale Fontana
Mailand, nach 1572
Werkstatt der Sarachi
Mailand, vor 1580
H. 31,5 cm; V 186

2 Deckelpokal
Bergkristall, Gold, Email, Granate
Werkstatt der Sarachi
Mailand, vor 1588
H. 48 cm; V 217

3 (Farbtafel 31)
Henkelkanne mit eingeschnittener Teufelsgestalt
Bergkristall, Gold, Email, Rubine, Smaragde
Werkstatt der Sarachi
Mailand, um 1580
H. 24,7 cm; V 306

4 Eule
Bergkristall, Gold, Email, Karneol
wohl Werkstatt der Sarachi
Mailand, um 1580
H. 27,5 cm; V 295

5 Galeere mit Darstellungen aus der antiken Mythologie
Bergkristall, Gold, Email, Edelsteine
Werkstatt der Sarachi
Mailand, Ende 16. Jahrhundert
ergänzte Fassung am Schiffskörper:
Dresden, nach 1705
H. 37 cm; L. 44 cm, T. 27 cm; V 185

6 Deckelpokal
Bergkristall, Gold, Email
Mailand, Ende 16. Jahrhundert
H. 25,7 cm; V 197

4

5

Der Rote Raum

Dirk Syndram

Fast alle Kunstwerke in diesem Raum sind im ersten Drittel des 18. Jahrhunderts als aktuelle Gegenwartskunst entstanden. Unter dem sächsisch-polnischen Kurfürst-König August II. hatte sich der Dresdener Hof in wenigen Jahren zu einem kulturellen Zentrum Europas entwickelt. Die in dieser Residenz geschaffenen Kunstwerke prägten die Erscheinungsform einer ganzen Epoche und wirkten als Leit- und Vorbilder bis weit ins 18. Jahrhundert hinein.
An kaum einem anderen Ort in Dresden ist es heute noch möglich, in solch einer Konzentration Vielfalt, Qualität und Anspruch der sächsischen Hofkunst des »augusteischen« Barock kennenzulernen wie im Grünen Gewölbe. Die ausgestellten Kunstwerke gehörten größtenteils zum Grundbestand des Schatzkammermuseums, das bei seiner Einrichtung in damals einzigartiger Weise überkommene Reichtümer mit Erzeugnissen aktueller Schatzkunst und Bildschnitzerei verband. Die Inneneinrichtung des Grüne Gewölbes war selbst das gemeinsame Werk führender Meister der damaligen Moderne. Doch ebenso wie das gesamte, unter dem Architekten Pöppelmann ausgeführte Raumkunstwerk im Residenzschloß sind auch die meisten der hier ausgestellten Goldschmiedeobjekte und Bildwerke ohne den prägenden Gestaltungswillen des königlichen Auftraggebers nicht denkbar. August der Starke zeichnet sich unter allen Kunstförderern der deutschen Geschichte dadurch aus, daß er nicht nur herausragenden Künstlern finanziell die Möglichkeit eröffnete, schöpferisch tätig zu sein, sondern auch ein ungewöhnlich hohes Maß an Gestaltungsfreiheit mit einem ebenso hohen Qualitätsanspruch verband. Dadurch gelang es ihm, die für ihn arbeitenden Künstler immer wieder zu Höchstleistungen anzuspornen. Er vermochte über viele Jahrzehnte, hochbegabte Künstler, die zum Teil erst am Beginn ihrer Entwicklung standen, an seinen Hof zu ziehen, sie durch anspruchsvolle Aufträge maßgeblich zu fördern und schließlich sie ihrer Befähigung entsprechend einzusetzen. Als fürstlicher Kunstkenner ersten Ranges beschränkte er sich nicht allein auf ein einziges künstlerisches Medium, seine Vorliebe galt jedoch der Architektur und der Goldschmiedekunst. Gerade letzterer war es möglich, mit verhältnismäßig geringen Mitteln beeindruckende Leistungen fürstlicher Selbstdarstellung zu schaffen.

Blick in den Roten Raum

1697 ließ sich der junge Kurfürst von Sachsen zum polnischen König wählen. Um seine umstrittene Macht in Polen zu stabilisieren und vom Wunsch getrieben, eine dauerhafte wettinische Dynastie und neue europäische Großmacht im Osten zu begründen, mußte König August II. sein Wahlversprechen erfüllen und die an Schweden verlorenen Ostseeprovinzen für Polen zurückgewinnen. Aus diesem Grunde führte er 21 Jahre lang in wechselnden Koalitionen mit Dänemark, Rußland und Brandenburg-Preußen einen glücklosen Krieg gegen Schweden. Diese kriegerischen Unternehmungen waren bei weitem kostspieliger als der gesamte fürstliche Prunk, die für das Grüne Gewölbe geschaffenen Kunstwerke und die vom König errichteten Schlösser eingeschlossen. Im direkten Zusammenhang zur sächsischen Großmachtpolitik stand der mit Eifer betriebene Ausbau der beiden Hauptstädte Dresden und Warschau zu modernen königlichen Residenzen. Auch wenn sich viele der ambitionierten Architekturprojekte nicht realisieren ließen, die märchenhaften Bestände an Juwelen und Luxusgütern wuchsen beständig an. Sie dienten ebenso als wirkungsvolle Mittel zur Ankurbelung der Gewerbe und des Geldumlaufs im Lande wie die repräsentativen Staatsbauten und die subventionierte Bauförderung, die Gründung modernster Manufakturen und die Verbesserung des traditionsreichen Hüttenwesens, die prunkvollen Feste, von denen man in Europa sprach, und die bald weithin berühmten Kunstsammlungen. Die Vermehrung des Staatsreichtums durch eine zielstrebige Förderung der Wissenschaften und Industrien, der Künste und des Handels besaß in Sachsen seit der Regierung Kurfürst Augusts in der zweiten Hälfte des 16. Jahrhunderts eine bewährte und erfolgreiche Tradition. Auch König August der Starke sah letztlich darin – und nicht in militärischer Machtpolitik – den geeigneten Weg zur Lösung seiner Finanzprobleme. Die im Roten Raum vereinten Kunstwerke belegen deshalb auch den kulturellen und materiellen Erfolg der fast

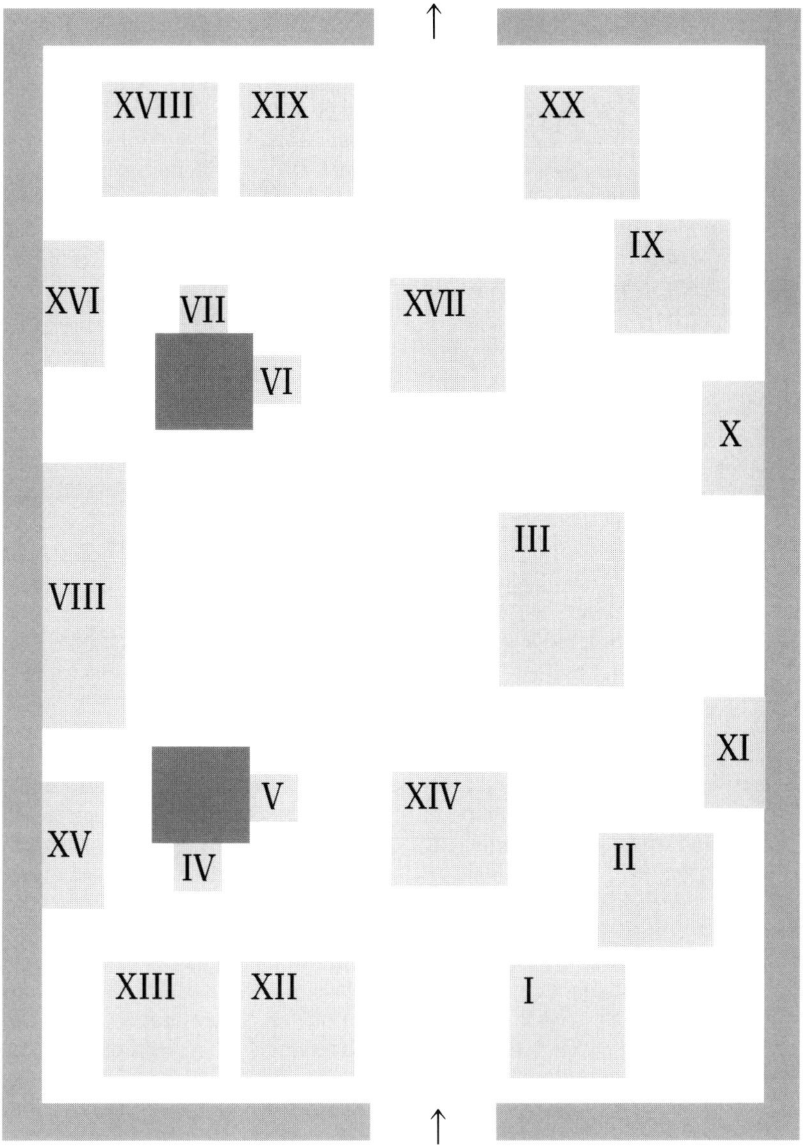

vierzig Jahre währenden Regierungszeit Augusts des Starken.
Am Anfang des allgemeinen Aufschwungs der Künste unter der Regentschaft des Kurfürst-Königs steht die kurz vor 1700 einsetzende Blüte der Goldschmiede- und Juwelierkunst in der sächsischen Residenzstadt. Die künstlerisch-handwerkliche Bearbeitung von Edelmetallen und Edelsteinen besaß, wie im Grünen Raum deutlich wird, in Sachsen eine über Jahrhunderte währende Tradition. Seine umfangreichen Bestellungen von großen Silbergeräten, die im Weißsilber- und Silbervergoldeten Zimmer des Grünen Gewölbes als dauerhaftes Silberbuffet

wirkungsvoll aufgestellt wurden, gab der König jedoch nicht bei heimischen Silberschmieden, sondern bei den besonders leistungsfähigen Werkstätten der damaligen Luxusgütermetropole Augsburg in Auftrag. In der Residenzstadt Dresden selbst läßt sich eine Trennung der Innungsmitglieder in Silber- und Goldschmiede beziehungsweise Juweliere bis zum Beginn des 18. Jahrhunderts zurückverfolgen. Damit entstand eine Spezialisierung, die auch stilistisch zu eigenständigen Entwicklungen führte. Eines der seltenen Zeugnisse der künstlerischen Blütephase der Dresdener Silberschmiedekunst im 18. Jahrhundert ist die im Roten Raum ausgestellte Kaffeekanne des Johann Jacob Irminger. Der Silberschmied, der dieses Gefäß von klassischer Formenstrenge schuf, bestimmte auch als Modelleur der neugegründeten Meißner Manufaktur den Stil der frühen Böttgersteinzeuge und Porzellangeschirre maßgeblich mit.

Die Führung auf dem Gebiet der Juwelierkunst übernahm Johann Melchior Dinglinger, der bereits 1692 für Herzog Friedrich August, den späteren König August den Starken, tätig war. Als überragender Meister setzte er mit seinen fantasiereichen und intelligenten Schöpfungen auch in europäischem Rahmen völlig neue Maßstäbe. Dinglingers Kabinettstücke – in ihrer Feinheit der Details und Mannigfaltigkeit der Formen unvergleichlich – überschreiten die Grenzen des zweckgebundenen Kunsthandwerks und beziehen auch Plastik, Malerei und architektonische Elemente in die Gestaltung ein. Als Besonderheit der Dresdener Juwelierkunst des frühen 18. Jahrhunderts läßt sich feststellen, daß Werke dieser Gattung häufig als erste stilistische Neuerungen aufgriffen und damit gleichsam Modelle für die anderen Künste vorgaben. Deutlich wird dies am »Goldenen Kaffeezeug« (1697 bis 1701), mit dem nicht nur das über Jahrzehnte beliebte Ornament des Laub- und Bandelwerks aus Frankreich in die sächsische Kunst eingeführt wurde, sondern auch die Chinamode ihren Anfang nahm. Mit dem 1708 vollendeten »Großmogul«, einer einzigartigen, von den Ideen der Aufklärung geprägten Vereinigung des Wissens über Indien, das legendäre Land des Reichtums, wird die Kunstform der Chinoiserie mit einem aufsehenerregend großen Werk in der deutschen Kunst etabliert. Jahrzehnte später leistete dies der 1731 vollendete »Apis-Altar« in europäischem Maßstab für die Kunst des alten Ägyptens.

Typisch für die unter August dem Starken lebendige Kunstszene Dresdens ist die Zusammenarbeit mehrerer bedeutender Künstler oder Kunsthandwerker zur Schaffung eines gemeinsamen Werkes. So standen neben den in der Werkstatt Dinglingers tätigen Brüdern Georg Christoph und Georg Friedrich, einem der besten Emailleure dieser Zeit, Johann Melchior die hervorragendsten Künstler der Residenzstadt zur Seite, beispielsweise die Hofbildhauer Benjamin Thomae, Paul Heermann und Christian Kirchner, der Edelsteinschneider Christoph Hübner, der Hoflackierer Christian Reinow und der Hofjuwelier Gottfried Döring. Bemerkenswert ist insbesondere die Zusammenarbeit Dinglingers mit dem seit 1689 als Hofbildhauer in Dresden tätigen Balthasar Permoser. Auch das Werk Permosers ist im Roten Raum in atemberaubender Weise mit Hauptwerken aus Elfenbein und Holz vertreten. Die allgemein hohe Qualität der in Sachsen seit der Renaissance von allen Kurfürsten gesammelten Elfenbeinskulptur ver-

Johann Melchior Dinglinger mit dem »Bad der Diana« (IV, Farbtafel 35)

mitteln Arbeiten von Mitgliedern der Familie Lücke und von Paul Heermann.

Die einmalige Stellung der Dresdener Schatzkunst im Spätbarock erweist sich gerade in den vielen sinnlich sehr reizvollen Werken des Roten Raumes, die von heute fast unbekannten Meistern geschaffen wurden. Juweliere wie Johann Heinrich Köhler und Gottfried Döring schufen Kunstwerke, deren Glanz nur durch den Ruhm der Dinglinger-Werkstatt in den Schatten gestellt werden konnte. Auch wenn die bedeutendste Phase sächsischer Schatzkunst mit dem Tode Augusts des Starken und seiner Hofkünstler in den dreißiger Jahren zu Ende ging – bis zum Ausgang des 18. Jahrhunderts entstanden unter dem sächsisch-polnischen Kurfürst-König August III., dem Sohn Augusts des Starken, und unter dessen Nachfolger, dem Kurfürsten Friedrich August III., bemerkenswerte Kunstwerke dieses Bereichs, die die Sammlung des frühen 18. Jahrhunderts ergänzen.

I Kleinere Werke von Dinglinger und Permoser

Der im Jahre 1664 als Sohn eines Messerschmieds im schwäbischen Biberach an der Riss geborene Johann Melchior Dinglinger gelangte wohl 1691 oder 1692, von Wien kommend, in die sächsische Residenzstadt Dresden. Der hochbegabte 28jährige Juwelier tat sich sogleich durch seine Arbeiten hervor, die er für den regierenden Kurfürsten Johann Georg IV. und dessen jüngeren Bruder, den Herzog Friedrich August, schuf. Mit seinen Werken erregten er und seine beiden mit ihm in Dresden tätigen Brüder, der Emailleur Georg Friedrich und der Goldarbeiter Georg Christoph, heftigen Aufruhr bei den eingesessenen Meistern der Dresdener Goldschmiedezunft, der sich erst legte, als Johann Melchior Dinglinger 1693 die Meisterwürde erwarb und wenig später eine Meisterstochter heiratete.
Das früheste datierbare Werk Dinglingers ist das als Darstellung des mit dem Drachen kämpfenden hl. Georg gebildete Kleinod des englischen Hosenbandordens (Nr. 1, Farbtafel 33). Es entstand anläßlich der Verleihung der Ordenswürde an den Kurfürsten Johann Georg IV. im Januar 1693. Nur die hinter der Helmzier des Ritters versteckte Öse, mit der das Kunstwerk am Ordensband festgemacht werden konnte, verrät den Gebrauchszweck der kleinen Goldemailfigur.
Obwohl Dinglinger, der 1698 zum Hofjuwelier Augusts des Starken ernannt wurde, heute zumeist als Schöpfer unnachahmlicher Kabinettstücke bekannt ist, umfaßt sein Werk auch solche Gegenstände, die für einen Goldschmied und Juwelier weitaus typischer sind. Dinglingers Anteil am Entstehen der Juwelengarnituren wird im Gelben Raum gewürdigt, diese Vitrine zeigt einige der sogenannten Bijouterien und Galanteriearbeiten aus seiner Hand. Es handelt sich dabei um kleine Dosen, Riechfläschchen, Stockknöpfe oder Petschaften (Siegelhalter), die aus kostbarstem Material bestehen und überaus fein mit Email und Edelsteinen besetzt sind. Sie dienten nicht nur als aristokratische Luxusartikel, sondern wurden von August dem Starken regelrecht gesammelt. Das wohl älteste in der Reihe jener zierlichen Erzeugnisse der Juwelierkunst ist die farbenprächtig ausgeschmückte Golddose mit Henkeln, deren Deckel Schmetterlinge und Krebse zieren (Nr. 3). Sie entstand wohl ebenso wie der rotemaillierte miniaturhafte Flakon für wohlriechende Wasser (Nr. 4) um die Mitte der neunziger Jahre. Wie bei diesen beiden kleinen Kostbarkeiten bereits die Formensprache des 1697 begonnenen Goldenen Kaffeezeugs (siehe II) erkennbar wird, so zeigen auch andere Bijouterien Dinglingers dessen stilistische Entwicklung. Beispielsweise läßt sich in der Jaspisvase mit grünlich schillerndem Schlangenhenkel (Nr. 17) eine deutliche Beziehung zu den Gefäßen herstellen, die dem Großmogul (siehe III) als Geschenke präsentiert werden. Auch die kleine Goldbüchse (Nr. 5), die möglicherweise einer vornehmen Dame dazu diente, mit Hilfe eines Miniaturlöffels Goldpulver auf die noch feuchten Schriftzüge eines Briefes zu streuen, stammt aus dieser Zeit. Sehr viel später, um 1720, entstand die goldemaillierte Fassung eines chinesischen Steinschälchens mit geschnittenen Henkeln (Nr. 2). Die Präzision Dinglingerscher Juwelierkunst wird im nunmehr sehr viel strafferen Ornament erkennbar. Die Dose entstand zur Zeit des großen Kaiser-Kameos (siehe IV) und weist alle Merkmale seines Spätstils auf.

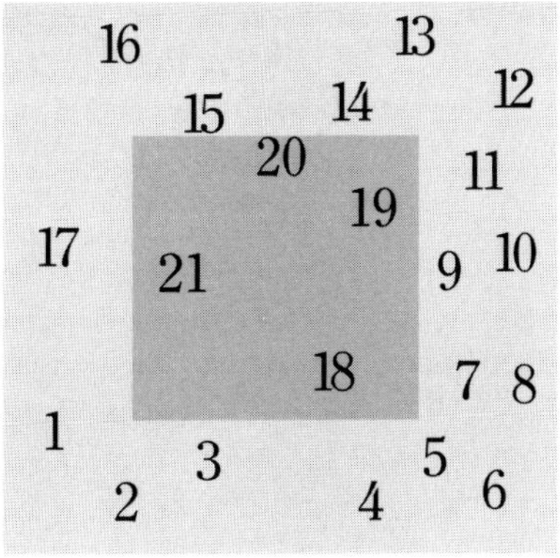

Fast zeitgleich mit dieser Dose wurden die beiden Mohren, die knollig gewachsene Perlmutterstücke präsentieren, von Dinglinger mit edlem, miniaturhaft feinem Körperschmuck und einem kameengezierten Sockel versehen (Nr. 13, 16). Sie sind eng mit dem größeren »Mohren« mit der Smaragdstufe verwandt und wurden in ihrer schlanken, federnden Gestalt von Permoser aus Ebenholz geschnitzt. Diese beiden Figuren stehen am Ende einer über drei Jahrzehnte reichenden Auseinandersetzung des Hofbildhauers mit der exotischen Fremdartigkeit und Schönheit afrikanischer Einwohner. Schwarze waren am sächsischen Hofe gut bekannt, August der Starke erschien beim Karnevalsumzug des Jahres 1709 sogar selbst als Mohrenkönig zu Pferde und in Mohrenbegleitung. Permoser aber, auf den die Idee für die Statuetten zurückgeführt werden kann, hatte bereits in seiner Florentiner Zeit im Jahre 1683 Mohrenstatuetten geschaffen. Er führte dies sehr bald nach 1690 in Dresden fort und ließ seine außergewöhnlichen Bildwerke von Anfang an durch Dinglinger zu einzigartigen Sammlerstücken fassen. Die frühesten Figuren dieser Art sind die beiden Schwarzen mit Pfeil und Bogen, die wohl kurz vor 1700 gefertigt wurden. Einer der Krieger hat gerade seinen Pfeil abgeschossen und prüft dessen Lauf (Nr. 14), der andere schwingt jubelnd den Bogen (Nr. 15). Die gleiche Art der spontanen, auf den Augenblick ausgerichteten Bewegung findet sich auch bei den beiden afrikanischen Musikanten auf elfenbeinernen Schimmeln, die wohl kurz darauf entstanden. Der mit vollem Elan agierende Pauker (Nr. 21) und der scheinbar gerade in seine Trompete blasende Musiker (Nr. 19) wurden von Dinglinger mit äußerst präzise und feinteilig geformten Instrumenten, Waffen und Reitzeug versehen, dessen prachtvolle Wirkung höchsten Respekt abnötigt. Gleiches gilt schließlich auch für die Afrikanergruppe mit Dromedar (Nr. 18), die Permoser mit hintergründigem Humor gebildet und Dinglinger wiederum mit großer Schmuckfreude und Geschick verziert hat. Während die anderen Figuren unmittelbar in die Sammlung Augusts des Starken gelangten, war die Dromedargruppe ursprünglich im Besitz der Herzogin Friederike von Sachsen-Weißenfels.

1 (Farbtafel 33)
Hl. Georg im Kampf mit dem Drachen, Kleinod des Englischen Hosenbandordens
Gold, Email, Edelsteine
Johann Melchior Dinglinger
Dresden, 1692-1694
H. 9,5 cm; VIII 266

2

2 Runde Henkeldose
Speckstein, Gold, Email
Steinschnitt: China
Fassung: Johann Melchior Dinglinger
Dresden, um 1720
H. 9,3 cm; VI 13

3 Henkeldose mit Schmetterlingen und Krebsen auf dem Deckel
Gold, Email, Diamanten
Johann Melchior Dinglinger
Dresden, 1692-1695
H. 7 cm; VI 11

3

4

4 Flakon in Form eines Kettenfläschchens
Gold, Silber, Email, Diamanten
Johann Melchior Dinglinger
Dresden, 1692-1695
H. 6,7 cm; VI 8 l

5 Goldpulverbüchse
Gold, Email, Diamanten
Johann Melchior Dinglinger
Dresden, 1701-1708
H. 5,7 cm; VI 8 f

6 Tanzender Harlekin mit Kelch
Gold, Email, Diamant
wohl Dinglinger-Werkstatt
Dresden, um 1725
H. 7 cm; VI 7 m

7 Flakon mit Kette
Chalzedon, Gold, Email, Diamanten
Johann Melchior Dinglinger
Dresden, 1695-1700
H. 5,5 cm; VI 8 p

8 Flache ovale Dose mit Henkeln
Gold, Email
Johann Melchior Dinglinger
Dresden, um 1700
H. 1,7 cm, L. 7,3 cm; VI 7 x

12

9 Kleine Deckelvase auf Sockel
Onyx, Achat, Gold, Silber, vergoldet, Email, Edelsteine
wohl Dresden, vor 1725
H. 12 cm; VI 27

10 Siegelbüchse (Petschaft)
Gold, Email, Diamanten
wohl Johann Melchior Dinglinger
Dresden, Anfang 18. Jahrhundert
H. 7,8 cm; VI 7 nn

11 Flache ovale Dose mit Henkeln
Gold, Email
Johann Melchior Dinglinger
Dresden, um 1700
H. 1,7 cm, L. 7,3 cm; VI 7 w

12 Doppelhenklige Tasse
Lapislazuli, Gold, Silber, vergoldet, Email
Fassung: Umkreis Dinglinger
Dresden, Anfang 18. Jahrhundert
H. 9 cm; V 60

13 Mohr mit monströser Perlschale
Holz, lackiert, Gold, Silber, vergoldet, Email, Edelsteine, Kameen, Perlen, Perlmutter
Skulptur: Balthasar Permoser
Fassung: Johann Melchior Dinglinger
Dresden, um 1720
H. 19,4 cm; VI 90

14/15

14 Afrikanischer Krieger, einen Pfeil abschießend
Ebenholz, Gold, Silber, vergoldet, Email, Edelsteine
Skulptur: Balthasar Permoser
Fassung: Johann Melchior Dinglinger
Dresden, 1690-1700
H. 11,1 cm; VI 196

15 Afrikanischer Krieger, den Bogen schwingend
Ebenholz, Gold, Silber, vergoldet, Email, Edelsteine
Skulptur: Balthasar Permoser
Fassung: Johann Melchior Dinglinger
Dresden, 1690-1700
H. 11,5 cm; VI 195

16 Mohr mit monströser Perlschale
Holz, lackiert, Gold, Silber, vergoldet, Email, Edelsteine, Kameen, Perlen, Perlmutter
Skulptur: Balthasar Permoser
Fassung: Johann Melchior Dinglinger
Dresden, um 1720
H. 20 cm; VI 95

16

17

17 Kanne mit Schlangenhenkel
Jaspis, Gold, Email, Diamanten
Johann Melchior Dinglinger
Dresden, 1701-1708
H. 15,7 cm; VI 18

18 Dromedar mit zwei Afrikanern
Holz, lackiert, Elfenbein, Gold, Email, Edelsteine, Perlen
Skulptur: Balthasar Permoser
Fassung: Johann Melchior Dinglinger
Dresden, 1695-1700
H. (m. Postament) 16 cm; VI 210

19 Reitender Afrikaner als Trompeter
Holz, lackiert, Elfenbein, Gold, Email, Edelsteine
Skulptur: Balthasar Permoser
Fassung: Johann Melchior Dinglinger
Dresden, 1695-1700
H. 17,7 cm; VI 197

20 Afrikanischer Krieger
Ebenholz, Gold, Silber, vergoldet, Email, Edelsteine
Fassung: Johann Melchior Dinglinger
Dresden, 1690-1700
H. 9,8 cm; VI 207

21 Reitender Afrikaner als Trommler
Holz, lackiert, Elfenbein, Gold, Email, Edelsteine
Skulptur: Balthasar Permoser
Fassung: Johann Melchior Dinglinger
Dresden, 1695-1700
H. 17,2 cm; VI 193

19/21

II Goldenes Kaffeezeug

Johann Melchior Dinglingers erstes Hauptwerk als Hofjuwelier ist das im Jahre 1701 dem König August dem Starken übergebene Goldene Kaffee- und Teezeug. Das Service besteht aus 45 Gefäßen, die in verschiedenen Ebenen auf einer Pyramide aus vergoldetem Silber angeordnet wurden. Die vier elfenbeinernen Figuren des Hofbildhauers Paul Heermann stellen die Elemente dar und geben das Grundthema der dem Service aufgelegten Ikonographie vor. Die den Ecken zugeordneten Tassen, Schalen und Glasflakons zeigen in Emailmalerei, Elfenbeinfigürchen und Glasschnitt mythologische Szenen, die sich auf Feuer, Wasser, Erde und Luft beziehen. Die porzellanartig wirkenden Koppchen mit und ohne Deckel bestehen aus Gold, das von Georg Friedrich Dinglinger auf kostbarste Weise vollständig mit bester Emailmalerei umhüllt wurde. Gut ein Jahrzehnt vor der Erfindung des europäischen Hartporzellans durch Johann Friedrich Böttger in Dresden veranschaulichen sie das Bestreben am sächsischen Hof, die chinesischen Porzellanformen und Porzellanmalereien dem europäischen Geschmack anzupassen.

(Farbtafel 34)
Das Goldene Kaffeezeug
Holzkern, Gold, Silber, vergoldet, Email, Elfenbein, Edelsteine
Entwurf und Goldschmiedearbeit: Johann Melchior Dinglinger
Email: Georg Friedrich Dinglinger
Elfenbeinskulpturen: Paul Heermann
Dresden, 1697-1701
H. 96 cm, B. 76 cm, T. 50 cm; VIII 203

Auch die anderen von Dinglinger gestalteten Gefäße bestehen zumeist aus purem Gold. Hinzu kamen mehr als 3500 Diamanten und viele farbige Edelsteine, die das Werk mit sprühenden Lichtreflexen umhüllen. Dinglinger lieferte das 1697, im Krönungsjahr des sächsischen Kurfürsten zum polnischen König, begonnene Werk im Dezember 1701 in Warschau persönlich bei August ab. Das Thema eines Kaffee- und Teeservices war damals hochmodern, erst 1694 hatte man in Leipzig das erste Kaffeehaus Sachsens eröffnet. Dinglingers »Coffezeugk« wurde zum ersten Repräsentationswerk der neu entstehenden europäischen Großmacht der Sächsisch-Polnischen Union. Zugleich reiht es sich an vorderster Stelle in die Folge der Prachtservice ein, die Europas Herrscher seit dem frühen 18. Jahrhundert anfertigen ließen. Das Goldene Kaffeezeug ist der furiose Auftakt des »augusteischen« Barock. Als künstlerisches Leitwerk seiner Epoche enthielt es bereits alle Merkmale der sich im Kunsthandwerk wie auch in der Architektur entwickelnden Kunstströmung. Die klare Grundform der Pyramide wird umspielt von tausendfältigen Formen, Farben und Lichtern. Die einzelnen Teile des Ensembles und dessen Details wirken einzeln heterogen und gehen auf Vorbilder des italienischen Hochbarock, der chinesischen Formenwelt und der klassischen Kunstgesinnung zurück. Die Synthese unterschiedlicher künstlerischer Traditionen war aber charakteristisch für den Barock unter August dem Starken und dessen Sohn.

Das für 40 000 Taler vom König erworbene Kunstwerk gelangte 1704 in die sächsische Kunstkammer und fand – in seiner heutigen, vom Meister selbst überarbeiteten Form – 1725 erstmals seine Aufstellung im Grünen Gewölbe, wo es seit 1730 im Juwelenzimmer neben dem Kronschatz der sächsisch-polnischen Kurfürsten und Könige prunkte.

III Hofstaat des Großmoguls Aureng-Zeb

Dinglingers »Hofstaat von Delhi am Geburtstag des Großmoguls Aureng-Zeb« gilt als Hauptwerk der europäischen Juwelierkunst des Barock. Dieses Kunstwerk war ohne Vorbild und ohne Beispiel, es blieb ohne Parallele und ohne Nachfolge. Das heute noch aus 132 Figuren und 32 Geschenkgegenständen in emailliertem Gold bestehende Ensemble auf einer silbernen, teilweise vergoldeten Bühne steht noch auf jenem Tisch, den der Hofbildhauer Thomae für seine Aufstellung im Grünen Gewölbe geschnitzt hat. Johann Melchior Dinglinger schuf den Palast zusammen mit seinen Brüdern und 14 Gehilfen zwischen 1701 und 1708 ohne offiziellen Auftrag und neben seinen Pflichten als erster Hofjuwelier. Er wurde jedoch, wie er schreibt, vom König »encouragiert«. Das heute von 4 909 Diamanten, 160 Rubinen, 164 Smaragden, einem Saphir, 16 Perlen und 2 Kameen (391 Edelsteine und Perlen sind im Laufe der Zeit abhanden gekommen) bedeckte Werk wurde dem König mit 58 485 Reichstalern in Rechnung gestellt.
Der Großmogul Aureng-Zeb (Farbtafel 37) war ein Zeitgenosse Augusts

(Farbtafeln 36 und 37)
Kabinettstück »Der Hofstaat zu Delhi am Geburtstag des Großmoguls Aureng-Zeb«
Holzkern, Gold, Silber, teilweise vergoldet, Email, Edelsteine, Perlen, Lackmalerei
Entwurf: Johann Melchior Dinglinger
Goldschmiedearbeit: Johann Melchior, Georg Christoph Dinglinger und Werkstatt
Email: Georg Friedrich Dinglinger
Dresden, 1701-1708
T. 114 cm, B. 142 cm, H. 58 cm; VIII 204

des Starken, beherrschte seit 1658 fast den ganzen indischen Subkontinent und starb 88jährig im Jahre 1707. Das riesige, zentral gesteuerte Reich dieses Fürsten und dessen unermeßlicher Reichtum an teuren Gewürzen, Ebenholz, Seide, Tee und Elfenbein machten ihn in Europa zum Inbegriff des unumschränkten orientalischen Herrschers. Aureng-Zeb besaß nicht allein das Weltmonopol für Diamanten, er verfügte auch über Goldminen. Für August den Starken und seine Zeit wurde Aureng-Zeb so zur Verkörperung imperialer Herrscherträume und absolutistischer Größe.

Dinglinger wählte für die Darstellung des orientalischen Herrscherglanzes das fünf Tage währende Geburtstagsfest des Großmoguls in dessen Hauptstadt Delhi (Farbtafel 36). Der Goldschmied griff dazu weitgehend auf Illustrationen aus Reisewerken sowie auf völkerkundliche, kunstgeschichtliche und archäologische Berichte zurück. Auf diese Weise rekonstruierte er die Festlichkeiten mit einer erstaunlichen ethnologischen Genauigkeit und fügte schließlich zur Übergabe an den König dem Kunstwerk einen langen Bericht bei, der das gesamte damalige Wissen Europas über das ferne Indien berücksichtigte.
Die über einen Quadratmeter große Architektur mit ihren drei Höfen entspricht in der Einteilung und den Verhältnissen genau dem von Reisenden geschilderten Palasthof. Gleiches trifft auch auf Kleidung und Haltung der Figuren zu. Allein in der Darstellung der Geschenke kombinierte Dinglinger völlig frei indische Gestalten und Symbole mit altägyptischen, chinesischen, griechischen und sogar germanischen. Dabei baute Dinglinger den Festzug in strenger Symmetrie nach der Ordnung barocker Hoffeste auf, wie man sie auch in Dresden feierte. Alle Großen des indischen Mogulreiches suchten, bei drohendem Verlust von Gnade, Leben und Vermögen, sich

mit diesen kostbarsten Geschenken die Gunst ihres Herrschers zu bewahren. Weitere Gaben kamen mit Delegationen aus China, Äthiopien und Persien.

Der »Großmogul«, von enzyklopädischer Gelehrsamkeit des Inhalts, gilt als das erste größere Werk der Chinoiserie-Mode in Deutschland, jener spielerischen Beschäftigung mit dem exotischen Osten, die seit dem beginnenden 18. Jahrhundert die europäische Kunst erfaßte.

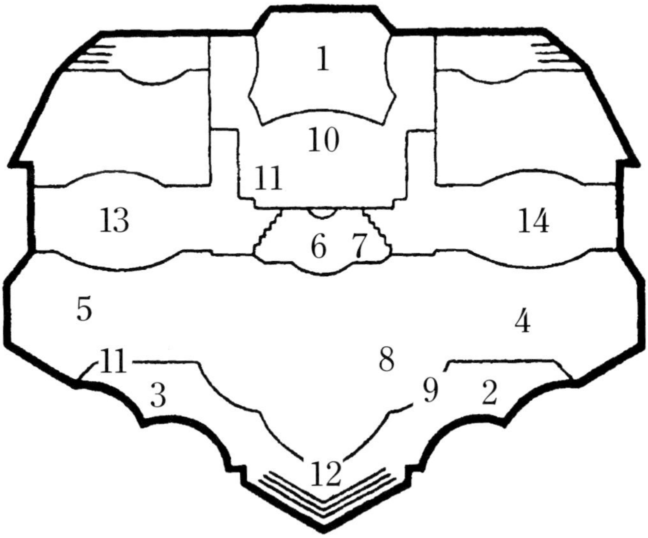

Die Hauptgruppen:

1 Der Großmogul Aureng-Zeb

2 Chan Channon oder der Fürst der Fürsten, welcher schenkt:
Zwei seltsame Pyramiden und einen goldenen Wasserbehälter nebst Kessel. (Die Pyramiden stehen seitlich des Thrones)

3 Mir Miron oder Herr der Herren, welcher schenkt:
Einen weißen Elefanten mit Baldachin (13), ein reich geschmücktes Kamel und ein Pferd.

4 Chani Alem oder Fürst des Volkes, welcher schenkt:
Einen Jagdelefanten (14), ein Pferd, zwei Jagdhunde.

5 Der erste Wesir oder Kanzler, welcher schenkt:
Zwei goldene Schwurhände auf goldenen Wagen.

6 Wasan Bassi, der Schatzmeister, welcher schenkt:
Einen auf chinesische Art lackierten Tisch, zwei goldene Flaschen und einen Hund.

7 Rassi, ein Herr über 12 000 Pferde, welcher schenkt:
Eine große Vase und ein kostbares Tragbett.

8 Nassir, der Hofmeister, welcher schenkt:
Eine große goldene Vase und eine ebenso große Schlag- und Repetieruhr.

9 Nabab, ein Herr über 12 000 Pferde, welcher schenkt:
Ein riesiges goldenes Trinkhorn und einen ebensolchen Pokal.

10 Omrahm Nabab, der Stadtpfleger, welcher schenkt:
Zwei Gießbecken mit Kanne aus Schildkrot, einen goldenen Vogelbauer mit Vogel und Schalen aus Jaspis.

11 Vaika Neuis, ein Aufseher, welcher schenkt:
Zwei kleine Spiegel, zwei Pokale aus Granatstein, zwei Pokale aus Gold, dazu Degen, Pistolen, Messer, Scheren und dergleichen, die eben aus einem goldenen Koffer ausgepackt werden.

12 Eine Waage, auf welcher am Geburtstag das Gewicht des Großmoguls in Gold, Silber und Reis aufgewogen wird zur Verteilung unter das Volk. Dabei Schreiber und Bediente.

Elf Personen, die zuschauen oder sich verbeugen, sowie weitere Würdenträger mit Dienern und Geschenken, zum Beispiel einem goldenen, emaillierten Kaffeeservice auf einem Tablett und einem großen Spiegel.

IV Bad der Diana

Am hinteren Ende einer Chalzedonschale sitzt unter einem diamantreifverzierten, prachtvollen Baldachin Diana, die Göttin der Jagd. Die kaum bekleidete, wehrhafte Göttin bereitet sich auf ihr Bad vor. Ihr abgelegtes, grünfarbenes Gewand, Jagdhorn, Köcher und Bogen werden am Ausguß der Schale von einem schwarzen Jagdhund bewacht. Aus Delphinmäulern und einer Maske scheint sich Wasser in die Edelsteinschale zu ergießen, in der ein weiterer Putto liegt. Ein Handtuch hängt über dem Schalenrand, an dem auch auf praktischen Tabletts zierliches Toilettengerät steht. Die friedvolle Szene wird durch das goldene Geweih eines Hirsches gestützt. Der Kopf dient zwei Hunden, die Fleischstücke verschlingen, als Nahrung. Das Haupt des Zwölfenders liegt auf bemoostem, mit Kräutern und Farn bewachsenem Waldboden, über den einige Tiere kriechen. Die Darstellungen des Kabinettstücks beziehen sich auf das Schicksal des Jägers Aktaeon, der der Sage nach die keusche Göttin Diana beim Bade beobachtet hatte, daraufhin von dieser in einen Hirsch verwandelt und von seinen eigenen Hunden zerrissen wurde. Auch die Legende am Fußrand geht auf dieses Thema ein. Man liest: *DISCRETION SERT EFFRONTERIE PERD* (Takt und Anstand ziert, Taktlosigkeit verliert). Die Zierschale ist so prächtig mit Perlen, Diamanten, goldenen, silbernen und stählernen Ornamenten, feinemaillierten Geräten und Tieren besetzt, daß vier Emailbilder am unteren Schalenboden fast übersehen werden. Sie zeigen das ebenfalls nicht sehr glückliche Los zweier Nymphen aus der Begleitung der Jagdgöttin. Es handelt sich um die Brustbilder der Kallisto und der Mera sowie deren kleinere Bildnisse in Tiergestalt als Bärin und Hündin. Die Schale scheint fast schwerelos zu schweben. Dieser Eindruck wird durch eine Perle unterstützt, die am eigentlichen Mittelpunkt des Gefäßes hängt. Die nur auf drei Punkten des ausladenden Hirschgeweihes fixierte Schale ist so berechnet, daß ihre Hauptlast durch den Thronaufbau an ihre Schmalseite verlagert wird und sie zu zwei Dritteln frei in der Schwebe ruht. Die vielgliedrige Prunkschale ist ein Werk Johann Melchior Dinglingers, die Emaillierungen stammen von seinem Bruder Georg Friedrich, die Elfenbeingruppe aus der Hand Balthasar Permosers. Am 16. Dezember 1704 wurde diese feinste Juwelierarbeit für 8 000 Taler von August dem Starken erworben. Das Bad der Diana, als Frühwerk des Hofjuweliers kurz nach der Vollendung des »Goldenen Kaffeezeugs« begonnen, entstand etwa gleichzeitig mit dem »Hofstaat des Großmoguls«. Diesen beiden Hauptwerken steht die im vollen Sinne des Wortes intime Prunkschale stilistisch sehr nahe. Das Kabinettstück gelangte als modernes Hauptwerk der Sammlung gleich nach der Fertigstellung des Grünen Gewölbes in den Pretiosensaal und mit der Erweiterung des Schatzkammermuseums in das Juwelenzimmer.

(Farbtafel 35)
Zierschale mit dem Bad der Diana
Orientalischer Chalzedon, Gold, Silber, Stahl, Elfenbein, Diamanten, Perlen, Email
Goldschmiedearbeit und Entwurf: Johann Melchior Dinglinger
Email: Georg Friedrich Dinglinger
Elfenbeingruppe: Balthasar Permoser
Dresden, 1704
H. 38 cm; VIII 305

V »Mohr« mit der Smaragdstufe

Die heute geläufige Bezeichnung für diese Skulptur aus dunkelbraun lakkiertem Birnholz ist im Grunde falsch. Es handelt sich bei dem lässig und stolz einherschreitenden Mann nicht um einen Mohren, also einen Bewohner Afrikas, sondern um einen Indianer. Die Idee des gestaltenden Künstlers, bei dem es sich wohl um den Hofbildhauer Balthasar Permoser gehandelt hat, geht auf eine Kupferstichserie zurück, die Ureinwohner von Florida zeigt. Dort finden sich neben der landesüblichen Körpertätowierung auch die typischen Hals- und Armbänder, der Brustschmuck, die Federkrone, der Lendenschurz und die Fußbekleidung wieder. Der üppig mit Rubinen, Smaragden, Topasen, Ceylonsaphiren, Almandin und Granaten belegte Körperschmuck stammt aus der Werkstatt Dinglingers. Die feine Lakkierung der von Permoser geschnitzten Skulptur übernahm wohl Martin Schnell, die Schildpattarbeiten an der Schale und am Postament können Wilhelm Krüger zugeschrieben werden.

Auch der Eindruck, in dem kräftigen Jüngling eine autonome Skulptur vor sich zu haben, trügt. Dieser Indianer wurde allein aus dem Grund geschaffen, um etwas noch Kostbareres zu präsentieren, ist also »nur« ein vollendet gestalteter Ausstellungsbehelf. In seiner Dimension und seinem unvergleichlichen Ausdruck ist er auf die Smaragdstufe, eine mineralogische Seltenheit ersten Ranges, ausgerichtet, die er auf einer mit silbernen Chinoiserien gezierten Schildpattschale vor sich herträgt. Obwohl August der Starke etwa zeitgleich mit dem Grünen Gewölbe eine umfangreiche geologische Sammlung einrichtete, bestimmte er, daß das einzigartige Naturwunder in den Hauptraum seines Schatzkammermuseums gelangen sollte. Es handelt sich dabei um ein wohl aus Kolumbien stammendes großes Stück einer limotischen Grundmasse, in der heute noch vier große und fünf kleine Smaragde sitzen. Als die Stufe, deren üppiger Besatz mit Smaragdkristallen nicht allein natürlichen Urspungs ist, im Jahre 1581 als Geschenk des Kaisers Rudolf II. an Kurfürst August in die sächsische Kunstkammer gelangte, umfaßte sie noch sechzehn Steine. Die Smaragdstufe galt als eines der kostbarsten Güter dieser enzyklopädisch ausgerichteten Sammlung der Renaissance und wurde von August so hoch eingeschätzt, daß er anordnete, die »Schmarallen stuffe« bei seinem »Chur-Fürstl: Hauße und Stamme, zum ewigen Gedächtnüß« zu bewahren. Zusammen mit einem weiteren »Mohren«, der eine künstliche Stufe mit sächsischen Landsteinen präsentiert und 1724 vom Goldschmied Johann Heinrich Köhler dem König abgeliefert wurde, gelangte der »Mohr« mit der Smaragdstufe in das Grüne Gewölbe.

»Mohr« mit der Smaragdstufe
Birnbaumholz, lackiert, Silber, vergoldet, große Smaragdstufe, Smaragde, Rubine, Saphire, Topase, Granaten, Almandin, Schildpatt
Skulptur: Balthasar Permoser
Fassung: Dinglinger-Werkstatt
Schildpattfurnier: Wilhelm Krüger
Lackierung: wohl Martin Schnell
Dresden, wohl 1724
H. 63,8 cm, VIII 303

VI Prunkschale mit dem Kämpfenden Herkules

Die ganze Schönheit der großen, überreich mit Edelsteinen und Figuren geschmückten Schale aus gelblich-braunem Jaspis ist mit einem schnellen Blick kaum zu ermessen. Sie verlangt eine eingehendere Betrachtung. Das hervorragend gearbeitete, muschelförmig geschnittene Edelsteingefäß endet in einem Drachenkopf mit Raubtierzähnen. Seine Außenwandung zieren Schlangen in Flachrelief. Vor einem von der Königskrone bekrönten Spiegel kämpft der stämmige Halbgott in zerfetzter Kleidung erbittert mit einem Löwen. Die aus emailliertem Gold mit monströsen Perlen gebildete Gruppe ist für diese Figurenart erstaunlich groß. Sie steht auf einem Elefantenrüssel, der zwischen goldenem Blatt- und Rollwerk hervorwächst. Weiße, schwungvoll gefiederte Adlerköpfe halten in ihren Schnäbeln ein lockeres Gehänge, an dem jeweils vier Medaillons mit Darstellungen der Taten des Herkules an goldenen Draperien schmuckartig angebracht sind. Sieben weitere Emailmedaillons, ebenso in Nachahmung antiker Kameen weißfigurig auf beigefarbigem Grund gemalt, schmücken den glockenartig ansteigenden Sockel der Prunkschale. Ein achtes Feld ist leer belassen. Überaus fein gearbeitet wurde der hohe, S-förmig geschwungene Schaft aus goldenem, emailliertem, mit Diamanten besetztem und durcheinandergewundenem Schweifwerk. In dieser wie aufgelöst erscheinenden Stütze hängt leblos und kopfüber ein mächtiger, geflügelter Drache, belegt mit mugeligen Smaragden, flachen Smaragdtafeln und knolligen Perlen. Ein großer roter Stein auf seinem Rückgrat gibt seine tödiche Wunde an. Durch seinen Schweif windet sich eine grünemaillierte Riesenschlange, die aufgeschlitzt ist, so daß ihr aus monströsen Perlen gebildetes Eingeweide sichtbar wird. Auf der Rückseite des Schaftes kriecht eine blaugrünlich schillernde Eidechse hervor. Mit Mitteln erfindungsreicher Juwelierkunst wird auf diese Weise die übermenschliche Kraft und Anstrengung des Helden sichtbar gemacht.

Die unmittelbare Verbindung der eindringlich geschilderten herkulischen Kraft zum Kurfürst-König, der als Sächsischer Herkules gefeiert wurde, stellt die hintere Schmalseite des großen Kabinettstücks her. Dort erscheint, auf der Rückseite des Spiegels, das jugendlich idealisierte Bildnis Augusts des Starken. Das theatralische Emailgemälde wurde von Georg Friedrich Dinglinger gemalt, der es auf der Rückseite mit seinem Monogramm und der Inschrift »Fridericus Augustus Rex Polon, et Elector Saxoniae 1712« signierte. Unter dem Herrscherbildnis hockt ein die Flügel spreizender weißer Adler, das Symbol des Polnischen Weißen Adlerordens. In seinen Fängen hält er die Ordenskette mit dem Ordenskreuz, die ursprünglich zur Großen Rauten-Garnitur gehörte. Unterhalb des königlichen Vogels prangt inmitten eines mit Diamanten belegten, sternförmigen Sonnensymbols ein erlesener Rubin.

Die in der geschichtenreichen Herkuleserzählung vermittelte Sage vom Helden, der aufgrund seiner gewaltigen Taten in den Kreis der Götter aufgenommen wurde, wird in Dinglingers Schaugefäß mit dem absolutistischen Machtanspruch Augusts des Starken verbunden. Der Juwelier hat sich wohl über zwei Jahrzehnte mit der großen Prunkschale beschäftigt. Erst nach dem Tode des Hofjuweliers gelangte das Werk in königlichen Besitz.

Prunkschale mit dem Kämpfenden Herkules
Orientalischer Jaspis, Gold, Silber, vergoldet, Email, Perlen, Diamanten, Smaragde, Rubine
Johann Melchior Dinglinger,
Email: Georg Friedrich Dinglinger
Dresden, wohl 1708-1731, dat. 1712
H. 60 cm; VIII 304

VII Kaiser-Kameo

Im Zentrum des Kabinettstücks steht der 13 cm hohe und 10 cm breite Onyxkameo mit dem Bildnis des Kaisers Claudius aus dem Jahre 41 n. Chr. Dieses hervorragende Zeugnis antiker Steinschneidekunst wurde zu Beginn des 18. Jahrhunderts als Darstellung des Kaisers Augustus angesehen und deshalb mit dem Kurfürst-König August dem Starken verbunden. Die beiden in die Grundfläche des im Hochschnitt erscheinenden Kaiserbildes eingefügten Intaglien (Tiefschnitt) zeigen einen Delphin und einen Ziegenfisch, als Tierkreiszeichen Steinbock genannt, das Nativitätszeichen des Kaisers Augustus. Sie sind, ebenso wie die goldenen Sterne, barocke Zutaten. Kleine Kameen wurden am Rahmen und auf dem Sockel des Kabinettstücks verteilt. Gerade dieser prächtige und vergleichsweise hohe Sockel läßt das Meisterwerk antiker Kunst wie eine weltliche Reliquie oder ein Denkmal erscheinen. Das Postament umgeben in lockerer Gruppierung bewegte Figuren im Stil der großen Plastik, die aus der Hand Balthasar Permosers stammen. Zur Rechten sitzt eine Frauengestalt, bei der es sich nach der Beschreibung von 1722 um »die Ewigkeit, den Nahmen A R in einem königl. Schild mit der linken Hand haltend und mit der rechten auf den Nahmen weisend, um denselben zu verewigen« handelt. Die Beschreibung fährt fort: »Dabey unterschiedliche Genii seyn, die ihn mit ihren gestibus venerіren und bewundern, dabey diese Worte stehen: Sit gloriosum nomen tuum. Darneben stehet der Hercules mit seiner Keule und Löwenhaupt umgeben, mit der rechten Hand nach des Augusti Bildnüß in die Höhe weisend, das Alterthumb dadurch hochzuhalten zeigen wollend.«

Kabinettstück mit dem Kaiser-Kameo
Onyxkameo, Gold, Edelsteine, Perlen, vergoldetes Silber, Achat, Jaspis, Email
Johann Melchior Dinglinger, Elfenbeinskulpturen: Balthasar Permoser
Dresden, vor 1722
H. 44 cm; V 1

Das sinnreiche Kabinettstück mit seinem Sockel aus Achat ist auf prächtigste Weise mit 106 Diamanten, 77 Rubinen, 58 Smaragden und 2 Perlen verziert. Es gehört zu Dinglingers Spätwerken, in denen klassische Strenge und Denkmalhaftigkeit sowie die in seinem Alterswerk immer stärker werdende Einbeziehung des Steinschnitts dominieren. August der Starke erwarb das Kabinettstück, in dem mit seinem römischen Namensvetter auch sein eigener Ruhm als Herrscher und Schirmherr der Künste verherrlicht wurde, im Jahre 1722 für 12 000 Taler.

VIII Drei Lebensalter

Das Ensemble großer, aufeinander bezogener Kabinettstücke bildet eine Trilogie der Lebensalter und der mit ihnen verbundenen Lebensfreuden. Sie besteht, wie es die 1734 entstandene Erläuterung der Werke durch Moritz Conrad Rüger besagt, aus »drey großen Cabinet Stücken, welche den Ursprung, den höchsten Grad und das Ende der menschlichen Fröhlichkeit vorstellig machen«. Die Aufsätze stehen auf vergoldeten Tischen, die wohl Benjamin Thomae geschaffen hat, und stimmen in ihrem zweigeteilten Aufbau weitgehend überein: In die Postamente aus Kelheimer Stein, die jeweils vom Bildhauer Gottlieb Kirchner mit zwei Figuren geschmückt wurden, sind die prächtig in vergoldetes Silber gefaßten und reich mit Kameen und Hunderten von Edelsteinen umgebenen Reliefplatten eingesteckt.

Die Trilogie ist inhaltlich und formal auf das Mittelstück ausgerichtet. Die Folge beginnt aber mit dem 83 cm hohen »Anfang der Lebensfreuden«. Die Sockelfiguren Bacchus und Ceres verweisen auf den »Ursprung der menschlichen Fröhlichkeiten, nehmlich den Wein und die Erd-Früchte«. Das auf eine Achatplatte aufgelegte Relief aus Kelheimer Stein zeigt dementsprechend ein Opfer des Bacchus und ein Opfer der Ceres. Das 139 cm hohe Mittelstück ist dem Höhepunkt der Lebensfreuden gewidmet. Es stellt »den Zustand vor, wenn die menschliche Fröhlichkeit auf ihrem höchsten Gipfel gekommen«. Begleiter des für diesen Zustand besonders geeigneten Gottes des Weins schmükken den reich verzierten, steinernen Unterbau. Auf den mit hellblauem Email belegten Voluten sitzen »eine Satyrin mit der Schellen-Trommel und ein Satyr mit einem Sieben-Rohre in den Händen«, beide von Panthern begleitet. Vorn auf der Sokkelplatte prangen die Initialen und Wappen des sächsisch-polnischen Kurfürst-Königs. Der außergewöhnlich große Barockkameo aus Sardonyx beziehungsweise orientalischem Achat (16 cm x 28 cm) beherrscht das Mittelstück und bildet das eigentliche Hauptwerk und den Ausgangspunkt für den Gedanken- und Formenaufbau des dreiteiligen Ensembles. Er schildert figurenreich den Triumphzug des Bacchus und wurde vom Steinschneider Christoph Hübner in antikischer Manier geschnitten. In seiner Darstellung des auf einem von Panthern gezogenen Wagen daherziehenden Weingottes erreicht die überschäumende Lebenslust ihren Höhepunkt. Auch die besonders reiche Goldschmiede- und Juwelierarbeit mit Karnevalsmasken und Figuren der italienischen Komödie veranschaulicht meisterhaft die Lebensfreude. Verhaltener, sowohl im Thema als auch im Schmuck gibt sich dann wieder der Schlußpunkt der Folge, »das Ende der menschlichen Fröhlichkeit, nehmlich den Zustand nach dem Tode« darstellend. Auf den Voluten des Sockels sitzen diesmal Pluto, der Herrscher der Unterwelt, und seine Gattin Proserpina. Die große Achatplatte zeigt auf einem ebenfalls aufgelegten Relief die Überfahrt eines Toten durch den Fährmann Charon vom Ufer des Acheron in das Reich der Toten. Diese Tafel weist neben Diamanten größere und kleinere Edelsteine auf und wird von einem Sarkophag aus hellgrauem Achat bekrönt, der mit Edelsteinen besetzt ist. Die Rückseiten der drei ungewöhnlichen Kunstwerke sind so gearbeitet, daß diese frei im Raum stehen konnten.

Auch wenn die Idee zu diesem monstranzartig gebildeten Ensemble sicherlich direkt auf Johann Melchior Dinglinger zurückgeht, so lag die Ausführung in erheblichem Maße bei seinem Bruder Georg Christoph, der das Hauptstück auch signierte. Die Emails stammen wohl von Vallier, die skulpturalen Arbeiten von Kirchner und der beherrschende Steinschnitt von Hübner. Ikonographischer Rat kam sicherlich vom bereits genannten Rüger. Von den Kabinettstücken wurden die zwei kleineren zuerst vollendet und konnten im September 1727 von Kunstfreunden in Dinglingers Werkstatt bewundert werden. Das Mittelstück wurde, wie die darauf befindliche Inschrift angibt, im Juni 1728 beendet. Nach Johann Melchiors Tod boten seine Erben die Darstellung barocker Lebenslust und menschlicher Vergänglichkeit August dem Starken für 48 000 Taler zum Kauf an. Erworben

Kabinettstück der drei Lebensalter
»Frühling des Lebens«,
»Höchste Freuden des Lebens«,
»Ende des Lebens«
Sardonyx, Achatplatten, Kelheimer Stein, Horn, Gold, Silber, vergoldet, Email, Kameen, Perlen, Diamanten, Saphire, Topase, Rubine, Smaragde, Moosachat und andere Edelsteine
Goldschmiedearbeiten: Johann Melchior und Georg Christoph Dinglinger
Skulptur: Gottlieb Kirchner
Steinschnitt: Christoph Hübner
Email: wohl Isaac Benjamin Vallier
Dresden, vollendet 1727 und 1728
H. 83 cm, 139 cm, 83 cm;
VIII 378, VIII 379, VIII 380

wurde die Trilogie jedoch erst im April 1734 durch August III., nachdem es sich im »weltberühmten grünen Gewölbe schon einige Jahre« befunden hatte. Der junge König zahlte dafür den »moderirten« Preis von 40 000 Reichstalern.

IX Dinglingers Prunkgefäße

In einem Zeitraum von gut zehn Jahren entstanden in der Werkstatt Johann Melchior Dinglingers eine Reihe außergewöhnlicher Prunkschalen und -pokale.
Das älteste Werk in dieser Vitrine ist das als Vogel Rockh oder Medea-Schale bezeichnete Kabinettstück aus Sardonyx (Nr. 3). Am 16. April 1709 wurde »der kostbahre Trache, so onix sein soll« im damals nur als Schatzkammertresor fungierenden Grünen Gewölbe aufgestellt. Das Deckelgefäß in Gestalt eines Vogels mit schuppigem Drachenkopf und -schwanz stammt möglicherweise aus einer Mailänder Steinschneidewerkstatt des 16. Jahrhunderts. Als beschädigtes Stück wurde es von »H. Dinglingern Auffs Neue Anderst gefaßt«. Dinglinger veränderte wohl die Flügelstellung des Untiers, gab diesem einen neuen Sockel, verband alle Teile durch eine emaillierte Goldfassung und fügte dem Ganzen eine sitzende weibliche Figur in schillerndem Gewand mit dem Monogramm Augusts des Starken hinzu, die er in seiner Erläuterung als Zauberin Medea bezeichnete.
Vier der ausgestellten Schalen werden erstmals in einem von Dinglinger unterzeichneten Schreiben vom 28. September 1717 unter »Curiosen und Pretiosen Stücken« aufgeführt, die der Juwelier dem König an diesem Tage übergeben hatte. An erster Stelle wird in der Aufzählung die Schale mit dem Ziegenbock genannt (Nr. 1), die mit 9 000 Talern in Rechnung gestellt wurde. Die flache, vierpassig geschliffene Schale aus orientalischem Achat dient einem ausgelassenen Treiben als Grundlage. Auf dem goldenen, naturalistisch als Waldboden emaillierten Deckel tollen neben einer umgestürzten Panherme drei kleine Jungen, deren Körper aus monströsen Perlen bestehen, mit einem Ziegenbock und zwei Hunden. Einer versucht, den Ziegenbock zu besteigen, ein anderer läuft mit vorgehaltener Maske und Thyrsosstab einher, der dritte liegt schreiend auf dem Boden. Das etwas chaotisch anmutende Geschehen wird bereits 1725 als Kinderbacchanal bezeichnet. In seiner aufgelösten Form erinnert der Schaft an die etwa zeitgleich entstandene Schale des Kämpfenden Herkules (siehe VI). Er enthält zwischen goldenem, mit Diamantrosen verziertem Bandelwerk eine emaillierte Frauenbüste, ein Steckenpferd und einen kletternden Knaben, der ein Nest ausnehmen will. Dinglinger hat sein Werk, in dem er den humorigen Charakter der aus Perlen bestehenden Groteskfiguren in eine Prunkschale umsetzt, auf der umgestürzten Herme signiert und mit der Jahreszahl 1711 datiert.
10 000 Taler verlangte Dinglinger für die »Schale von dem Hercule« (Nr. 5). Gemeint ist hierbei der nach seinen Heldentaten sich ausruhende Herkules, der von Dinglinger 1713 signiert und datiert wurde. Die aus perlgrauem Chalzedon geschnittene Schale mit goldenem Ausguß bekrönt eine aus knolligen Perlen gebildete Darstellung des auf einem »von Curiosen Zierrathen künstlich durcheinander geschlungenen Thron« sitzenden Heros. Herkules stützt sich auf seine Keule, über ihm züngelt ein kleiner Drache. Als Rükkenlehne dienen dem schwebenden Thron »die Waffen, welche Er (Herkules) von einigen Göttern, als von dem Apolline die Pfeile, von Mercurio das Schwerd, vom Vulcano den Harnisch und von der Minerva den Schild, sich derer in dem Streit wider die Thebaner zu bedienen, emfangen«. Der hohe Schaft setzt sich aus

Gegenständen zusammen, die auf die Taten des Herkules verweisen, so beispielsweise dem Kopf der gefangenen kerynitischen Hirschkuh, einem der getöteten stymphalischen Vögel oder der erlegten Lernäischen Schlange (Hydra).

An dritter Stelle erscheint in der Rechnung von 1717 »daß Pocal von Renoceros mit der Mohrin« (Nr. 2, Farbtafel 38). Das mit 3 500 Talern berechnete Prunkgefäß besteht aus einer hohen weiblichen Herme aus Rhinozeroshorn, die eine muschelartig geschnittene Schale aus dem gleichen exotischen Material auf ihrem Kopf trägt. Die ungewöhnlich schöne Hornschnitzerei stammt von Benjamin Thomae, die aus Gold, Silber, Email und Diamanten bestehende Fassung wurde von Dinglinger wohl vor 1709 gefertigt. Über der Muschel hält ein grün emaillierter, diamantbesetzter Greif das Kleinod des dänischen Elefantenordens, einen Elefanten aus einer monströsen Perle mit Turm, im Schnabel. Kleine Emailgemälde am Fuß der Prunkschale weisen thematisch auf die Jasonsage. Sie sind zum Teil von Georg Friedrich Dinglinger signiert und mit 1708 beziehungsweise 1709 datiert.

Der für 2 000 Taler dem König übergebene »Pocal mit dem Neptuno« (Nr. 4) besteht ebenfalls im wesentlichen aus Rhinozeroshorn und entstand in Zusammenarbeit mit dem als Goldschmied tätigen jüngeren Bruder Georg Christoph Dinglinger. Gerade im Vergleich der beiden Hornschnitzereien offenbart sich die große Leistung Thomaes. Bekrönt wird das von einer Sirene getragene, von einem unbekannten Künstler mit figurenreichem Relief beschnitzte, eher als Kanne denn als Pokal zu bezeichnende Gefäß von dem Muschelschiff des Meergottes Neptun, der von einer nackten Jagd-

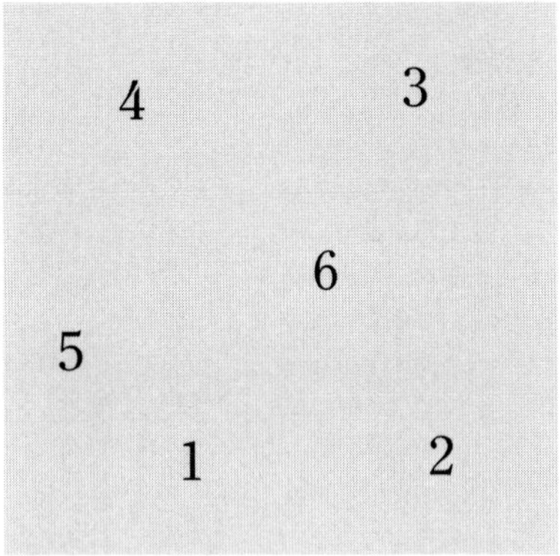

göttin begleitet wird. Das langgestreckte Gießgefäß ist mit Gold und Email, Edelsteinen und Perlen übersät.

In enger Zusammenarbeit mit seinen beiden Brüdern schuf Johann Melchior Dinglinger zwischen 1712 und 1720 auch den Weißenfelser Jagdpokal aus Gold und Email (Nr. 6, Farbtafel 39). Der eiförmige Deckelpokal ruht auf einem Schaft in Form eines goldenen Hirsches, der von einem Hund angefallen wird. Als Deckelbekrönung dient ein römischer Krieger auf springendem Roß. Die Gefäßwandung ist mit transluzidem grünen Email-Bandelwerk, plastisch angesetztem Zierat und Tieren sowie jeweils drei Dianenbüsten überzogen. In drei ovalen Schilden finden sich die Wappen des Herzogtums Sachsen und des Fürstentums Querfurt sowie die aus verschlungenen C gebildeten Initialen des Herzogs Christian von Sachsen-Weißenfels und seiner Gemahlin Sophie Christine von Stolberg. Möglicherweise wurde der Pokal aus Anlaß der Vermählung dieses Fürstenpaares im Jahre 1712 im Auftrag des Kurfürst-Königs August des Starken geschaffen. Nach dem Tode des letzten Herzogs von Sachsen-Weißenfels, Johann Adolph II., gelangte das massivgoldene Gefäß 1746 ins Grüne Gewölbe.

1

1 Zierschale mit dem Kinderbacchanal
Achat, Gold, Email, Perlen, Diamanten
sign. Johann Melchior Dinglinger
Dresden, dat. 1711
H. 32,5 cm; VI 98

2 (Farbtafel 38)
Pokal mit der Mohrin
Rhinozeroshorn, Gold, Silber, Email, Diamanten
Schnitzerei: Benjamin Thomae
Fassung: Johann Melchior Dinglinger
Emailmalerei: Georg Friedrich Dinglinger
Dresden, um 1709
H. 37 cm; VI 119

3

3 Zierschale mit dem Vogel Rockh und der Zauberin Medea
Sardonyx, Gold, Email, Diamanten
Steinschnitt: Mailand, 16. Jahrhundert
Fassung: Johann Melchior Dinglinger
Dresden, vor 1709
H. 30 cm; VI 93

4

5

4 Kanne in Schiffsform
Rhinozeroshorn, Gold, Silber, teilweise vergoldete, Email, Diamanten, Rubine, Smaragde, Perlen
wohl Georg Christoph Dinglinger
Dresden, vor 1715
H. 56 cm; VI 132

5 Zierschale mit dem ruhenden Herkules
Chalzedon, Gold, Email, Perlen, Edelsteine
sign. Johann Melchior Dinglinger
Dresden, dat. 1713
H. 34,5 cm; VIII 302

6 (Farbtafel 39)
Weißenfelser Jagdpokal
Gold, Email
Goldschmiedearbeit: Johann Melchior und Georg Christoph Dinglinger
Emailmalerei: Georg Friedrich Dinglinger
Dresden, 1712-1720
H. 38 cm; IV 72

X Apis-Altar

Auch das letzte Werk Johann Melchior Dinglingers, der in seinem Todesjahr 1731 weitgehend fertiggestellte Apis-Altar, zeugt von den hohen intellektuellen, künstlerischen und handwerklichen Fähigkeiten dieses Juweliers. Mit den meisten seiner großen Kunstwerke teilt es die Einzigartigkeit seiner Erscheinungsform und die Tatsache, daß es nicht als Auftragswerk, sondern allein aus dem Gestaltungswillen des Künstlers selbst und auf sein eigenes Risiko geschaffen wurde. Das 195 cm hohe Schaustück barocker Gelehrsamkeit erscheint im Inventarnachtrag von 1741 als »ein prächtiges Monument, die vornehmsten Egyptischen Götzen und deren Dienst vorstellend«. In seiner Grundform lehnt es sich weitgehend an die christliche Tradition wandgebundener Altäre an. Der Apis-Altar ist aus Kelheimer Stein gearbeitet, mit silbervergoldeten, gravierten Platten belegt und mit unzähligen Figuren und Symbolen geschmückt. Das von einem Obelisken bekrönte Schatzkammerstück bildet eine Zusammenfassung der im frühen 18. Jahrhundert in Europa bekannten Gedanken- und Formenwelt des alten Ägyptens. Dinglinger bezog seine Anregungen aus dem von Bernhard de Montfaucon zwischen 1719 und 1724 veröffentlichten, zehnbändigen Stichwerk »L'antiquité expliquée et représentée en figure«. Von der Bedeutung des Altares und seines Schöpfers berichten zwei an der Schmalseite des Obelisksockels angebrachte lateinische Inschriften. Deren Übersetzung lautet: »Stolze Monumente / die das alte Ägypten bestaunte, / leben, von neuem Lichte erhellt, / in diesem Werke fort, / das, / alten Denkmälern getreu / und ohne Fleiß und Kosten zu scheuen, / erdacht, errichtet und

Apis-Altar
Kelheimer Stein, Achat, Silber, vergoldet, Email, Edelsteine, Perlen
Entwurf: Johann Melchior Dinglinger
Goldschmiedearbeiten: Dinglinger-Werkstatt
Steinschnitt: Christoph Hübner
Bildhauerei: Gottlieb Kirchner
Dresden, wohl 1724-1738, dat. 1731
H. 195 cm; VIII 202

ausgeschmückt hat / des Großmächtigen Polenkönigs Friedrich Augusts / Erster Juwelier, / Johann Melchior Dinglinger, / Dresden, / im Jahre des Heils 1731«.

Die zugrunde liegende Aussage des außergewöhnlichen Schaustückes geht aber sehr viel tiefer. Im Mittelpunkt seiner Ikonographie steht der altägyptische Osiris-Mythos. Ein Relief am Sockel gibt den ägyptischen Fruchtbarkeits- und Unterweltgott Osiris auf der Totenbahre wieder. Es wird von Opferszenen eingerahmt. Die darüberliegende Nische hinterfängt eine auf vergoldete Platten gravierte Hieroglyphenschrift. In der Vertiefung erkennt man die aus plastischen Figuren gebildete Überfahrt des Apisstieres, der irdischen Erscheinung des Gottes Osiris, auf einer Barke über den Nil. Mit Diamanten bedeckte Krokodile unterhalb der Barke und Nilpriester mit sorgfältig emaillierten Opfergaben auf Konsolen oberhalb der Nische bestimmen den Ort des Geschehens. Der von Christoph Hübner geschnittene, sehr große Kameo aus Achat (B. 41,6 cm, H. 17,6 cm) stellt die Verehrung des hundeköpfig erscheinenden Göttervaters Osiris nach seinem Tode durch seine Gattin Isis und weitere Götter des artenreichen ägyptischen Pantheons dar. Gestützt von einer geflügelten Sonnenscheibe aus einem mächtigen Chrysopras und einer bizarren Perle, wird auf einem runden Emailgemälde die verklärte Sphäre des göttlichen Paares und ihres Kindes Horus vorgeführt. Zahlreiche Priester und eine Strahlenglorie umgeben das himmlische Familienleben. Auf dem Gebälk darüber stehen, zu Füßen des Obelisken und flankiert von zwei liegenden Sphingen, die Statuetten des Serapis (links), dessen Kopf als Porträt Balthasar Permosers gedeutet werden kann, des »Osiris« in Mumiengestalt (rechts, eigentlich der ägyptische Gott Chons) und in der Mitte eine von Gold und Edelsteinen bedeckte Figur, in der Montfaucon die Göttin Isis zu erkennen glaubte. Der 75 cm hohe Obelisk ist eine exakte Wiedergabe des altägyptischen Sonnensymbols, das 1588 in Rom vor dem Lateran wiederaufgerichtet worden war. Auf seiner Spitze erhebt sich ein goldemaillierter Ibis, das Tier des Gottes der Weisheit und tiefsten Erkenntnis Thot.

Im Gegensatz zu den anderen Spätwerken Dinglingers, beispielsweise den drei Phasen der Lebensfreude (VIII) oder dem Obeliscus Augustalis (XI), richtet sich der Apis-Altar nicht direkt an August den Starken. Das königliche Monogramm auf der Grundplatte des Altares wurde erst später hinzugefügt. Es handelt sich bei dieser künstlerischen Auseinandersetzung mit den zeitfernen Mythen und Formen Ägyptens vielmehr um ein sehr persönliches Werk eines alten Mannes, der die überzeitliche Weisheit einer dem Totenkult verpflichteten Kultur zu erfassen suchte. Dinglinger schuf zwar die Konzeption der Gestaltung weitgehend selbst und legte wohl auch die verwendeten Bildvorlagen fest. Bei seiner Arbeit am Apis-Altar wurde der Meister allerdings von vielen anderen Künstlern unterstützt. Neben dem Steinschneider Hübner und dem Bildhauer Gottlieb Kirchner, der 1727 zum Figurengestalter der Meißner Porzellanmanufaktur ernannt wurde, haben dem alten Juwelier wohl sein Bruder Georg Friedrich und sein Sohn Johann Friedrich zur Seite gestanden. Letzterer vollendete das seltsame Werk, bevor es 1738 von August III. für das Grüne Gewölbe erworben wurde.

XI Obeliscus Augustalis

Am 9. Februar 1722 kam der Obeliscus Augustalis im noch nicht zum Schatzkammermuseum umgewandelten Grünen Gewölbe zur Aufstellung. Für sein barockes Denkmal aus geschnittenen Steinen, zierlichen Gefäßen und goldemaillierten Figuren forderte Johann Melchior Dinglinger 60 000 Taler – denselben Preis wie für den »Großmogul«. Mit der zweiten Ausbauphase des Grünen Gewölbes nach 1727 gelangte der Obelisk aus Edelgestein schließlich an einen seinem künstlerischen Rang entsprechenden Aufstellungsort inmitten des Kronschatzes im Juwelenzimmer. Vor dem Spiegelpfeiler errichtet, der zwischen den Juwelenschränken die Mitte der Längswand einnahm, erhielt er plastische Gestalt und überwältigende Größe. Nachdrücklicher noch als die goldenen und purpurfarbenen Hinterglasmalereien der Spiegelrahmen oder die vergoldeten Schnitzereien über den Türen mit ihren Initialen, Wappen und Ordensinsignien wies das Monument auf den Schöpfer der glanzvollen Schatzkammer hin. Am Sockel des Obelisken prangt in einem edelsteinbedeckten Goldrahmen unter der Königskrone und dem Kurhut, umgeben von Bannern und Standarten, das in Grautönen (Grisaille) von Georg Friedrich Dinglinger gemalte Bildnis Augusts des Starken. Unter dem Porträtmedaillon, das auf ein Relief des Hofbildhauers François Coudray zurückgeht, hängen die Kleinodien des dänischen Elefantenordens und des Polnischen Weißen Adlerordens vor dem purpurverbrämten Hermelin der fürstlichen Macht. Der Obeliscus Augustalis ist aber mehr als eine emphatische Huldigung des sächsisch-polnischen Kurfürst-Königs. Das vielteilige Ensemble dient zugleich als einzigartige Präsentationsmöglichkeit der königlichen Sammlung geschnittener Edelsteine. An die 240 Gemmen und Kameen bedecken das Schaustück als reicher Schmuck. Dabei sind die reliefartig geschnittenen Kameen in verschiedensten Größen, Formaten, Steinarten und Darstellungen vertreten und zumeist barocken Ursprungs. Sie wurden nach Stichvorlagen von zahlreichen Künstlern geschaffen und gehörten wohl größtenteils bereits zur Sammlung Augusts des Starken. Die 14 großen Gemmen aus rotem und grünem Jaspis, die die beiden Obeliskenflächen bedecken, entstanden dagegen erst in enger Verbindung mit dem Obeliscus Augustalis. Thematisch beziehen sie sich auf bedeuten-

Obeliscus Augustalis
Jaspis, Karneol, Marmor, Kelheimer Stein, Böttgersteinzeug, Gold, Silber, teilweise vergoldet, Email, Elfenbein, Edelsteine, Gemmen, Kameen
Entwurf und Goldschmiedearbeit: Johann Melchior Dinglinger
Steinschnitt: Christoph Hübner
Bildhauerei: Gottlieb Kirchner
Dresden, vor 1722
H. 228 cm, B. 122 cm; VIII 350

de Frauen und Männer des Altertums. Diese sollen durch den Obelisken geehrt und in einen Zusammenhang zu August dem Starken gebracht werden. Die großen Gemmen trennen schmale Streifen aus Jaspis voneinander, die mit zehn kleineren Gemmen aus Karneol besetzt sind. Ihre meisterhaft geschnittenen Darstellungen haben Geschichten des Ovid zum Gegenstand. Wachsabdrücke dieser kleinen Meisterwerke und der anderen Gemmen und Kameen wurden einst in den Schubladen des zugehörigen Tisches verwahrt. Der Schöpfer dieser Kunstwerke war der Steinschneider Christoph Hübner. Er schuf auch den Riesenkameo von 41,1 cm Umfang mit den Profilköpfen Hektors, Andromaches und ihres gemeinsamen Sohnes Astyanax, der unterhalb des Emailbildnisses Augusts des Starken in den Sockel eingelassen wurde. Gerade der Sockel des Obelisken ist besonders prächtig gestaltet. So ruht das Ehrenmonument auf drei ägyptisierenden Sphingen, die Gottlieb Kirchner geschaffen hat. Von diesem Bildhauer werden wohl auch die übrigen Steinarbeiten am Obelisken, der Unterbau, die beiden etwa 18 cm hohen Grabmonumente des Herkules (rechts) und des römischen Kaisers Pertinax (links) sowie die Terrasse ausgeführt worden sein. Um den Sockel des Obelisken herum gruppieren sich auf der hohen Plinthe »Opffer-Krüge«, schlanke Ziergefäße aus weißem, mit Diamanten und Rubinen besetztem Nephrit in leuchtend hellblau emaillierter Fassung sowie achteckig geschliffene Flaschen aus Böttgersteinzeug, verziert mit hellblauem Email und Golddrahtgeflecht. Die Goldfassung dieser Gefäße wurde wohl von Johann Melchior selbst ausgeführt. Die goldene Uhr in der Chalzedon-Dose stammt vom Hofuhrmacher Andreas Fichtner. Die beiden polnischen Adler aus Elfenbein auf eigenen Sockeln könnten in Permosers Werkstatt geschnitzt worden sein. Ursprünglich stand der Obeliscus Augustalis auf einem in drei Stufen ansteigenden Plateau aus eingelegten Steinen. Diese Platte ist aber nach dem Zweiten Weltkrieg verlorengegangen und soll später wieder rekonstruiert werden. Den Raum vor dem Monument bevölkerten 14 goldemaillierte Vertreter verschiedener Nationen, von denen sich 12 erhalten haben. Diese 8 bis 10 cm großen Figuren werden von Dinglinger beschrieben als »Perser, Meder, Syrer, Griechen und Römer, die theils stehend dieses kostbare Werck bewundern, andere, die vorstellen, als ob sie noch (das) ein und andere Stück zu diesem Obelisco verfertigen wolten, noch andere, die im Begriffe seyn, solchen (zu) possieren, wiederumb einige, die Sr. königl. Majt. hohe Persohn und Nahmen in einer Schrifft eingraben und zu verewigen suchen und dergleichen actiones mehr vorstellend!«

Die Idee, die Konzeption und die Leitung der Ausführung dieses Werkes gehen ohne Zweifel auf Johann Melchior Dinglinger zurück. Er wurde bei der Realisation seines beeindruckenden Werkes von zahlreichen Künstlern, von denen die wichtigsten bereits genannt wurden, unterstützt. Typisch für Dinglingers Spätwerk ist der in diesem Fürstendenkmal deutlich vorherrschende barocke Klassizismus und die auch im Kaiser-Kameo (siehe VII) erkennbare Dominanz der geschnittenen Steine vor den in früheren Jahren so beliebten Emailarbeiten. So wird dieser Obelisk zu einem Denkmal für seinen König und dessen der gefeierten Antike entsprechende, die Zeiten überdauernden kulturellen Leistungen.

XII Balthasar Permoser

Es spricht vieles dafür, daß es August der Starke selbst war, der während seiner Kavalierstour durch Italien als junger Herzog den seit Jahren in Florenz erfolgreich tätigen Bildhauer und Elfenbeinschnitzer Balthasar Permoser nach Dresden verpflichtete. 1690 trat der eigenwillige und selbstbewußte Künstler aus dem oberbayerischen Chiemgau seinen Dienst als Hofbildhauer des Kurfürsten an und blieb 42 Jahre – mit Ausnahme einiger Reisen – in der sächsischen Residenzstadt. Zusammen mit dem in Berlin tätigen Andreas Schlüter beeinflußte Permoser ganz wesentlich die Bildhauerei seiner Zeit in Deutschland. Sein besonderes Verdienst liegt darin, die hochbarocke Figurenauffassung Italiens nach Nordeuropa vermittelt zu haben. Er hat darüber hinaus durch sein Werk die Entwicklung der Porzellanplastik in der ersten Hälfte des 18. Jahrhunderts entscheidend geprägt. Neben der unter seiner Leitung entstandenen skulpturalen Gestaltung des Zwingers (1714–1719) besitzt Dresden in der ehemaligen Hofkirche und heutigen Kathedrale herausragende Beispiele von Permosers Großplastik. An keinem anderen Ort aber ist Permosers künstlerisches Schaffen in Holz und Elfenbein so gut vertreten wie im Roten Raum.

Schon in Italien hat sich der Künstler in kleiner Dimension mit der Allegorie der Jahreszeiten auseinandergesetzt (Nr. 1–4, Farbtafel 40). Permoser schuf mindestens vier Versionen dieses in seiner Zeit sehr beliebten Themas, von denen eine vollständige Gruppe im Grünen Gewölbe erhalten ist. Die vier aus Elfenbein geschnitzten, jeweils etwa 23 cm langen, rundplastischen Figuren entstanden zwischen 1685 und 1690. Gerade wegen seiner hohen Virtuosität als Elfenbeinschnitzer war Permoser – in der Nachfolge Melchior Barthels – nach Dresden berufen worden. Wann diese für sein späteres Werk zukunftsweisenden Figuren in den Besitz Augusts des Starken gelangten, ist ungewiß, sicher ist hingegen, daß die Gruppe, ebenso wie diejenige von Herkules und Omphale, anläßlich der Aufgliederung der Kunstkammer zwischen 1721 und 1724 beim Grünen Gewölbe verblieb.

Auch die Darstellung des Herkules, der als Strafe für einen Mord als Sklave der lydischen Königin Omphale dienen mußte, hat Permoser jahrelang beschäftigt (Nr. 8, 9, Farbtafel 41). Permoser schnitzte die delikate Szene des Frauenarbeiten erledigenden Kraftmenschen in den neunziger Jahren mindestens fünfmal. Zwei Darstellungen dieses Themas befinden sich im Grünen Gewölbe, ein noch tastender Versuch aus der Zeit um 1695, der wohl 1715 aus dem Besitz des Alchimisten und Porzellanerfinders Böttger von August dem Starken erworben wurde, und die als endgültige Fassung signierte Version aus den Jahren um 1700.

Das trotz seiner geringen Gesamthöhe von 87 cm durchaus monumental wirkende Säulendenkmal des auf dem Adler reitenden Jupiter (Nr. 5) wird, ebenso wie die jüngere der Herkules-Omphale-Gruppen, in den ersten Dresdener Jahren Permosers entstanden sein. Möglicherweise war der Regierungsantritt Friedrich Augusts als Kurfürst 1694 oder seine Wahl zum polnischen König 1697 das auslösende Moment für dieses königliche Kleindenkmal. Der etwa 17 cm große, energievolle Göttervater, der ursprünglich ein Blitzbündel in seiner Rechten hielt, stammt ebenso wie die Konzeption dieses Säulenmonuments von Permoser.

Die mit Schildpatt belegte Säule korinthischer Ordnung und die Silberreliefs an ihrem Sockel schufen noch unbekannte Künstler.

Das liebevoll gestaltete Hottentottenpaar wurde von Abbildungen einer Beschreibung der südafrikanischen Kap-Region aus dem Jahre 1692 angeregt. Die beiden von Fellen und flatternden Tüchern eingehüllten Figuren eines Kriegers (Nr. 10) und seiner von Kind und Affen begleiteten Frau (Nr. 11) sind in tanzender Bewegung dargestellt und heben so das für Europäer besonders exotisch-fremde ihrer Kleidung und Physiognomie hervor. Die vor 1710 aus hartem Ebenholz geschnitzten Figuren wurden 1716 mit aufwendigen und großen Sockeln aus vergoldetem Metall versehen.

In den wohl zwischen 1720 und 1725 entstandenen nackten Figuren eines sehnigen Afrikaners (Nr. 6) und einer wohlgerundeten Afrikanerin (Nr. 7), die, jeweils auf einer von drei Schildkröten getragenen Erdstufe stehend, beide ein komposites Kapitell stützen, wird die Hochachtung des Bildhauers vor der Schönheit schwarzer Menschen und ihrer schwingenden Bewegungen besonders offensichtlich. Größere Tragefiguren dieser Art dienten zu Beginn des 18. Jahrhunderts als Tische, auf denen festliche Kerzenleuchter aufgestellt wurden. Die Verkleinerung dieser Gueridons bis zur Gebrauchsunfähigkeit durch

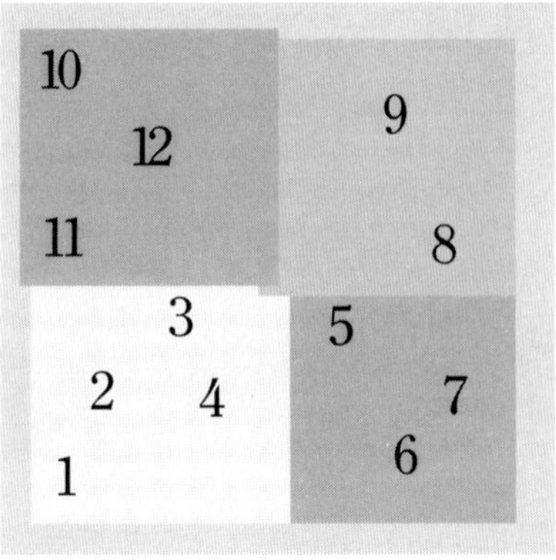

Permoser verleiht dem Paar jedoch den Wert eines selbständigen Kunstwerkes.

Ein ganz besonderes Zeugnis des Entstehens des Grünen Gewölbes als Schatzkammermuseum stellt der wohl 1724 geschaffene sitzende Satyr dar (Nr. 12), der nur zum Teil von Balthasar Permoser stammt. Der Bildschnitzer schuf die an die Großplastiken des Zwingerhofes erinnernde Tragefigur.

Die Büste eines älteren Mannes gehört zu einem Narrenzepter aus der Zeit um 1600, der Kinderkopf ist noch älter und wurde in der ersten Hälfte des 16. Jahrhunderts geschnitzt. Die beiden älteren Teile befanden sich wohl schon in den kurfürstlichen Sammlungen und wurden bei der Einrichtung des Grünen Gewölbes von Permoser fantasie- und geistreich zu einem neuen Kunstwerk zusammengefügt.

4

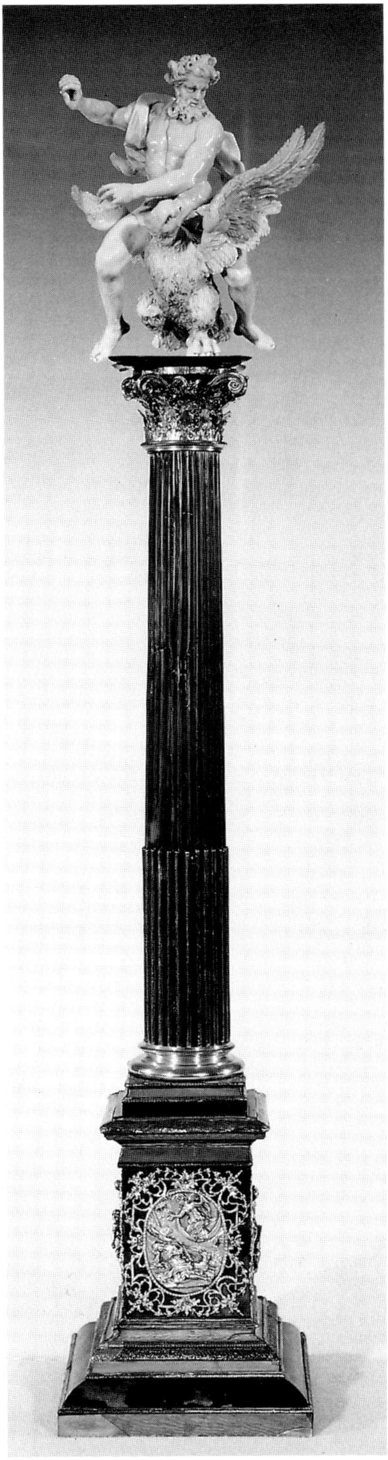

5

1 und 3 (Farbtafel 40)
Die vier Jahreszeiten
1 Frühling
2 Sommer
3 Herbst
4 Winter
Elfenbein, auf späteren Ebenholzsockeln
Balthasar Permoser
Florenz oder Dresden, 1685-1690
H. 23,6 cm, 22,1 cm, 22,1 cm, 21,3 cm;
II 45, II 46, II 48, II 49

5 Jupitersäule
Elfenbein, Schildpatt, Silber, Holz
Skulptur: Balthasar Permoser
Dresden, 1690-1694
Gesamthöhe 75,5 cm;
II 340

6

9

9 Herkules und Omphale
Elfenbein
Balthasar Permoser
Dresden, um 1695
H. (o. Postament) 20,9 cm; II 41

6 und 7 Afrikanerpaar als Kapitellträger
Birnholz, lackiert
Balthasar Permoser
Dresden, 1720-1725
H. 32,9 cm, 32,6 cm; IV 153, VI 165

8 (Farbtafel 41)
Herkules und Omphale
Elfenbein
sign. Balthasar Permoser
Dresden, um 1700
H. (o. Postament) 26,8 cm, B. 22 cm; II 42

10 und 11 Hottentottenpaar
Ebenholz
Balthasar Permoser
Dresden, vor 1710
H. (o. Postamente) 12,1 cm und 12, 6 cm; VI 237, VI 238

12 Sitzender Satyr
Buchsbaum und andere Hölzer
Büste eines Narrenzepters: Flamen, um 1600
Kinderbüste: Deutschland, 1. Hälfte 16. Jahrhundert
Satyr: Balthasar Permoser
Dresden, wohl 1724
H. 27,5 cm; VII 16

XIII Elfenbeinskulpturen in Dresden

Neben Balthasar Permoser gab es in der sächsischen Residenzstadt zu Beginn des 18. Jahrhunderts weitere Schnitzer, die die Tradition der Elfenbeinskulptur fortführten. Zumindest drei Künstler trugen den Familiennamen Lücke. Der älteste von diesen, der zwischen etwa 1688 und 1720/30 tätige Carl August Lücke d. Ä., war vermutlich mit Johann Christoph Ludwig (um 1703–1780) und dessen jüngerem Bruder Carl August Lücke d. J. (um 1710–1779) eng verwandt.

Mit der Skulptur eines schreitenden Pferdes (Nr. 13) findet sich in dieser Vitrine ein Werk, das wegen seiner hohen Qualität versuchsweise Permoser zugewiesen wird, für das aber auch der Name Christian Kirchner genannt wurde. Im Zusammenhang mit dem Plan zu einem Reiterbildnis Augusts des Starken hatten sich die Hofbildhauer mit der Darstellung schreitender Pferde auseinandergesetzt. Aus der Hand Paul Heermanns, der als Restaurator und Antikenkopist für den Kurfürst-König tätig war und um 1700 die Elfenbeinfiguren für Dinglingers Goldenes Kaffeezeug schuf (siehe II), stammt sehr wahrscheinlich das Relief der Heiligen Familie mit dem Johannesknaben (Nr. 15). Es gelangte erst 1769 aus dem Nachlaß des Grafen Brühl in das Schatzkammermuseum. Ein Mitglied der Familie Lükke, möglicherweise Carl August d. Ä., schuf die Statuette eines waldhornblasenden Jägers mit Hund (Nr. 12). Das als Geschenk des Oberkammerherren Graf von Friesen an den König 1733 zum ersten Mal erwähnte Werk ist einer überlebensgroßen Sandsteinfigur Christian Kirchners vor Schloß Moritzburg unmittelbar verwandt. Die Figur zeigt als Charakteristika der Genrefiguren der Lükkefamilie eine farbige Fassung, die auch durch Hinzufügung von Holz- oder Bernsteinteilen erreicht wurde, sowie einen starken Porträtcharakter, der auch bei reinen Typenfiguren zu finden ist.

Der Hauptvertreter dieser Bildhauerfamilie war Johann Christoph Ludwig Lücke. Der hochbegabte und vielseitige Bildhauer besaß einen unsteten, offenbar ausgesprochen schwierigen Charakter und war in seinen beruflichen Zielsetzungen nicht immer erfolgreich. Sein schillerndes Leben führte er, nicht ohne Züge einer gewissen Scharlatanerie, im Sinne des zeittypischen Vagantentums, das auch Personen wie Casanova oder Cagliostro verkörperten. In seinen vorzüglichen Arbeiten fand die künstlerische Entwicklung der kleinplastischen Bildschnitzerei in Deutschland ihren Abschluß. 1736, als er sich zum zweiten Mal beim sächsischen Kurfürsten und polnischen König um das Amt eines Hofbildhauers bewarb, reichte er als Beweis seines Könnens eine virtuos geschnitzte Allegorie auf Zeit und Kunst ein (Nr. 3). Nach seiner erfolglosen Bemühung verließ Lücke Dresden für lange Zeit.

Im Gegensatz zu der sinnbeschwerten Darstellung des geflügelten Chronos, der die kraftlose Personifikation aller menschlichen Künste und Kunstfertigkeiten emporhebt, stehen die zwanglos und tänzerisch wirkenden Figuren von Scaramuz (Nr. 1) und Colombine (Nr. 2) aus der Commedia dell' arte. Der notorische Aufschneider, der auf kleiner Sockelplatte geschickt auf einem Bein balanciert, erscheint in seiner theatralischen Geste eher nachdenklich ruhig. Als die Figur 1733 im Inventar des Pretiosensaales erstmals erwähnt wurde, war der zum Teil braun gefärbte, mit silbernen Knöpfen und

Kanne versehene Clown noch bunter, waren »Mütze, Mantel und Strümpfe violet gefärbt«. Die im Gewand einer Bäuerin dargestellte Colombine, die mit der Linken die Geste der »fica« macht, wirkt ebenfalls leichtfüßig, schmal und fast elegant. Ursprünglich trug sie statt des Spiegels eine Flasche in der Hand.

Beiden Figuren ist eine enge Verwandtschaft zur Porzellanplastik anzusehen, an deren Entwicklung Lükke nicht allein für Meißen, sondern auch für viele andere deutsche Manufakturen entwerfend tätig war. Mit dem Hoftaschenspieler Fröhlich porträtierte Carl August Lücke d. J. einen einflußreichen Vertreter der närrischen Zunft und damals sehr berühmten Dresdener (Nr. 11, Farbtafel 47). Unbekannte Einwohner der Stadt mögen dem Bildhauer der Lücke-Familie und anderen Elfenbeinschnitzern für kleine Genrefiguren Vorbilder gewesen sein, von denen in dieser Vitrine sechs Beispiele (Nr. 5–10) ausgestellt sind. Die Handwerker und Händler wurden sensibel beobachtet und in ihrer Physiognomie und Tätigkeit akribisch genau dargestellt.

Neben zahlreichen Vertretern des ehrbaren sächsischen Volkes finden

sich unter diesen Figuren auch Bettler und Schauspieler. Die Sammlung des Grünen Gewölbes besitzt eine große Anzahl dieser kleinformatigen Elfenbeinstatuetten deren künstlerischer Wert häufig durch edelsteinbesetzte, silbervergoldete Sockel unterstrichen wird. Die Heerschar an Volkstypen fand in einem der prunkvollsten aber auch intimsten Räume des Grünen Gewölbes, dem nur 15 qm großen Eckkabinett, ihre Aufstellung. In seinem hundertfach vertretenen Formenreichtum und seiner Vorbildfunktion für die späteren Kabinette mit Porzellanfiguren stellte dieser kleine, an den Pretiosensaal angrenzende Raum eine der großen Kostbarkeiten des Grünen Gewölbes dar.

1/2

1 Scaramuz
Elfenbein, teilweise gebeizt, Silber, Holzsockel
Johann Christoph Ludwig Lücke
Dresden, vor 1731
H. (m. Sockel) 24,6 cm; VI 236

2 Colombine
Elfenbein, teilweise gebeizt, Silber, Holzsockel
Johann Christoph Ludwig Lücke
Dresden, vor 1731
H. (m. Sockel) 24,6 cm; VI 239

3 Die Zeit hebt die gesunkene Kunst
Elfenbein, Holzsockel
sign. Johann Christoph Ludwig Lücke
Dresden, 1736
H. (o. Sockel) 21,2 cm; II 337

3

8

9

4 Statuette des Nathan Hirschl auf Uhrensockel
Elfenbein, Lack, Silber, vergoldet, Edelsteine
Skulptur: Johann Christoph Ludwig Lücke
Fassung: Johann Heinrich Köhler
Uhr: Martin Hillius
Dresden, vor 1725
H. 16,5 cm; VI 24

5 Schuster
Elfenbein, Silber, vergoldet, Edelsteine
Fassung: Johann Heinrich Köhler
Dresden, vor 1725
H. 8,9 cm; VI 174

6 Straßenhändler
Elfenbein, Gold, Silber, Diamanten, Ebenholz, Glas
wohl Dresden,
Anfang 18. Jahrhundert
H. 10,8 cm; VI 200

7 Scherenschleifer
Elfenbein, Silber, vergoldet, Gold, Email, Edelsteine, farbiges Glas
Fassung: Johann Heinrich Köhler
Dresden, Anfang 18. Jahrhundert
H. 9,6 cm; VI 188

8 Waffenhändler
Elfenbein, Gold, Silber, Email, Edelsteine, Lack
Fassung: Johann Heinrich Köhler
Dresden, Anfang 18. Jahrhundert
H. (m. Sockel) 13,2 cm; VI 190

9 Sitzende Frau mit Kleinkind
Elfenbein, Silber, vergoldet, Edelsteine
Fassung: Johann Heinrich Köhler
Dresden, vor 1725
H. 8,9 cm; VI 185

10 Schuster
Elfenbein, Silber, vergoldet, Gold, Email, Edelsteine
Fassung: Johann Heinrich Köhler
Dresden, 1708
H. 8,5 cm; VI 189

11 (Farbtafel 47)
Der Hoftaschenspieler Joseph Fröhlich mit dem Schweinegespann
Elfenbein, Holz, lackiert, Silber, Gold, Edelsteine
wohl Carl August Lücke d. J.
Dresden, vor 1731
H. 24,3 cm, T. 16,9 cm, L. 28,8 cm; 1969/1

12

12 Jäger mit Waldhorn und Hund
Elfenbein, teilweise bemalt
wohl Carl August Lücke d. Ä.
Dresden, vor 1733
H. (o. Postament) 16,5 cm; II 309

13 Schreitendes Pferd
Elfenbein, Holzsockel
wohl Balthasar Permoser
Dresden, um 1700
H. (o. Sockel) 25 cm; II 338

14

14 Christus an der Geißelsäule
Elfenbein
Ignaz Elhafen
Düsseldorf, um 1710
H. 22,5 cm; II 181

15 Relief: Die Heilige Familie mit Johannesknaben
Elfenbein
wohl Paul Heermann
Dresden, vor 1732
H. 17 cm, B. 13 cm; II 346

XIV Augsburger und Dresdener Silberschmiedekunst

In zwei etwa 90 qm großen Räumen des Grünen Gewölbes im Dresdener Residenzschloß ließ August der Starke nach 1727 den materiellen und künstlerischen Reichtum des sächsischen Herrscherhauses in besonders augenfälliger Weise zur Schau stellen. Über 300 unvergoldete, somit »weißsilberne« Geschirrteile fanden vor rotlackierten Wandpaneelen auf Konsolen oder Tischen in dem als permanentes Silberbuffet dienenden Weißsilberzimmer ihre Aufstellung. In dem daran anschließenden grün gehaltenen Silbervergoldeten Zimmer, aus dem die Silberwand des ersten Raumes der heutigen Ausstellung des Grünen Gewölbes im Albertinum stammt, befanden sich neben rund 250 Arbeiten des 16. und 17. Jahrhunderts etwa 50 als »modern« bezeichnete Silbergeräte. Im gleichen Raum wurden auch etwa 60 Gefäße aus massivem Gold präsentiert, von denen die wenigen noch heute erhaltenen Beispiele im Gelben Raum (siehe dort II) zu sehen sind. Die modernen Silberstücke für Tafel und Schaubuffets stammen zum größten Teil aus Augsburger Werkstätten und wurden zumeist im Auftrag Augusts des Starken auf der Leipziger Messe angekauft. Einige der silbervergoldeten Prunkgefäße, die im Roten Raum ausgestellt sind (siehe XIV – XVII), wurden schon im letzten Jahrzehnt des 17. Jahrhunderts erworben.

Besonders große Mengen modernen Schausilbers kamen aber zwischen 1717 und 1719 in den königlichen Besitz. Anlaß für die kostspielige Anschaffung war die im Herbst 1719 mit großem Aufwand ausgerichtete Hochzeit des Kurprinzen Friedrich August mit der Kaisertochter Erzherzogin Maria Josepha. Wenn auch der gesamte Bestand unvergoldeten und erhebliche Teile des vergoldeten Silbers den Weg der meisten fürstlichen Silbersammlungen gegangen ist und 1772 als nunmehr unmodernes Tafelgerät und aufgrund erheblicher Finanzprobleme des sächsischen Kurfürstentums eingeschmolzen wurde, so haben sich doch einige Zeugnisse dieser besonderen Form barocker Selbstdarstellung erhalten. Dazu gehören die beiden in der Vitrine ausgestellten Gießgarnituren (Nr. 3, 6). Derartige Ensembles dienten bis zum Ende des 17. Jahrhunderts dem praktischen Zweck der Reinigung der Hände vor, während und nach dem Essen. Dies war notwendig, da man zumeist auf den Gebrauch der Gabel verzichtete und mit bloßen Fingern aß. Zu Beginn des 18. Jahrhunderts, als die beiden Garnituren in zwei Augsburger Werkstätten entstanden, wurden die großflächigen Becken und die schwungvollen Helmkannen nur noch als Prunksilber aus dekorativen Gründen hergestellt. Von den ursprünglich zwölf Gießbecken und Kannen des Silberschatzes haben sich neun erhalten. Sie standen, soweit sie nicht bei festlichen Gelegenheiten für Schaubuffets im Schloß ausgeliehen wurden, auf den Wandfeldern des Silbervergoldeten Zimmers. Gleiches trifft für die beiden großen, auf drei Volutenfüßen ruhenden Deckelbecher zu (Nr. 4), die Johann Ludwig I. Biller in Augsburg fertigte.

Nur wenige Teile seines modern gestalteten Prunksilbers ließ August der Starke durch einheimische Goldschmiede herstellen. Diese sind gänzlich eingeschmolzen worden. Die durch den königlichen Hofsilberarbeiter Johann Jacob Irminger geschaffene, urnenförmige Kaffeekanne in der Art eines Samowars, die

auf einem fünffach geschwungenen Tablett steht (Nr. 7), gehört zu den seltenen sächsischen Silbergefäßen aus dieser Zeit. Die bemerkenswert schlichte Kanne und ihr nicht ausgestelltes Gegenstück wurden als Hauptteile eines Rauchservices von der Prinzessin Maria Josepha ihrem Gemahl, dem Kurprinzen Friedrich August, zu seinem Namenstag am 2. März 1722 geschenkt. Irminger zeichnete vor allem für die Goldschmiedearbeiten an diesem ungewöhnlichen Tafelgerät verantwortlich. Der plastische Schmuck entstand nach Vorlagen des Bildhauers Balthasar Permoser.
Dem Gefäßkörper von geometrischer Klarheit sind Figuren aus dem Sagenkreis um Perseus und Andromeda aufgesetzt (Ovid, Metamorphosen, Buch 4, Verse 663–739). Am Bauch der Kanne ist die Königstochter Andromeda zu sehen, die von ihren Eltern einem Seeungeheuer geopfert werden sollte. Auf dem linken Henkel stürmt ihr Befreier Perseus auf dem Flügelroß Pegasus heran. Ihm gegenüber stürzen drei Krieger, die nicht in der antiken Sage genannt werden, in die Tiefe.
Permosers Formenreichtum bezog auch die drei lachenden Köpfe an den Füßen des Tabletts mit ein, die sich in ähnlicher Gestaltung über den Fenstern der Zwingerpavillons wiederfinden.

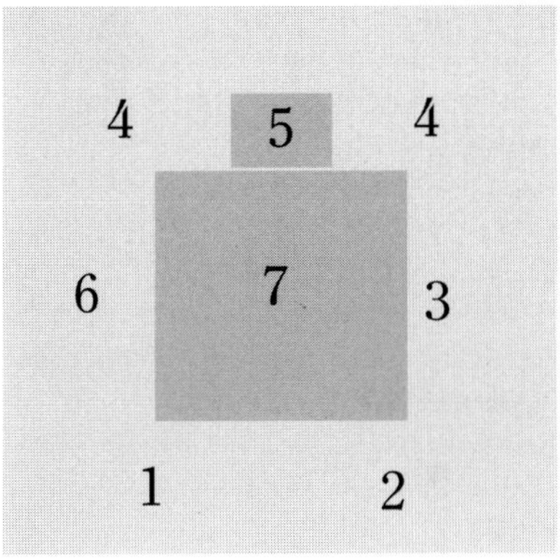

Aus Augsburg, dem süddeutschen Zentrum der Luxusgüterherstellung, stammen wohl die beiden gleichartig gearbeiteten Pokale (Nr. 1, 2). 1728 wurden sie durch den Hofjuwelier Johann Heinrich Köhler verschwenderisch mit 168 beziehungsweise 176 Kameen besetzt. Die kleinen mit Figuren im Tiefschnitt verzierten Edelsteine sind zumeist barocken Ursprungs. Einige dieser wohl aus der Sammlung des Kurfürst-Königs entnommenen Kunstwerke wurden aber auch in der römischen Antike und in Byzanz, im Mittelalter und in der Renaissance geschaffen. Die hohen Schaugefäße dienten somit als kostbare Träger von Teilen der Kameensammlung Augusts des Starken. Sie ergänzen in dieser Funktion den 1722 vollendeten Obeliscus Augustalis Johann Melchior Dinglingers (siehe XI).

1 Deckelpokal
Silber, vergoldet, Kameen
Goldschmiedearbeit: wohl Augsburg, um 1720
Ausstattung mit Kameen:
Johann Heinrich Köhler
Dresden, 1728
H. 48,2 cm; V 13

2 Deckelpokal
Silber, vergoldet, Kameen
Goldschmiedearbeit: wohl Augsburg, um 1720
Ausstattung mit Kameen:
Johann Heinrich Köhler
Dresden, 1728
H. 48,3 cm; V 7

3 Helmkanne und zugehöriges Becken
Silber, vergoldet
Daniel I. Schaeffler
Augsburg, vor 1723
Kanne H. 29,1 cm, Becken D. 57,4 cm;
IV 156 und IV 114

1

3

4

4 Zwei Deckelbecher
Silber, vergoldet
Johann Ludwig I. Biller
Augsburg, Anfang 18. Jahrhundert
H. 31,2 und 32,7 cm; IV 67 und IV 66

5 Deckelbecher
Glas
Glasschnitt: Gottfried Spiller
Potsdam, um 1700
H. 28 cm; IV 350

6 Helmkanne und zugehöriges Becken
Silber, vergoldet
Johann Erhard II. Heuglin
Augsburg, vor 1721
Kanne H. 32,7 cm, Becken D. 61 cm;
IV 130 und IV 147

7 Kaffeekanne mit Réchaud und Tablett
Silber, vergoldet
Figurenentwurf: Balthasar Permoser
Goldschmiedearbeit:
Johann Jacob Irminger
Dresden, 1722
H. (Gesamt) 45,8 cm; IV 251 und IV 195

7

XV Schwenkkessel und Handfässer

Wie schon in den vorausgegangenen Jahrhunderten gehörten in den Jahren um 1700 große silbervergoldete Weinkühler zu jeder fürstlichen Prunktafel. Neben der imposant dekorierten Anrichte, die auch als Buffet oder Kredenz bezeichnet wurde, hatten große Wannen mit Eis zum Kühlen der Weinflaschen ihren genau bestimmten Platz im Festraum. Am selben Ort fanden auch silberne Handfässer, Gläserkühler, Kettenflaschen und Blumenvasen ihre Aufstellung. Der im Buffet gebundene Silberschatz diente nicht allein zur Repräsentation sondern gleichzeitig auch als Staatsreserve, die in Notzeiten vermünzt werden konnte. Daher haben sich nur sehr wenige Ensembles in der Art der beiden enorm großen Schwenkkessel mit voluminösen Handfässern erhalten. Die zwischen 1690 und 1694 in der Werkstatt des Hans Jacob III. Baur in Augsburg aus dicken Blechen herausgetriebenen Buffetgeräte könnten zu den ersten Silbergefäßen gehören, die der unerwartet zur Kurfürstenwürde gelangte Friedrich August I. erwarb. Der hohe Kostenaufwand, den der Herrscher mit diesen Kühlgefäßen aus Edelmetall betrieb, belegt in eindrucksvoller Weise seinen Anspruch auf absolutistische Prachtentfaltung.

Die mit großen Buckeln an der Wandung und einem gemuschelt ausgebauchten Rand getriebenen, auf vier schräggestellten Löwenfüßen auf Kugeln ruhenden Wasserwannen werden im kurfürstlich-königlichen Silberinventar des Jahres 1723 als »silbernvergoldte muschlichte Schwenk Kessel« erwähnt. Auch das Gewicht der beiden Wannen wird dort genannt. Es beträgt 94 Mark 15 Lot (= 22 150 g) beziehunsgweise 99 Mark, 11 Lot (= 25 800 g) für die Wannen und 36 Mark, 8 Lot (8 590 g) sowie 37 Mark, 9 Lot, 2 Quent (= 10 850 g) für die dazugehörigen »Vasen«. Bei letzteren handelt es sich um besondere Aufbewahrungsgeräte für Wein oder Wasser, die oberhalb der Kühlwannen ihre Aufstellung fanden. Heute stehen sie auf Konsolen, die in Boulletechnik gearbeitet sind und aus dem einstigen Bronzezimmer des Grünen Gewölbes stammen. Aus den Handfässern, die auch als Weinbrunnen bezeichnet wurden, konnte das Getränk zum Servieren direkt in gekühlte Ketten- oder Pilgerflaschen (siehe XVII Nr. 3) abgefüllt werden. Nicht zu jedem vorhandenen Weinkühler gehörte ursprünglich auch ein Handfaß, so daß solche Spezialgefäße heute besonders selten geworden sind. Die beiden großformatigen Buffetgarnituren standen, wenn sie nicht für festliche Prunkbuffets gebraucht wurden, an herausgehobenen Plätzen im gründekorierten Silbervergoldeten Zimmer des Schatzkammermuseums. Eine der Garnituren aus Schwenkkessel und Vase befand sich im Mittelpunkt der heute im Albertinum wiedererrichteten Ostwand, die andere ihr direkt gegenüber vor dem schmalen Wandpfeiler zwischen den Fenstern. Die hohe Wertschätzung des nützlichen Prunksilbers wird dadurch deutlich, daß auf den Konsolen und dem vorgesetzten Tisch dieses verspiegelten Wandfeldes der gesamte Bestand an Gefäßen aus purem Gold konzentriert war.

Schwenkkessel und Wasservase
Silber, vergoldet
Hans Jakob III. Baur
Augsburg, um 1690-1694
Kessel: H. 45 cm (ohne Henkel),
B. 127 cm, T. 81 cm; IV 62
Vase: H. 78 cm, B. 46,5 cm, T. 47 cm;
IV 63

Schwenkkessel und Wasservase
Silber, vergoldet
Hans Jakob III. Baur
Augsburg, um 1690-1694
Kessel: H. 45 cm (ohne Henkel),
B. 128 cm, T. 77,5 cm; IV 213
Vase: H. 78 cm, B. 46,5 cm, T. 47 cm;
IV 214

XVI Weinkühler und Bronzegruppe

Über die Geschichte dieser beiden großen ovalen Weinkühler ist wenig bekannt. Sie sind besonders schwer gearbeitet und wiegen beide jeweils mehr als 50 kg. Schon die mit Blüten und Akanthusranken durchsetzte Bandwerkornamentik am Gefäßkörper weist darauf hin, daß die beiden Wannen gut dreißig Jahre nach den barocken Garnituren auf dem linken Wandfeld entstanden sind. Die auf vier massiven Pranken ruhenden Gefäße, deren Griffe von Löwenmasken gehalten werden, sind besonders praktisch gearbeitet, denn sie besitzen herausnehmbare Einsätze, die es erlauben, das geschmolzene Wasser des zur Kühlung verwendeten Eises leicht zu entfernen.

Die imposanten Weinkühler rahmen eine große Bronzestatuette, die wohl den Ringkampf des Heros Herkules mit Antaios darstellt. Der kämpferische Gigant konnte nur besiegt werden, wenn er mit den Füßen nicht mehr den Erdboden berührte, denn seine unbeugsame Kraft wurde durch seine Mutter, die Erdgöttin Gea, immer wieder erneuert. Die Göttin, die durch ihr Symbol, ein Füllhorn, gekennzeichnet ist, wohnt erschreckt dem Todeskampf ihres Sohnes bei. Die im Kunstkreis um den französischen Hofbildhauer François Girardon geschaffene Kleinbronze gelangte mit den umfangreichen Ankäufen des Baron Raymond Le Plat nach Dresden. Der Kunstintendant Augusts des Starken hatte 1699 und 1715 für seinen König in Paris eine repräsentative Sammlung damals zeitgenössischer Kunstwerke erworben. Die Kampfgruppe ist die einzige von über einhundert, heute noch in der Sammlung des sächsischen Schatzkammermuseums vorhandenen franzö-

Zwei große Weinkühler
Silber, vergoldet
Johann Ludwig I. Biller
Augsburg, um 1720
H. 47 cm, L. (o. Masken) 78 cm, B. 63 cm; IV 212; IV 215

sischen Bronzen des späten 17. und frühen 18. Jahrhunderts, die zur Zeit ausgestellt werden kann. Sie steht im Roten Raum – ebenso wie an ihrem ursprünglichen Aufstellungsort im Bronzenzimmer – auf einem hohen Postament. Dieses ist kurz vor 1730 in aufwendiger Boulletechnik geschaffen worden, besteht also aus einem Holzkern, der mit Schildpatt belegt wurde, in das ein Ornament aus vergoldeten Messingstreifen eingelassen ist.

Herkules und Antaios
Bronze
Umkreis des François Girardon
Paris, Anfang 18. Jahrhundert
H. 66 cm; IX 39

XVII Silberschmiedekunst des Hochbarock

Die Werke der Silberschmiedekunst in dieser Vitrine entstanden zwischen 1689 und 1724. Noch vor dem Regierungsantritt Augusts des Starken wurde das Deckelbecherpaar (Nr. 2) mit Darstellungen berittener Kaiser in der Augsburger Werkstatt Carl Schuchs gefertigt. Die Trinkgefäße verzeichnete der Verfasser des Silberinventars von 1723 bereits als »antique« Geschirre. Die beiden ebenfalls vorzüglich gearbeiteten, bauchigen Flaschen (Nr. 3), die gut dreißig Jahre später – möglicherweise aus Anlaß der Hochzeit des sächsischen Kurprinzen mit der Tochter des Kaisers im Jahre 1719 – erworben wurden, erscheinen hingegen im gleichen Inventar als »Modern silbern vergoldte Kettenflaschen«. Die etwas über 40 cm hohen Gefäße besitzen, wie die anderen der hier ausgestellten Silberobjekte, auf ihrer Standfläche eine eingestochene Gewichtsangabe. Daraus geht hervor, daß jede Flasche 8 Mark (= ca. 1 870 g) wiegt. Mit ihrem vergleichsweise geringen Gewicht und einem maximalen Fassungsvermögen von 3,4 Litern gehören sie zu den kleineren Ausführungen dieser als Bestandteil von Prunkkredenzen im frühen 18. Jahrhundert sehr beliebten Gefäßform.

Mit der Jahreszahl 1714 hat Johann Andreas Thelot eines der schönsten Becken seiner Zeit signiert und datiert (Nr. 1, Farbtafel 43). Der Augsburger Goldschmied gehörte zu den berühmtesten Vertretern seiner Zunft, beherrschte die Treibtechnik hervorragend und besaß eine große bildhauerische Begabung. Der 1655 geborene Thelot spezialisierte sich deshalb auf figürliche Reliefs, die häufig in die Arbeiten anderer Meister eingefügt wurden. Das aus einer großen Silberplatte herausgetriebene Becken, dessen plastisch hervortretendes Relief durch montierte Auflagen unterstützt wird, zeigt in einem umlaufenden Fries im Schalenrund (Spiegel) ein sinnenfrohes Bacchusfest. Die von einem vertieften Standring zum Halt der ehemals dort aufgestellten Kanne umgebene Schalenmitte ist als rundes Medaillon mit der Darstellung der schlafenden Venus mit Amor gestaltet. Den Rand der Prunkschale, auch Fahne genannt, zieren Bandelwerk und acht aufgelegte Masken. Die zugehörige Kanne mit Flußgöttern und Najaden wurde wohl 1772 eingeschmolzen. Das Becken veranschaulicht deutlicher noch als die in der Vitrine XIV ausgestellten Gießgarnituren den Funktionswandel vom gebrauchsfähigen Tafelgeschirr zum reinen Zier- und Prunkgegenstand. Die Garnitur wurde 1718 für den König auf der Leipziger Messe erworben.

Ungefähr zu dieser Zeit muß auch der Deckelpokal mit Kameenbesatz (Nr. 4) in der Augsburger Werkstatt des Abraham Pratsch entstanden sein. Das gut 50 cm hohe Gefäß zieren 23 Kameen und 8 Achate. Es wird von einer aus Bergkristall geschnittenen Athena-Büste bekrönt. Im Gegensatz zu den beiden Prunkpokalen der Vitrine XIV, die erst nachträglich durch Johann Heinrich Köhler mit einer großen Anzahl Kameen belegt wurden, ist bei diesem Augsburger Schaugefäß der Edelsteinbesatz ursprünglich. Vielleicht regte der Kameenpokal den König erst dazu an, zwei vorhandene Deckelpokale 1728 in Dresden überreich mit Kameen besetzen zu lassen.

Im Jahre 1724, als das Grüne Gewölbe seine erste Einrichtung als Schatzkammermuseum erhielt, schuf der Hofjuwelier Köhler auch die Fassungen zweier Seeschnecken-

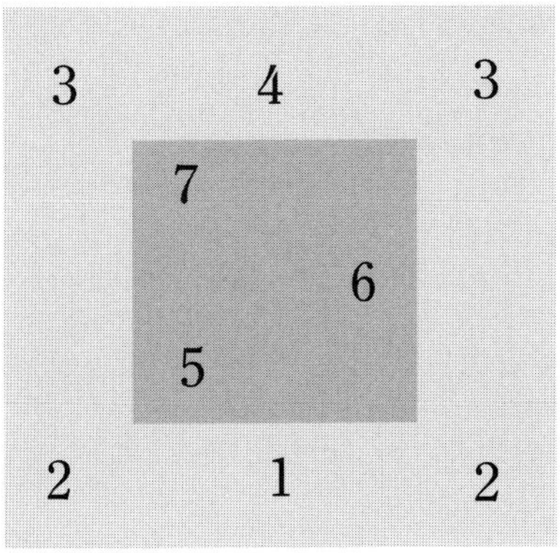

häuser. Die dickwandigen Gehäuse der Turboschnecken waren um die Mitte des 17. Jahrhunderts in der Amsterdamer Werkstatt des Cornelis van Bellekin mit erhabenen Reliefs beschnitzt und mit geschwärzten Gravuren versehen worden. Köhler entnahm sie wohl dem »Vorrat« des Grünen Gewölbes, in dem sich noch heute ungefaßte Schalen, die ebenfalls kunstvoll gearbeitete und figurenreiche Darstellungen von Putti und Meeresgöttern zeigen, befinden. Im Gegensatz zu der im Grünen Raum ausgestellten Nautilusschale (Farbtafel 15, Silberwand 20) gab Köhler den perlmuttrigen Schalen eine prächtige, zeittypisch barokke Fassung. Die Schneckenpokale erscheinen als Paar und aufeinander bezogen. Ihre pyramidal ansteigenden, geschwungenen Sockel ruhen auf vier Schildkröten und sind mit Delphinen und Seepferden geschmückt. Einem Gehäuse, das von Neptun, dem Herrscher über das Wasserreich, bekrönt wird (Nr. 6), dient eine schöngliedrige Sirene als Schaft, das andere wird von einem muskulösen Triton gestützt (Nr. 5). Dem Gefolge des Dionysos, Gott der Triebkraft der Natur und des Weines, gehören die Figuren der Edelmetallfassung einer schlichten Nautilusschale an (Nr. 7, Farbtafel 42). Zwar hat sie der weitgehend unbekannte Berliner Goldschmied Bernhard Quippe mit seiner Meistermarke gekennzeichnet, der eigentliche Schöpfer dieses herausragenden Kunstwerkes ist allerdings Balthasar Permoser. Er entwarf wohl um 1707, im letzten Jahr seines Aufenthaltes in der brandenburgischen Residenz, die plastische Fassung des Nautiluspokales. Quippe setzte dies dann handwerklich um. Ein kraftvoller, bocksbeiniger Waldgeist stützt die Nautilusschale, deren Spitze von einem gehörnten Satyrkopf eingenommen wird. Auf dem Gehäusescheitel ruht ein Panther, in den Tatzen genüßlich eine Weintraube haltend. Bei den Einzelmotiven wie auch in der Gesamtkomposition des Nautiluspokales handelt es sich um ein unvergleichliches Kunstwerk.

3

2

1 (Farbtafel 43)
Prunkbecken mit Bacchusfest
Silber, vergoldet
sign. Johann Andreas Thelot
Augsburg, dat. 1714
D. 46,9 cm; IV 5

2 Zwei Deckelbecher
Silber, vergoldet,
Carl Schuch
Augsburg, um 1689
H. 32,1 und 32,2 cm; IV 184 und IV 188

3 Zwei Kettenflaschen
Silber, vergoldet
Georg Friebel
Augsburg, 2. Jahrzehnt 18. Jahrhundert
H. 42,5 und 41,7 cm; IV 263 und IV 258

4

6

4 Deckelpokal mit Kameenbesatz
Silber, vergoldet, Bergkristall,
Kameen, Achat
Abraham Pratsch
Augsburg, um 1717/18
H. 50,8 cm; V 10

5 Seeschneckenpokal
Turboschneckengehäuse, Silber, vergoldet
Perlmutterarbeit: sign. Cornelis
van Bellekin
Amsterdam, 2. Hälfte 17. Jahrhundert
Fassung: Johann Heinrich Köhler
Dresden, 1724
H. 29,5 cm; III 142

6 Seeschneckenpokal,
bekrönt von Neptun
Turboschneckengehäuse, Silber, vergoldet
Perlmutterarbeit: sign. Cornelis
van Bellekin
Amsterdam, 2. Hälfte 17. Jahrhundert
Fassung: Johann Heinrich Köhler
Dresden, 1724
H. 35 cm; III 146

7 (Farbtafel 42)
Nautiluspokal mit Satyrschaft
Nautilusschale, Silber, vergoldet
Entwurf: Balthasar Permoser
Goldschmiedearbeit: Bernhard Quippe
Berlin, um 1707
H. 30 cm; III 189

XVIII Groteskfiguren

Das Grüne Gewölbe besitzt mit etwa 40 Werken die umfangreichste Sammlung einer ganz seltenen Gattung der Juwelierplastik und damit etwa dreiviertel des noch vorhandenen Bestandes aus dem frühen 18. Jahrhundert. Es handelt sich um kostbar mit Edelsteinen, Gold und Email gefaßte, miniaturhaft kleine Figuren. Ihre Gestaltung geht jeweils von der bizarren Form einer zumeist ungewöhnlich großen, unregelmäßig gewachsenen Perle aus, die auch als monströse oder Barockperle bezeichnet wird. Die Themen der figürlichen Darstellung sind breit angelegt. Neben Szenen aus dem täglichen Leben und auch solchen aus dem Alten Testament finden sich vor allem grotesk-komische Wesen, die dieser speziellen Gattung auch den Namen Groteskfiguren gegeben haben. In dieser und der nebenstehenden Vitrine sind schöne Beispiele derartiger Juwelierarbeiten ausgestellt. Vorgänger solch bizarrer Figürchen waren die ähnlich gestalteten Schmuckanhänger des späten 16. und frühen 17. Jahrhunderts; ihre verspielte Darstellungsform wird in den Porzellanfiguren des 18. Jahrhunderts fortgeführt.

Die meisten dieser fantasievoll-humorigen, selten ernstgemeinten Figuren und Figurengruppen sind bereits im Pretioseninventar von 1725 verzeichnet. Dort werden auch drei Juweliere genannt, von denen zahlreiche solcher Arbeiten stammen beziehungsweise erworben wurden. Von diesen war allein Johann Heinrich Köhler in Dresden tätig. Er hat nur wenige und auch nicht die feinsten von ihnen geschaffen, so die Gruppe mit der Spanischen Tänzerin (Nr. 12). Bei manchen Figuren ohne bekannten Urheber ist die Herkunft aus der Dinglinger-Werkstatt zu vermuten, die mit ihren Zierschalen, beispielsweise dem Kinderbacchanal (siehe IX, Nr. 1), oder dem Kämpfenden Herkules (siehe VI) bewiesen hat, was sie auf dem Gebiet der Groteskfiguren zu leisten vermochte. Merkwürdig erscheint, daß August der Starke, der diese Art von Humor besonders geschätzt zu haben scheint, die meisten Stücke von auswärts bezog, obwohl er über erstklassige und fantasiebegabte Hofjuweliere verfügte. Die schönsten Exemplare stammen dabei von »Gerardet aus Berlin«. Ihr Schöpfer, der Hugenotte Jean Louis Girardet, war der bevorzugte Juwelier der Königin Charlotte von Preußen. Am einstigen Wirkungsort, der brandenburgischen Residenzstadt, haben sich keine seiner Arbeiten mehr erhalten. Das Können dieses Goldschmieds wird besonders im Einäugigen Bettler (Nr. 2) deutlich, der zu den schönsten Werken der gesamten Gattung gehört. Weit häufiger als sein Name findet sich im Inventar der »von Ferbecq aus Frankfurt«. Ferbecq, auch William Verbeck oder van der Beck genannt, war ebenfalls ein französischer Juwelier, der wohl als Hugenotte seine Heimat verlassen mußte. Die unter seinem Namen zusammengefaßten Arbeiten, zu denen selbst Statuetten aus Elfenbein gehören, sind in Qualität und Herkunft so stark voneinander verschieden, daß in ihm vor allem ein Händler vermutet werden muß. Die von Ferbecq erworbenen Werke besitzen vielfach einen mit Emailminiaturen geschmückten Sockel, der wohl aus Augsburg bezogen wurde. Neben dem Direktankauf aus Werkstätten oder von auswärtigen Händlern diente auch die zweimal im Jahr stattfindende Leipziger Messe der Sammlung Augusts des Starken als Quelle für den Erwerb von Groteskfiguren.

Neben Groteskfiguren und weiteren Juwelierartikeln wie Schmuck- und Spielkassetten (Nr. 8, 15), Tabatieren (Nr. 19), Necessaires (Nr. 17, 18) und Dosen (Nr. 16) findet sich in dieser Vitrine mit der Venusschale (Nr. 6) ein Reflex auf Johann Melchior Dinglingers Bad der Diana. Die von Gottfried Döring geschaffene Prunkschale ist wohl kurz vor dessen Tod im Jahre 1718 entstanden. Paul Heermann werden die Elfenbeinstatuette der badenden Venus, die in einem bereits im 17. Jahrhundert in einer Amsterdamer Werkstatt bearbeiteten Nautilusgehäuse liegt, und der alles überragende, bogenschießende Amor zugeschrieben. Schön fügt sich ein hockender Satyr als Trägerfigur, der an Permosers Satyrhermen im Zwingerhof erinnert, in den im Verhältnis zu Dinglingers Auffassung strenger gebildeten Schaft ein. Das gleiche Inventar, das 1725 die Groteskfiguren erwähnt, führt auch die Schale unter der Rubrik »Pretieuse Trinck Geschirre« gemeinsam mit Dinglingers Diana-Schale auf.

Im Jahre 1734, und damit zu Beginn der Regierungszeit Augusts III., entstand der von Benjamin Herfurth montierte Straußeneipokal (Nr. 11). Den Anlaß für dieses traditionsreiche Trinkgefäß überliefert die Inschrift auf einem Porzellanmedaillon auf der Rückseite. Dort liest man: »Im Vier und dreisigsten Nach Siebzehn hundert Jahr / Da Pohlens Oberhaupt AVGVST III. war / Fiel hier in Moritzburg / Diss schöne Straussen Ey / Trinck aus und Wünsch dem Herrn und Churhaus Glück Dabey. d. 26. Apr. Ao. 1734.« Die Vorderseite des Pokales zeigt unter dem Monogramm des Herrschers das Doppelwappen von Sachsen und Polen sowie das Goldene Vlies und den Polnischen Weißen Adlerorden. Fuß und Hals bestehen aus modernstem sächsischen Material, dem Porzellan, und wurden von Johann Joachim Kaendler geformt.

2

4

5

6

1 Papagei
Perle, Gold, Silber, teilweise vergoldet, Email, Edelsteine
Dresden, 1. Hälfte 18. Jahrhundert
H. 6,3 cm; VI 83 z

2 Einäugiger Bettler auf einem Stelzfuß
Gold, Email, Perle, Diamanten, Elfenbein
Jean Louis Girardet
Berlin, vor 1725
H. 10,2 cm, VI 94

3 Soldat mit Spieß und Säbel
Perlen, Gold, Silber, vergoldet, Edelsteine, Email
Jean Louis Girardet
Berlin, vor 1725
H. 10,8 cm; VI 81 b

4 Harlekin mit Negermaske und Wackelkopf
Gold, Email, Perlen, Diamanten, Rubine
erworben von Ferbecq
vor 1725
H. 11,6 cm; VI 126

5 David mit dem Haupte Goliaths
Gold, Email, Perle, Diamanten, Rubine, Marmor
Dresden, Anfang 18. Jahrhundert
H. 12,3 cm; VI 105

7

9

11

6 Venusschale
Nautilus, Gold, Silber, teilweise vergoldet, Elfenbein, Email, Edelsteine
geschnittene Nautilus: wohl Amsterdam, 17. Jahrhundert
Elfenbeinfiguren: wohl Paul Heermann
Fassung: Gottfried Döring
Dresden, vor 1718
H. 41 cm; VI 124

7 Zwerg Hante
Gold, Email, Saphir und andere Edelsteine, Haar
Jean Louis Girardet
Berlin, vor 1725
H. 9,6 cm; VI 16

8 Schmuckkästchen auf Pantherstützen
Achat, Silber, vergoldet, Edelsteine
wohl Dresden, Anfang 18. Jahrhundert
H. 9,5 cm; VI 9

9 Dose mit Schlittschuh laufendem holländischen Bauern
Gold, Silber, teilweise vergoldet, Email, Edelsteine
erworben von Ferbecq
Anfang 18. Jahrhundert
H. 12,4 cm; VI 96

10 Schale auf einem Schaft in Form einer Imperatorenherme
Heliotrop, Gold
wohl Dresden, um 1730
H. 14,4 cm; V 18

11 Straußeneipokal
Straußenei, Porzellan, Silber, vergoldet, Email
Fassung: Benjamin Herfurth
Porzellanteile: Johann Joachim Kaendler
Dresden, dat. 1734
H. 43 cm; III 224

12 Spanische Tänzerin
Silber, vergoldet, Email, Edelsteine, Perlmutter
Johann Heinrich Köhler
Dresden, Anfang 18. Jahrhundert
H. 12, 7 cm; VI 102

13 See-Einhorn mit 2 Satyrn auf dem Dosendeckel
Perlen, Silber, vergoldet, Gold, Email, Edelsteine
erworben von Ferbecq
vor 1725
H. 10 cm; VI 117

13

14

14 Ovale Tabatiere mit 12 Kaiserkameen
Achat, Gold, Email, Silber, Kameen, Diamanten
Anfang 18. Jahrhundert
H. 2,6 cm, L. 9,7 cm; VI 81 v

15 Rechteckiger Spielmarkenkasten mit Chinoiserien
Moosachat, Silber, vergoldet, Gold, Email, Edelsteine, Perlen
Wien oder Budapest, vor 1711
H. 10,3 cm, L. 26,4 cm, T. 13,7 cm; V 594 e

16 Ovale Dose
Chalzedon, Silber, vergoldet, Rubine, Diamanten
Dresden, um 1710
H. 2,2 cm, L. 4,7 cm; VI 7 bb

17 Laute als Necessaire
Gold, Email, Diamanten
Anfang 18. Jahrhundert
L. 10,2 cm; VI 8 b

18

18 Scherenetui
Gold, Email, Diamanten
Dresden, um 1720
L. 8,4 cm; V1 8 m

19 Tabatiere
Jaspis, Gold
Mitte 18. Jahrhundert
L. 7,4 cm; 1968/4

Tafel 33 (I/1) Johann Melchior Dinglinger –
Kleinod zum Hosenbandorden des Kurfürsten Johann Georg IV.

Am 26. Januar 1693 wurde Kurfürst Johann Georg IV. in feierlichem Zeremoniell als Ritter in den höchsten englischen Orden, den »order of the garter«, eingeführt. Der im Deutschen als »Orden des blauen Hosenbandes« oder »hochedler Orden des heiligen Georg« bekannte Ritterorden vereinigte seit 1350 britische und kontinentaleuropäische Adelige und Fürsten und wurde vom englischen Monarchen auch mit der Absicht genutzt, den jeweiligen Träger enger an sein Herrscherhaus zu binden – etwa Sachsen, das als Allianzpartner im Krieg gegen Frankreich mit England kämpfte. Den Auftrag, das Kleinod dieses ehrwürdigen Ordens zu schaffen, das an einem dunkelblauen Band über der linken Schulter getragen wurde, erhielt der junge, erst wenige Monate zuvor in Dresden eingetroffene Goldschmied Johann Melchior Dinglinger. Das Ordenszeichen hat sich als frühestes Werk dieses Künstlers im Grünen Cewölbe erhalten. In traditioneller und vorschriftsgemäßer Weise stellt es in Seitenansicht den auf seinem Pferd energisch den Drachen mit einer Lanze attackierenden Ritterheiligen dar. Im Vergleich zu späteren Werken des Juweliers wirken die Figuren zwar noch etwas unbeholfen, die besonderen Qualitäten Dinglingers werden allerdings bei der Betrachtung der Einzelformen, etwa des wehenden goldenen Mantels des Ritters, der Gestaltung des phantasievoll gepanzerten Drachens oder des Waldbodens mit kriechendem Getier, deutlich erkennbar. Der traditionellen Auffassung dieses Ordenszeichens widerspricht es völlig, daß es kaum als schmuckhafter Anhänger, sondern eher als kunstvolle Goldemailplastik mit Standfläche erscheint. Die Öse, mit der das Kunstwerk am Ordensband festgemacht werden kann, wurde geschickt hinter der pompösen Helmzier des Turnierhelden versteckt. Das handwerkliche Können des kaum dreißigjährigen Künstlers offenbart sich in der Art, wie er das aus vielen kleinen Einzelteilen bestehende Kleinod zusammensetzte. Und besser noch als an seinen später entstandenen Kabinettstücken läßt sich am Georgskleinod die lichtsprühende Wirkung des Überzugs seiner Kostbarkeiten mit zahllosen kleinen Diamanten beobachten.

Tafel 34 (II)
Johann Melchior Dinglinger – Das Goldene Kaffeezeug, Ausschnitt

Ein wahrhaft königliches Service, gedacht für den Genuß der neumodischen Heißgetränke Tee und Kaffee, lieferte der wenige Jahre zuvor zum Hofjuwelier des sächsisch-polnischen Königs berufene Johann Melchior Dinglinger seinem Herrscher am 23. Dezember 1701 in Warschau ab. Das aus fünfundvierzig zumeist massivgoldenen Gefäßen bestehende Tafelgerät, das in mehreren Ebenen pyramidal ansteigt, war ein zukunftsweisender Beitrag zur sich damals grundlegend ändernden Tischkultur und gleichzeitig ein der Tradition verpflichteter Kunstkammergegenstand. Letzteres offenbart sich in der Tatsache, daß jedes einzelne Teil des prächtigen Ganzen, vorsichtig in die Hand genommen und betrachtet, die Sinne immer wieder aufs neue erfreut und den neugierigen Betrachter mit seinem inhaltlichen und formalen Reichtum fesselt. Als Meisterwerk im künstlerischen wie technischen Sinn war es eines Königs würdig, der wie August der Starke danach strebte, eine neue Großmacht in Europa zu errichten. Der besonderen Vorliebe des Monarchen entsprach die aufwendige Gestaltung der zum Teil mit Deckeln und Henkeln ausgestatteten, immer aber mit Unterschalen versehenen Tassen. Der königliche Sammler hatte im großen Umfang chinesisches Porzellan erworben. Die dünnwandigen Gefäße aus Fernost besaßen allerdings den Nachteil, daß sie nicht in jedem Fall und für alle Zwecke dem europäischen Geschmack entsprachen. Auch deshalb war die Erfindung des europäischen Hartporzellans durch den Alchimisten Böttger im Jahre 1708 so bedeutsam. Georg Friedrich Dinglinger unternahm es fast ein Jahrzehnt zuvor, für das Kaffeezeug goldene Trinkgefäße porzellanartig zu emaillieren. Der allseitig aufgetragene Schmuck der flachen Becher zeigt zahlreiche kleinformatige Darstellungen aus der antiken Mythologie und europäischen Bildwelt. Die gleichfalls für Heißgetränke kaum gebrauchsfähigen weißgrundigen Deckeltassen beziehen sich in ihrer Ornamentik und ihren Darstellungen auf die ostasiatische Formenwelt. Dadurch werden die von Dinglinger in kostbarem Maleremail aufgeschmolzenen Verzierungen nicht nur zu Inkunabeln der Porzellanmalerei, sondern auch zu den ersten Chinoiserien der deutschen Kunst.

Tafel 35 (IV)
Melchior Dinglinger und Balthasar Permoser – Das Bad der Diana, Ausschnitt

Aus Delphinmäulern perlt silbriges Wasser in eine große Schale aus blaßblau schimmerndem Chalzedon. Die jungfräuliche Göttin der Jagd hat auf einem kostbar gestalteten Thron unter einem Baldachin Platz genommen, der von einer Sphinx bekrönt wird. Nur noch das lose um ihren Rücken geschlungene Tuch, das ihren nackten Körper kaum verhüllt, schützt die keusche Diana vor dem betrachtenden Blick. Auf zwei Tabletts, die am Beckenrand angebracht sind, liegen die für ein fürstliches Bad benötigten Toilettenartikel bereit – Puderdose, Parfümflakons, Kämme, Bürste und Seife. Ein Putto ist der sonst nicht sehr mütterlichen Göttin zum Spiel beigegeben. Diese beiden Elfenbeinfiguren stammen aus der Hand Balthasar Permosers, der kleinere Putto im Beckengrund ist eine spätere Hinzufügung. Kurz nach Vollendung des Goldenen Kaffeezeugs und zeitgleich mit dem Großmogul schuf Johann Melchior Dinglinger um das Jahr 1704 das Bad der Diana. Bei diesem Kabinettstück stand dem Juwelier zum ersten Mal der Hofbildhauer mit einer seiner Skulpturen zur Seite. Dinglinger selbst hatte Jahre zuvor bereits kleine Holzskulpturen Permosers kostbar gefaßt. Das frühe Hauptwerk Dinglingers wird 1725 im Inventar der Königlichen Pretiosen wie folgt beschrieben: » Ein Dianen-Badt, die Schaale von Agat, in welcher die Diana, nebst einem kleinen Kinde, aus Elffenbein geschnitten, sizet unter einem roth emaillirten Baldaquin; dieses Geschirr ist reich mit Goldt, Perlen und Diamantgen gezieret, ruhet auf einem goldtenen Hirschgeweyhe, der Hirsch-Kopff ist braun, so auf einem Postement lieget, wobey zwey Jagt Hunde; umb den Fuß herumb die Schrifft L'Effronterie perd Discretion sert. Von Hoff-Joubelier Dinglingern verferttiget.« Das zweckfreie Kunstwerk birgt mit der fast unbeteiligt erscheinenden Göttin, die sich ihrer Schönheit selbstsicher bewußt ist, ein kleinformatiges Meisterwerk Permosers. Eher der anmutigen Maitresse eines Herrschers, denn der durchtrainierten Jägerin entsprechend, ruht die mit einem Speer bewehrte Diana in sanft schwingender Bewegtheit und angeborener Grazie in ihrem Nischenthron. Die friedlich wirkende Göttin kann sich völlig unbeobachtet glauben, denn Aktaeon, der unfreiwillige Eindringling in das Intimleben der Unsterblichen, wurde bereits von ihr in einen stolzen Hirsch verwandelt und von seinen eigenen Jagdhunden zerfleischt. Über dem Haupte des unglücklich zu Tode gekommenen Waidmannes schwebt in der mondgleichen Schale das Bad der Diana.

Tafel 36 (III)
Johann Melchior Dinglinger – Der Hofstaat des Großmoguls Aureng-Zeb, Ausschnitt

Chan Channon, der mächtigste Fürst nach dem König und erste Würdenträger Hindostans betritt die Bühne, auf der sich der Aufzug zum Geburtstagsfest des Großmoguls Aureng-Zeb entwickelt. »Sobald nun der grosse Mogul an erwehnten, Seinem jährlichen Geburths-Tage in der höchsten Pracht den Thron beschritten, alsdann erscheinen auf gegebene Lossung alle die vornehmsten seines mächtigen Reichs mit Ihren Praesenten in nachfolgender Ordnung: Erstlich praesentiret sich Chan Chanon, das ist ein Fürst derer Fürsten, auf einem schönen, mit rothem Sammt gestückten Sessel sitzende, von vier Bedienten getragen unter einem mit roth und gold emaillirten Baldachin, welchen zwey andere halten; vorher gehen noch drey absonderliche, die den Titul und zwey Weher tragen; endlich folgen zwey Bediente mit Fahnen, welche alle in roth gestrengt gekleidet.« So beschreibt Dinglinger in der seinem Werk beigegebenen Erläuterung das Geschehen. Chan Channons Geschenke sind die prächtigsten unter den 32 Geburtstagsgaben: Eine »überaus künstliche und inventieuse« Sonnen- und eine ebensolche Mondpyramide, phantastische Kultbilder, die in verspiegelten Nischen bereits die Thronwand des Großmoguls rahmen. Das zweite Geschenk, ein goldener, diamantengeschmückter Weinkühler und ein zugehöriges großes Handfaß wurden ebenso zuvor schon vor der Waage, auf der der großmächtige Herrscher aus Anlaß seines Festtages in Gold- und Silbermünzen aufgewogen werden soll, aufgestellt. Die abgebildeten festlich bekleideten und natürlich agierenden Figuren gehören zu den 132 von Johann Melchior Dinglinger aus Gold geformten und von seinem Bruder Georg Friedrich mit leuchtenden Emailfarben geschmückten Wesen, die das ungewöhnlichste aller Werke des Hofjuweliers bevölkern. Schaulust, Neugier auf fremde Kulturen, barocke Feststimmung und absolutistischer Wunschtraum vereinen sich in einem märchenhaften Ensemble.

Tafel 37 (III)
Johann Melchior Dinglinger – Der Hofstaat des Großmoguls Aureng-Zeb, Ausschnitt

Die Übersetzung des persischen Namens des Mogulherrschers Aureng-Zeb (oder Aurengseb) ist »Zierde des Thrones«. Dinglingers Auffassung der von Formenreichtum, Gold und Edelsteinen überschäumenden Thronwand gleicht einer Interpretation dieses wohlklingenden Herrschernamens. Auf einem Thron aus purem Gold, umgeben von Diamanten, Perlen, Smaragden und Rubinen, vor einer großen Sardonyx-Platte »auf welcher eine hellglänzende Sonne, und in derselben ein zierlicher Löwe, so des großen Moguls Symbolum« angebracht ist, sitzt auf einem karmesinroten Polster der Herrscher aller Herrscher. Der 1618 geborene Großmogul Aureng-Zeb galt in Europa als reichster Monarch der Menschheit, denn der aus einer türkisch-mongolischen Dynastie hervorgegangene Gebieter über den größten Teil des indischen Subkontinents besaß das Weltmonopol für Diamanten. Über seine Häfen gelangten aber auch die meisten anderen Edelsteine nach Europa, außerdem Ebenholz, Seide, Tee, Elfenbein und Gewürze. Der friedlich, in Würde erstarrt und mit untergeschlagenen Beinen thronende Großmogul, dem seine Hofeunuchen zur Seite stehen und den seine Leibwächter mit gezogenen Säbeln bewachen, hat das Leben eines unumschränkten Despoten geführt. Als dritter Sohn des Großmoguls Schah-Dschahan geboren, besiegte er in blutigen Kämpfen um die Thronfolge seine älteren Brüder, ließ den ihm verbündeten jüngsten ermorden und hielt seinen Vater bis zu dessen Tod gefangen. Im Jahre 1658 bestieg er den Thron und gab sich den neuen Namen Alamgir (Welteroberer), dem er in andauernden Kämpfen mit seinen Nachbarn eine Bestätigung zu geben suchte. Als er am 3. März 1707 verstarb, hinterließ er ein geschwächtes und zerrüttetes Reich. Im folgenden Jahr stellte Dinglinger das von ihm, seinen beiden Brüdern und zahlreichen Gehilfen fertiggestellte, außergewöhnliche Kunstwerk seinem sächsisch-polnischen Kurfürst-König vor.

Tafel 38 (IX/2)
Johann Melchior Dinglinger – Pokal mit der Mohrin, Ausschnitt

Ein eleganteres Kunstwerk aus Rhinozeroshorn als diese von Benjamin Thomae geschnitzte Hermenschale hat es seit dem Prager Manierismus um 1600 nicht mehr gegeben. Als seltenes und kostbares Material zur Herstellung von Kunstkammergegenständen war das aus einer kompakten Keratinmasse bestehende Nasenhorn seit dem 16. Jahrhundert bekannt. Insbesondere in der zweiten Hälfte des 17. Jahrhunderts wurden in süddeutschen Werkstätten in größerer Menge Pokale aus dem Naturmaterial geschaffen – das Grüne Gewölbe besitzt selbst einige solcher Gefäße. Von diesen zum Teil etwas derb wirkenden, dem gebrauchsfähigen Trinkgeschirr nachempfundenen Schaugefäßen unterscheidet sich der kurz nach 1700 entstandene »Pocal von Renoceros mit der Mohrin« ganz wesentlich durch seine ungewöhnliche Form und seine überragende Qualität. Der junge Bildhauer Thomae verstand es souverän, den schichtigen Aufbau und die stäbchenförmige Struktur des Rhinozeroshorns für die Körperformung zu nutzen. Der Schaft ist als wohlgestaltete junge Frau gearbeitet, die aufgrund der natürlichen Farbe des Horns als eine dunkelhäutige Schönheit erscheint. Ihr Unterleib wird von einem golddurchwirkten Tuch umschlungen und geht in den spitz zulaufenden Pfeiler einer Herme über. Die Mohrin hält mit beiden Händen ein mit Sternen locker besetztes Tuch. Damit stützt sie eine auf ihrem Kopf ruhende Kammuschel, an deren weich gefalteter, durchschimmernder Schale diamantbesetzte Silbergirlanden befestigt sind. Auf dem Schalenwirbel hockt ein freundlich blickender, blaugrünlich schillernder Drache. Er hält mit der Spitze seiner Oberlippe das Kleinod des dänischen Elefantenordens. Diesem ersten und höchsten Ritterorden des dänischen Königreichs gehörten neben dem König und den Prinzen seines Hauses 30 Ritter an, zu denen auch ausländische lutherische Fürsten ernannt werden konnten. August der Starke, über seine Mutter mit dem dänischen Herrscherhaus eng verwandt, war Ordensmitglied und blieb dies trotz seines Übertritts zum katholischen Glauben. Er trug das kleine Ordenszeichen, einen weißen Elefanten, auf dessen Rücken ein ehemals rot emaillierter Zinnenturm steht, gerne im Knopfloch. Im Jahre 1709 besuchte Friedrich IV. von Dänemark, den der sächsisch-polnische Herrscher für ein Kriegsbündnis gegen Schweden gewinnen wollte, Dresden. Möglicherweise entstand vor dieser wichtigen Staats- und Familienvisite auch die Hermenschale.

Tafel 39 (IX/6)
Johann Melchior und Georg Christoph Dinglinger – Weißenfelser Jagdpokal

Nur wenige Prunkschalen und Kabinettstücke Johann Melchior Dinglingers wurden nicht direkt für die Sammlung des sächsisch-polnischen Kurfürst-Königs geschaffen. Dazu gehört dieser aus purem Gold bestehende Deckelpokal. Das kostbare Gefäß gehört zur Gattung der Jagdpokale, die bei den Fürsten des Hauses Wettin sehr beliebt war. Solche Trinkgefäße wurden für die zeremoniellen Handlungen vor und nach der Jagd benötigt und dienten als »Willkomm« zum Ehrentrunk vornehmer Gäste. Die Jagd in allen ihren Formen war eine der bevorzugten Tätigkeiten des europäischen Adels und wurde häufig von Festen begleitet. Die zu diesen Zwecken benutzten Silbergefäße finden sich in großer Zahl unter den Kunstwerken des Grünen Gewölbes. Sie erhielten die Gestalt jagdbaren Wildes oder sind mit mythologischen sowie erzählenden Darstellungen aus dem Bereich der Jagd geschmückt. Der Weißenfelser Jagdpokal nimmt am eindringlichsten durch seinen hirschförmigen Schaft Bezug auf das Jagdgeschehen. Auf der Gefäßwandung erscheint dann, auf durchbrochenen Spangen angebracht, dreifach die von einem Halbmond bekrönte Büste der Göttin Diana. Sie wird prunkvoll gerahmt von grünem, transluzidem Emailornament. In aufwendig gestalteten Schilden finden sich die Wappen des sächsischen Kurfürstentums und des Amtes Querfurt. Palm- und Efeuwedel ragen aus dem Rollwerk der Schildkartuschen heraus. Auf dem halbkugeligen Deckel erscheint, gerahmt von Jagdhunden, ein von Georg Friedrich Dinglinger mit Emailfarben gemaltes Kinderbacchanal. Die genaue Geschichte des Pokales ist nicht mehr bekannt. Die Wappen und Initialschilder verweisen auf den Herzog Christian von Sachsen-Weißenfels und seine Gemahlin Sophie Christine von Stolberg, die im Jahre 1712 geheiratet haben. Christian war Herzog einer der drei durch die Erbteilung unter den vier Söhnen Johann Georgs I. entstandenen Sekundogenituren. Mit dem Aussterben der jeweiligen Linie fielen die kleinen Herzogtümer wieder an Kursachsen zurück, 1718 Sachsen-Zeitz, 1738 Sachsen-Merseburg und 1746 Sachsen-Weißenfels. Möglicherweise wurde der Jagdpokal im Auftrag Augusts des Starken als königliches Hochzeitsgeschenk von Dinglinger gefertigt.

Tafel 40 (XII/1 und 3)
Balthasar Permoser – Frühling und Herbst aus der Allegorie Jahreszeiten

Der Frühling kommt mit tänzelndem Schritt als liebreizende junge Frau daher. Es ist Flora, die Göttin des Wachstums, der Blumen und der Blüten, die ihre Stirn bekränzen und die sie in den Falten ihres Gewandes verbirgt. Ein Putto hängt ihr zutraulich am Rockschoß. Der kleine bocksbeinige Begleiter des Weingottes ist hingegen über die Wildheit seines großen Anführers ganz erschreckt. Vom Weine berauscht und leicht torkelnd steht Bacchus da, die rechte Hand auf einen Baumstumpf gestützt, den satryhaften Kopf, dessen Haar von schweren Trauben bedeckt ist, weit nach hinten gelehnt und begehrlich ein Weinglas betrachtend. Die beiden antiken Gottheiten geben in allegorischer Form Frühling und Herbst wieder. Sie werden durch Ceres, die Göttin des Ackerbaues für den Sommer, und Vulkan, den greisen Gott des Feuers für den Winter, ergänzt. Der sächsische Hofbildhauer Balthasar Permoser schuf sie vielleicht noch in Florenz oder bereits schon in Dresden in den Jahren 1685 bis 1690. Im letzten Jahrzehnt des 17. Jahrhunderts hat er sich in mindestens vier Versionen eingehend mit der Gruppe der vier Jahreszeiten beschäftigt – ein uraltes, in der europäischen Kunstgeschichte beliebtes Thema des Werdens, Blühens, Erntens und Vergehens. Alle vier Elfenbeinstatuetten der Dresdener Jahreszeiten wurden aus je einem etwa 23 cm langen Zahnabschnitt geschnitzt. Nur der Becher des Herbstes mußte angestückt werden. Virtuos nutzte Permoser die durch die Natur dem Stoßzahn vorgegebene Dimension und dessen Krümmung für die Komposition seiner Figuren, verlieh ihnen Harmonie und Eleganz. Daß sich Permoser dabei auch von großen Vorbildern anregen ließ, veranschaulicht die Statuette des Bacchus, die auf Michelangelos Marmorskulptur gleichen Themas in Florenz Bezug nimmt. Als Permoser 1690 seinen Dienst als Hofbildhauer des sächsischen Kurfürsten Johann Georg III. antrat, erwartete dieser wohl vor allem solche kleinformatigen Bildwerke zur Bereicherung der sächsischen Kunstkammer von ihm. Der unvermutet zum Kurfürst erhobene jüngere Sohn dieses Herrschers, der spätere August der Starke, hatte dann ehrgeizigere Pläne. Mit den wachsenden Bauvorhaben wurde von Permoser deren skulpturaler Schmuck verlangt. Die mehr als zwei Jahrzehnte vor dem Zwinger geschaffenen beiden Elfenbeinstatuetten lassen aber schon den unter Permosers Leitung vollendeten Zwingerhof und die Figuren des intimen Nymphenbades erahnen.

Tafel 41 (XII/8)
Balthasar Permoser – Herkules und Omphale

Wenn ein sieggewohnter Kraftmensch dazu gezwungen wird, seine Waffen beiseite zu legen, sich einer Gebieterin unterzuordnen und Frauenarbeit zu leisten, dann ist dies amüsant. So soll es Herkules ergangen sein, nachdem er im Jähzorn einen Mord begangen hatte. Zur Strafe mußte der griechische Heros der lydischen Königin Omphale als Sklave dienen. Ob er der schönen Herrscherin auch als Liebhaber zur Verfügung stand und ob seine Sühnezeit ein Jahr oder drei Jahre dauerte, darüber gehen die Meinungen in der antiken Literatur auseinander. Die bildliche Darstellung dieses Themas war schon im Altertum sehr beliebt, denn es entsprach dem delikaten Geschmack des Hellenismus, das Liebesverhältnis zwischen Herkules und Omphale zu betonen und den Rollentausch zwischen Mann und Frau drastisch auszumalen. Permoser hob eben diese Züge der skurrilen Geschichte hervor und versuchte, in mindestens fünf Versionen das Geschehen optimal zu erfassen. Nur noch drei dieser Elfenbeingruppen haben sich erhalten, zwei davon im Grünen Gewölbe zu Dresden, eine, die von Peter dem Großen erworben wurde, in St. Petersburg. Die hier abgebildete Dreiergruppe mit Herkules, Omphale und einem Putto war für Permoser die endgültige, er signierte sie »BALTHASAR / PERM: IN. V. F.« auf der Bodenzone der Vorderseite, was er nur in seltenen Fällen tat.

Das Bildwerk entstand um 1700 und zeigt auf der rechten Seite Herkules, mit übergeschlagenen Beinen auf einem Felsblock sitzend, beim Flachs Spinnen. Der muskelstarke Mann schaut seufzend und mit flehendem Blick zu Omphale empor. Die überlegen und belustigt neben ihm stehende Königin ist gerade im Begriff, sich lässig die wichtigste Beute ihres Sklaven, das Fell des nemeischen Löwen, über ihren Kopf und ihren unbekleideten Körper zu ziehen. Auf der linken Seite eilt ein geflügelter Putto mit der großen Keule, der bevorzugten Waffe des kampferprobten Helden, herbei. Das aus sechs Elfenbeinteilen zusammengesetzte Werk ist zwar rundplastisch gearbeitet, es läßt sich aber im Sinne eines Reliefs nur von einer Hauptansicht aus betrachten. Die spannungsvolle Beziehung der einzelnen Figuren aufeinander wurde eine Generation später von den Bildhauern des Rokoko aufgegriffen und auch von Johann Joachim Kaendler in die Porzellanplastik übersetzt. Insofern ist Permoser mit dieser verspielt-sinnlichen Figurengruppe ein wahrhaft zukunftsweisendes Werk gelungen.

Tafel 42 (XVII/7)
Balthasar Permoser und Bernhard Quippe – Nautiluspokal mit dem Satyr

Die schlichte, perlmuttrig schimmernde Nautilusschale ist dem Satyr eine arge Last. Den Kopf zur Seite gepreßt, mit dem rechten Bocksbein auf dem schlichten runden Fuß des Pokales Halt suchend, das linke zur Stabilisierung unter den Unterleib geklemmt, stützt er mühevoll das Perlboot auf seinem Nacken. Zusätzlich erschwert wird seine Arbeit durch die kleine, runde Fläche, auf der er sitzt und die ihm nur wenig Platz bietet. Der Entwerfer dieses einmaligen Schaftes eines Nautiluspokals war verliebt ins Detail. Wie sinnreich er die Attribute des Waldgeistes, seine Hirtenflöte, den Efeukranz, das Tierfell, mit dem sein muskulöser Körper bedeckt wird, in die Komposition des Mühens und Lastens einzubinden vermag, ist erstaunlich.

Ebenso gelungen ist die Fassung der Nautilusschale. Auch ihr figuraler und ornamentaler Schmuck folgt dem sinnenfrohen Thema des dionysischen Gefolges. Die silbervergoldeten Spangen sind mit Akanthus- und Weinlaub sowie Trauben belegt. Die von diesem Pflanzenwerk umgebene Schalenspitze nimmt das wildlächelnde Gesicht des bockshornigen, struppigen Berg- und Walddämons Pan ein. Auf dem Scheitel der Tintenfischschale ruht ein lächender Panther, das Zugtier und Symbol des Dionysos. Mit seiner linken Pranke hält er eine pralle Weintraube, der hintere Bereich seines Körpers geht in eine Akanthusranke über. Daß es sich bei dem Schöpfer dieses im ersten Jahrzehnt des 18. Jahrhunderts entstandenen Prunkpokales um den in Berlin tätigen, weitgehend unbekannten Goldschmied Bernhard Quippe handelt, ist auszuschließen. Dieser hat zwar das Goldschmiedewerk – wie es die Zunftordnung befahl – mit seiner Marke versehen und war wohl auch für die rein handwerkliche Arbeit an dem Pokal verantwortlich, der entwerfende Künstler war aller Wahrscheinlichkeit nach aber der sächsische Hofbildhauer Balthasar Permoser. Permoser besuchte zwischen 1698 und 1708 mehrfach die kurfürstlich-brandenburgische Hauptstadt Berlin, die unter dem ersten preußischen König, Friedrich I., eine künstlerische Blütephase erlebte. Neben einigen Großplastiken für das Berliner Stadtschloß und weiteren Bildhauerwerken entstand zum Ende seines Aufenthaltes dort dann auch dieser außergewöhnliche Pokal. Ob Permoser allein die Gußformen für die Silbermontierung schuf oder auch die dem Guß folgende, sehr sorgfältige Ziselierung übernahm, läßt sich nur vermuten. Es entstand ein Kunstwerk, das in seiner Gattung von keinem Zeitgenossen übertroffen wurde.

Tafel 43 (XVII/1)
Johann Andreas Thelot – Prunkbecken

Daß Thelot sich kaum noch als Goldschmied empfand, verdeutlicht die Tatsache, daß dieses Becken zwar eine Signatur mit einer Datierung ins Jahr 1714 besitzt, nicht aber die von alters her geforderten Meister- und Beschaumarken. So gibt sich ein freier Bildhauer, nicht aber ein den strengen Zunftzwängen untergeordneter Kunsthandwerker. Thelot hat schon früh gegen die ihm vorgegebenen Grenzen der angesehenen Zunft der Gold- und Silberschmiede rebelliert. Er lernte über viele Jahre Hauptwerke der bildenden Kunst in Italien kennen. Lange Zeit bevor er durch die Meisterwürde legitimiert war, stempelte er seine eigenen, bereits begehrten Treibarbeiten verbotenerweise mit der Marke seines wohl nicht mehr als Goldschmied tätigen Vaters. Der junge Thelot spezialisierte sich bald schon auf Silberreliefs, die er als Gefäßwandungen, Prunkplatten und Kunstuhrengehäuse, aber auch als Zierschilde und zweckfreie Reliefs schuf. Häufig nutzten Zunftkollegen seine Fähigkeiten und bezogen seine Arbeiten in ihre eigenen Goldschmiedewerke ein.
Ein Blick in das Schalenrund des Prunkbeckens im Grünen Gewölbe macht deutlich, warum Thelot in vielen Bereichen eine Ausnahmeerscheinung darstellt. Der Goldschmied verstand es nicht allein, das Edelmetall hervorragend zu bearbeiten, er besaß auch eine ungewöhnlich große bildhauerische Begabung. Die grazilen jungen Frauen und die sie umschwärmenden Männer reihen sich zu einem ausgelassenen Festtreiben aneinander, dessen Komposition ohne Bruch und voller Dynamik auf den Betrachter wirkt. Auch wenn der umlaufende Fries des figurenreichen Bacchusfestes in der Schalenmitte sich selbst genügt und wie ein Einzelkunstwerk erscheint, so war das Becken doch nur Teil eines vordergründig gebrauchsfähigen Tafelgeräts. Die früheste Erwähnung des »antiquen» Prunkbeckens im Silberinventar von 1723 beschreibt es als »Ein vergoldtetes Gießbecken worauf das BacchusFest gezieret, dieses Gießbecken haben Ihro Königl. Mayt. in Leipzig 1718 erkaufft ...und die dazu gehörige GießKanne, woran eine Historia aus dem Ovidio getrieben...« Das wohl ebenso kunstvolle Gießgefäß ist verloren, es wurde 1772 aus Geldmangel eingeschmolzen.

Tafel 44 (XIX/2 und 4)
Ferbecq – Zwei Groteskfiguren

Als grotesk wird eine Darstellung bezeichnet, die sich mit einer Neigung zum Paradoxen der drastischen und teilweise auch derben, zumeist aber karikierenden und satirischen Übersteigerung bedient. In diesem Sinne tragen die als Groteskfiguren bekannten, aus den bizarren Formen einer großen und unregelmäßig gewachsenen Perle heraus entwickelten Kunstwerke des Grünen Gewölbes ihren Namen zumeist zu Recht. Nicht alle der etwa vierzig Werke dieser Gattung sind so eindeutig grotesk wie der plump tanzende Koch mit breitkrempigem Hut und diamantbesetztem Perlenkörper, der seinen Bratrost als Geige benutzt. Die karikaturhafte Wirkung dieser kleinen Figur wird durch das breite Grinsen des pausbäckigen Mannes verstärkt. Mit seiner grün-gold gestreiften Kleidung entspricht der auf einem goldenen Weinfaß sitzende fröhliche Zecher zumindest in seiner Kleidung dem fiedelnden Koch. Auch die Gestaltung des Gesichts und die Art der Emaillierung spricht dafür, daß beide Figuren der gleichen Werkstatt entstammen. Sie wurden beide von dem in der Messestadt Frankfurt a. M. ansässigen Juwelier Ferbecq erworben. Die großen Unterschiede der zahlreichen bei ihm im Auftrag Augusts des Starken gekauften Figürchen aus Perlen und Elfenbein lassen erkennen, daß dieser Ferbecq nicht so sehr als Künstler, denn als Kunsthändler tätig war. Die Figur des fröhlichen Zechers ist eher zurückhaltend aufgefaßt, das Moment des Derben fehlt ihm. Das Kunstvolle und die technische Kunstfertigkeit bestimmen den Eindruck, so bei den aus Edelsteinen geschnittenen, nur millimeterlangen Trauben. Einige der Groteskfiguren, die von heute noch nicht genau benennbaren Juwelieren außerhalb Dresdens gearbeitet wurden, gehen formal auf Stichvorlagen zurück, die Jacques Callot im ersten Drittel des 17. Jahrhunderts geschaffen hat. Dies gilt insbesondere auch für Elfenbeinfigürchen grotesken Inhalts, die thematisch, aber auch in ihrem Gebrauch durch den kurfürstlich-königlichen Sammler, den Perlenfiguren sehr nahestehen. Hunderte dieser kleinen Statuetten aus ganz verschiedenem, immer aber sehr kostbarem Material, verschwenderisch in Gold gefaßt und mit Edelsteinen verziert, füllten die Tische und Konsolen des verspiegelten, nur 15 qm großen Eckkabinetts im Grünen Gewölbe. Diese einzigartige, amüsante Sammlung von Köstlichkeiten mag Anregung gewesen sein für die späteren Kabinette mit Porzellanfiguren, wie auch die skurrilen Figuren, die darin verwahrt wurden, den Meistern der Porzellanplastik als Inspirationsquelle dienten.

Tafel 45 (XX/1)
Johann Heinrich Köhler – Töpfer an der Drehscheibe

Stellt man die durch die Inventare gesicherten Werke des Dresdener Hofjuweliers Johann Heinrich Köhler zusammen, die sich zum großen Teil noch heute im Grünen Gewölbe befinden, so wird eine herausragende Künstlerpersönlichkeit des frühen 18. Jahrhunderts sichtbar, die unverdienterweise weitgehend vergessen ist. Im Schatten des noch bedeutenderen Johann Melchior Dinglinger stehend, findet sich bei Köhler ein ungewöhnlich reichhaltiges und anspruchsvolles Werk, zu dem auch die kleine Genreszene eines an seiner Drehscheibe sitzenden Töpfers gehört. Köhler ist der einzige Goldschmied der sächsischen Residenzstadt, der, namentlich faßbar, auch Groteskfiguren aus verwachsenen Perlen geschaffen hat. Er fügte der umfangreichen Gruppe von Berufsdarstellungen aus Elfenbeinfiguren, die August der Starke zusammengetragen hat, besonders schöne Werke hinzu. Es handelt sich hierbei nicht um höfische Karikaturen des dritten Standes, sondern um detailreiche Wiedergaben des täglichen Lebens – wenn auch in einem eher festlichen Gewande. Der wohl von einem Mitglied der Familie Lücke geschnitzte, aus sorgfältig bemaltem Elfenbein bestehende Töpfer trägt deshalb auch einen Arbeitskittel und eine bürgerliche Mütze. Er sitzt aufmerksam und leicht nach vorn gebeugt auf seinem Stuhl vor der schön gestalteten Töpferscheibe und ist dabei, mit ihrer Hilfe ein großes Gefäß aufzubauen. Die Scheibe konnte sogar durch ein im Sockel befindliches Werk in Bewegung gesetzt werden. Vor dem Handwerker stehen und liegen schon einige Krüge und Töpfe. Auch eine Kanne, ein Wärmebecken und eine Backform sind zu sehen. Diese Gefäße sind durch ihre stark farbige, mit weißem Rankenwerk bedeckten Wandungen als eher bürgerliches Tafelgerät ausgewiesen. Die Teekannen, Trinkschalen und Vasen auf der Balustrade seitlich und hinter dem Handwerksmeister reflektieren bereits die einige Jahre zuvor in Meißen begonnene Herstellung von Porzellangefäßen. Ein ganzer Handwerkerstand vereint sich so in dieser, einer Schatzkammer würdigen Darstellung. Es ist erstaunlich, wie genau der Juwelier es verstand, Formen und Verzierungen zeitgenössischer Gefäßtypen für seine insgesamt gerade einmal 10 cm hohe Töpferszene nachzubilden. Doch Köhlers Fähigkeiten gingen darüber weit hinaus. Er war am Entstehen der großen Schmuckgarnituren Augusts des Starken beteiligt, faßte in juweliermäßiger Weise kostbare Steinschnitte, schuf auch großformatige Kabinettstücke, Ziergefäße und Uhrgehäuse und war mehrfach als schöpferischer Restaurator für das sächsische Schatzkammermuseum des polnischen Königs tätig (Farbtafel 15).

Tafel 46 (XX/12)
Johann Heinrich Köhler – Tischuhr mit dem hl. Hubertus

In der Uhrenherstellung besaß die Residenzstadt Dresden bis zum frühen 18. Jahrhundert keine erwähnenswerte Bedeutung. Zwar gehörten die sächsischen Kurfürsten zu den großen Sammlern kunstvoller Zeitmeßinstrumente, sie bezogen diese aber vor allem aus den Uhrmacherzentren des 16. und 17. Jahrhunderts. Die sächsische Kunstkammer wurde durch diese Importe neben derjenigen von Schloß Ambras die an wissenschaftlichen Instrumenten reichste Sammlung. Das Grüne Gewölbe und vor allem der Mathematisch-Physikalische Salon bewahren noch eine Vielzahl dieser Schätze. Mit der Regierungszeit Augusts des Starken begann auch für Dresden eine kurze Blüte prunkvoller Uhrengehäuse aus vergoldetem Silber mit Edelsteinbesatz sowie später aus dem neuen Werkstoff Porzellan. Die benötigten Gangwerke hingegen wurden häufig noch aus anderen Ländern eingeführt, denn für die vom Luxus geprägten Gehäuse war es unwichtig, wer die Mechanik fertigte.

Ein rein sächsisches Kunstwerk ist die nach 1720 vom Hofjuwelier Johann Heinrich Köhler für den sächsisch-polnischen Herrscher geschaffene Tisch- oder Stutzuhr, deren Uhrwerk Johann Gottlieb Graupner lieferte. Die auf allen Seiten verzierte Uhr steht auf einem schräg ansteigenden Sockel aus marmoriertem Holz, der mit großen Chrysolithen von hellgrüner Färbung besetzt ist. Der eigentliche Uhrenkörper wird getragen von zwei Löwen (vorn) und zwei Bären (hinten). In den abgeschrägten Ecken des Uhrgehäuses flankieren auf Sockelvorsprüngen zwei Jagdhornisten das von Diamanten eingefaßte Zifferblatt. An der Rückseite der Uhr nehmen an gleicher Stelle zwei musizierende Satyrn diesen Platz ein. Das waidmännische Thema der Prunkuhr wird durch die auf allen Flächen angebrachten emaillierten Jagdtiere und die sattgrüne Grundfarbe aufgenommen, die im durchscheinend emaillierten Rollwerk, vor allem aber in großen Smaragden besonders prächtig auftaucht. Auf einem Kranzgesims stehen oberhalb der mythischen und realen Waldhüter vier höfische Jäger vor einem mit Jagdwaffen geschmückten, niedrigen Attikaaufsatz. Dieser trägt auf emailliertem Waldboden zwischen Bäumen die detailreich nachgestellte Legende des hl. Hubertus, die der Uhr ihren Namen gab. Die beliebte Legende, wonach Hubertus an einem Feiertag sündhaft seiner Jagdleidenschaft frönte, durch die Erscheinung eines Hirsches mit einem goldenen Kreuz zwischen den Geweihstangen aber bekehrt wurde, wurde ursprünglich auf den hl. Eustachius bezogen. Seit dem 15. Jahrhundert übertrug man sie dann auf den im 8. Jahrhundert wirkenden heiligen Bischof von Lüttich. Zu Ehren dieses Schutzpatrons der Jäger veranstaltete man am Hubertustag, dem 3. November, alljährlich große Jagden.

Tafel 47 (XIII/11)
Carl August Lücke d. J. – Der Hoftaschenspieler Joseph Fröhlich auf dem Schweinewagen

Über dreißig Jahre war er der bedeutendste Unterhaltungskünstler am sächsisch-polnischen Hof. Joseph Fröhlich, 1694 in Alt-Aussee im Salzkammergut geboren und ein gelernter Müller, trat 1725 erstmals vor August dem Starken in Dresden als Spaßmacher und Zauberkünstler auf. 1727 zog der begnadete Entertainer dann gänzlich an den kurfürstlich-königlichen Hof und wurde zum Hoftaschenspieler und »Kurzweiligen Rat» ernannt. Die gute Kenntnis verwirrender Zaubertricks, verbunden mit einem geschickten Mundwerk und einem natürlichen Witz sowie die bedenkenlose Neigung zu derben Streichen bescherten ihm bis zu seinem Tode im Jahre 1757 die anhaltende Gunst zweier Herrscher und eine große Popularität in der Bevölkerung. Nach den Regenten war der im ungewöhnlichen Gewande auftretende Fröhlich die am meisten dargestellte Person des Dresdener Hofes. Sein Bildnis in der typischen, aber karikaturhaft übersteigerten steiermärkischen Tracht ist in zahlreichen Figuren aus Porzellan, Ton, Fayence, Sandstein, Elfenbein, aber auch auf Kupferstichen, Radierungen, Malereien und Medaillen überliefert worden.
Am 13. Juli 1731 wurde ein solches Porträt, »Eine Machine von schwarzen Eben Holz und Elffenbein, den Hoftaschenspieler Joseph Frölich vorstellend«, als Neuerwerbung im Inventar des Grünen Gewölbes verzeichnet. Es handelt sich dabei eigentlich um ein kostbares Schreibgerät, denn der aus Nußbaum gefertigte Sockel enthält in einer Schublade mehrere Schreibutensilien. Auf dem Sockel jedoch fährt in einem eigentümlich geformten Wagen der rundköpfige »Kurzweilige Rat«. Er trägt seine »gewöhnliche« bäurisch-alpenländische Kleidung, einen lächerlichen, weil längst veralteten Rundkragen und einen Spitzhut mit Narrenschelle. Mit der ausgestreckten linken Hand hält er seinen berühmten Taschenspielerbeutel, mit der rechten die goldenen Zügel eines Wildschweingespanns. Auf einem der Schweine hat als Vorreiter ein Affe Platz genommen, auf der Deichsel sitzt Fröhlichs Lieblingsvogel, die Eule. Der Wegweiser zeigt zum: » NARREN DORFF. 1. MEIL.«, »ZUM SAUSTAL UND / GROS FLEGELS / DORF 1. MEIL« sowie »GRAETZ 80. MEILEN. / AUSEE. 4. MEI:«. Der aus kostbarem Ebenholz gefertigte Wagen hat es in sich. Öffnet man eine der seitlichen Türen, so erkennt man, daß der Hofbeamte mit heruntergelassener Hose im Wagen sitzt. Der Wagen ist ein fahrbarer Nachtstuhl.

Tafel 48 (XIX/13 und 14)
Johann Christian Neuber – Zwei Dosen

Im April des Jahres 1786 warb der Dresdener Goldschmied Johann Christian Neuber in der damals führenden deutschsprachigen Modezeitung, dem »Journal der Moden«, für seine Produkte. Unter anderem bot er auch an: »... eine Art von Tabatieren, die aus Gold und Sächsischen Edelsteinen aller Art zusammengesetzt, und unter dem Namen Cabinet-Dosen bekannt sind. Sie enthalten alle Sächsische Edelgestein Arten, mit Geschmack geordnet und überaus schön in Gold gefaßt. Die Steine sind alle numeriert, keiner kommt dabey doppelt vor, und ein kleines dabey befindliches Verzeichnis enthält ihre richtigen Benennungen. So verbindet sich bey diesem Mode-Bijou Luxus, Geschmack und Wissenschaft, und macht es wirklich für jeden reichen Kenner interessant. Außer diesen Stücken läßt Hr. Neuber noch viele andere geschmackvolle Arbeiten unter seiner Aufsicht machen; und führt ein ansehnliches Sortiment von schönen Tabatieren, Stockknöpfen, Uhrketten, Ringen, Bracelets, Medaillons etc ...« Neuber wurde 1736 in Sachsen geboren, erhielt 1762 die Dresdener Bürgerschaft und wurde im gleichen Jahr als Meister in die Goldschmiedezunft aufgenommen. 1775 erfolgte seine Ernennung zum Hofjuwelier, von 1785 bis 1808 wird er im Hof- und Staatskalender als zum Grünen Gewölbe gehöriger Hofjuwelier genannt. Im letzten Drittel des 18. Jahrhunderts gab es weiterhin einige bedeutende Juweliere und Goldschmiede in der auf diesem Gebiet so traditionsreichen sächsischen Residenzstadt, so beispielsweise Christian Gottlieb Stiehl, Neuber erscheint in seinen erhaltenen Werken jedoch als der führende Hersteller von Galanteriewaren Dresdens. Über die Leizpiger Messe wurden seine »Manns- und Damesdosen« in alle Welt verkauft. Die mosaikartig aus Farbsteinen zusammengefügten Bildnisse und Stilleben der Vorder- und Rückseiten, vor allem aber seine geschmackvolle Aneinanderreihung heimischer Edelsteinplatten, die von einer hohen mineralogischen Kennerschaft zeugen, lassen seine Dosen und Bijouterieartikel zu vollendeten Zeugnissen der Schatzkunst des späten 18. Jahrhunderts werden. Die handgeschriebene »Specifikation» der bei der runden Kabinettdose verwendeten Steine ist noch erhalten. Auf den Goldstegen sind die in dem Verzeichnis aufgeführten Zahlen jeweils eingraviert worden. Die ovale Dose hingegen greift nur aus rein ästhetischen Gründen auf farbige Steine zurück, die als kostbares Mosaik in den Goldgrund eingelegt werden. Mit ihrer meisterhaften Gravur und den subtilen Steineinlagen ist sie eine der kunsthandwerklich reifsten Schöpfungen des deutschen Klassizismus und vereint in sich die angestrebte Klarheit der Formen und Beschränkung auf die reine Materialwirkung mit dem naturwissenschaftlichen Erkenntnisdrang ihrer Entstehungszeit.

XIX Bijouterie

Aus der Reihe der in dieser Vitrine versammelten Groteskfiguren fällt die detailreiche, fast schon psychologisierende Darstellung eines sitzenden alten Invaliden mit großem Bierhumpen heraus (Nr. 1), die aus der Werkstatt des Berliner Juweliers Jean Louis Girardet stammt. Der Sockel der Figur, den Bernstein, Perlmutterplättchen und Edelsteinen bedecken, ist eine Juwelierarbeit ersten Ranges. Die bei Ferbecq in Frankfurt erworbenen humorigen Figuren eines auf dem Bratrost fiedelnden Kochs (Nr. 2, Farbtafel 44), eines mit Spielkarten und Trinkgefäßen dahineilenden Zwerges (Nr. 5) und eines weinseligen, sitzenden Zechers (Nr. 4, Farbtafel 44) zeichnen sich dadurch besonders aus, daß ihr Leib durch ungewöhnlich große verwachsene Perlen eingenommen wird. Üppig ist der Besatz dieser Figurengruppen mit Edelsteinen: für den fidelen Koch wurden 100 Diamanten, für die kleinformatige Gruppe von Josua und Kaleb (Nr. 3), die als Kundschafter von Moses ins Gelobte Land gesandt wurden, immerhin 67 Diamanten, 12 Smaragde und 10 Rubine verarbeitet. Noch kostbareres Material, ein besonders großer Saphir, bildet die Brust eines etwas steif stehenden Mannes mit Hellebarde (Nr. 9), der gleichfalls vor 1725 bei Ferbecq erworben wurde. In dieser Vitrine finden sich aber auch kleine Schmuckdosen und kostbare Nichtigkeiten, die im 18. Jahrhundert unter dem Sammelbegriff der Bijouterie vereint wurden. Dazu zählt der mit 105 Diamantrauten überdeckte Anhänger (Nr. 7) mit dem von Georg Friedrich Dinglinger geschaffenen Bildnis des Erbprinzen Friedrich August, des späteren August III., der wohl 1719 als Morgengabe vor der Hochzeit der Braut Maria Josepha, Tochter Kaiser Josephs I. von Österreich, übergeben wurde.

In den Bereich des technisch besonders anspruchsvollen Gefäßschnittes gehört die Schale aus sächsischem Chalzedon (Nr. 6), die zwischen 1713 und 1715 in der Schleif- und Poliermühle des Alchimisten und Erfinders des europäischen Porzellans, Johann Friedrich Böttger, entstanden ist. Die extrem dünn ausgeschliffene Schale mit ihrem Dekor in der Art des ostasiatischen Schildkrötenornaments und den kühn nach oben schwingenden, blattförmigen Handhaben war wahrscheinlich das für den König geschaffene Probestück, das die Leistungsfähigkeit dieser hochmodernen Anlage belegen sollte. Die vom König unterstützte Edelstein-Manufaktur bei Dresden wurde niemals fertiggebaut, und nur weniges hat sich von diesem Unternehmen Augusts des Starken erhalten. Neben dieser besonders aufwendigen Henkelschale eines heute unbekannten Steinschleifers bewahrt das Grüne Gewölbe in seinen Depots weitere Schalen, Dosendeckel und schlichte Tischtabatieren aus sächsischen Landedelsteinen.

Zu den Höhepunkten sächsischer Schatzkunst des ausgehenden 18. Jahrhunderts gehören die Tabatieren und Bijouterien des 1767 zum Hofjuwelier ernannten Johann Christian Neuber. Die erst zu Beginn dieses Jahrhunderts für das Grüne Gewölbe erworbenen Golddosen sind mit Mosaiken aus sächsischen Edelgesteinen belegt und durch Einlegearbeiten mit Motiven aus damals beliebten Schäferszenen (Nr. 15) und Blumenstilleben (Nr. 13) geschmückt. Das wissenschaftliche Interesse des Zeitalters der Aufklärung wird in dem einer dieser Dosen (Nr. 14) beigegebenen Heft erkennbar, das, nach Nummern geordnet, die Fundstellen aller verarbeiteten Stei-

ne in Sachsen verzeichnet. Diese Nummern sind auch auf die Goldstege graviert. Die kostbare Tabatiere wurde so zugleich zu einem miniaturhaften Mineralienkabinett.

1 Sitzender Bettler
Perlen, Gold, Email, Bernstein, Perlmutterplättchen, Diamanten, Rubine
Jean Louis Girardet
Berlin, Anfang 18. Jahrhundert
H. 8,7 cm; VI 83 d

2 (Farbtafel 44)
Fideler Koch, der auf dem Bratrost geigt
Perlen, Gold, Silber, vergoldet, Diamanten
erworben von Ferbecq vor 1725
H. 12,1 cm; VI 88

3 Josua und Kaleb bringen die Traube aus dem Gelobten Land
Gold, Email, Diamanten, Smaragde, Rubine, Perlen
erworben von Ferbecq vor 1725
H. 12,5 cm; VI 23

3

4 (Farbtafel 44)
Fröhlicher Zecher
Perlen, Gold, Silber, vergoldet, Email, Edelsteine
erworben von Ferbecq vor 1725
H. 8,9 cm; VI 100

5 Tanzender Zwerg
Perle, Saphir, Silber, vergoldet, Email, Edelsteine
erworben von Ferbecq vor 1725
H. 8,7 cm; VI 97

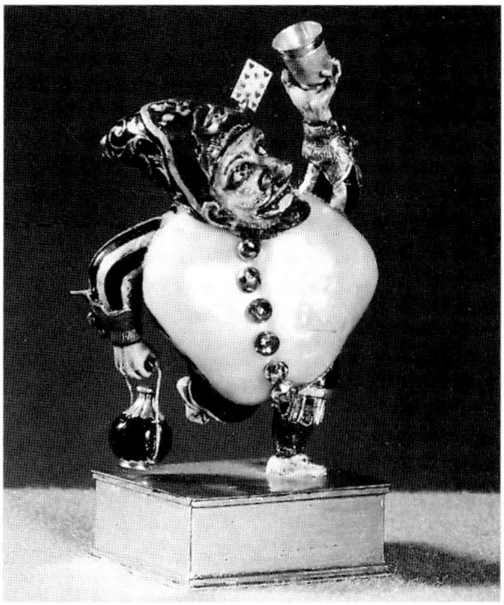

5

6

6 Schale mit blattförmigen Henkeln
Chalzedon
Steinmühle des Johann Friedrich Böttger
Dresden, 1713-1715
D. 13,6 cm, V 544

7 Anhänger mit dem Bildnis des Erbprinzen Friedrich August
Gold, Email, Diamanten
Emailmalerei: sign. Georg Friedrich Dinglinger
Goldschmiedearbeit: Dinglinger-Werkstatt
Dresden, dat. 1719
H. 7,5 cm, B. 3,6 cm; 1928/4

8 Flache, ovale Dose
Gold, Silber, Diamanten
1. Hälfte 18. Jahrhundert
L. 7,5 cm; VII 256

7

12

15

9 Hellebardier
Saphir, Gold, Silber, vergoldet, Email, Edelsteine, Perle
erworben von Ferbecq
vor 1725
H. 10,4 cm; VI 81 c

10 Bildnis König Augusts II. von Polen
Kupfer, Email
sign. Charles Boit
Dresden, 1718-1720
H. 12,8 cm, B. 10,2 cm; III 33

11 Eiförmige Deckeldose
Chalzedon, Gold, Email, Diamanten
Amsterdam, vor 1725
H. 8,7 cm; VI 15

12 Deckelpokal mit Monogramm AR
Bergkristall, Silber, vergoldet, Topase, Amethyste, Granate
Deutschland, vor 1733
H. 28,1 cm; V 309

13 (Farbtafel 48)
Ovale Dose mit Blumenstilleben
Gold, Edelsteine
Johann Christian Neuber
Dresden, Ende 18. Jahrhundert
H. 3,8 cm, B. 7,2 cm, L. 9,3 cm; 1924/2

14 (Farbtafel 48)
Runde Dose mit Blumenstilleben als Steinkabinett
Gold, Edelsteine
Johann Christian Neuber
Dresden, Ende 18. Jahrhundert
D. 7,5 cm; V 628

15 Rechteckige Dose mit Schäferszenen
Gold, Edelsteine
sign. Johann Christian Neuber
Dresden, dat. 1770
H. 4 cm, B. 8,6 cm, L. 6,2 cm; 1933/2

20

22

16 Ovale Tabatiere
Perlmutterplättchen, Gold
Dresden, 3. Viertel 18. Jahrhundert
H. 3,1 cm, L. 6,7 cm, B. 5,7 cm; VI 629

17 Stockknopf
Gold, Edelsteine, Email
Johann Christian Neuber
Dresden, Ende 18. Jahrhundert
H. 4 cm; 1925/3

18 Ovale Dose mit Fregatte
Achat, Silber, vergoldet, Gold, Email,
Perlmutter, Edelsteine
Anfang 18. Jahrhundert
H. 19 cm, L. 21,5 cm, B. 11,4 cm; VI 14

19 Ovale Deckeldose
Karneol, Gold, Email, Diamanten
wohl Dinglinger-Werkstatt
Dresden, kurz vor 1700
H. 4,5 cm; VI 7 cc

20 See-Einhorn
Silber, vergoldet, Email, Perle, Edelsteine
erworben von Ferbecq
vor 1733
H. 9,1 cm; VI 81 f

21 Eidechse mit Cupido
Gold, Email, Perlen, Edelsteine
Anfang 18. Jahrhundert
H. 4,4 cm; VI 82 b

22 See-Elephant mit Amor
Silber, vergoldet, Gold, Perlen, Email,
Edelsteine
erworben von Ferbecq
vor 1725
H. 8,4 cm; VI 81 d

XX Döring und Köhler

Im Roten Raum finden sich zahlreiche Juwelierarbeiten, die aus stilistischen oder historischen Gründen eindeutig aus Dresden stammen, denen aber kein Meistername zugeordnet werden kann. Neben der in ihrer Qualität einmaligen Werkstatt Johann Melchior Dinglingers beschäftigte der glanzvolle und wohlhabende Hof Augusts des Starken eine Reihe sehr fähiger Goldschmiede. Da diese sich beständig im Wettbewerb mit dem technischen und ästhetischen Raffinement eines Dinglinger befanden, entstanden Werke der Juwelierkunst, die ebenfalls einen hohen Rang besitzen.
Diese Vitrine ist vor allem dem Werk Gottfried Dörings und Johann Heinrich Köhlers gewidmet. Döring war bereits seit 1686, gut ein Jahrzehnt, bevor Dinglinger nach Dresden kam, in der kurfürstlichen Residenzstadt als Goldschmiedemeister tätig und wurde später von August dem Starken zum Hofjuwelier ernannt. Für seinen König fertigte er die mit naturalistisch emailliertem Gefieder versehene Eule (Nr. 4), deren eindringliche Augen aus halbkugelig geschliffenen Achatscheiben bestehen. Sie hockt auf einem hohen Sockel, auf dem diamantenbedeckte Eidechsen angebracht sind. Döring, der bereits 1718 starb, schuf auch das Gehäuse der prächtigen, von vielen Rubinen bedeckten Tischuhr (Nr. 15). Ein drachenartiges Unwesen, dessen Leib aus einer monströsen Perle besteht, bekrönte die kurz nach 1700 entstandene Prunkuhr.
Von Johann Heinrich Köhler stammen die meisten der hier ausgestellten Kunstwerke. Der Gold- und Edelsteinarbeiter war neben Dinglinger der meistbeschäftigte Juwelier am Hofe und hat sich auch am Entstehen der Juwelengarnituren des sächsisch-polnischen Herrschers beteiligt. Köhler schuf Kabinettstücke, Ziergefäße, Uhrgehäuse und Groteskfiguren, er fertigte zahlreiche Sockel für kleine Elfenbeinstatuetten und kostbare Steinschnitte (Nr. 5-9) und war am Grünen Gewölbe als Restaurator tätig. Mit seinem Gehäuse für die Hubertusuhr (Nr. 12, Farbtafel 46) schuf er eine der schönsten Stutzuhren des 18. Jahrhunderts. Auf der Deckplatte dieses Prunkgegenstandes wird die Legende des Schutzpatrons der Jäger in miniaturhaften Figuren dargestellt. Höfische Jäger im grünen Rock umgeben das Geschehen. An der Vorderseite des Sockels erscheinen sie auch mit Jagdhörnern, während ihre Plätze auf der Rückseite musizierende Satyre, die antiken Waldgeister, einnehmen. Die Herkunft mancher Groteskfigürchen des Grünen Gewölbes aus der Werkstatt Köhlers läßt sich bei der Betrachtung der kleinen Uhr mit Bergsänger erahnen (Nr. 13). Dieser für Sachsen charakteristische Musiker steht auf einem großen, von Natur aus kugelig gewachsenen Stück Malachit. Der die Laute schlagende Musiker ist mit der Festtracht eines Bergmanns bekleidet. Neben der Hofkapelle, die heute noch als Dresdner Staatskapelle weiterbesteht, bildeten die Bergsänger seit dem 17. Jahrhundert eine eigene Musikantengruppe, die zur Unterhaltung des Hofes beitrug. Der Goldschmied gab auch einer Vielzahl der kleinen aus Elfenbein geschnitzten Genrefiguren (siehe XIII) ihren juwelenhaften Sockel. Die Figur des Töpfers (Nr. 1, Farbtafel 45) aus kräftig bemaltem Elfenbein fertigte wohl zwischen 1710 und 1720 ein älterer Vertreter der Familie Lücke. Die Figur ist von minuziös geformten und sorgfältig emaillierten Gefäßen umgeben. Die Töpferscheibe konnte sogar ursprünglich

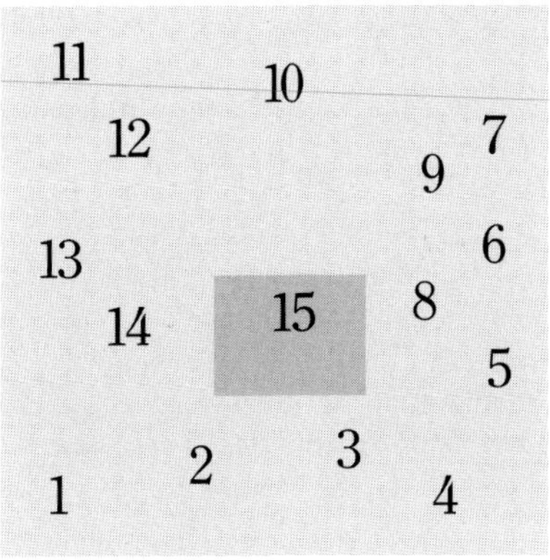

mittels eines Uhrwerks bewegt werden. Ein weiteres Hauptwerk Köhlers findet sich im Altar mit dem heiligen Joseph (Nr. 10). Die Gestalt des heiligen Ziehvaters mit dem Jesusknaben wurde wohl ebenso wie die anderen Teile aus Edelkoralle in Süditalien geschaffen. Die noble Fassung des kleinen Hausaltars mit seinem von Blumenvasen bekrönten Gesims und die exzellente Gravur auf der Rückseite entstanden allerdings in Dresden. Der auf dem hinteren Bereich des Altars dargestellte Johannes von Nepomuk wurde erst 1729 heiliggesprochen. Kurz danach entstand der Hausaltar. Die Kronprinzessin verehrte die Heiligen Nepomuk und Joseph in besonderem Maße; sie selbst könnte das Kunstwerk in Auftrag gegeben haben.

Etwas früher, zwischen 1721 und 1725, fertigte der Dresdener Goldschmied Gottfried Reiche d. J. das dreieckige Gehäuse einer kleinen, edelsteinbedeckten Tischuhr (Nr. 2). Gerade in diesem exzellenten Werk von einem sonst kaum bekannten Meister wird das bestechend hohe Niveau sächsischer Juwelierkunst im ersten Drittel des 18. Jahrhunderts deutlich.

2

1 Töpfer (Farbtafel 45)
Elfenbein, Gold, Silber, Email, Edelsteine, Lack
Skulptur: wohl Lücke
Fassung: Johann Heinrich Köhler
Dresden, 1710-1720
H. 11,8 cm; VI 184

2 Kleine Tischuhr
Silber, vergoldet, Edelsteine
Uhrwerk: J. Christoph Dünnebier
Gehäuse: Gottfried Reiche d. J.
Dresden, 1721-1725
H. 13,2 cm; VI 44

3 Kleine Pendeluhr in Monstranzform
Gold, Silber, vergoldet, Email, Edelsteine, Kameen, Perle
Taschenuhr: Jehan Drouynot, Poitiers
Gehäuse: Johann Heinrich Köhler
Dresden, Anfang 18. Jahrhundert
H. 23 cm; VI 25

4 Eule
Gold, Email, Achat, Diamanten
Gottfried Döring
Dresden, vor 1718
H. 16,2 cm; VI 17

4

6

5 Büste eines römischen Kaisers
Heliotrop, Jaspis, Gold, Silber, Email, Edelsteine
Postament: Gottfried Döring
Sockel: Johann Heinrich Köhler
Dresden, Anfang 18. Jahrhundert
H. 18,2 cm; VI 123

6 Triumpharchitektur
Silber, vergoldet, Gold, Email, Kameen, Edelsteine
Johann Heinrich Köhler
Dresden, vor 1725
H. 20 cm; VI 40

7 Büste einer römischen Kaiserin
Heliotrop, Jaspis, Gold, Silber, Email, Edelsteine
Postament: Gottfried Döring
Sockel: Johann Heinrich Köhler
Dresden, Anfang 18. Jahrhundert
H. 18,1 cm; VI 128

7

8

8 Obelisk zur Triumpharchitektur
Silber, vergoldet, Email, Kameen, Edelsteine
Johann Heinrich Köhler
Dresden, vor 1725
H. 16,5 cm; VI 41

9 Obelisk zur Triumpharchitektur
Silber, vergoldet, Email, Kameen, Edelsteine
Johann Heinrich Köhler
Dresden, vor 1725
H. 16,5 cm; VI 42

10 Kleiner Schmuckaltar mit dem hl. Joseph
Koralle, Silber, vergoldet, Email, Edelsteine
Johann Heinrich Köhler
Dresden, 1729-1732
H. 30,1 cm; VI 28

10

11 Ovale, sechspassige Schale auf Negerkopf
Heliotrop, Serpentin, Marmor, Silber, vergoldet, Kameen, Edelsteine
Fassung: Johann Heinrich Köhler
Dresden, 1720-1730
H. 15,2 cm; V 25

11

13

12 (Farbtafel 46) Stutzuhr mit Darstellung der Hubertuslegende
Gold, Silber, vergoldet, Email, Edelsteine
Gehäuse: Johann Heinrich Köhler
Uhrwerk: Johann Gottlieb Graupner
Dresden, nach 1720
H. 30,1 cm; VI 2

13 Uhr, bekrönt von einem Bergsänger
Silber, vergoldet, Email, Malachit, Perlmutter, Edelsteine
Fassung: Johann Heinrich Köhler
Dresden, Anfang 18. Jahrhundert
H. 15,3 cm; VI 101

14 Deckelschale mit Delphin
Jaspis, Gold, Email, Perlmutter, Edelsteine
Dresden, vor 1716
H. 10,8 cm; VI 91

15 Stutzuhr, von einem Drachen bekrönt
Gold, Silber, vergoldet, Email, Perlmutter, Bergkristall, Rubine, Diamanten, Holzpostament
Gehäuse: Gottfried Döring
Dresden, vor 1718
H. 26 cm; VI 5

14

Der Gelbe Raum

Ulli Arnold

Das gedämpfte Licht im goldgelb bespannten Juwelenraum stimmt auf die in den hell strahlenden Vitrinen präsentierten Pretiosen ein. Das Juwelenzimmer des Grünen Gewölbes im Dresdener Schloß war zur Zeit Augusts des Starken um 1730 der am kostbarsten ausgestattete Raum und zugleich der Erlebnishöhepunkt beim Rundgang durch die Schatzkammer. Neben den in vier eingelassenen Wandschränken ausgestellten Juwelen waren dort die großen Kabinettstücke Johann Melchior Dinglingers plaziert: der Obeliscus Augustalis im Zentrum der Westwand, der Hofstaat des Großmoguls und das Goldene Kaffeezeug im östlichen Fensterbereich, die drei Lebensalter rings um den verspiegelten Mittelpfeiler, der zudem mit Goldketten behangen war; hier standen außer köstlichen Zierschalen und Prunkuhren auch die beiden großen Mohren, die lachend und voll Stolz zwei Edelsteinstufen vorzeigen, der eine den Reichtum an einheimischen Schmucksteinen, der andere die kaiserliche Gabe von 1581, die Smaragdstufe aus der kurfürstlichen Kunstkammer. Diese gewollte Konzentration von Pracht, Reichtum und im Dinglichen ausgedrückter Macht hatte mit dem Verlust der polnischen Königskrone am Ende des Siebenjährigen Krieges ihre innere Berechtigung und auch ihren Sinn verloren. Sie wich im späten 18. Jahrhundert zudem neuen, zeitgemäßen Vorstellungen musealer Präsentation von Kunstwerken, obgleich der kunstvolle Rahmen, das so reich und aufwendig mit gravierten Spiegeln und geschnitztem, vergoldeten Ornamentwerk ausgestattete Zimmer, bestehen blieb. Am 13. Februar 1945 ist das ehemalige Juwelenzimmer im Schloß vollständig vernichtet worden.

Die reizvolle Idee Augusts des Starken, die Juwelen alle zusammen in einem Raum zu vereinigen, wurde 1974 im heutigen Juwelenraum im Albertinum wieder aufgenommen. Der Kurfürst-König selbst ist als Reiterstandbild inmitten seiner Kostbarkeiten gegenwärtig.

Drei Vitrinen der Stirnwände (I, VIII, IX) und die hervorspringenden Vitrinen der Längswände (V, XII, XIII, XIV) enthalten die Juwelengarnituren Augusts des Starken und seines Sohnes sowie den Repräsentationsschmuck der Königinnen (IV). Die zurückgesetzten Wandvitrinen sind Schmuckstücken und Pretiosen des 15., 16. und 17. Jahrhunderts aus kurfürstlichem Familienbesitz vorbehalten (III, VI, VII, X, XI, XV), darunter die Bergmannsgarnitur (XVI);

Blick in den Gelben Raum mit den Vitrinen 8, 9, 12 bis 14

eine Vitrine ist den Orden sächsischer Könige des 19. Jahrhunderts gewidmet (XVII), eine enthält Werke aus purem Gold (II). 1995 konnte eine Spezialvitrine zur Präsentation des berühmten geschnitzten Kirschkerns aufgestellt werden (XVIII).

Die Juwelengarnituren sind ein Hauptbestandteil des sächsischen Kronschatzes. Erst unter Kurfürst Johann Georg III. und seiner Gemahlin, der dänischen Königstochter Anna Sophia, den Eltern Augusts des Starken, faßte der Einfluß französischer Hofsitten und Mode in Dresden festen Fuß. Orientiert am Vorbild des Sonnenkönigs, dessen glanzvollen Hof in Versailles er während seiner Prinzentour besucht hatte, gab August, spätestens seit dem Gewinn der polnischen Königskrone, in großem Umfang die Herstellung von Juwelengarnituren in Auftrag, die seit Ludwig XIV. unerläßlich zur Standestracht eines absolutistischen Monarchen gehörten und an allen großen europäischen Höfen nachgeahmt wurden. Fast überall sind sie die Opfer von Kriegen, Geldnot oder wechselnder Mode geworden. Die sächsischen Kronjuwelen überstanden die Gefahren des Siebenjährigen Krieges in Warschau, spätere Kriege und Revolutionen in den Kasematten der Festung Königstein, zuletzt 1942 bis 1945. Sie wurden im Verlauf des 18. Jahrhunderts und frühen 19. Jahrhunderts mehrfach verpfändet und immer wieder ausgelöst. In den Zwischenzeiten gab es Phasen drastischer Modernisierungsaktionen, die sich jedoch hauptsächlich auf die Diamant- und die Brillantgarnitur richteten, und erst mit Inkrafttreten der Verfassung von 1832 ein Ende hatten, als das Grüne Gewölbe wie alle königlichen Sammlungen Bestandteil des Hausfideikommisses wurde.

Die erklärte Vorliebe für Brillanten und das geminderte Interesse an farbigen Schmucksteinen im späteren 18. Jahrhundert haben dazu beigetragen, daß die »farbigen« Garnituren größtenteils noch in ihrem originalen Zustand aus der Zeit Augusts

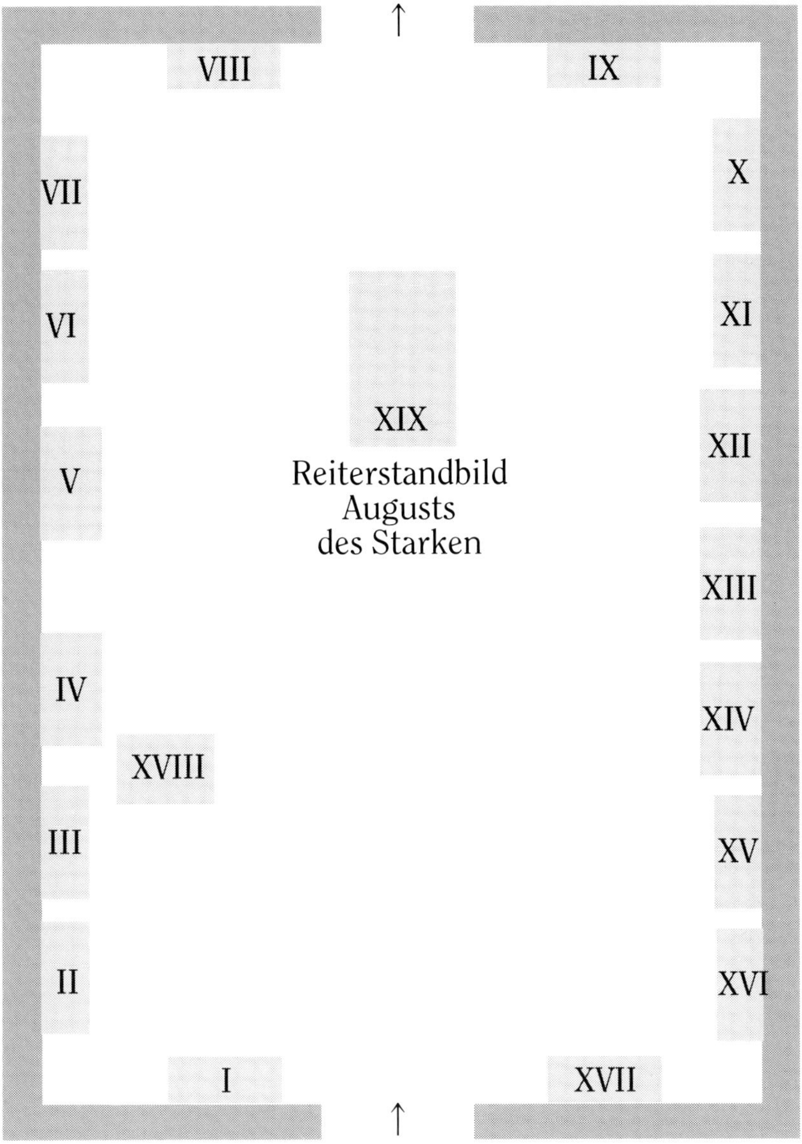

des Starken erhalten sind. Insgesamt stellen die Juwelengarnituren heute den einzigen geschlossenen historischen Bestand dieser Art in Europa dar. Als August der Starke 1719 seine Juwelen in einem Inventar verzeichnen ließ, besaß er neun dieser prachtvollen Ensembles, zu denen im Folgejahrzehnt noch die Schildpattgarnitur trat. Sein Sohn löste während seiner Regentschaft die silberne und die goldene Jagdgarnitur auf, fügte dem wettinischen Hausschatz jedoch, einem lang gehegten Plan des Vaters entsprechend, die Topasgarnitur hinzu, die als die neunte der Juwelengarnituren gezählt wird.

Gegenwärtig sind acht der Garnituren ausgestellt; die Diamantgarnitur

ist deponiert (Abbildung S. 331). Letztere gilt heute als die größte Kollektion von Diamanten im alten, im 17. Jahrhundert gebräuchlichen Rosen- oder Rautenschliff. Aus Tradition sind ihr die keiner Garnitur zugehörigen Schmuckausführungen des Kleinods vom Orden des Goldenen Vlieses zugeordnet (Farbtafel 59).
Seit dem Regierungsantritt des Kurfürst-Königs August III. besaß der sächsisch-polnische Hof in Maria Josepha wieder eine Königin, die zusammen mit dem König das Herrscherhaus repräsentierte. Die Gemahlin Augusts des Starken, Christiane Eberhardine von Brandenburg-Bayreuth, war dem Protestantismus treu geblieben und residierte seit 1697, zurückgezogen vom Hofleben in Dresden, auf Schloß Pretzsch. Dem Stande nach Königin, war sie ungekrönt und hat den Boden des Königreichs Polen nie betreten.
So bestand wohl auch keine Veranlassung, für die nicht anwesende Königin repräsentativen Staatsschmuck bereitzuhalten, wie er seit 1733 für Königin Maria Josepha erforderlich war. Völlig unabhängig von dem reichen persönlichen Schmuckbesitz aller Kurfürstinnen und Königinnen wurde für die Gemahlinnen der Regenten im 18. Jahrhundert ein offizielles Schmuckensemble aus Brillanten geschaffen, das wie die Juwelengarnituren der Monarchen als wettinischer Hausschatz zum Grünen Gewölbe gehörte. Es wurde sachlich zur großen Brillantgarnitur gezählt, da die auffallend großen und schönen Steine ursprünglich in Schmuckstücke dieser Garnitur verarbeitet oder dort als Vorrat verzeichnet waren.
Es steht immer wieder die Frage, warum beim wettinischen Kronschatz im Grünen Gewölbe weder Kronen noch andere Krönungsinsignien präsent sind. Weder zur Krönung Augusts II. 1697 – ohne Gemahlin – noch zur Krönung von August III. und Maria Josepha 1734 in Krakau standen die polnischen Krönungsinsignien zur Verfügung. Sie waren »von der wiedrigen Parthey aus Cracau hinweggenommen und verborgen gehalten worden«. Man ließ in Eile für beide Krönungen von zwei sächsischen Juwelieren die erforderlichen Kronen, Zepter und Reichsäpfel anfertigen und mit den schönsten Steinen aus den Juwelengarnituren auszieren, die nach dem Krönungszeremoniell durch Imitationen aus Glas und Bergkristall ersetzt wurden, während die »guten« Steine wieder in die Garnituren zurückgelangten.
Der Krönungsornat Augusts des Starken befindet sich heute in der Rüstkammer. Die Ersatzkronen, Zepter und Reichsäpfel für das Königspaar August III. und Maria Josepha sowie der Krönungsmantel des Königs wurden bei der Fürstenabfindung 1924 dem Haus Wettin zugesprochen und 1925 vom Nationalmuseum Warschau erworben.
Als 1806 Kurfürst Friedrich August III. zum ersten sächsischen König erhoben wurde, hat man das alte Krönungszeremoniell mit Kroninsignien in Sachsen nicht aufgegriffen. Die Benennung der Steine am ausgestellten Schmuck im Gelben Raum folgt weitgehend den traditionellen Bezeichnungen in den alten Inventaren.

I Die Schildpattgarnitur

Sie ist die letzte vollständige unter August dem Starken angeschaffte Juwelengarnitur, auf den ersten Blick die unscheinbarste, jedoch von unglaublich feiner juweliermäßiger Bearbeitung, insbesondere des Schildpatts.
Der Meister dieser sowohl künstlerisch als auch technisch hochstehenden Feinarbeit ist der »Engelländer« Pierre Triquet, wohl der Angehörige einer nach England vertriebenen Hugenottenfamilie. Über seine Lebensumstände ist wenig bekannt, und sein Œuvre besteht bisher lediglich aus den im Grünen Gewölbe erhaltenen Werken: zwei kleinen Ziervasen, die vor 1722 entstanden sein müssen, und der Schildpattgarnitur. Seit 1721 ist Triquets Arbeit an ihr nachweisbar. Als Vorbilder in Bezug auf ihre Bestandteile dienten die bereits vorhandenen Juwelengarnituren. Es ist nicht sicher, ob von Anfang an geplant war, daß Triquet die Schildpattbearbeitung, offenbar sein spezielles Metier, Johann Heinrich Köhler aber die Ausschmückung der Garnitur mit Edelsteinen übernehmen sollte. Wo sich die Anteile beider Juweliere an der Formulierung zu Schmuckstücken abgrenzen lassen, ist noch nicht untersucht. Die ehemals vorhandenen Vorzeichnungen der Garnitur sind 1945 verbrannt. Mindestens zwei von ihnen waren nach handschriftlicher Überlieferung mit dem persönlichen Siegel des Königs versehen und bedeuteten demnach eine Auftragsbestätigung für das kostspielige Werk, das zunächst bis ins Detail hinein auf dem Papier vorzustellen war. Es liegt nahe, in Triquet den Entwerfer der Garnitur zu sehen.
Alle Schildpatteile der Garnitur bis hin zu den schmalsten Leisten am Bügel des Degengefäßes sind in Piquétechnik ausgeführt, die angeblich im 16. Jahrhundert in Neapel erfunden und gegen Ende des 17. Jahrhunderts in Europa große Mode wurde. Mit eingelegten Streifen (Piqué-posé) oder eingeschlagenen Stiften, deren Kuppen als Punkt in Erscheinung traten (Piqué-point), aus Gold oder Silber in Schildpatt wurden zierliche Flächenmusterungen erzielt, die sich besonders für Dosen und andere kleine, aus der Nähe zu betrachtende Gegenstände anboten. Deren gewünschte Form oder Biegung – die Krücke des Stokkes (Nr. 1), der Knopf des Degengefäßes (Nr. 10) oder der Deckel der Tabatiere (Nr. 8) – erreichte man durch das Erweichen und allmähliche Einpressen des Schildpatts in dementsprechende Metallformen. Die Knöpfe dagegen sind gedrechselt. Zur Vorbereitung der Piqué-Arbeit wurde das Muster der Zeichnung übertragen und eingeritzt beziehungsweise eingestochen, dann das Metall eingeschlagen, wohl mit erwärmtem Werkzeug, die fertig verzierte Fläche schließlich überschliffen. Wieviel Zeit bis zu diesem Moment verging, läßt sich fast nicht ermessen. Triquet arbeitete vorwiegend in Piqué-posé-Technik. Bei Schraffuren erscheinen allein sechs Goldfäden auf einer Breite von zwei Millimeter, und die Einzelquadrate seiner Goldgitter innerhalb der Musterungen sind nur eineinhalb Quadratmillimeter groß. Leider ist an keiner Stelle der Macherlohn für die bewundernswerte Lupenarbeit überliefert.
Zur Fortsetzung seiner Arbeit an der »Schildkrötenen« Garnitur erhielt Triquet wiederholt Gold für die Einlegearbeit. Nach einer wohl von ihm herrührenden Zusammenstellung sind für den Hirschfänger, die Gehenk-, Schuh- und Knieschnallen sowie für drei Hemdenknöpfe 200 Golddukaten, für Degen und Peit-

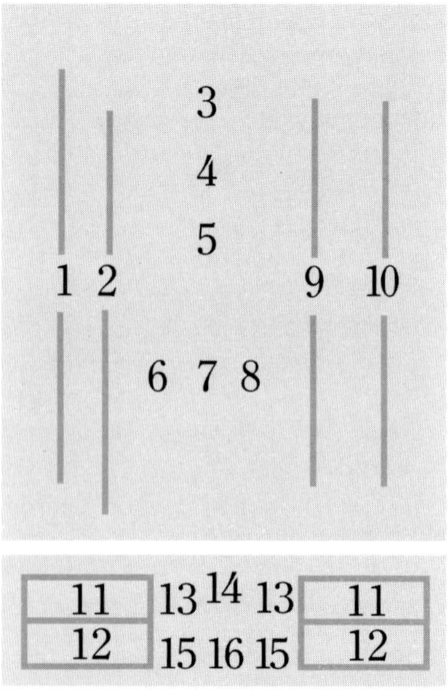

sche 115 und für das Goldene Vlies, Stern und Kleinod vom Polnischen Weißen Adlerorden 300 Dukaten verbraucht worden. Köhlers Juwelierarbeit gab dem kostbar beschlagenen Schildpatt wahrscheinlich in den meisten Fällen die endgültige Form der Schmuckstücke. Der belebende Brillantbesatz machte sie repräsentativer und auch aus der Ferne wirkungsvoll.
1824 und 1827 wurde ein Teil der Steine, meist größere und oftmals mit ihren Fassungen, ausgebrochen, um sie zur Vergrößerung der Brillantgarnitur zu verwenden.

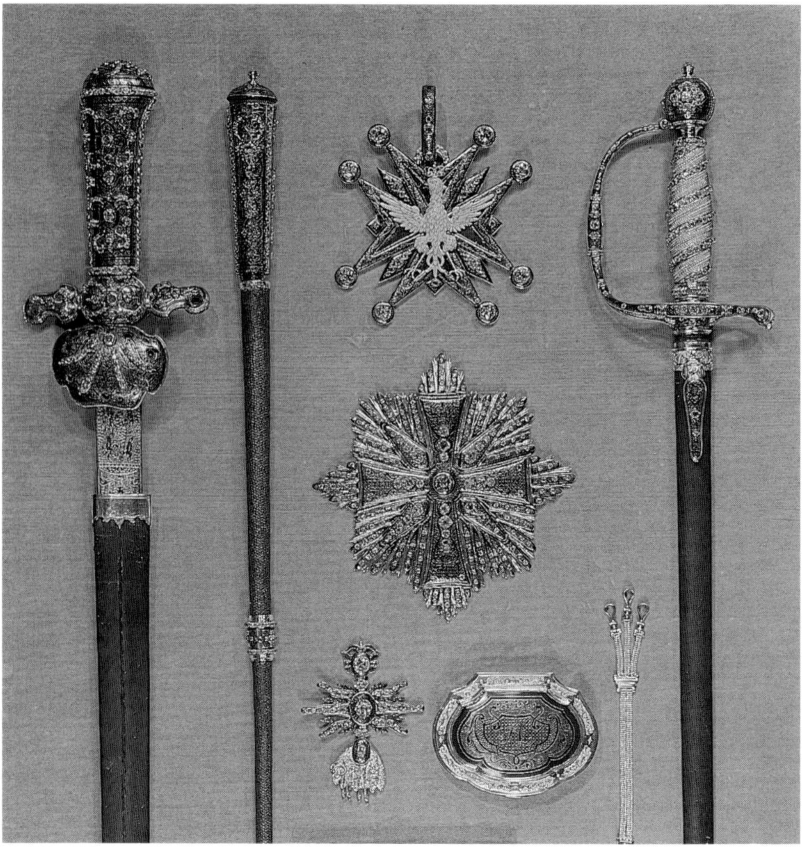

Stockknopf, nicht ausgestellt

4

1 Spazierstock mit Krückengriff
Holz, Schildpatt, Gold
Pierre Triquet
Dresden, vor 1728
VIII 223

2 Jagdpeitsche
umflochtene Gerte, Schildpatt, Gold, 441 Brillanten
Pierre Triquet und Johann Heinrich Köhler
Dresden, um 1723/1724
VIII 224

3 Stern des Polnischen Weißen Adlerordens
Schildpatt, Gold, 173 Brillanten (kompletter Besatz)
Pierre Triquet und Johann Heinrich Köhler
Dresden, um 1725
13,4 x 13,4 cm; VIII 224 a

4 Kleinod des Polnischen Weißen Adlerordens
Schildpatt, Gold, Email, 65 Brillanten (kompletter Besatz)
Pierre Triquet und Johann Heinrich Köhler
Dresden, um 1725
12,1 x 10,4 cm; VIII 215

5 Goldenes Vlies
Schildpatt, Gold, Email, 35 Brillanten (kompletter Besatz)
Pierre Triquet und Johann Heinrich Köhler
Dresden, um 1725
VIII 214

6 (Farbtafel 63)
Notizbuch
Schildpatt, Gold, 125 Brillanten, 40 Diamanten, 16 Smaragde, 6 Rubine, 1 Opal, 1 Kristall, Email, Elfenbein
Pierre Triquet und Johann Heinrich Köhler
Dresden, vor 1733
H. 7,6 cm, B. 11,2 cm; VIII 218

7

7 Uhr mit Uhrkette
Uhrwerk, Schildpatt, Gold
signiert auf dem Zifferblatt: Cabrier London
Uhrmacher: Charles Cabrier
wohl insgesamt London, vor 1733
VIII 219

8 Tabaksdose
Schildpatt, Gold
Pierre Triquet und Johann Heinrich Köhler
Dresden, vor 1733
VIII 217

9 Hirschfänger mit Scheide
Stahl, Leder, Schildpatt, Gold, 291 Brillanten
Pierre Triquet und Johann Heinrich Köhler
Dresden, um 1723
VIII 221

10 Degen mit Scheide
Stahl, Leder, Schildpatt, Gold, 243 Brillanten
Pierre Triquet und Johann Heinrich Köhler
Dresden, um 1723/1724
VIII 220

11 24 Westenknöpfe
Schildpatt, Gold
Pierre Triquet
Dresden, vor 1733
VIII 206

12 34 Rockknöpfe
Schildpatt, Gold
Pierre Triquet
Dresden, vor 1733
VIII 206

13 Zwei Knieschnallen
Schildpatt, Gold, 43 Brillanten
Pierre Triquet und Johann Heinrich Köhler
Dresden, um 1723
VIII 209

14 Große Muffschnalle
Schildpatt, Gold, 32 Brillanten
Pierre Triquet und Johann Heinrich Köhler
Dresden, vor 1733
VIII 207

15 Zwei Schuhschnallen
Schildpatt, Gold, 59 Brillanten
Pierre Triquet und Johann Heinrich Köhler
Dresden, um 1723
VIII 208

16 Knopf der Hutkrempe
Schildpatt, Gold, 17 Brillanten
Pierre Triquet und Johann Heinrich Köhler
Dresden, vor 1733
VIII 216

II Die Goldvitrine

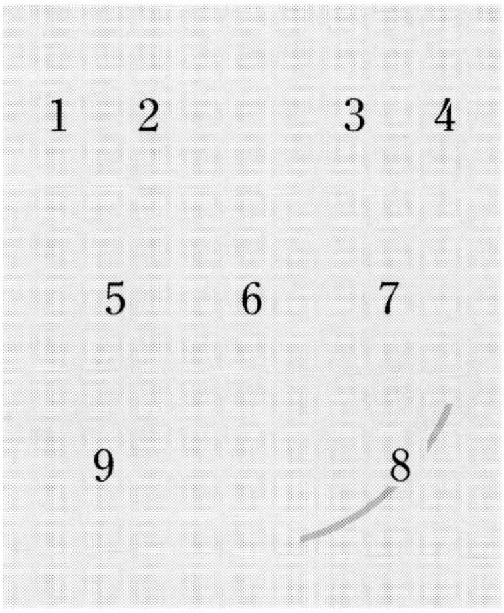

Ihre Zusammenstellung knüpft an die historische Komposition des »Silbervergoldeten Zimmers« von 1733 im Residenzschloß an, wonach ein Wandfeld allein den unterschiedlichsten Gefäßen und Geräten aus purem Gold gewidmet war. Diese prachtvolle Dekoration ist nicht wiederholbar, da der einst reiche Bestand als Folge des Siebenjährigen Krieges 1772 zu 80 Prozent eingeschmolzen wurde. Es verblieb nur ein kleiner, allerdings künstlerisch bedeutender Rest, der im wesentlichen in dieser Vitrine vereinigt ist: zwei Abendmahlsgeräte aus dem Rheinland (Nr. 5, 6, Farbtafel 51), der russische Koffsch von Iwan dem Schrecklichen (Nr. 9, Farbtafel 50), das Trinkhorn aus Dänemark (Nr. 8) und die Münzbecher für die vier Söhne Kurfürst Johann Georgs I. (Nr. 1 bis 4) aus Sachsen. Dessen Testament entsprechend, sollte sein gleichnamiger ältester Sohn sein Nachfolger werden, die drei jüngeren Brüder jedoch sollten festgelegte Teile des Kurfürstentums verwalten. Die Herzöge August, Christian und Moritz wurden die Begründer der Nebenlinien Sachsen-Weißenfels, Sachsen-Merseburg und Sachsen-Zeitz, die im Laufe des 18. Jahrhunderts, nach dem Aussterben des Mannesstammes, alle wieder an die Kurlinie zurückfielen. Der Anlaß für die Herstellung der zwischen 1 384 g und 1 393 g schweren Goldbecher im Jahre 1635 ist nicht bekannt. In den Boden jedes Gefäßes ist ein Goldabschlag des Doppeltalers von 1628, in die Deckelmitte ein solcher des Vikariatstalers von 1619 eingesetzt. Die Becherwandung schmücken unter anderen Denkmünzen auf die Jahrhundertfeier der Reformation von 1617 und der Augsburgischen Konfession von 1630, zwei große Jubiläen, die unter Kurfürst Johann Georg I. begangen wurden. Auch die drei Kugelfüße der Becher sind aus jeweils zwei Münzen gebildet. In der Vergabe dieser annähernd gleichartigen, gleichwertigen Becher an die vier Herzöge ist wohl die Absicht einer väterlichen Mahnung zur christlich- brüderlichen Verbundenheit in der Zukunft zu sehen.

Sächsischen Ursprungs ist auch die Wappenscheibe des Kurfürsten August (Nr. 10, Farbtafel 54).

Das goldene Horn (Nr. 8) stammt aus dem Besitz von Magdalena Sibylla, einer Tochter Kurfürst Johann Georgs I., die 1634 mit Kronprinz Christian, dem ältesten Sohn König Christians IV. von Dänemark, vermählt worden war. Das Urbild des Horns ist das 1639 in der Nähe von Tondern gefundene goldene Horn aus der Zeit um 500 n. Chr., dessen Deutung damals die gelehrte Welt sehr beschäftigte. Christian IV. hatte den kostbaren Fund seinem Sohn geschenkt. Als dieser 1647 starb, blieb das Horn im Besitz seiner Frau, doch nur unter der Bedingung, daß sie sich nicht wiedervermählte. Sie kehrte aber 1652 nach Sachsen zurück, um Herzog Friedrich Wilhelm II. von Sachsen-Altenburg zu heiraten, und mit ihr eine freie Kopie des berühmten antiken Goldhornes, dessen Original 1802 verlorenging.

1 Münzbecher mit dem Monogramm HIG
Gold
Abraham Schwedler
Dresden, 1635
H. 14 cm; IV 69

2 Münzbecher mit dem Monogramm HA
Gold
Abraham Schwedler
Dresden, 1635
H. 14 cm; IV 70

3 Münzbecher mit dem Monogramm HC
Gold
Abraham Schwedler
Dresden, 1635
H. 14 cm; IV 77

4 Münzbecher mit dem Monogramm HM
Gold
Abraham Schwedler
Dresden, 1635
H. 14 cm; IV 78

3/4

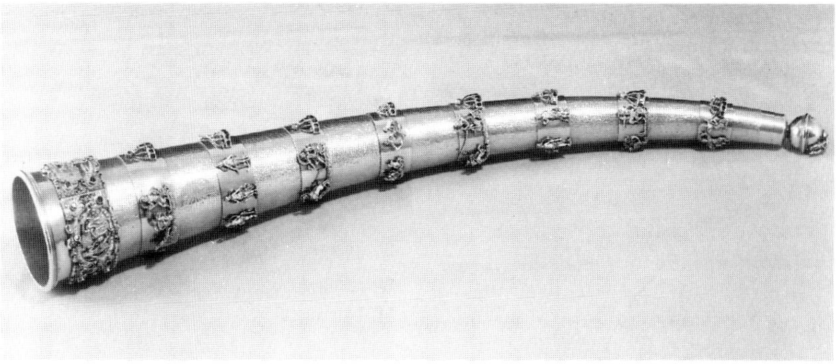

8

5 (Farbtafel 51 rechts)
Weinkännchen
Gold, Email, 7 Diamanten, 14 Rubine
um 1550
H. 16,5 cm; IV 41

6 (Farbtafel 51 links)
Abendmahlskelch
Gold, Email, 9 Diamanten, 3 Rubine,
1 Smaragd, 1 Türkis
wohl Köln, um 1560
H. 19,5 cm; IV 42

7 (Farbtafel 54)
Wappenscheibe des Kurfürsten August
Hinterglasmalerei, Gold, Email,
Miniatur in Öl auf Kupfer
Valentin Geitner
Dresden, dat. 1586
D. 12,5 cm; V 614

8 Jagd- und Trinkhorn
mit dem Monogramm MS
Gold, Email, Diamanten, Rubine,
Smaragde
wohl Henrik Langemack
Kopenhagen, dat. 1650
L. 49,5 cm; IV 45

9 (Farbtafel 50)
Trinkschale des Zaren Iwan
des Schrecklichen
Gold, Niello, 4 Saphire, Rubine, Perlen
Rußland, nach 1563
L. 23 cm, IV 43

III Die Vitrine mit dem Rosettenanhänger

Wohl aus dem Besitz der Kurfürstin Anna stammt das Anhängestück in Form einer Rosette (Nr. 6). Ihre Mitte ist ein Stern, zusammengesetzt aus 12gratig geschliffenen Diamanten, in deren Kanten sich das Licht bricht. Ein goldener Stift hält die Spitzen des Sterns zusammen, ein Reif mit übergreifenden Krallen sichert die Steine am Rand. Derartige Diamantsterne, meist Rosen genannt, waren eine zeitlich begrenzte Modeerscheinung, die mit der Entwicklung des Vielfacettenschliffs der Diamanten im 17. Jahrhundert an Bedeutung verlor. Neben den beiden mit Diamanten ausgefaßten Soldatenfigürchen (Nr. 2, 8), die wahrscheinlich Besatzteile eines Kästchens waren, ist die von Smaragden und Rubinen umgebene Diamantrose das einzige Juwelierwerk dieser Gattung vor der Mitte des 16. Jahrhunderts aus kurfürstlichem Familienbesitz. Der kreuzförmige Anhänger mit Topasen (Nr. 15) ist ein Bodenfund aus der Nähe von Zwickau, der erst 1905 in die Schatzkammer

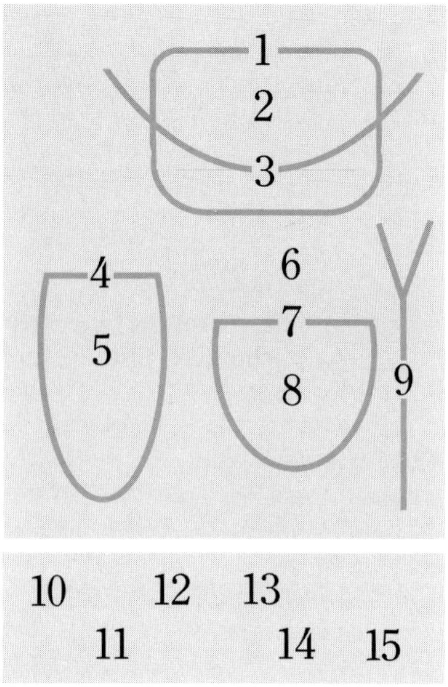

kam. Die Perlmutterarbeiten (Nr. 4, 5) sind alter Kunstkammerbesitz. Nur bei Luthers Siegelring (Nr. 11) ist aufgrund der eingeschnittenen Rose und seiner spiegelbildlich eingeschnittenen Initialen ML die Herkunft aus dem Besitz des Reformators nicht anzuzweifeln. Der Ring vererbte sich auf seinen Urenkel, der ihn vor 1652 an Kurfürst Johann

6

Georg I. verschenkte und von diesem noch auf dem Sterbebett getragen wurde. Mit gleicher Verehrung wurde der angebliche Ring Philipp Melanchthons behandelt (Nr. 12). Beide befanden sich wohlverwahrt in kleinen verzierten Metalldöschen in der Kunstkammer, legendenumwoben, was auch für den Saphirring Johann Friedrichs des Großmütigen (Nr. 10), des Beschützers Luthers und strenggläubigen Protestanten, zutrifft. Er soll diesen Ring der Überlieferung nach 1547 bei seiner Gefangennahme in der Schlacht bei Mühlberg einem Herrn von Trotha geschenkt haben. Kurfürst Johann Georg I. hat ihn 1642 für 130 Taler erworben. August der Starke verzichtete nicht darauf, die mit so berühmten Namen verbundenen Ringe, die von seinen Vorfahren als Reliquien angesehen wurden, in das Juwelenzimmer aufzunehmen. Ihnen zugesellt ist ein 1890 angekaufter schwerer antiker Goldring (Nr. 14), von dem angenommen wird, daß er in der Schlacht bei Mühlberg verloren wurde, da man ihn in der Nähe des Schlachtfeldes entdeckte.

Der Stifter der 802 g schweren Trinkschale (Nr. 13) an die »Gelehrte Donaugesellschaft«, eine Humanistenvereinigung zur Pflege der Künste und Wissenschaften, war Augustin Kesenbrot aus Olmütz, Kanzler des Königs Wladislaus II. von Ungarn. Umgeben von römischen Münzen zeigt das Mittelfeld einen Bacchusputto mit Trauben. Um den Rand der Schale zieht sich die lateinische Inschrift: »Der Phöbussöhne heilige Schar und der Orden der Eingeweihten mögen mit dieser Patera des Bacchus reichliche Gaben spenden. Ferne von hier, ferne seid, Uneingeweihte«. Die Schale gelangte aus Olmütz, wo Kesenbrot 1510 starb, nach Rußland und ist dort um 1700 für August den Starken erworben worden.

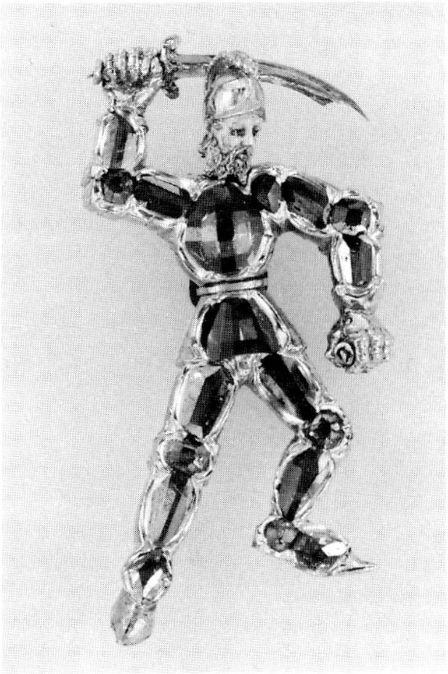

2

1 Brustkette
Gold
16. Jahrhundert
L. 138 cm; VIII 275

2 Kleiner Soldat
Gold, 18 Diamanten
1. Hälfte 16. Jahrhundert
D. 4,5 cm; VI 7 e

3 Brustkette mit Rosetten
Gold
16. Jahrhundert
L. 200 cm; VIII 267

4 Gürtelkette
Perlmutterplatten, Wollquaste
wohl Süddeutschland,
Anfang 16. Jahrhundert
L. der Kette 132 cm;
H. des Anhängers 6,5 cm; 1931/3

5

5 Medaillon mit dem hl. Georg
Perlmutter, Silber, vergoldet
wohl Deutschland, um 1500
H. 8 cm, D. 6,6 cm; VI 79

6 Anhänger in Rosettenform
Gold, 12 Diamanten, 3 Rubine,
3 Smaragde
1. Drittel 16. Jahrhundert
H. 5,3 cm; VIII 298

7 Brustkette aus 38 Gliedern
Bergkristall, Gold, Email
16. Jahrhundert
L. ca. 90 cm; V 300 ppp

8 Kleiner Soldat
Gold, 21 Diamanten, Perlmutter, Eisen
1. Hälfte 16. Jahrhundert
L. 5 cm; VI 7 d

9 Anhängekette mit Haken
Gold
16. Jahrhundert
L. 71,5 cm; VIII 268

10 Ring Kurfürst Johann Friedrichs des Großmütigen
Saphir, Gold, Email
Deutschland, um 1540
VIII 96

11

12

11 Siegelring Martin Luthers
Karneol, Gold
wohl Augsburg, um 1530
VIII 97

12 Ring Philipp Melanchthons
Achat, Gold
Deutschland, 1. Hälfte 16. Jahrhundert
VIII 98

13 Trinkschale des Augustin Kesenbrot, genannt Olmützer
Gold, 22 römische Münzen
Süddeutschland, dat. 1508
D. 18,5 cm; IV 40

14 Ring mit Aureus des Kaisers Septimius Severus
Gold
3. Jahrhundert n. Chr.
VIII 386

15 Anhänger mit Kette
Gold, 5 Topase, 5 Perlen
Deutschland, Anfang 16. Jahrhundert
L. der Kette 74 cm, H. des Anhängers (mit Perle) 4,8 cm; VIII 419

13

14

Ausschnitt 15

IV Der Brillantschmuck und die Perlen der Königinnen

Im Mittelpunkt steht das prächtige Kollier aus 38 Brillanten mit anhängendem tropfenförmigen Schlußstein (Nr. 7). Es war in anderer Zusammensetzung zwischen 1746 und 1749 durch Jean Jacques Pallard aus Genf für die Königin Maria Josepha gearbeitet worden. Durch Hinzunahme weiterer Steine entstand daraus 1819 durch den Hofjuwelier August Gotthelf Globig das zweireihige Halsband aus damals 32 Brillanten für Königin Amalie, das kurze Zeit darauf erneut umgearbeitet und auf seinen heutigen Umfang erweitert wurde. Bei dieser Gelegenheit sind alle Steine à jour, das heißt ohne Verbödungen gefaßt worden, auch die Ohrgehänge (Nr. 11, 12), die das Kollier komplettieren.

Aus Maria Josephas Besitz stammt auch die Haarnadel in Gestalt eines schwarzen Adlers (Nr. 4), der im Schnabel einen ungefaßten langen Diamanttropfen hält, den wohl hellsten und klarsten Stein des Grünen Gewölbes, fein facettiert und ganz dünn durchbohrt an schmaler Stelle. Die damalige Kurprinzessin trug den Haarschmuck bereits kurz nach ihrer Vermählung im Jahre 1719. Ihrer Herkunft eingedenk, wurde der ursprünglich weiß emaillierte Adler in den schwarzen Kaiseradler umverwandelt. Nach ihrem Tod 1757 ließ die Kurfürstinwitwe Maria Antonia den so persönlich zugeschnittenen Schmuck 1763 aus den Privatgemächern in das Grüne Gewölbe bringen, womit er dem wettinischen Hausschmuck zugeordnet wurde.

Die pompöse Brustschleife entstand 1782, als dem Kurfürsten-, später Königspaar Friedrich August dem Gerechten und Amalie ihre Tochter Maria Augusta geboren wurde, und darf wohl als eine Huldigung für die Kurfürstin angesehen werden, die dieses kostbare und schwere Repräsentationsstück vielleicht niemals tatsächlich getragen hat. Zur Herstellung der Schleife wurden die Steine aus 27 Rockknöpfen und 12 Westenknöpfen sowie aus drei weiteren Schmuckstücken der Brillantgarnitur verwendet, deren großer Hemdenknopf aber ungebrochen, das heißt so wie er gefaßt war, in die Mitte der Schleife versetzt. Durch Königin Carola sind in den siebziger und achtziger Jahren des 19. Jahrhunderts das Kollier, die beiden Schmuckstücke für das Haar in Form der Sonne (Nr. 9) und des Mondes (Nr. 11) sowie gelegentlich auch die große Brustschleife aus dem musealen Dasein erneut in das glänzende Licht des lebendigen Hoflebens zurückversetzt worden, erkennbar zuletzt anläßlich der Feier des 800jährigen Regierungsjubiläums des Hauses Wettin im Jahre 1889.

Über die Halsperlen liegen früheste Nachrichten aus dem Jahre 1734 vor. Damals befanden sich im Vorrat des Grünen Gewölbes 226 auf mehrere Schnuren gefädelte Landperlen, die »nach und nach in sächsischen Landen gefunden« worden waren, hauptsächlich in der weißen Elster. Vergleichbar dem Bergrecht, gehörte die Perlenfischerei zu den kurfürstlichen Privilegien. Sie wurde bereits in der zweiten Hälfte des 16. Jahrhunderts im Vogtland betrieben und erbrachte im 17. Jahrhundert durch intensive Pflege und Vermehrung der Perlmuscheln zeitweilig beachtliche Jahreserträge. Obwohl die einheimischen Perlen den orientalischen an Silberhelle und Milchglanz nachstehen, stellten sie damals – und heute mehr denn je – eine große Rarität dar. Aus dem allmählich angesammelten Vorrat wurden 1804 die 177 schönsten Perlen ausgewählt und zum Halsschmuck der Kurfürstin Amalie bestimmt (Nr. 2). Die ursprünglich in fünf Schnuren aufgereihten 236 orientalischen Perlen (Nr. 5), die in dieser Fülle erstmalig im Juweleninventar von 1817 verzeichnet sind, hat Königin Maria Anna zwischen 1836 und 1848 in Verwahrung gehabt und demnach zu ihrem Schmuck erkoren.

Dem Juwelenschmuck der Regentinnen ist auf fünf Tabletts der Großteil erhaltener Ringe des 18. Jahrhunderts beigeordnet, wenige davon für weibliche Hände erschaffen. Sie entstanden zum Teil im Zusammenhang mit den Juwelengarnituren der Könige, wie der Schildpattring (Nr. 62), oder wurden in diese Ensemble später integriert, unterlagen jedoch einem Sonderstatus, da sie in der Überzahl nicht bei den Garnituren ausgelegt, sondern in einem eigenen Ringfutteral vereinigt waren, das die Könige August II. und August III. ständig mit sich führten. Dieses Etui enthielt jeweils die Lieblingsringe, auch Stecher genannt, worunter wohl die durch Schönheit, Wert oder Erinnerungswert hervorstechenden Exemplare zu verstehen sind. Die traditionelle Aufbewahrung besonderer Ringe im Stecherfutteral hielt sich bis in das frühe 19. Jahrhundert.

Zu den im Jahre 1722 verzeichneten 22 Stechern Augusts des Starken, worunter sich auch fünf Ringe mit geschnittenen Steinen befanden, gehörten der Ring mit dem blauen Diamant im Rautenschliff (Nr. 38), mit rundem Hyazinth (Nr. 53) und der Türkisring (Vitrine XI, Nr. 12) aus altem Familienbesitz. Zusammen mit einem ebenfalls ererbten Diamantring des späten 16. Jahrhunderts (Vitrine VII, Nr. 11) war der orientalische Türkis auch unter den 27 Stechern König Augusts III. Dessen persönliches Etui enthielt den Ring mit herzförmigem Rautendiamant (Nr. 30), mit einem Opal (Nr. 34), mit ge-

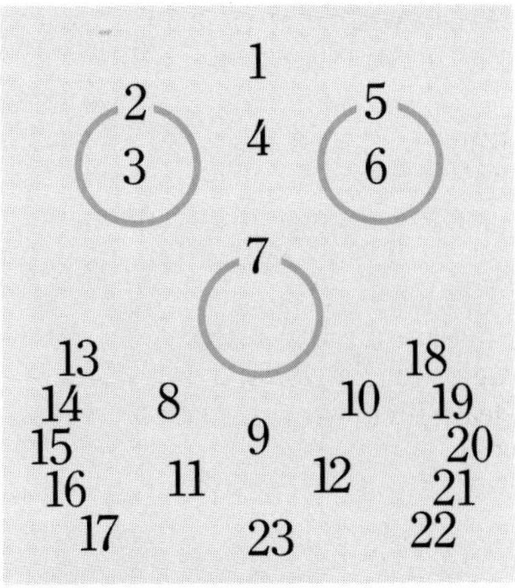

Die Ringe siehe S. 262

schnittenem Onyx (Nr. 35), mit dem Blauen Diamant, den schon sein Vater auserwählt hatte (Nr. 38), drei Ringe mit Smaragden (Nr. 40, 41, 44) und zwei Ringe mit rötlichem Brillanten auf ehemals roten Folien (Nr. 58, 59), die zur achatnen Jagdgarnitur zählten. Während des durch den Siebenjährigen Krieg bedingten Aufenthaltes in Polen zwischen 1756 und 1763 ließ August III. mehrere seiner Ringe verändern. 1805 wurde der damals im Vorrat verwahrte orientalische Opal (Nr. 36) von August Gotthelf Globig gefaßt und kam als letzter Ring in das Stecherfutteral.

Die 1767 für 1 000 Taler angekaufte Ringuhr (Nr. 51) ist das Gemeinschaftswerk des Großenhainer Uhrmachers Fischer und seiner beiden Söhne. Ihr komplizierter Mechanismus und akkurater Gang, der nach nur drei Umdrehungen beim Aufziehen acht Tage lang ohne Stocken funktionierte, erregten sofort die uneingeschränkte Bewunderung des Hofes und der Zeitgenossen. Das mit technischer Raffinesse ausgeklügelte kleine Kunstwerk gelangte folgerichtig in die Kunstkammer und erst von dort 1832 in das Grüne Gewölbe.

1

1 Brustschleife
662 Brillanten, Silber
Christian August Globig
Dresden, 1782
B. 21 cm; VIII 36

2 Kette aus 177 sächsischen Perlen
1805 aufgereiht
VIII 33

2

3 Schmucknadel mit dreifacher Brillantschleife
Diamanttropfen von 10 3/4 Karat, Silber
Dresden, vor 1782
VIII 41

4 Haarschmuck mit schwarzem Adler
Diamanttropfen von 17 1/8 Karat, Gold, Silber, Email
wohl Johann Melchior Dinglinger
Dresden, 1713, verändert 1719, 1939 rekonstruiert
L. des Tropfens 3 cm; VIII 37, VIII 196

5 Perlenkette
228 orientalische Perlen in 4 Schnuren
zuerst erwähnt 1817
VIII 32

6 Schmucknadel mit Brillantzweig
Diamanttropfen von 21 Karat, Silber
Dresden, vor 1782, 1939 rekonstruiert
VIII 40, VIII 37

7 Kollier
37 Brillanten, 1 Brillanttropfen von 29 7/8 Karat, Silber
Ignaz Konrad Plödterl
Dresden, um 1824
VIII 38

4

8

9

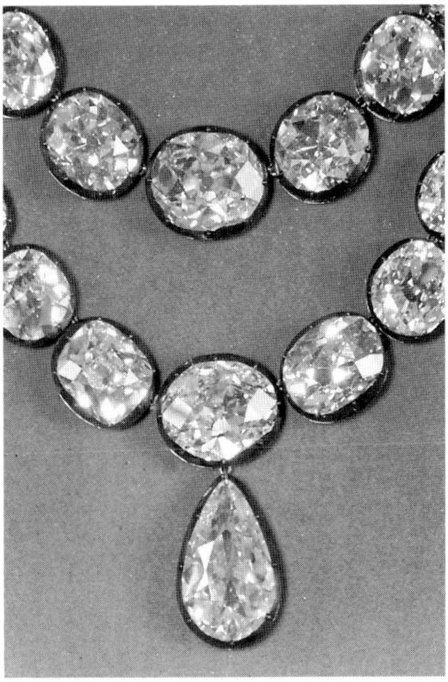

Ausschnitt 7

9, 8, 10 Haarschmuck
in Form einer Sonne mit 127 Brillanten,
einer halben Sonne mit 91 Brillanten,
einer Mondsichel mit 65 Brillanten,
Fassungen Silber
wohl Christian August Globig
Dresden, zwischen 1782 und 1789
VIII 42

11, 12 Zwei Ohrgehänge zum Brillantkollier
2 Brillanten, 2 Brillanttropfen
Ignaz Konrad Plödterl
Dresden, um 1824
VIII 39

13 bis 22 Zehn Haarnadeln
10 Brillanten, Silber
August Gotthelf Globig
Dresden, 1820
VIII 35

23 Muffhaken
Brillanten, Silber
wohl Christian August Globig
Dresden, zwischen 1782 und 1789
VIII 34

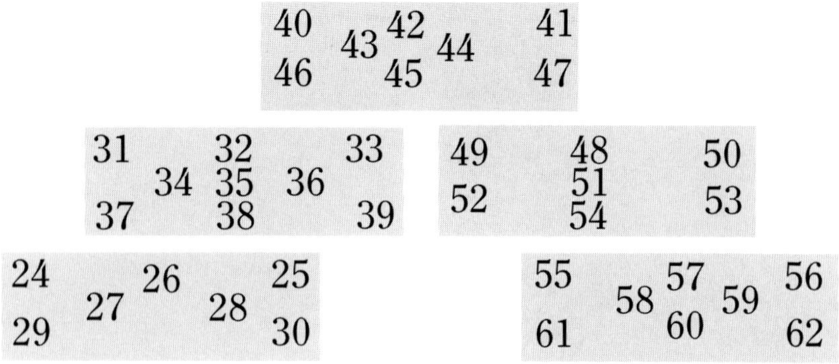

DIE RINGE

24
Granat, 17 Brillanten, Gold, Silber
18. Jahrhundert
VIII 90

25
Granat, 22 Brillanten, Gold, Silber
18. Jahrhundert
VIII 91

26
Saphir, 2 Brillanten, Gold, Silber
frühes 18. Jahrhundert
VIII 94

27
Aquamarin, 20 Brillanten, Gold, Silber
18. Jahrhundert
VIII 47

28
Grünlicher Brillant, 22 kleine Brillanten, Gold, Silber
18. Jahrhundert
VIII 46

29
Bläulicher Brillant in Herzform, 18 kleine Brillanten, Gold, Silber
18. Jahrhundert
VIII 52

30

30
Diamant in Tropfenform, Gold, Silber, Email
vor 1734
VIII 55

31
Hyazinth, 26 Brillanten, Gold, Silber
18. Jahrhundert
VIII 69

32
Ovaler Granat, 26 Brillanten, Gold, Silber
18. Jahrhundert
VIII 70

33
Ovaler Granat, 24 Brillanten, Gold, Silber
18. Jahrhundert
VIII 71

34
Opal, 2 Diamanten, Gold, Email
vor 1734
VIII 76

34

35
Onyx mit eingeschnittenem Merkur,
4 Brillanten, Gold
vor 1734
VIII 77

36
Opal, 24 Brillanten, Gold, Silber
umgefaßt von August Gotthelf Globig
Dresden 1805
VIII 72

37
Topas, 14 Brillanten, Gold, Silber
umgefaßt in Warschau, 1763
VIII 74

38
Bläulicher Diamant in Tropfenform, Gold
vor 1722
VIII 54

39
Topas, 12 Brillanten, Gold, Silber
umgefaßt in Warschau, 1763
VIII 73

40
Viereckiger Smaragd, 12 Brillanten, Gold,
Silber
erworben 1749
VIII 64

41
Viereckiger Smaragd, 12 Brillanten, Gold,
Silber
erworben 1749
VIII 68

42
Almandin, 14 Brillanten, Gold, Silber
18. Jahrhundert
VIII 62

43
Viereckiger diagonal gestellter Smaragd,
20 Brillanten, Gold, Silber
18. Jahrhundert
VIII 65

44
Viereckiger Smaragd, 20 Brillanten, Gold,
Silber
erworben 1742
VIII 67

45
Brillant in Tropfenform, 15 kleine Brillanten, Gold, Silber
18. Jahrhundert
VIII 44

46
Gelber Brillant, 17 kleine Brillanten, Silber
18. Jahrhundert
VIII 48

47
Gelber Brillant, 24 kleine Brillanten, Gold
18. Jahrhundert
VIII 49

48
Herzförmiger Rubin, 4 Brillanten, Silber
vor 1734
VIII 84

49
Brillant, Kastenfassung unten und obere
Schiene mit kleinen Brillanten, Silber
18. Jahrhundert
VIII 43

50
Leicht bläulicher Brillant, 15 kleine
Brillanten, Gold, Silber
18. Jahrhundert
VIII 45

51
Uhr mit emailliertem Zifferblatt, Gold
Uhrmacher: Johann Benjamin (?) Fischer
Großenhain, 1767
VIII 101

52
Tropfenförmiger Rubin, 2 Brillanten, Gold, Silber, Email
vor 1719
VIII 58

53
Hyazinth, Gold, Silber, Email
vor 1722
VIII 86

54
Violetter Almandin, 2 Brillanten, Gold
frühes 18. Jahrhundert
VIII 82

55
Almandin, kleine Brillanten, Silber
18. Jahrhundert
VIII 60

56
Almandin, 20 Brillanten, Gold, Silber
18. Jahrhundert
VIII 59

57
Violetter Almandin, 18 Brillanten, Gold
18. Jahrhundert
VIII 61

58
Rosafarbener Brillant, Gold
vor 1734
VIII 51

59
Rosafarbener Brillant in Tropfenform, 11 Brillanten, Gold, Silber
umgefaßt in Warschau, 1763
VIII 50

51

59

62

60
Topas, 24 Brillanten, Gold, Silber
Johann Friedrich Dinglinger
Dresden, 1738
VIII 81

61
Brauner Brillant, Gold, Email
frühes 18. Jahrhundert
VIII 53

62
Schildpatt mit Goldeinlagen, 7 Brillanten, Gold, Silber
Pierre Triquet und
Johann Heinrich Köhler
Dresden, vor 1731
VIII 95

V Die Karneolgarnitur

Die Karneolgarnitur ist mit 123 ausgestellten Einzelteilen die umfangreichste Juwelengarnitur, die sich aus der Zeit Augusts des Starken erhalten hat, so beispielsweise mit dem kompletten Satz an Rock- und Westenknöpfen (Nr. 15, 16). Eine Besonderheit stellen die in Golddraht eingebundenen und jeweils mit einer Diamantraute verzierten Karneoltropfen dar (Nr. 3), die man im 18. Jahrhundert »Ungarische Knöpfe« nannte und die ebenfalls als Rockbesatz zu denken sind. Hirschfänger (Nr. 13) und Peitsche (Nr. 2) weisen die Garnitur als zur Jagd bestimmt aus. Der bisher unbekannte Steinschneider der Karneole ist wahrscheinlich Dresdener Herkunft. Er folgte den detaillierten Entwürfen des Hofjuweliers Johann Melchior Dinglinger, in dessen Werkstatt die Mehrzahl der Schmuckstücke ihre heutige Gestalt empfing, manches vielleicht durch seine Hand. Übereinstimmend sind größere rundliche Steine als wirbelnde Rosetten geschnitten und deren Mitte jeweils mit einem in Silber gefaßten Brillanten besetzt. Rote Folien unter den flach ausgebildeten Steinen beleben den Farbglanz der Karneole, ein früh geübter Kunstgriff der Juweliere, der auch bei allen anderen Juwelengarnituren entsprechend ihrer Farbigkeit angewendet wurde. Die Griffe der großen Gerätschaften (Nr. 13, 2) und das diesen ähnelnde Etui oder Flakon (Nr. 18) sind zungenförmig geschliffen, die Grate dicht schraffiert, und nehmen mit der Drehung das Wirbelmotiv der Knopfsteine wieder auf. Fein gedrehte Goldfäden sind in die Rillen eingelegt, ein Charakteristikum Dinglingerscher Gestaltungsweise, mit dem er üppig ausgestattete Partien der Fassung optisch zart aneinanderkettet. Das Kernstück der Garnitur ist zweifellos die königliche Hutzier (Nr. 5) mit einer großen, unregelmäßig pflanzlich geschnittenen Karneolplatte, die von asymmetrisch angeordneten »wehenden« Reiherfedern aus vergoldetem Silber umgeben ist: Es wechseln ganz schmale ziselierte Federn mit Schwüngen, die mit zunehmend größeren, zu den Spitzen hin sich wieder verkleinernden Brillanten ausgesetzt sind; dazwischen sind zwei gegenläufige Züge eingefügt, besetzt mit Brillantreihen und akzentuierenden Karneolrosetten. Das sprühende Feuerwerk ausgewogener Eleganz entfaltet sich über dem Monogramm des Königs, einem großen A, das zusammen mit einem Knopf die Hülse ziert, in die der natürliche Federstutz, der über dem Juwelierwerk wippte, eingesteckt wurde. Wahrscheinlich war die Karneolgarnitur in Teilen bereits um 1710 existent oder in Arbeit. Sie ist jedoch in heutiger Form erst 1719 im Zusammenhang mit den Hochzeitsfestlichkeiten für das Kurprinzenpaar Friedrich August und Maria Josepha vollendet worden. Sowohl die Uhr (Nr. 4, Farbtafel 62) als auch die runde Dose mit geschnittenem Himmelsglobus (Nr. 17) hat deutliche Bezüge zum Berghäuerfest, das den Abschluß und zugleich den Höhepunkt der glanzvollen hochzeitlichen Planetenfeste bildete. Im Deckel der Dose sind zwischen zwei Pyramiden, geschmückt mit den Wappen Sachsens und Polens, über der aus dem Berg stürzenden Kaskade die sieben Planetengottheiten dargestellt, deren Zusammenkunft eine glückliche Konstellation für das Hochzeitspaar verheißen sollte.

Nach der Taxierung im Jahre 1719 durch die Hofjuweliere Johann Melchior Dinglinger und Johann Heinrich Köhler sowie den Hofagenten Jonas Meyer kostete die Karneolgar-

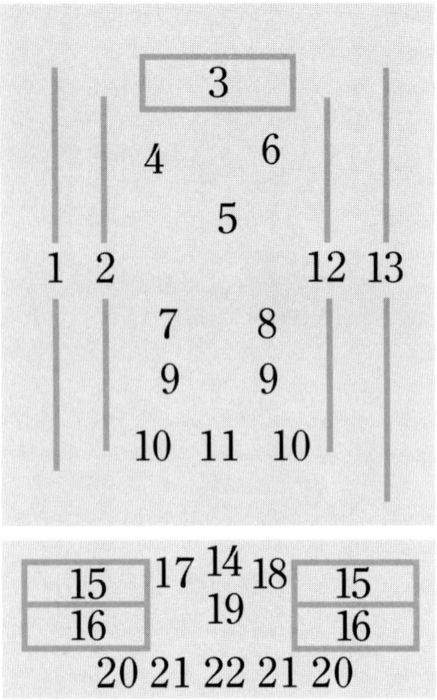

nitur insgesamt 47 922 Taler: die einzeln genannten Brillanten 20 834, 1889 kleine Brillanten 18 240, 202 große und kleine Karneole 4 168 sowie Gold, Silber, Macherlohn und anderes 4 680 Taler.

1 Stock
spanisches Rohr, Karneol, Brillanten, Gold, Silber
Dresden, vor 1719
VIII 239

2 Peitsche
umflochtene Gerte, Karneol, Rubine, Gold, Silber, teilweise vergoldet
wohl Johann Melchior Dinglinger, vor 1719
L. 107,5 cm; VIII 243

3 24 Knöpfe in Tropfenform
Karneol, Diamant, Gold
Anfang 18. Jahrhundert
VIII 227

4 (Farbtafel 62)
Uhr mit Uhrkette
Uhrwerk, Karneole, Farbsteine, Brillanten, Rubine, Gold, Silber vergoldet, Email
Uhrkette: Johann Melchior Dinglinger
Dresden, 1713
Uhrgehäuse: wohl Johann Melchior Dinglinger, Dresden, um 1719
L. der Kette 22 cm, D. der Uhr 5,5 cm; VIII 234

17

5

6

5 Hutzier
Karneole, Brillanten, Gold, Silber, zumeist vergoldet
Entwurf: Johann Melchior Dinglinger
Dresden, vor 1719
H. 26 cm; VIII 233

6 Kleinod des Ordens vom Goldenen Vlies
Karneole, Brillanten, Gold, Silber
Dresden, vor 1733
VIII 241

7 Schließe
Karneole, Brillanten, Silber, zumeist vergoldet
Dresden, vor 1719
VIII 245

7

8 Große Schnalle zum Gehenk des Hirschfängers
Karneole, Brillanten, Silber, zumeist vergoldet
VIII 229

9 Zwei Schuhschnallen
Karneole, Brillanten, Silber, zumeist vergoldet
Dresden, vor 1719
VIII 231

9

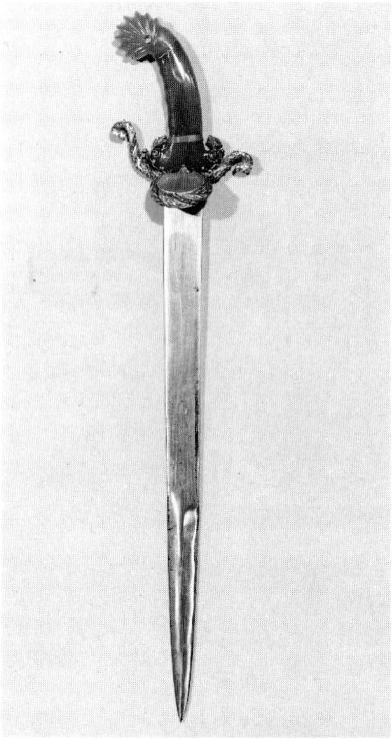

12

13

10 Zwei Knieschnallen
Karneole, Brillanten, Silber, zumeist vergoldet
Dresden, vor 1718
VIII 228

11 Hutschnalle
Karneole, Brillanten, Silber, zumeist vergoldet
Dresden, vor 1719
VIII 232

12 Kleiner Hirschfänger
Stahl, Karneole, Brillanten, Silber, zumeist vergoldet
Anfang 18. Jahrhundert
VIII 242

13 Großer Hirschfänger mit Scheide
Stahl, Leder, Karneole, Brillanten, Gold, Silber, zumeist vergoldet
wohl Johann Melchior Dinglinger
Dresden, vor 1719
VIII 240

14 Tabaksdose mit Schmetterling
Karneole, Brillanten, Gold
Dresden, vor 1719
in der Dinglinger-Werkstatt 1722 verändert
H. 7,5 cm; VIII 235

15 36 Rockknöpfe
Karneol, Brillant, Silber, zumeist vergoldet
Werkstatt des Johann Melchior Dinglinger
Dresden, 1719
D. 2,2 cm; VIII 225

16 36 Westenknöpfe
Karneol, Brillant, Silber, zumeist vergoldet
Werkstatt des Johann Melchior Dinglinger
Dresden, 1719
D. 1,1 cm; VIII 226

14

17 Tabaksdose mit Himmelsglobus
Karneol, Gold, Miniaturgemälde auf Elfenbein
Johann Melchior Dinglinger
Dresden, 1719
D. 7,5 cm; VIII 238

18 Etui
Karneol, Gold
wohl Johann Melchior Dinglinger
Dresden, vor 1719
L. 10,5 cm; VIII 230

19 Zwei doppelte Manschettenknöpfe
Karneole, Brillanten, Silber, zumeist vergoldet
Dresden, vor 1719
VIII 237

20 Zwei Stockknöpfe
Karneole, Gold
Dresden, vor 1733
VIII 244

21 Vier Besatzstücke zum Gehenk des Hirschfängers
Karneol, Brillanten, Silber, zumeist vergoldet
Dresden, vor 1719
VIII 245 a

22 Halshemdenknopf
Karneol, Brillanten, Silber, zumeist vergoldet
vor 1733
VI 8 hh

VI Schmuck der Kurfürstin Anna

Die aus Dänemark stammende Kurfürstin Anna war eine der elegantesten höfischen Erscheinungen des 16. Jahrhunderts. Lukas Cranach malte sie 1564 im spanischen Hofkleid mit eng geschnürtem Oberteil und kegelförmig ausgestelltem Rock, der durch ein Gerüst die vorgegebene Façon behielt. Im eckigen Ausschnitt ist das weiße Hemd mit kleiner Spitzenkrause zu sehen. Über dem Kleid trägt die Kurfürstin einen ungegürteten Mantel mit Puffärmeln und reicher Goldstickerei. Ihr Haar ist unter der Haube aus Golddraht verborgen. Gesicht und Hände sind, entsprechend der Etikette, die einzigen sichtbaren Körperteile. Komplettiert wird das Hofkleid aber erst durch den Schmuck, dessen Anordnung Symmetrie wahrt unter Betonung der Mittelachse; lediglich das schräg aufgesetzte Barett durfte davon abweichen. Die Kurfürstin trägt um den Hals ein breites Geschmeide und zwei Brustketten mit je einem Anhängestück, dazu eine zweimal breit um den Hals gelegte Gliederkette und zudem eine goldemaillierte Gürtelkette, deren schweres Endstück bis an den Saum des Kleides herabfällt; die Arme sind mit gleichartigen Armbändern, die Hände mit Ringen geschmückt. Anna war unvorstellbar reich an Juwelen jeglicher Gattung, wie das nach ihrem Tod 1585 erstellte Schmuckverzeichnis erweist. Sie verwahrte ihren Schmuck in ihrem Schlafgemach in fünf eisenbeschlagenen Schmuckkästen, von denen jeder sieben Schubladen hatte. Eines dieser 35 Fächer enthielt beispielsweise 18 Ringe, ein anderes 27 goldene Armbänder, woraus man eine Vorstellung von ihrem Fassungsvermögen gewinnen kann. Nur ein Bruchteil davon ist erhalten.

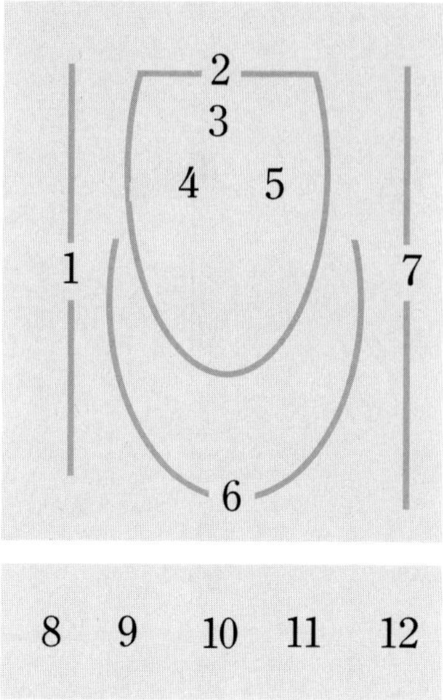

Christian I. erbte die Juwelen seiner Mutter, und nach dessen Tod wurden sie unter seine Söhne aufgeteilt. Später gibt es keine Nachrichten mehr über Annas Schmuck bis zur Veröffentlichung des gesamten, auch des ererbten Juwelenbesitzes unter August dem Starken.

In vielfältiger Weise zeigt sich an den erhaltenen Ketten (Nr. 1, 7, 10) und Anhängern (Nr. 4, 3, Farbtafel 53) die Vorliebe der Kurfürstin für Monogrammschmuck, der schon im 15. Jahrhundert gebräuchlich war. Es traf sich günstig, daß das Kurfürstenpaar dieselbe Namensinitiale hatte, so daß der Buchstabe A sowohl auf August als auch auf Anna bezogen werden kann. Vielfach erscheinen aber auch die Buchstaben doppelt, meist gekreuzt, oft so winzig und versteckt in der Farbenpracht des Emails, daß sie schwer zu erkennen sind. In der Gürtelkette mit Kugeln aus Lapislazuli (Nr. 1), der zu den »Gesundheitssteinen« gerechnet wurde, sind als Zwischenglieder beiderseits mit dem Buchstaben A

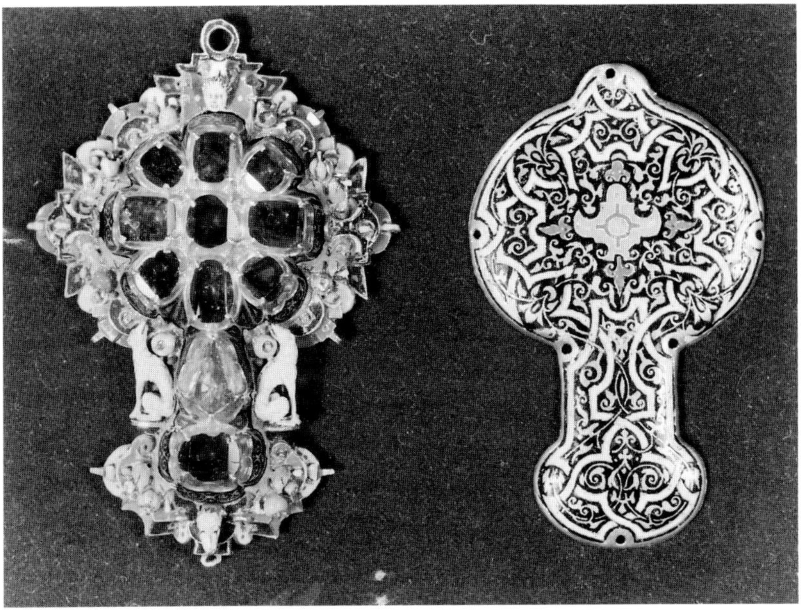

5

versehene Herzen verwendet, die von zwei Händen gehalten werden, ein oft wiederkehrendes Motiv, das sich in der Schmuckkunst bis ins 17. Jahrhundert hinein großer Beliebtheit erfreute. Zahlreich waren unter Annas Schmuckstücken auch Ketten und Armbänder vertreten, mit wohlriechenden Körnern, in der Art der Hüftkette mit eingesetzten durchbrochenen Gliedern (Nr. 6). Sie enthalten noch heute kleine, völlig zusammengetrocknete Kügelchen. Die Kette ist ein Beispiel für Arbeiten in »parisischer« Weise, womit »nach französischer Manier« gemeint ist. Letztere verdrängte in der Mode die kompakten Ketten nach »spanischer« Art (Nr. 7).

Die miniaturhafte Kalvarienbergdarstellung (Nr. 11) wurde später in der Kunstkammer bei den Erzstufen im Berggemach aufbewahrt, da sie aus »gediegenem«, also reinem Gold besteht, so wie es im Glücksfall in der Natur gefunden wird. Ein Stückchen davon bildet den Berg Golgatha. Bei dem »klein subtil Cruzifixlein samt den beyden Schächern« ist natürlich Menschenhand mit im Spiel.

Name und Titulatur des dänischen Königs Christian III., des Vaters der Kurfürstin Anna, trägt der kleine Handspiegel in schwarz emailliertem Goldrahmen, dessen Rückseite mit Elfenbein verkleidet ist (Nr. 12).

1 Hüftkette mit 34 Lapislazulikugeln
Gold, Lapislazuli
um 1560
L. 189 cm; VIII 279

2 Hüftkette aus 58 Gliedern
Gold, Email
3. Viertel 16. Jahrhundert
L. 168 cm; VIII 272

3 (Farbtafel 53)
Anhänger mit dem Monogramm AA
Gold, Email, 20 Diamanten, 10 Rubine, 2 Smaragde
Deutschland, 2. Drittel 16. Jahrhundert
H. 6,5 cm; VIII 286

4 Anhänger mit dem Monogramm A
Gold, Email, 12 Diamanten
vielleicht Frankreich, um 1560
H. 6,7 cm; VIII 301

5 Anhänger in Form einer Kreuzrosette
Gold, Email, 1 Diamant, 6 Rubine, 4 Smaragde
Deutschland, 2. Drittel 16. Jahrhundert
H. 6,5 cm; VIII 289

6 Hüftkette mit 36 durchbrochenen Kugeln
Gold, Email
16. Jahrhundert
L. 245 cm; VIII 278

7 Hüftkette
Gold, Email
2. Hälfte 16. Jahrhundert
L. 185 cm; VIII 277

8 Ovale Anhängeruhr
Uhrwerk, Gold, Email, 4 Diamanten, Perle
Deutschland, 2. Hälfte 16. Jahrhundert
L. 7 cm; VI 7 c

9 Fläschchen
Onyx, Gold, Email, Diamanten, Rubine
Frankreich (?), 2. Hälfte 16. Jahrhundert
H. 8,1 cm; VI 8 o

10 Halskette aus 12 Gliedern
Gold, Email
16. Jahrhundert
L. 43 cm; VIII 262

11 Kleiner Kalvarienberg
Gold, Email, Ebenholzpostament
16. Jahrhundert
H. (o. Postament) 5, 5 cm; VI 8 dd

12 In Elfenbein eingelegter Spiegel
Gold, Email, Silber, vergoldet, Elfenbein, Spiegelglas
wohl Dänemark, vor 1559
H. 12,5 cm, B. 6,7 cm; VI 82 w

4

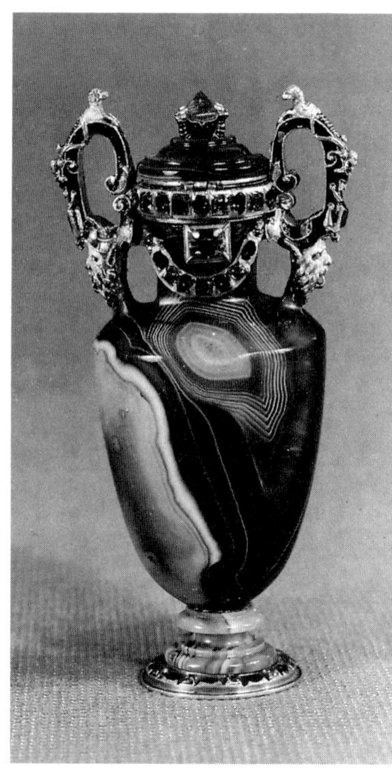

9

Tafel 49 (XVIII/1)
Der Kirschkern

»1 Kirschkern in goldt eingefaßt, dorauf 185 allerley angesichte, hat Churfürst Christian zu Sachßen Christof von Loß uf Pilnitz vorehret a° 89«, so lautet die erste Verzeichnung des Kirschkerns im Inventar der Dresdener Kunstkammer von 1595 unter den seit 1587 neu hinzugekommenen Werken im sogenannten Reißgemach. Damals wie heute ist das kleine Wunderwerk eines der meist bestaunten Kunstwerke, ein Kunst-Stück, dem sich noch bis ins 18. Jahrhundert hinein immer neue winzig kleine Schnitzereien und Drechseleien zugesellten: verzierte Muskatnüsse, Pfirsichkerne, Kirschkerne und sogar Pfefferkörner. Im 18. Jahrhundert lagen dabei griffbereit zwei Lupen, »welch Glaß über kleine Sachen zu halten und dieselben dadurch vergrößert zu sehen«. In keinem Bericht über die Kunstkammer fehlt eine Erwähnung des geschnitzten Kirschkerns. Reisende Kunstkenner verglichen die Kunstkammerschätze der Fürsten und verbreiteten die Kenntnis des Gesehenen. So befand sich in der brandenburgischen Kunstkammer ein Kirschkern mit 265 geschnittenen Gesichtern, der den sächsischen bei weitem übertraf, aber heute nicht mehr erhalten ist. Beharrlich hielt man bis ins 18. Jahrhundert an der Zahl von 185 Angesichtern fest, es war eine Prestigefrage. Als die Kunstkammer 1740 dem Bergrat Dr. Gottfried Heinrich von Dukkewitz unterstellt und ihm Stück für Stück anhand des neu geschriebenen Inventars übergeben wurde, ließ der wahrheitsliebende Hüter der Schätze die Ziffer1 vor der 85 ausradieren, da er nur »85 und nicht 185 diverse Menschengesichter zehlen« konnte. Mögen es auch nicht so viele sein, da die erkennbaren Köpfchen von Vertretern geistlichen und weltlichen Standes allmählich in immer kleiner werdende Buckelungen übergehen, so hängt doch der Ruhm des Dresdener Kirschkerns seit nunmehr über vierhundert Jahren an dieser Zahl. Die große Vorliebe für derart subtil gestaltete Werke, die sich bis in unsere Zeit nie verlor, hatte ihre eigentliche Blütezeit im endenden 16. und beginnenden 17. Jahrhundert, als die Mikroschnitzereien, in denen Spezialisten das Universum auf kleinstem Raum konzentriert darzustellen vermochten, zu den begehrten Raritäten jeder Kunstkammer gehörten. Bewunderung erregte wohl vor allem die handwerklich-technische Perfektion ihrer Herstellung, die ausgeklügelter Feinwerkzeuge bedurfte, ein vielfaches Zeugnis menschlicher schöpferischer Fantasie.

Tafel 50 (II/9)
Moskauer Hofwerkstatt – Trinkschale Iwans des Schrecklichen

Die in zwei Reihen in kyrillischen Buchstaben niellierte Inschrift um den Rand besagt: »Durch Gottes Gnade, auf Geheiß des Großherrschers, Zaren und Großfürsten Iwan Wassiljewitsch von ganz Rußland, von Wladimir, Moskau, Nowgorod, des Zaren von Kasan, des Zaren von Astrachan, des Herrschers von Pskow und des Großfürsten von Smolensk, Twer, Jugorsk, Perm, Wjatka, Bolgar und anderen, des Herrschers und Großfürsten von Nowgorods Niederland, von Tschernigow, Rjasan, Polozk, Rostow, Jaroslawl, Beloosersk, des Landes an der Udora, von Obdorsk, von Kondinsk und des Gebietes des sibirischen Landes und des Nordlandes und des Herrschers des livländischen Landes und anderer.« Die eindrucksvolle Titulatur des mächtigen Zaren wird ergänzt durch eine runde Inschriftplatte unter dem Boden des in der Landessprache Koffsch genannten Trinkgefäßes: »Diese Schale befahl der Herrscher, aus Polozker Gold zu fertigen, als er sein Erbe, die Stadt Polozk, im Jahre 1563 am 15. Februar erobert hatte.«
Das dickwandige, 1 050 g schwere Gefäß ist an der Spitze und am Griff mit schmückenden Besätzen in Niello versehen, einer besonderen Schmelztechnik, die in der Wirkung dem Grubenemail verwandt ist. Tiefdunkle Saphire in schweren Fassungen stehen inmitten der Maureskenornamente. Im Boden der Schale zeigt sich der schwarze kaiserliche Doppeladler. Erst seit 1723 ist der Koffsch, ein erstrangiges Werk europäischer Juwelierkunst, im Grünen Gewölbe nachweisbar. Nur der Zar selbst, Peter der Große, der verschiedentlich Dresden besuchte, konnte ein so kostbares Kunstwerk von obendrein so besonderer nationaler Bedeutung außer Landes führen und verschenken.

Tafel 51 (II/6,5)
Abendmahlskelch und Weinkännchen

Zu den 1723 beim Grünen Gewölbe verzeichneten Gefäßen aus reinem Gold gehören der Kelch und das Kännchen, die einzigen ihrer Gattung in der Schatzkammer. Ihnen waren damals ein schlichter Hostienteller und eine glatte zylindrische Hostiendose beigeordnet, gegenwärtig deponiert, die mit dem in der Ziffer 8 verschlüsselten Monogramm der sächsischen Kurfürstin Hedwig (gest. 1641) versehen sind. Die Dose trägt zudem die Jahreszahl 1632. Seit 1841 gelten die vier Abendmahlsgeräte als Nachlaß aus dem Besitz der Kurfürstin Magdalena Sybilla (gest. 1687), der Gemahlin Johann Georgs II., wofür uns heute keine Bestätigung mehr vorliegt. Es ist jedoch denkbar, daß die wohl aus dem Schatz der »Geheimen Verwahrung« stammenden Gefäße für ihren privaten Gebrauch zu einer Garnitur zusammengestellt worden sind. Die überlieferte Nutzung durch die Kurfürstin war möglicherweise sogar der Beweggrund, das als Einheit gesehene Abendmahlsgerät zu bewahren, während 48 von 61 Gefäßen und Geräten aus purem Gold 1772 eingeschmolzen wurden. Zu dem mit einem großen, schwarz emaillierten V für *vinum* gekennzeichneten Kännchen gehörte vor 1723 ein Pendent mit dem Buchstaben A für *aqua,* das aber nicht in die Schatzkammer übernommen wurde. Kelch und Kännchen sind von unterschiedlicher Hand; letzteres ist nach Form und Dekor etwas altertümlicher. Beide Gefäße müssen nicht ursprünglich zusammengehört haben. Kein Meisterzeichen verrät ihre Herkunft, der Kelch jedoch seinen ursprünglichen Besitzer: Johann Gebhard Graf von Mansfeld, 1558 bis zu seinem Tode 1562 Erzbischof und Kurfürst von Köln, »der Lutherisch soll geworden, und in den Ehestand getreten seyn«. Der sechspassige Kelchfuß trägt sein Wappen, diesem gegenüber die Darstellung von Christus am Kreuz mit Maria und Johannes. Strahlend golden erhebt sich das Kelchgefäß aus dem Geflecht von reich farbig emailliertem Ornamentwerk, das im Wechsel von Reliefzonen und flächigem Grubenemailpartien den Pokal überzieht, bereichert durch Schmucksteine in hohen Kastenfassungen. Die vier Steine am Knauf, ein Diamant, Türkis, Rubin und Smaragd, stehen sinnbildlich für die vier Elemente: Luft, Wasser, Feuer und Erde.

Tafel 52 (VII/6)
Anhänger mit dem heiligen Georg

Die Figuren sind nach anatomisch meisterhaft ausgearbeiteten Modellen gegossen und sorgfältig emailliert, teilweise golden belassen. Großes Einfühlungvermögen zeigt der Besatz mit Schmucksteinen. Wo die Speerspitze auf den Drachen trifft, ist ein großer abgerundeter Rubin eingesetzt. Ihm entspricht auf der Gegenseite der vollständig auf Zweiansichtigkeit gearbeiteten Gruppe ein Smaragd. Als Standfläche dient ihr eine kleine reich gearbeitete Konsole. Ob uns der Anhänger in seiner ursprünglichen Gestalt vorliegt, ist nicht mehr feststellbar. Er gehört zu den älteren Schmuckstücken aus Familienbesitz, die seit der räumlichen Erweiterung des Grünen Gewölbes vor 1733 zusätzlich in die barocke Schatzkammer aufgenommen wurden. Einige davon gelangten in das Juwelenzimmer, andere, besonders solche, die sich eigneten, auf Postamente montiert zu werden, in das Eckkabinett. Sie wurden in den Kreis der von August dem Starken angekauften und initiierten Kleinplastik einbezogen und unter die Vielzahl von Komödianten, Zwergen, Bettlern, Handwerkern, Soldaten, Mischwesen und Tieren aus Elfenbein, monströsen Perlen und Goldemail gemischt. Viele ehemalige Anhängestücke des 16. und 17. Jahrhunderts waren nach ihrer Umfunktionierung als solche gar nicht mehr erkennbar. Sie sind erst teilweise wieder rückverwandelt worden. Die in den dreißiger Jahren des 18. Jahrhunderts angefertigten Etuis für die besonders gefährdeten Kleinpretiosen des Eckkabinetts, das auch als Mauriskenkabinett bezeichnet wurde, zeigen noch die Maße der Postamentchen. Auch der Anhänger mit dem hl. Georg zierte damals das Eckkabinett. Bestimmte Charakteristika wie seine weiße Gestalt, das weiße Pferd, der Rubin als Drachenwunde, die sechs diamantenen Dicksteine der Konsole, bestätigen trotz sonst abweichender Beschreibungen, daß unser Anhänger mit dem 1733 aus altem Familienbesitz wieder hervorgeholten Georgsanhänger identisch ist. Wem gehörte er ehemals? Kurfürstin Sophie besaß mehrere Anhänger dieses Themas. Aber sie verfügte im Jahre 1599 über insgesamt 186 nicht bis ins letzte Detail beschriebene Anhängestücke. Keines der erhaltenen stimmt mit den beschriebenen Kleinoden aus ihrem Schmuckfundus überein. Unter den Juwelen, die sie 1598 ihrer Kammerfrau in Verwahrung gab, befand sich ein St. Georg auf weißem Roß, als Zwischenglied darüber eine Frauengestalt mit weißem Lamm. – Der christliche Soldat Georg war eine Symbolfigur, sein legendärer Kampf gegen den Drachen ließ ihn zum Inbegriff des im christlichen Sinne Guten und Siegreichen über das mächtige Böse werden.

Tafel 53 (VI/3)
Anhänger mit dem Monogramm AA
für das Kurfürstenpaar August und Anna, vermählt 1548

Die sich überschneidenden Buchstaben stehen für das Kurfürstenpaar August und Anna. Sie sind vollständig mit Diamanten ausgefaßt, die Krone darüber mit Rubinen. Zwei Smaragde flankieren das Doppelmonogramm. Diese separat gearbeiteten Teile wurden abschließend dem für sie konzipierten Anhängestück aufgesetzt und heben sich mit ihren hohen, verzierten Kastenfassungen gebührend hervor. Die tragende Grundplatte ist, dem Zeitgeschmack entsprechend, aus dekorativen Schmuckformen, Früchten, Puttenköpfchen und zwei ganzfigürlichen Putten gebildet, die scheinbar schwebend die Krone tragen. Sie wurde in einem Stück aus Gold gegossen und anschließend farbig reich emailliert: opakes Weiß, Blaßviolett, Hellblau und Gelbgrün wechselt mit transluzidem Rot, Blau und Grün. Der Goldgrund ist fast nicht mehr sichtbar und tritt nur noch als feine Kontur der Detailformen in Erscheinung. Den unteren Abschluß des Schmuckstückes bildete ursprünglich eine Hängeperle. Sie fehlt heute, wie auch die rückseitige Deckplatte mit in der Regel prächtig gestaltetem Flächenzierat.
Anhänger dieser Art gehören zur strengen spanischen Hofmode mit hochgeschlossenen, meist dunklen Kleidern aus kostbaren schweren Stoffen. Oft wurden mehrere unterschiedliche Kleinode an verschieden langen Ketten auf der Brust getragen.

Tafel 54 (II/7)
Valentin Geitner – Die Wappenscheibe des Kurfürsten August von 1586

Die Wappenscheibe ist eigentlich die Rückseite einer Porträtminiatur des Kurfürsten, und sie wurde in der Kunstkammer 1741 unter den auf Kupfer gemalten »Schildereyen« geführt: »Churfürst Augusti Bildnüß in halben Stande auf Kupffer, auf der andern Seite das Wappen und Schrifft emailliret, in einen runden güldenen Crantz mit einem Oehr eingefaßt.« Ein späterer Zusatz vermerkt einen geänderten Standort unbekannten Datums, »von da lieget es aufn Tisch unter Glaß bey seinen Braut-Crantz und Handschu,« eine Zusammenstellung von persönlichen Andenken an den Gründer der Kunstkammer. Bei der Auflösung der Kunstkammer gelangte der große Anhänger 1832 zur Rüstkammer und 1890 in das Grüne Gewölbe. Damals war das Bildnis bereits völlig unansehnlich, und heute sieht man nur noch, daß der Kurfürst als Halbfigur, bekleidet mit hohem Hut und Schaube, dargestellt war. Daß es sein Bildnis war, geht aus der Rückseite, die nun zur Hauptseite wurde, eindeutig hervor. Sie zeigt das 14feldige Wappen mit aufgelegtem Herzschild, in dem die Kurschwerter stehen, bekrönt von den Helmen der Landgrafschaft Thüringen, des Herzogtums Sachsen-Wittenberg und der Markgrafschaft Meißen. Um das Wappen zieht sich in drei Reihen die Legende: VON GOTTES GNADEN AVGVSTVS HERTZOG ZV SACHSSEN DES HEILIGEN ROMISCHEN REICHS / ERTZMARSCHALH VND CHVR FVRST LANDGRAF IN DVRINGEN MARGGRAF ZV / MEISSEN VND BURGGRAF ZV MAGDEBVRGK ANNO 1586. Aus einer Nachricht vom 12. April 1588 geht hervor, daß das Kontrafekt als Ostergeschenk für Kurfürstin Sophie bestimmt war, offenbar ein Erinnerungsstück an den 1586 verstorbenen Schwiegervater. Der Dresdener Goldschmied faßte es in »Cronengold« von durchbrochener, farbig emaillierter Arbeit ein; auch das »auf Glas ammelirte« Wappen »hinten« ist erwähnt. Geitner hatte es offensichtlich noch vorrätig, da es die Jahreszahl 1586 trägt. In verschiedenen anderen Arbeiten von seiner Hand sind ähnliche hinter Glas gemalte Wappenscheiben eingesetzt, und er galt daher als deren Urheber. Nach den jüngsten Erkenntnissen von Frieder Ryser muß es sich aber um Importe aus Nürnberg oder Augsburg handeln, im 16. Jahrhundert Zentren dieses sehr spezifischen Berufszweiges der Glasmalerei.

Tafel 55 (XI/9)
Goldemaillierter Spiegel der Kurfürstin Sophie

Ungewöhnlich und eigentlich unpraktisch ist die rhomboide Form des Spiegels, der von der Größe her gerade in einen mittelgroßen Handteller paßt. Wer sein Spiegelbild in ihm betrachten durfte, sah es gerahmt von einer emaillierten Zierleiste mit vier durchbrochenen Eckbesätzen, die zu fragil sind, als daß man den Spiegel daran anfassen könnte. Obwohl zum Anhängen eingerichtet, ist das Stück sicherlich nicht als Körperschmuck gedacht. Ein durch die Öse gezogenes Band konnte das Herausheben aus dem noch erhaltenen Lederetui erleichtern. Paßgerecht eingelassen ruhte die reich ausgestattete Rückseite des Zierspiegels auf weichem Wildleder, während das Glas durch den mit Werg gepolsterten und mit Seide abgefütterten Deckel des Etuis geschützt war. Die Prunkseite zeigt ein ovales Mittelfeld, umgeben von teils grotesken Figuren und Schweifwerk, durchsetzt mit phantasievollen Blüten und Tieren. Die Motive sind vertieft in die goldene Platte geschnitten und emailliert. Kräftige Volutenschwünge in starken opaken Farben ergeben innerhalb des Ornamentgefüges ein lockeres Gerüst, um das sich in großer Vielfalt zarte Schnörkel sowie Ranken aus durchsichtigem Email ausbreiten. Die Feinheit der eingestochenen Zeichnung ist besonders am Inkarnat der Figuren zu beobachten. Das leicht erhöhte Mitteloval, der Deckel einer Kapsel, trägt die Darstellung der Anbetung des Christkindes durch die drei Könige aus dem Morgenland, eingebunden in eine offene Palastarchitektur, links dahinter ist der Stall zu Bethlehem zu erkennen. Als der kostbare Spiegel, »länglicht geschoben, und viereckicht, auf jeder Ecke eine goldtene emaillirte Zierrathe«, 1725 unter den Pretiosen der Schatzkammer inventarisiert wurde, war nicht mehr bekannt, daß es sich bei dem in der Kapsel verborgenen »Frauenzimmer«-Porträt um ein Bildnis der Kurfürstin Sophie (gest. 1622) handelt. Erst am Beginn unseres Jahrhunderts wurde die Miniatur identifiziert.

Tafel 56 (VII/10)
Kursächsisches Wappen

Herzstück des Kleinods ist das Wappen des Herzogtums Sachsen, die mit vier Smaragdkörnern besetzte grüne Raute auf gelb (= gold)-schwarz emailliertem Grund. Die sonst neben dem Rautenschild stehenden gekreuzten Kurschwerter sind, mit Rubinen ausgefaßt, als Bekrönung an die Spitze des Kleinods versetzt. Kenner des kursächsischen Wappens werden alle Figuren der Teilfelder in der lockeren, mit großen Tafeldiamanten untermischten Anordnung rings um die Mitte des Schmuckstückes wiederfinden, zuunterst die Rose der Grafschaft Altenburg. Über dem aufgelösten Wappen sind drei Helme aufgesetzt. Der mittlere, mit Pfauenwedel, gehört, wie es die Vorschrift verlangt, zum Kernland, dem Herzogtum Sachsen. Ihm sind normalerweise, der Rangfolge entsprechend, die Helme der Landgrafschaft Thüringen und der Markgrafschaft Meißen zur Seite gestellt, hier aber gegen die Helme von Cleve mit Büffelkopf, Ring, Krone und geschachtetem Kronreif sowie von Jülich mit fußlosem Greif als Helmzier ausgewechselt. Kurfürst Christian II. war für das Gesamthaus Sachsen 1610 mit der Anwartschaft auf die vereinigten Herzogtümer Jülich, Cleve und Berg mit den Grafschaften Mark und Ravensberg belehnt worden, nachdem das clevesche Fürstenhaus 1609 ausgestorben war. Am 28. Juli 1610 erfolgte die Annahme der Wappen, während der Kurfürst von Brandenburg und der Pfalzgraf bei Rhein aufgrund ihrer Erbansprüche das Land bereits in Besitz genommen hatten. Tatsächlich haben die sächsischen Kurfürsten die fernen Ländereien nie besessen, führten die Titel sämtlicher Ländereien in ihrem Wappen jedoch bis in die neuere Zeit. In der Titulatur folgen die drei Herzogtümer unmittelbar dem Haupttitel, so wie auch in dem Kleinod der rote Löwe von Berg, der jülische schwarze Löwe auf Goldgrund und die Lilienstäbe von Cleve dem Rundschild des Herzogtums Sachsen am nächsten stehen. Der Kurfürst propagierte in diesem äußerst prachtvollen Schmuckstück seinen neuen Machtzuwachs, wenngleich dieser nur aus Titeln bestand. Der Verwendungszweck ist nicht ganz eindeutig. Aus der glatt golden belassenen Rückseite des Schmuckstückes geht hervor, daß es auf Einansichtigkeit gearbeitet ist; vielleicht wurde es am Hut festgenäht, wozu sich der breite Steg auf der Rückseite anbieten würde.

Tafel 57 (XVI/8)
Samuel Klemm – Die Tscherpertasche der Bergmannsgarnitur

Die Tasche dient dazu, die Grubenlampe (XVI/7) und ihr Brennmaterial aufzunehmen, das anhängende Tscherpermesser (XVI/6) zum Zerkleinern des Talges. Neben Axt, Schlägel und Eisen war das erhellende Licht für die schwere Arbeit unter Tage von allergrößter Bedeutung. In der Darstellung der Silberproduktion auf den Bildmedaillons der Bergmannsgarnitur, die ihren Ausgang von der Hutzier (XVI/5) mit einem Wünschelrutengänger über imaginärem Schatzberg nimmt, stellt das ovale Medaillon auf der reich verzierten Taschenklappe den Endprozeß vor, erläutert von dem Schriftband: »Das Silber kompt Fein außn Brenhaus – In der Müntze macht man Geldt drauß«. Zu sehen ist die durch das Wappen an der Rückwand als kurfürstlich-sächsisch ausgewiesene Münzstätte mit mehreren Münzschlägern und einem Tarierer vor dem Tisch mit Waage.
Die Markgrafen von Meißen, dem Kernland des späteren Kurfürstentums Sachsen, besaßen das uneingeschränkte Verfügungsrecht über alle Bodenschätze ihres Landes, deren Abbau sie aber nicht selbst betrieben, sondern weitervergaben. Als Inhaber des Bergregals legten sie bereits im beginnenden 14. Jahrhundert in der Bergbauordnung fest, daß alles geförderte Silber an die Münzstätte verkauft werden mußte. Damit bestimmten sie zwar den Silberpreis, verpflichteten sich aber andererseits, das Silber zu gleichbleibendem Wert anzukaufen und garantierten die Bereitstellung von Münzen für Löhne und Gehälter der Bergarbeiter und -beamten sowie für die Aktionäre, mit deren Kapital der Bergbau betrieben wurde, in stabiler Währung. Oft ließ der Bergsegen auf sich warten. Die St. Daniel-Grube, die das Silber für die Bergmannsgarnitur gab, wie die Inschrift vermerkt, war nach langer Zeit erstmalig 1665 wieder mit rund 175 kg Silber ertragreich geworden. So war die Garnitur ein sichtbarer Beweis erfüllter Hoffnung auf Gewinn, ein Ansporn für die Investoren.

Tafel 58 (XIII/3)
Die Hutkrempe mit dem »Dresdner Grünen«

Der 1741/1742 gekaufte Stein wurde von Johann Friedrich Dinglinger, dem Sohn Johann Melchiors und nach dessen Tod der rangerste Dresdener Hofjuwelier, in einen Goldenen Vliesorden gefaßt, der aber nur wenige Jahre lang Gefallen fand. König August III. ließ den teuer erworbenen Stein – 400 000 Taler waren bei den Zeitgenossen im Gespräch, die tatsächliche Kaufsumme ist nicht verbürgt – »von Mr. Pallard« in Wien in ein völlig neues Kleinod vom Goldenen Vlies verarbeiten, das am 16. Mai 1746 ins Grüne Gewölbe gelangte. Im Mittelstück stand der »große länglichte und extra schöne grüne Brillant, welchen der Jude Delles 1742 gelieffert und 160 Grän gewogen, à jour verfaßet, und mit siebenzehn ziemlich großen Brillanten, auch mit sehr vielen mittleren und kleinen versezet«. Dieses in seiner ursprünglichen Fassung nicht mehr erhaltene, modisch perfekte Schmuckstück fand offenbar die höchste Anerkennung, denn der König beschloß, die gesamte Brillantgarnitur durch Pallard umarbeiten zu lassen, womit unverzüglich begonnen wurde. Als 1768 der Enkel König Augusts III. als Kurfürst Friedrich August III. von Sachsen die Regierung antrat, war er auch der Erbe der Juwelengarnituren. Er war zu dieser Zeit nicht Ritter des Ordens vom Goldenen Vlies, wollte aber bei seinen Juwelen nicht auf die beiden besonderen Steine der Brillantgarnitur, die jeweils in ein Goldenes Vlies gefaßt waren, verzichten. Die beiden Kleinode wurden durch den Hofjuwelier Diespach zerbrochen, ihre Mittelpartien mit dem weißen und mit dem grünen Brillant aber ungebrochen weiterverwendet. Durch Diespach entstanden 1768 zwei neue Schmuckstücke zu dieser Garnitur, die Achselschleife und die Hutkrempe.

Tafel 59
Jean Jacques Pallard –
Kleinod des Ordens vom Goldenen Vlies mit den brasilianischen Topasen

Der Orden vom Goldenen Vlies ist einer der ältesten und angesehensten weltlichen Ritterorden. Er war ehemals der höchste Orden des Hauses Habsburg. Er wurde im Jahr 1430 durch Herzog Philipp den Guten von Burgund gestiftet. Durch Heirat ging die Großmeisterwürde an das Haus Habsburg, seit dem Tod Kaiser Karls V. (1556) an dessen spanische Linie über. Als Ordenszeichen diente das goldene Widderfell an einer Kette aus »flammenden Feuer-Geräthe«, ein aus der griechischen Mythologie übernommenes Symbol für Tapferkeit, Unerschrockenheit in schwierigsten Situationen und göttliche Beihilfe. Die Argonautensage berichtet ausführlich darüber.
In den 1962 veröffentlichten Ordenslisten ist August der Starke bereits 1697 als Ordensritter eingetragen, hat aber den Toison d'or zu diesem Zeitpunkt nicht empfangen. Als im Jahr 1700 König Karl II. von Spanien, der letzte spanische König aus dem Haus Habsburg und Großmeister des Goldenen Vliesordens, starb, entbrannte der internationale, erst 1714 befriedete spanische Erbfolgekrieg. Seit 1701 verliehen die spanischen Bourbonen und seit 1712 die österreichischen Habsburger unabhängig voneinander das Goldene Vlies. 1721 wurde der Kurprinz Friedrich August, seit 1719 vermählt mit der österreichischen Erzherzogin Maria Josepha, in den Ritterstand des an das katholische Glaubensbekenntnis gebundenen Goldenen Vlieses erhoben. 1722 erfolgte in Dresden die offizielle Verleihung, bei der aber nicht nur der Prinz, sondern auch der König selbst nun offiziell »mit dem Ritter-Orden des Toisons beehret« wurden. Ein wichtiger Punkt bei der Verleihung war die Zusage des Kaisers als Ordensmeister, daß den »beyden hohen Rittern« gestattet war, entgegen den Ordensvorschriften, die verboten, neben dem Toison einen anderen Orden zu tragen, den Polnischen Weißen Adlerorden beizubehalten. Unmittelbar nach der Ordensverleihung wurden eiligst Zierformen des Ordens für alle Juwelengarnituren geschaffen, während die Originale, die beim Tod des Ritters zurückgegeben werden mußten, im Tresor verschwanden. Das Vlies mit den Topasen (H. 15,2 cm; VIII 5) entstand vor 1756 für König August III.

Tafel 60 (VIII/2)
Die Hutkrempe der Saphirgarnitur

Ihr hoher, mit Facetten geschliffener Stein ist erstmals im Juweleninventar von 1719 »als zur Hutkrempe« gehörig genannt. Letztere selbst ist nicht beschrieben und taxiert worden, während andere damals vorhandene Bestandteile der Garnitur mit dem exakten Volumen verarbeiteter Saphire und Diamanten aufgeführt sind. Der etwas helle hohe Stein, in vergoldetes Silber gefaßt, wurde auf den Wert von 1 200 Taler geschätzt, dazu im Vergleich der große »rohe Moscowitische Saphir in Form einer Nase, welche Königl. Mayt. von Czarischer Mayt. geschenkt bekommen« (VIII / Nr. 18 links) auf 3 000 Taler ohne Fassung und ohne Schliff, allein wegen seiner einmaligen Größe und seiner intensiven, unvergänglichen natürlichen Färbung. Herkunft und Form haben ihn zur »Nase Peters des Großen« werden lassen.

Spätestens 1733 war die Hutkrempe in der heute vorliegenden Form existent, wie aus der Inventarbeschreibung hervorgeht. Drei kleeblattartig angeordnete Saphire, umgeben von zarten Ranken, die mit unterschiedlich großen Diamanten besetzt sind, und der hohe kegelförmige Saphir, eingefaßt in einen Kranz aus Diamanten, sind durch zwei lockere Kettchen, die scheinbar nur aus Steinen bestehen, miteinander verbunden. Mit einem solchen Schmuckstück, aus dem Französischen kommend, auch Hutagraffe genannt, wurde der aufgeschlagene (aufgekrempelte) Hutrand in der gewünschten modischen Stellung am Hutkopf fixiert.

Die Hutkrempe hat eine besondere Bedeutung durch den hohen Stein, der in einen sogenannten Schnürkasten gefaßt und auch heute noch nur mittels feiner Silberdrähte in der Agraffe verankert ist. So war er leicht zu entnehmen und bei Bedarf in ein anderes Schmuckstück »einzuschnüren«. Eine stattliche Anzahl der schönsten Schmucksteine im Grünen Gewölbe ist für diesen Fall eingerichtet. Der Saphir diente 1734 als Bekrönung der eilig erstellten Ersatzkrone für König August III. zum Krönungszeremoniell in Krakau, kehrte danach aber sogleich wieder in die Saphirgarnitur zurück.

Tafel 61 (XII/5)
Johann August Jordan – Kleinod des Polnischen Weißen Adlerordens der Rubingarnitur

Unter der Flut von Brillanten und symmetrisch über das gesamte Schmuckstück verteilten Rubinen ist auf den ersten Blick das Ordenszeichen, der mit dem Kopf nach links gewandte Adler mit ausgebreiteten Schwingen auf achtspitzigem Kreuz, nur schwer erkennbar. König August III. hatte anbefohlen, den vorhandenen Adlerorden zu zerbrechen und neu zu formieren. Der Auftrag ging an den heute nur noch wenig bekannten Hofjuwelier Jordan, der seit 1736 in Dresden ansässig und tätig war. Am 3. Oktober 1744 lieferte er das fertige Kleinod beim Grünen Gewölbe ein.
1704 ließ Karl XII. von Schweden Stanislaus Leszcynski zum polnischen Gegenkönig wählen. Im Zusammenhang mit dieser bedrängten politischen Situation ist die Gründung eines königlichen Ordens mit dem althergebrachten Staatssymbol Polens, dem weißen Adler, zu sehen, den August II. am 1. November 1705 zu Tykozin in Litauen stiftete, nach älterer Meinung: erneuerte. Bereits im Juni 1704 war der Hofjuwelier Dinglinger zur Beschleunigung bei der Herstellung »der Ordenszeichen« angewiesen worden, deren Lieferung mit der Zahlungsanweisung von 1 320 Thalern für 25 Orden und ein mit Diamanten versetztes Posthorn am 31. Juli gleichen Jahres bestätigt wird. Wie diese ersten Ordenszeichen aussahen, ist nicht bekannt. Aus einer Dinglinger-Rechnung von 1709 geht aber hervor, daß die ursprüngliche Form des Ordens später geändert wurde, wohl entsprechend den in Gemälden überlieferten Dekorationen und in den königlichen Juwelengarnituren erhaltenen Kleinoden und Bruststernen. Die Ordensdevise lautete: »Pro Fide, Lege et Grege«, für Treue, Gesetz und Volk. Sie ist auf der Rückseite der Kleinode um das königliche Monogramm gruppiert, auf dem großen Bruststern (Vitrine XII, Nr. 3) aber sichtbar in den vier Kreuzarmen angebracht.

Tafel 62 (V/4)
Wohl Johann Melchior Dinglinger – Die Taschenuhr der Karneolgarnitur

Zur Karneolgarnitur gehört eine runde Taschenuhr, deren Uhrmacher bisher nicht bestimmt ist. Sie hängt an einer goldenen Uhrkette aus sechs feingeflochtenen Zöpfen, die die filigran gearbeitete Mittelpartie flankieren. Zwei ovale Karneolrosetten begrenzen das Hauptband. Nach unten teilt sich das Uhrgehänge in drei Glieder für die Uhr und zwei Petschafte. Kette und Siegel werden mit einer Rechnung Johann Melchior Dinglingers aus dem Jahr 1713 in Verbindung gebracht, wonach sie 1 560 Taler kosteten. Die Griffe der Petschafte sind aus den verschlungenen Buchstaben AR für Augustus Rex gebildet; die Siegelsteine aus Karneol tragen eingetieft eine Genreszene mit zwei Satyrn, wovon einer dem anderen einen Dorn aus dem Fuß zieht, und einen kahlhäuptigen bärtigen Männerkopf, der durch sein Beizeichen als Saturn, der Gastgeber des siebenten Planetenfestes anläßlich der Hochzeit des Kurprinzenpaares im Jahre 1719, ausgewiesen ist. So ist anzunehmen, daß bereits vorhandene Teile der Garnitur für diesen festlichen Staatsakt sinnbildlich ausgestattet wurden. In der Mitte des Zifferblattes der Uhr ist das in Zeichnungen und Medaillen überlieferte, eigens für diesen Anlaß errichtete Festgebäude mit seinen charakteristischen Aufbauten – je zwei Pyramiden seitlich des Saturntempels – eingraviert. Auch die Rückseite des vollkommen mit Schmucksteinen ausgefaßten Uhrgehäuses erinnert an das Fest des Saturn, das abschließend zugleich nochmals alle gastgebenden Planeten vereinte. Den damals bekannten Planeten Jupiter, Mars, Merkur, Saturn und Venus wurden nach der ptolemäischen Vorstellung auch Sonne und Mond zugerechnet, personifiziert in Apoll und Diana, nicht aber die Erde. Nach Ansicht der Alchimisten lag bei den Planeten der Ursprung aller auf der Erde vorkommenden Metalle; daher sind die alchimistischen Zeichen der Metalle die Symbole der Planeten. Beginnend neben der Öse mit Apoll sind die Symbole dem Kranz verschiedenfarbiger Steine zwischen den Karneolrosetten eingeschnitten:

☉ Sonne=Gold
☽ Mond=Silber
♂ Mars=Eisen
☿ Merkur=Quecksilber
♃ Jupiter=Zinn
♀ Venus=Kupfer
♄ Saturn = Blei

Tafel 63 (I/6)
Pierre Triquet und Johann Heinrich Köhler – Das Notizbuch der Schildpattgarnitur

Keine andere Juwelengarnitur enthält oder enthielt ein derartiges Beistück. Im zeitgenössischen Inventar ist es als Schreibtafel bezeichnet; was insofern zutrifft, als zwei dünne Elfenbeintäfelchen, auf die man schreiben könnte, in ihm angebracht sind. In Wirklichkeit handelt es sich um ein Überraschungsetui in Form eines Büchleins, zu nichts anderem gedacht, als aus der Nähe bewundert und herumgezeigt zu werden. Zwei dicht mit Gold inkrustierte Schildpattplatten bilden die Buchdeckel; die Klapppe aus gleichem Material hält sie zusammen. Köhler hat das kleine Werk besonders reich mit Steinen ausgestattet, ohne den Verlauf der eleganten Schwünge und Schnörkel auf gegittertem Grund zu gefährden. Die für einen Besatz vorgesehene Mitte belegte er mit einer Kartusche, die einen großen herzförmigen, rot unterlegten Opal, geschmückt mit einem kleinen Rubin, trägt. Blitzende kleine Brillanten setzte er in die Zentren der Rahmenornamente auf feinschraffierter Fläche. Vier Fruchtkörbchen, aus denen Brillanten und Smaragde quellen, nehmen die Ecken ein. Der große Stein unter dem Fruchtkorb der Klappe ist der Druckknopf für das Schnappschloß und eröffnete den Blick in das Innere des kostbaren Gehäuses: ein Spiegelchen, umrahmt von Brillanten, darunter, bedeckt von einem dünnen durchsichtigen Stein, das Devisenwort »Constans« in Golddraht. Oben auf dem Spiegelsims befand sich eine grün emaillierte Stoffdraperie, mit einem gelben Brillanten besetzt, darüber ein rot emailliertes Polster mit des Königs Namen in Gold unter Kristall, bekrönt von kleinem Rubinherz. Das Spiegelchen war hinwiederum nur der Deckel für Augusts des Starken ovales »Porträt en emaill, in denen vier Winckeln mit zwölf RosenDiamanten besetzet«. Spiegel und Porträt, wohl eine Miniatur Georg Friedrich Dinglingers, waren bereits im Jahr 1817 nicht mehr vorhanden.

Tafel 64 (XIV/1)
Johann Melchior Dinglinger – Griff des Hirschfängers der Smaragdgarnitur

Er wurde aus hellem bräunlichen Achat geschliffen, ist kompakt, der breiten Klinge angemessen. In die Rillen der gewundenen Zungen sind feine Goldschnüre gelegt, die von Bärenköpfen gehalten werden. Oben und unten ist er von einem Kranz aus kleinen Brillanten eingefaßt. Das Kreuz darunter ist aus Gold gegossen und endet in Löwenköpfen, die von zwei Jagdhunden ereilt werden; in seiner Mitte steht ein viereckiger Smaragd. Ein Bärenkopf leitet über zur ovalen Muschel aus Achat, die ursprünglich mit einer Diamantraute auf roter Folie besetzt war. Sie wurde 1722 ausgewechselt gegen ein tiefgrünes Smaragdkorn, das der König in Polen erwerben konnte. Am Mundstück der Scheide setzt sich der auf die Bärenjagd bezogene Dekor fort. Alle aus Gold gearbeiteten plastischen Formen und Beschläge sind ungemein fein bearbeitet, polierte Ornamentzüge gegen matt gepunzte Grundflächen abgesetzt, die Körper der Tiere fellartig ziseliert. Die Stahlklinge selbst ist mit geätzten Jagddarstellungen geschmückt. In engstem Zusammenhang mit dem Hirschfänger entstand das ihm zugehörige Gehenk, das bis auf die zweiteilige Schließe in allen 1719 vorhandenen Einzelteilen komplett ist (siehe Vitrine XIV, Nr. 10, 12). Die Dinglingerforscherin Erna von Watzdorf sieht es als Werk des Georg Christoph Dinglinger, des Bruders und Mitarbeiters von Johann Melchior an. Hirschfänger und Gehenk wurden 1719 auf den Wert von insgesamt 5 800 Taler taxiert.

VII Schmuck der Zeit vor und nach 1600 aus kurfürstlichem Besitz

Zusammengestellt sind Anhänger und Ketten, die nicht mehr einer Person des Fürstenhauses zugeordnet werden können, da sie ohne persönliche Besitzzeichen sind, und modischem Geschmack der Zeit um die Jahrhundertwende allgemein entsprechen. Parallel zur Lockerung der spanischen Hofmode und einer modischen Neuorientierung nach Frankreich haben auch die kleinen Anhängestücke in Form und Inhalt allmählich eine Wandlung erfahren, die mit den Schmuckstücken nach »spanischer« Manier zunächst einherlief, aber schließlich am sächsischen Hof die modische Richtung der Zukunft bestimmte. Mehrere Komponenten fanden hier zusammen und bewirkten die Schmuckgestaltung, die uns nur in zufällig erhaltenen Exemplaren vorliegt: entsprechend der allmählich gelockerten Kleidermode eine größere Leichtigkeit, die sich in durchbrochenen Arbeiten zeigt, eine Vorliebe für Krüppelperlen, deren Verformungen die Fantasie beflügelten, daraus Teile von Lebewesen zu gestalten, und das seit der Renaissance lebendige Interesse an den Mythen der Antike, deren Sagengestalten und Taten selbst mit christlicher Tugend in Einklang gesetzt wurden, eine merkwürdige Vermischung aus Bildung und Gläubigkeit. Der Widerstreit von Gut und Böse hat hier seinen Platz. St. Georg sticht dem Drachen die Lanze in den Leib (Nr. 6, Farbtafel 52), der Prinz Paris fällte bei der Hochzeit des Peleus und der Thetis durch den unter die Gäste geworfenen »Zankapfel« mit der Aufschrift »Der Schönsten«, um welchen Ruf Hera, Athena und Aphrodite stritten, die verhängnisvolle Entscheidung zugunsten von Aphrodite, wodurch angeblich der Streit und die Mißgunst in die Welt kamen (Nr. 3). Was man als Anhänger trug, wollte auch in seiner inhaltlichen Bedeutung erkannt sein. Im Schmuckverzeichnis der

14

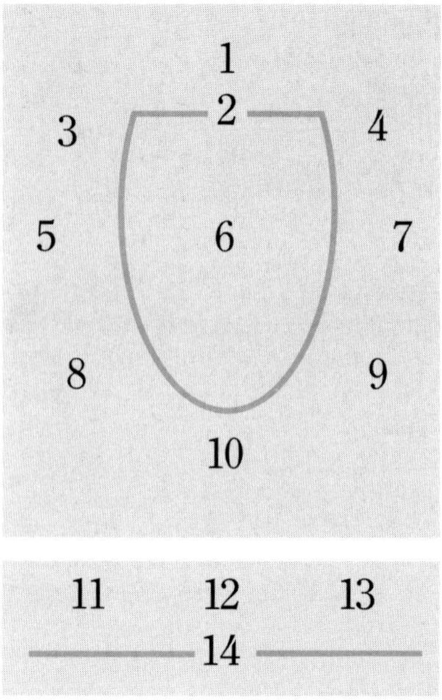

Kurfürstin Sophie von 1599 befanden sich namentlich benannte Anhänger, die diesen gleichen, aber nicht mit ihnen zu identifizieren sind. Es verwundert nicht, da sie sich in diesem Jahr vier Laden für ihre Kleinode anfertigen ließ, in die nur 164 Stück hineinpaßten; weitere 22 hatten dort keine Unterbringung. Sie war demnach im Besitz vielfältiger Anhänger gleicher Thematik, wozu auch ein St. Georg auf weißem Roß, Justitia und Patientia, Taufe Christi, Fides mit Kreuz, Weib mit Handspiegel, Stern und Rose sowie ein Parisurteil gehörten. Als August der Starke im zweiten Jahrzehnt des 18. Jahrhunderts den Schmuckbesitz seiner Vorfahren im Hinblick auf ihre Integration in das Grüne Gewölbe sichtete, ließ er die geeigneten Miniaturwerke, besondes jene aus Krüppelperlen, aufsockeln und im Eckkabinett unter die Groteskfigürchen mischen. Ihrer Aufhängungen an Kettchen entledigt, sind sie heute deshalb oft gar nicht mehr als ehemalige Anhänger erkennbar.

1 Anhänger als Fratzenkopf mit Kriegerhelm
Gold, Email, Perlmutter, 3 Diamanten, 1 Rubin
Deutschland, 2. Halfte 16. Jahrhundert
H. 4,9 cm; VI 81 h

2 Brustkette
Gold, Email
Deutschland, 2. Hälfte 16. Jahrhundert
L. 145, 7 cm; VIII 280

3 Anhänger mit Urteil des Paris
Gold, Email, 27 Diamanten, 9 Rubine
vielleicht Dresden, um 1600
H. 9,3 cm, VIII 290

4 Anhänger in Gestalt einer doppelschwänzigen Sirene
Gold, Email, 48 Diamanten, 3 Rubine
2. Hälfte 16. Jahrhundert
H. 8,2 cm; VIII 292

5 Anhänger mit Nessus und Deianira
Gold, Email, 1 monströse Perle, 3 Diamanten, 9 Rubine
Deutschland, 2. Hälfte 16. Jahrhundert
H. 5,7 cm; VI 81 i

6 (Farbtafel 52)
Anhänger mit hl. Georg als Drachentöter
Gold, Email, 10 Diamanten, 6 Rubine, 1 Smaragd, 7 Perlen
Deutschland, 2. Hälfte 16. Jahrhundert
H. 8,2 cm; VIII 265

7 Anhänger als Eidechse
Gold, Email, 1 monströse Perle, Perlmutter, 3 Diamanten, 1 Rubin
Deutschland, 2. Hälfte 16. Jahrhundert
L. 8,7 cm; VI 82 a

8 Anhänger als Hirsch mit Lautenspielerin
Gold, Email, 10 Diamanten, 16 Rubine, Perle
Deutschland, Ende 16. Jahrhundert
H. 5 cm; V1 7 h

3

4

9 Anhänger in Gestalt einer Sirene
Gold, Silber, Email, 1 monströse Perle,
16 Diamanten, 8 Rubine
2. Hälfte 16. Jahrhundert
H. (o. Kette) 5 cm; VI 81 g

10 (Farbtafel 56)
Kursächsisches Wappen
Gold, Email, 77 Diamanten, 28 Rubine,
4 Smaragde
Sachsen, vielleicht Gabriel Gipfel,
um 1610/1611
H. 12,2 cm; VIII 271

11

11 Ring mit Burg
Gold, Email, Diamanten
vielleicht Italien, 16. Jahrhundert
VIII 102

12 Löffelchen
Sardonyx, Gold, Email, 1 Diamant,
7 Rubine, 4 Perlen
Deutschland, Ende 16. Jahrhundert
L. 11,6 cm; V 2 zz

13

13 Ring mit Spitzstein
Gold, Email, 23 Diamanten
Deutschland, Mitte 16. Jahrhundert
VIII 56

14 Brustkette aus 34 Korallengliedern
geschnittene Korallen, Gold, Email
16. Jahrhundert
L. 117 cm; III 174 a

VIII Die Saphirgarnitur

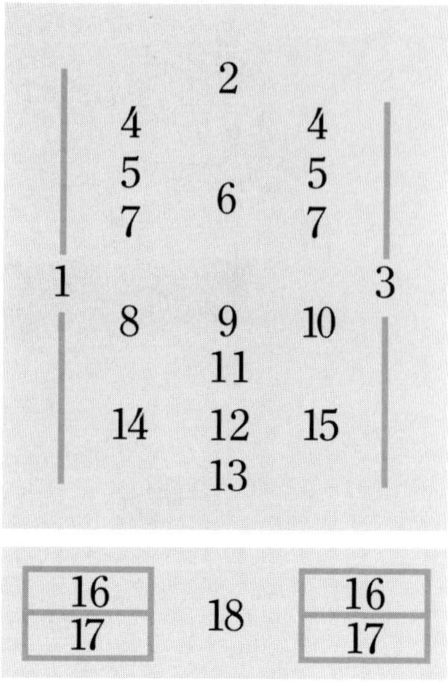

Obwohl sofort sichtbar ist, daß es sich bei vielen Steinen der Garnitur nicht allein um Saphire handelt, sondern auch Amethyste und Kristalle verwendet wurden, die durch unterlegte Folien ehemals saphirblau erschienen, ist deren Bezeichnung richtig und beizubehalten, da die Gesamtkomposition auf der Folge von Diamanten und »Saphiren« beruht. Aber auch unter den Saphiren sind Steine ganz unterschiedlicher Farbtiefe und Klarheit, die durch »schönende« Folien einst ein farblich einheitliches Gesamtbild ergaben. Die Konzeption der Saphirgarnitur geht auf Johann Melchior Dinglinger zurück. Sie wurde bereits unmittelbar nach der Krönung Augusts des Starken im Jahre 1697 begonnen und in den Grundbestandteilen fast nicht verändert, so daß uns in ihr tatsächlich ein Kleiderschmuck dieses Königs erhalten ist. Sie ist die älteste der königlichen Juwelengarnituren. Das Kleinod des Polnischen Weißen Adlerordens (Nr. 6), und die Gehenkteile (Nr. 4, 5, 7, 11, 12, 13) sind von Dinglingers Hand beziehungsweise unter seinen Augen entstanden. Dieses große Wehrgehenk, ursprünglich auch bei der Brillant-, der Diamant- und der Rubingarnitur vorhanden, hat nur in der Saphirgarnitur die Zeiten überstanden. Es besteht in einem Satz von drei prachtvollen Schnallen mit zugehörigen »Schiebern« in der Art von Gürtelschlaufen und »Spitzen«, in die jeweils das Endstück des Bandelierteils eingefaßt war. Die Breite der größten Schnalle läßt erkennen, welch schmückender Eigenwert dem Gehenk zukam, das seiner Funktion nach dazu dient, die »Wehr«, nämlich Degen oder Säbel, am Körper zu tragen, ohne daß die Hände gebunden sind. Der Degen hatte seinen Platz an der linken Hüfte. Das Gehenk verlief über die rechte Schulter und kreuzte den Körper. Auf der Brust wurde es durch die große Schnalle zusammengehalten und war sichtbar unter der offenen langen Weste. Die Halterung verbreiterte sich nach unten in zwei Bahnen und ergab die Lasche, in der der Degen hing. Für diese Stelle waren die im Verhältnis zum Brustschmuck kleineren beiden Schnallen nebst Zubehör bestimmt. Das kleine Besatzstück für die »Degentasche« (Nr. 15) rundete das Ensemble ab, das innerhalb der Garnitur ein »geschlossenes Ganzes« darstellte. 1721 erfolgte die reichere Ausstattung mit kleinen Brillanten. Johann Friedrich Dinglinger arbeitete 1738 die Saphirgarnitur völlig auf, wobei Degen und Gehenkschmuck auseinandergenommen werden mußten, um die Folien neu einzufärben.

Seit dem frühen 19. Jahrhundert sind die beiden großen ungeschliffenen Saphire von tiefblauer Färbung der Garnitur beigelegt worden (Nr. 18), ein Zeichen dafür, daß sie da-

12/11/13/5/4/7/15

mals bereits als Schaugarnitur bewertet wurde. Während der rechts liegende Stein 1733 »in Gold verfaßet« war, daran vier Kettchen, oben ein Krönchen, ist der »große rohe Moscowitische Saphir« links daneben niemals gefaßt gewesen. Er war ein Geschenk Zar Peters I. an August den Starken. Als letzter Zuwachs gelangte 1894 durch Vermächtnis eine »Busennadel« (Nr. 14) zur Garnitur, die König Friedrich August II. von Sachsen dem Naturforscher Prof. E. F. Pöppig († 1868), Gründer des zoologischen Museums in Leipzig, verehrt hatte.

1 Spazierstock
15 Saphire, 32 Diamantrauten, Gold, Silber
vor 1733
VIII 164

2 (Farbtafel 60)
Hutkrempe
4 Saphire, 97 Diamantrauten, Silber, vergoldet
Dresden, vor 1733
VIII 161

3

3 Degen mit Scheide
Stahl, Leder, 65 Saphir, 389 Diamantrauten, Gold, Silber
Johann Melchior Dinglinger
Dresden um 1700, verändert 1721 und 1738
H. des Degengefäßes 15,6 cm; VIII 165

4 Zwei Schieber oder Schlaufen zum Degengehenk
je 3 Saphire, 38 Diamantrauten, Silber, vergoldet
Johann Melchior Dinglinger
Dresden, um 1700, verändert 1721 und 1738
VIII 149

5 Zwei Schnallen zum Degengehenk
je 8 Saphire, 80 Diamantrauten, Silber, vergoldet
Johann Melchior Dinglinger
Dresden, um 1700, verändert 1721 und 1738
B. 12,3 cm; VIII 156

6 Kleinod des Polnischen Weißen Adlerordens
15 Saphire 29 Brillanten, Gold, Silber, Email
Johann Melchior Dinglinger
Dresden, zwischen 1704 und 1713
D. 10,7 cm; VIII 160

7 Zwei Spitzen zum Degengehenk
je 3 Saphire, 39 Diamantrauten, Silber, vergoldet
Johann Melchior Dinglinger
Dresden, um 1700, verändert 1721 und 1738
VIII 150

8 Zwei Schuhschnallen
je 6 Saphire, 6 Brillanten, Silber, vergoldet
Dresden, vor 1719
VIII 153

9 Hutschnalle
6 Saphire, 6 Brillanten, Silber, vergoldet
Dresden, vor 1719
VIII 152

10 Zwei Knieschnallen
je 6 Saphire, 6 Brillanten, Silber, vergoldet
Dresden, vor 1719
VIII 154

11 Schieber oder Schlaufe zum Degengehenk
5 Saphire, 56 Diamantrauten, Silber, vergoldet
Johann Melchior Dinglinger
Dresden, um 1700, verändert 1721 und 1738
VIII 158

6

6 Rückseite

12 Schnalle zum Degengehenk
8 Saphire, 116 Diamantrauten,
Silber, vergoldet
Johann Melchior Dinglinger
Dresden, um 1700, verändert 1721
und 1738
B. 18,5 cm; VIII 159

13 Spitze zum Degengehenk
3 Saphire, 80 Diamantrauten,
Silber, vergoldet
Johann Melchior Dinglinger
Dresden, um 1700, verändert 1721
und 1738
VIII 157

14 Drei Hemdenknöpfe
je 1 achteckiger Saphir,
14 bzw. 12 Brillanten, Gold, Silber
Dresden, vor 1719
VIII 155

Anstecknadel
ovaler Saphir, 13 Diamanten, Gold, Silber
wohl Dresden, frühes 18. Jahrhundert
VIII 392

15 Kleeblattförmiges Besatzstück
achteckiger Saphir, 27 Diamantrauten,
Silber, zumeist vergoldet
Johann Melchior Dinglinger
Dresden, um 1700, verändert 1721, 1738
VIII 151

16 28 Rockknöpfe
je 1 Saphir, 14 Diamantrauten, Gold,
Silber
Dresden, vor 1719
VIII 148

17 16 Westenknöpfe
je 1 Saphir, 12 Diamantrauten, Gold,
Silber
Dresden, vor 1719
VIII 147

18 Zwei große ungefaßte Saphire
links: in Form einer Nase, Geschenk
Peters des Großen, 648 Karat
rechts: tropfenförmig,
nach 1804 ausgefaßt
1719 vorhanden
VIII 162, VIII 163

18

IX Die Vitrine mit dem großen Onyxanhänger

In den Steinkabinetten fürstlicher Sammler nimmt der Onyx eine bevorzugte Stellung ein. Durch klar voneinander abgesetzte weiße und braune Schichten eignet er sich hervorragend für den Kameenschnitt. Seine charaktervolle Struktur tritt aber auch an rundlich geschliffenen Körpern – Gefäßen oder Kugeln – und in völlig plan gehaltenen Scheiben oder Platten wirkungsvoll in Erscheinung. Augusts des Starken kontinuierlich vergrößerte Sammlung edler Steine war bis 1727 auf allein 211 teils geschnittene Onyxsteine angewachsen.

Für seinen König konnte Johann Melchior Dinglinger einen großen, völlig regelmäßig gewachsenen Onyx in Form einer geschliffenen Platte hinzuerwerben, den die entzückten Zeitgenossen damals für den größten Onyx der Welt hielten. Dinglingers unerschöpflicher Phantasie und sicherem Formgefühl entsprang die dem kostbaren Stück angemessene Art seiner Präsentation (Nr. 8): Er »krönte« den König der Steine mit einem Dreigestirn kleinerer ovaler Onyxplatten von gleichfalls ebenmäßigem Schliff, ließ das mächtige Mitteloval nach unten in einem zierlichen kleinen Oval ausklingen. Der schräg verlaufende Randschliff der Platten setzt sich in den zurückhaltend dekorierten breiten silbervergoldeten Einrahmungen fort. Sparsam verteiltes feingliedriges Schnörkelwerk verbindet die Teile untereinander, Perlen »beschweren« optisch das zum Hängen bestimmte Schaustück. Es erhielt ziemlich unmittelbar nach seiner Vollendung als Blickfang einen Platz am verspiegelten Mittelpfeiler des Juwelenzimmers im Residenzschloß.

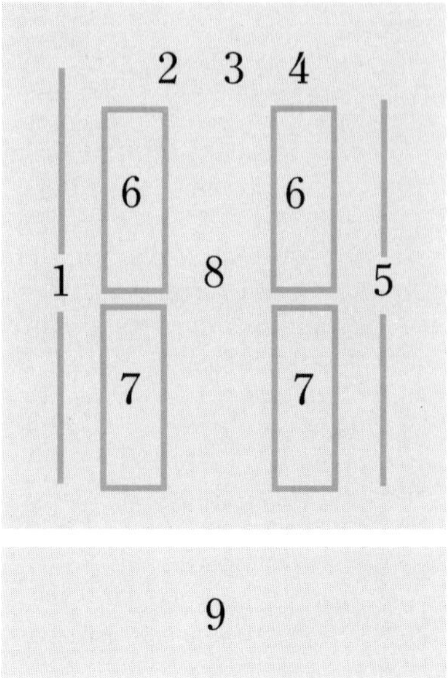

Auf dem Juwelenbrett sind daneben Teile der Achatgarnitur (Nr. 3, 5) und der von König August III. veranlaßten Topasgarnitur (Nr. 1, 6, 7) angeordnet. Jahrzehntelang hatte man spanische Topase kleinen Formats in großer Menge angesammelt und übersichtlich auf Wachsschachteln gesetzt, um sie griffbereit zur Verarbeitung in die geplante Garnitur zu haben; es fehlte wohl immer die erforderliche Anzahl großer »guter« Steine. Als der Schneckenstein im

6/7

Vogtland 1723 als Topasberg wiederentdeckt war und nach einigen Proben 1734 eine größere Menge Rohware nach Dresden gelangte, ging man sofort an die Ausführung der Garnitur. Schon am 30. Oktober 1734 konnte der Hofjuwelier Johann Heinrich Köhler die heute noch erhaltenen »Vier Duzd. massiv goldene Rock-Knöpfe, ider mit einem Großen Land-Topas versezt und Drey Duzd. dergl. kleinere« König August III. überbringen (Nr. 6, 7). Den Schliff besorgte vielleicht der Dresdener Edelsteinschleifer Friedrich Wilhelm Exner, der damals den Wert der Steine auf 16 Taler schätzte. Nach Köhlers Tod (1736) geriet die Arbeit an der Topasgarnitur ins Stocken, und sie blieb immer unvollendet.

Als Rudiment, allerdings mit zwei außerordentlich prachtvollen Teilen, der Hutzier (Nr. 3) und dem Prunkdegen (Nr. 5), ist die achatne Jagdgarnitur auf uns gekommen. Zu ihr gehörten ferner 36 Rock- und ebensoviele Westenknöpfe, Halshemden- und Manschettenknöpfe, ein Hirschfänger und ein Spazierstock, das Kleinod zum Polnischen Weißen Adlerorden, die erforderlichen Schnallen für Knie, Schuhe und Hut, mehrere Ringe und eine Schnupftabaksdose. Nach 1722 kamen eine Reitgerte und der Degen hinzu. Aus Achat waren die Griffe aller größeren Gerätschaften, die Dose und sämtliche Knöpfe, die jeweils ein Diamant schmückte. Die Besonderheit der Achatgarnitur bestand darin, daß die in Gold gefaßten Diamanten mit leuchtend roten Folien unterlegt waren, die heute zu zartem Rosa verblaßt sind. Die Garnitur ging wohl insgesamt aus der Werkstatt Johann Melchior Dinglingers hervor. Die Hutzier allein wurde 1719 mit Gold, Steinen und »Macherlohn« auf 8 000 Taler Wert taxiert.

2

1 Spazierstock der Topasgarnitur
spanisches Rohr, facettierter Topas, Gold
Johann Heinrich Köhler
Dresden, zwischen 1733 und 1736
VIII 253

2 Ovale Sardonyxplatte mit Urteil des Salomon
Steinschnitt: wohl Italien, 16. Jahrhundert, Goldfassung
H. 12,5 cm, B. 8,2 cm; VIII 200

3

5

3 Hutzier der Achatgarnitur
193 Diamantrauten, Gold
Johann Melchior Dinglinger
Dresden, vor 1719
H. 23,5 cm; VIII 24

4 Ovale Onyxplatte
Gold, Email
vor 1733
H. 14,4 cm, B. 8,4 cm; VIII 201

5 Degen der Achatgarnitur
Stahl, Leder, weißer Achat,
241 Diamantrauten, Gold
Johann Melchior Dinglinger
Dresden, nach 1722
H. des Gefäßes 14 cm; VIII 257

6 36 Westenknöpfe der Topasgarnitur
Schneckensteiner Topas, Gold
Johann Heinrich Köhler
Dresden, 1734
VIII 249

7 48 Rockknöpfe der Topasgarnitur
Schneckensteiner Topas, Gold
Johann Heinrich Köhler
Dresden, 1734
VIII 248

8 Großer Zieranhänger
5 ovale Onyxplatten, Silber, vergoldet,
31 Smaragde, 60 Diamanten, 3 Perlen
Johann Melchior Dinglinger
Dresden, vor 1727
H. 48,8 cm, H. der Mittelplatte 15,5 cm;
VIII 205

9 33 große geschliffene ungefaßte Topase
enthalten in VIII 176; VIII 177

8

X Schmuck der Kurfürstin Sophie

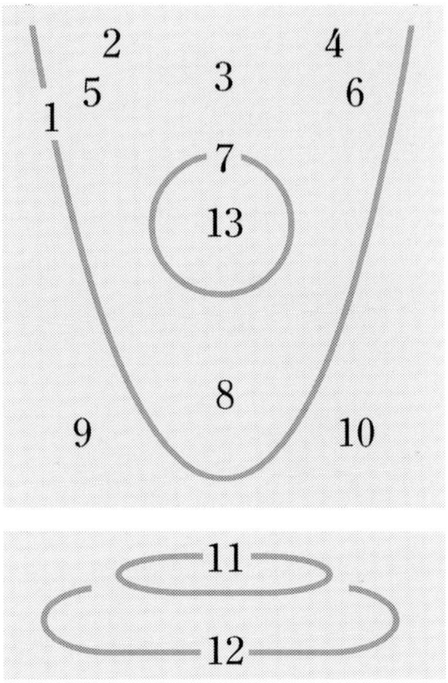

Über das ganze Juwelenbrett zieht sich eine lange Hüftkette aus abwechselnd kleineren und größeren »hohlen Mandeln« (Nr. 1), die durch ovale Ringe aus gewundenem Draht verbunden sind. Der Haken an einem Ende der Kette war – nach Taillenweite – beliebig in die Kette einzuhängen. Als Endstück darf man sich einen größeren Knauf wie an der vielleicht heute verkürzten, in gleicher Manier gearbeiteten Kette (Nr. 7) vorstellen.

Die Kette mit dem Medaillenanhänger (Nr. 11) ist aus elf Schilden zusammengesetzt, die auf der einen Seite das herzoglich sächsische, auf der andern das markgräflich brandenburgische Wappen tragen; als Zwischenglieder sind sogenannte Handtreuen, zwei ineinander gelegte Hände, die zugleich ein Herz umfassen, eingefügt. Es liegt nahe, die Kette mit der Vermählung des späteren Kurfürsten Herzog Christian von Sachsen mit der geborenen Markgräfin von Brandenburg Sophie im Jahre 1582 in Verbindung zu bringen. Sie war damals 14 Jahre alt.

Die anhängende gegossene Medaille zeigt ihr sehr jugendliches Bildnis, die Legende ihren Stand als verheiratete Frau und ihre Herkunft. Die Handtreuen der großen Brustkette (Nr. 12) tragen das Monogramm von Christian und Sophie. Mit 23 Jahren wurde die Kurfürstin Witwe. Der Kurprinz, seit 1601 Kurfürst Christian II., war damals erst 8 Jahre alt. Die Regierung in Sachsen wurde von Herzog Friedrich Wilhelm von Sachsen-Altenburg ausgeübt. Auf ihn soll die Stiftung der »Gesellschaft zur brüderlichen Liebe« (Nr. 3) zurückgehen, die die Einträchtigkeit der drei unmündigen Söhne Kurfürst Christians I. unter seiner Administration verkündet. Die lateinische Umschrift ist auf der Anhängerrückseite übersetzt: »Siehe Wie fein und lieblich Ists Das Brüder Eintrechtig Bei Einander Wonen.« »Gesellschaften« oder »Gesellschaftsstücke«, eine zeitgenössische Bezeichnung für Gnadengeschenke mit ideellen Bezügen, wurden in Sachsen, dies in großer Vielfalt und Anzahl, ausschließlich von den Fürsten verliehen. Sie stellen eine Art Auszeichnung an Gleichgesinnte dar. Der Gründer einer »Gesellschaft« konnte in ihr seine menschliche, moralische, auch politische Position ausdrücken. Die Vergabe und der Empfang von Gesellschaftsstücken war stets an männliche Personen gebunden. Eine besondere Art der Auszeichnung stellten die Gnadenpfennige dar, fürstliche Porträtmedaillen in zum Teil aufwendigen Juwelierfassungen, die an einer zum Gnadengeschenk gehörigen Kette getragen wurden (Nr. 2, 4, 8). Derartige »Kontrafekte« (Konterfeis) verliehen auch die Fürstinnen. Das Kontrafekt der Kurfürstin Sophie (Nr. 8) zeigt sie im

3

4

modischen Mühlsteinkragen in goldgemustertem schwarzen Kleid, umgeben von der Legende mit Namen und Titulatur. Die Rückseite der Medaille trägt das zweigeteilte Wappen des Kurfürstentums Sachsen mit Kurschwertern und Rautenkranz, als Herzschild das Wappen des Herzogtums Pommern, umgeben vom Wahlspruch der von strenger Frömmigkeit beseelten Fürstin: »HILF DV HEILIGE DREIFALTIGKEIT.« 1997 konnte der seit 1733 im Grünen Gewölbe nachweisbare Anhänger mit dem schreitenden Löwen (Nr. 13) zurückerworben werden, der 1924 in den Besitz des Familienvereins Haus Wettin gelangt war. Der Reichsapfel auf der Pranke des Löwen, Symbol des Kurfürsten von der Pfalz als Erztruchseß, legt die Deutung nahe, daß das vorzüglich gestaltete Anhängestück eine Gabe des pfälzischen Kürfürsten Friedrich IV. an Kurfürst Christian I. oder als diplomatisches Geschenk Christians an Friedrich gedacht war; beide vertraten gemeinsame Interessen gegen die beginnende katholische Gegenreformation.

1 Hüftkette aus 47 durchbrochenen Gliedern
Gold, Email
Deutschland, 2. Hälfte 16. Jahrhundert
L. 209 cm; VIII 270

2 Medaillenanhänger mit dem Bildnis der Kurfürstin Sophie
Medaille: sign. Tobias Wolff
Dresden, dat. 1583
Fassung: Dresden, nach 1583
D. der Medaille 3,1 cm, L. 7,6 cm;
VIII 380 a

3 Anhänger der »Gesellschaft der brüderlichen Liebe«
Gold, Email, 5 Diamanten
Dresden, zwischen 1591 und 1601
H. 9,4 cm; VIII 284

4 Medaillenanhänger mit dem Bildnis Kurfürst Christians II.
Gold, Email, 3 Perlen
Medaille: sign. Tobias Wolff
Dresden, dat. 1601
Fassung: wohl Gabriel Gipfel
Dresden, 1. Jahrzehnt 17. Jahrhundert
D. der Medaille 2,7 x 2,1 cm, H. 9,5 cm;
VIII 390

5 Anhänger mit den Personifikationen von Klugheit und Schlichtheit
Gold, Email, 8 Diamanten
wohl Dresden, um 1600
H. 7,2 cm; VIII 291

6 Anhänger mit den Personifikationen von Gerechtigkeit und Frieden
Gold, Email, 26 Diamanten
wohl Dresden, um 1600
H. 7,4 cm; VIII 299

7 Hüftkette aus 26 durchbrochenen Gliedern
Gold, Email
Deutschland, 2. Hälfte 16. Jahrhundert
L. 115 cm; VIII 273

8 Medaillenanhänger mit dem Bildnis der Kurfürstin Sophie
Gold, Email
Bildnis: nach einer Medaille von Tobias Wolff von 1589
Fassung: Gabriel Gipfel
Dresden, 1. Jahrzehnt 17. Jahrhundert
H. 10,2 cm; VIII 421

9 Anhänger in Gestalt eines Kriegsknechtes mit Lanze
Gold, Email, 2 Diamanten, 8 Rubine
Ende 16. Jahrhundert
H. 6,6 cm; VI 81 m

10 Anhänger in Gestalt eines Kriegsknechtes mit Muskete
Gold, Email, 1 Diamant, 26 Rubine
Ende 16. Jahrhundert
H. 6,2 cm; VI 81 l

11 Brustkette aus 22 Gliedern mit Medaille auf die Markgräfin Sophie
Gold, Email
wohl Berlin, 1582
VIII 269

5

13

12 Brustkette mit 21 eingefügten »Handtreuen«
Gold, Email
wohl vor 1591
VIII 274

13 Anhänger mit schreitendem Löwen
Gold, Email, 2 Rubine, 2 Diamanten, 4 Perlen
Deutschland, vor 1591
H. 7 cm; 1997/1 (alt: VIII 296)

XI Schmuck und Gerät aus der Zeit der Kurfürstinwitwe Sophie und ihrer Söhne Christian und Georg

Der Spiegel mit reich emaillierter Rückseite (Nr. 9, Farbtafel 55), unter dessen ovaler Kapsel das Bildnis der Kurfürstin Sophie verborgen ist, darf wohl als Geschenk an eines ihrer Kinder angesehen werden. Sie war darin sehr großzügig, wie sich auch an Prunkwaffen in der Rüstkammer ablesen läßt. Christian, seit seiner Mündigkeit 1601 Kurfürst, gründete sogleich nach seinem Regierungsantritt eine eigene »Gesellschaft« (siehe Vitrine X), mit der er seine Gottesfurcht und Treue zu Kaiser Rudolph II. zum Ausdruck brachte. Das Kleinod (Nr. 5) zeigt in der Mitte das sächsische Wappen, auf der Rückseite die Sonne als Symbol des Kaisers, umgeben von sechs Sternen, den Sinnbildern der sechs übrigen Kurfürsten. Diese Gesellschaft mit Kette stammt aus der Gruft des Caspar von Schönberg zu Wilsdruff. Auf Johann Georg, seit 1611 Kurfürst, sind die Monogrammanhänger J G H (Nr. 1) und H G S E (Nr. 3) zu beziehen. Letzterer ist während der kurzen Eheverbindung mit der 1606 verstorbenen ersten Gemahlin Sibylla Elisabeth von Württemberg entstanden. Das Monogramm bedeutet: Herzog Georg, Sibylla Elisabeth. Eine Medaille auf ihren Tod preist ihre Schönheit und ihre Vorzüge. Die Herstellung der Anhängestücke hatte sich um die Jahrhundertwende gewandelt. Während sie zu Zeiten der spanischen Hofmode in einem Stück mit geschlossenem Umriß gegossen waren, bevorzugte man jetzt eine durchbrochene leichte Grundplatte, auf die unter Verwendung langer Stifte die gewünschten Teile, Monogramme, Figuren, Szenen, aufmontiert wurden. Vorspringende Konsolen ergaben eine Art Bühnenraum, auf dem Personen en miniature agieren oder posieren konnten, wie der mit Diamanten als Zeichen seiner Kraft ausgefaßte Goliath (Nr. 4) oder die Personifikation des Glaubens (Nr. 7). Eines der kleinsten Anhängestücke ist die Jagdtasche

14

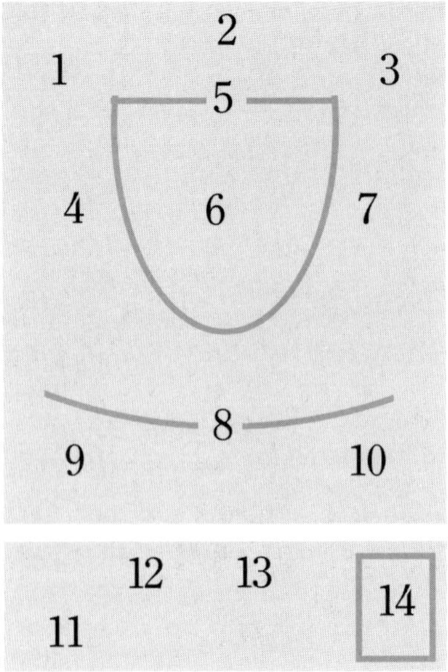

2

(Nr. 13), besetzt mit einem Saphir, dem Stein der Weisheit und der Treue. Auf der Taschenklappe kauert ein Hund; in dem kleinen Fach darunter verbirgt sich ein winziges Totengerippe.
Das »memento mori« – des Todes eingedenk – war früheren Generationen sehr viel gegenwärtiger und stand in einem natürlichen Verhältnis zum Leben. Der Schmuckkasten aus Ebenholz (Nr. 14) trägt als Deckelbekrönung einen Putto, der eine Schrifttafel mit dieser Devise hält. Er stützt sich auf einen Totenschädel; zu seinen Füßen steht eine Sanduhr als Symbol verrinnender Zeit und damit der Vergänglichkeit. In den Kastennischen stehen die Personifikationen positiver menschlicher Eigenschaften, an der vorderen Kastenwand Justitia und Sapientia.
Die vorzüglich fein gearbeiteten goldemaillierten Beschläge und Figuren stehen einigen Anhängern sehr nah. Es handelt sich deshalb vielleicht um eine Juwelierarbeit des Dresdener Goldschmiedes Gabriel Gipfel.

1 Monogrammanhänger J G H
Gold, Email, 39 Diamanten, 20 Rubine
Deutschland, vor 1611
H. 8,6 cm, VIII 297

2 »Gesellschaftsstück« des Kurfürsten und Erzbischofs von Mainz Johann Schweickhard von Cronberg
Gold, Email, 13 Diamanten
Deutschland, dat. 1608
H. 7,7 cm; VIII 293

3 Monogrammanhänger H G S E
Gold, Email, 79 Diamanten
wohl Dresden, zwischen 1604 und 1606
H. 9 cm; VIII 287

4 Anhänger mit David und Goliath
Gold, Email, 47 Diamanten, 18 Rubine
Deutschland, Ende 16. Jahrhundert
H. 9,8 cm, VIII 294

5 »Gesellschaftstück« Kurfürst Christians II.
Gold, Email, Perle
Gabriel Gipfel
Dresden, 1608
L. Kette 84 cm, H. Anhänger 13 cm; VIII 385

4

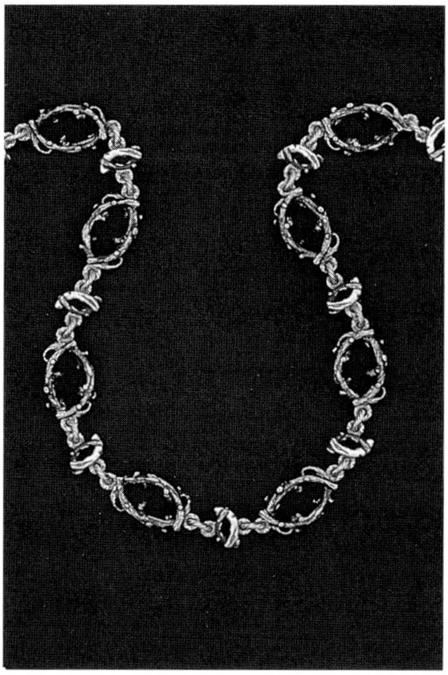

Ausschnitt 8

Ausschnitt 5

6 Anhänger in Gestalt des Agnus Dei als Verkörperung Christi in der Passion
Gold, Email, 1 Diamant, 9 Rubine, 5 Perlen
Deutschland, 2. Hälfte 16. Jahrhundert
H. 7,9 cm; VIII 300

7 Anhänger mit der Personifikation des Glaubens
Gold, Silber, Email, 37 Diamanten, 18 Rubine, 1 Smaragd, 2 Perlen
Deutschland, Ende 16. Jahrhundert
H. 9,8 cm; VIII 285

8 Brustkette aus Astwerk
Gold, Email
Deutschland, um 1600
L. 151 cm; VIII 259 a

9 (Farbtafel 55)
Rautenförmiger Spiegel
Gold, Email, Spiegelglas, Ölminiatur auf Silber
wohl Deutschland,
Anfang 17. Jahrhundert
H. 19 cm, B. 15 cm; VI 64

10 Anhänger mit der Personifikation der Nächstenliebe
Gold, Email
Deutschland, um 1600
L. 9 cm; VI 21

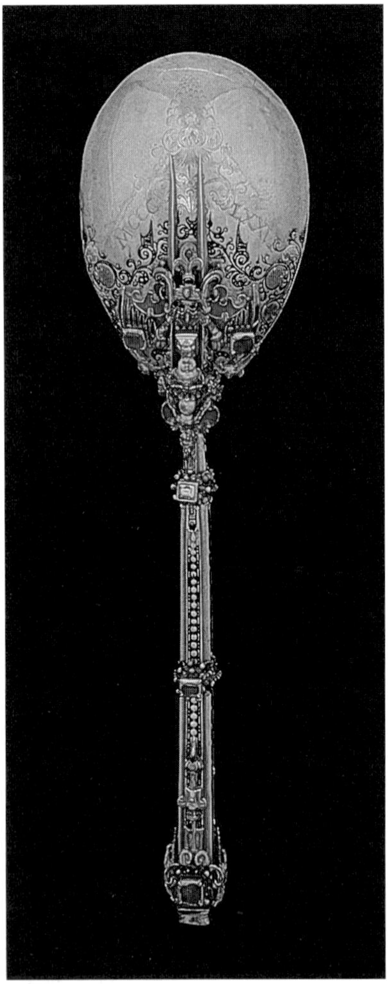

11

12

11 Eßbesteck aus Löffel und Gabel
Gold, Email, Diamanten, Rubine
wohl Nürnberg, um 1600
L. 23 cm, VI 8 m

12 Ring
Gold, Email, Türkis, 6 Diamanten
Anfang 17. Jahrhundert
VIII 75

13 Anhänger in Form einer Jagdtasche
Gold, Email, 1 Saphir, 1 Diamant,
21 Rubine, Perle
1. Viertel 17. Jahrhundert
H. 4,4 cm; VI 7 ff

14 Schmuckkasten
Ebenholz, Gold, Email
Deutschland, um 1600
H. 32 cm, B. 32 cm, T. 22 cm; V 596

13

13 Rückseite

XII Die Rubingarnitur

Ähnlich in manchen Bestandteilen der Saphirgarnitur, sind in ihr Rubine vorzugsweise im Wechsel mit Brillanten verarbeitet: Rot und Weiß für Silber, die Farben des polnischen Wappens. Johann Melchior Dinglinger hatte um 1695 bereits Entwürfe für Knöpfe und Knopflocheinfassungen sowie Schnallen für eine Rubingarnitur vorgelegt, deren Ausführungen aber nicht erhalten sind. Man darf davon ausgehen, daß die bis zum Jahr 1733 fertigen Bestandteile der Garnitur auf seine Façon zurückgehen, teilweise aber von anderen Dresdener Juwelieren ausgeführt wurden, deren Namen im Dunkel liegen. Zur Urfassung der von Johann Melchior Dinglinger entworfenen Rubingarnitur gehörte ein großes Wehrgehenk in der Art, wie es sich nur bei der Saphirgarnitur (Vitrine VIII 4, 5, 11-13, 15) erhalten hat.

Neben »echten« Rubinen sind in diese Garnitur vorwiegend Spinelle verarbeitet worden, da eine so beträchtliche Zahl »guter« großer Steine nicht zu beschaffen war. Auch verzichtete man zugunsten ihrer Größe lieber auf die Regelmäßigkeit der Form, versah sie lediglich mit einem Randschliff. Die Hutkrempe (Nr. 8),

das Kleinod vom Goldenen Vlies (Nr. 6) und auch die Knöpfe (Nr. 14, 15) geben ein gutes Beispiel. Eine Angleichung an das ins Bläuliche spielende Rot der Rubine wurde durch gefärbte Folien erreicht, deren Wirkung jedoch nachließ. Wie schnell ergibt sich aus einem Inspektionsgang des mit der Leitung der Sammlungen beauftragten Reichsgrafen Sulkowski durch das Grüne Gewölbe am 22. August 1736, wonach offensichtliche Mängel sofort behoben werden sollten: noch fehlende Etuis für die Pretiosen waren anzufertigen, Krüger hatte die vergilbten Elfenbeinpokale von Herrn von Schmertzing zu bleichen und, dies an erster Stelle, die Rubingarnitur »soll follends umbgefaßt und wo nötig, die Folie verbeßert werden«. Nach rund 40 Jahren war demnach bereits, bedingt durch die Zusammensetzung der färbenden Substanz, eine Beeinträchtigung in der Wirkung der Steine aufgetreten. Vielleicht wären die alten Knopfreihen der Garnitur sonst gar nicht durch Johann Friedrich Dinglinger gänzlich neu gefaßt worden (Nr. 14, 15). Sie sind, wie auch die großen Steine in der Hutkrempe (Nr. 8) und im Goldenen Vlies (Nr. 6) in Schnürkästen gefaßt, das heißt nur mit Draht in den sie umgebenden Brillanteneinfassungen der Schmuckstücke festgeknüpft. So konnte man sie herausnehmen, ohne daß das gesamte Stück zerbrochen werden mußte, sowohl um sie zeitweilig in andere Juwelen einzusetzen, aber auch, um mit geringerem Aufwand verdorbene Folien zu ersetzen, was lediglich eine Neufassung des Farbsteins erforderte. Seit die Rubingarnitur nicht mehr getragen und eine museale Schaugarnitur wurde, verzichtete man auf die optische Verbesserung der Steine, die sich heute in ihrer natürlichen Färbung zeigen.

1 Spazierstock
spanisches Rohr, 1 orientalischer Rubin, 54 Brillanten, Gold, Silber
vor 1733
VIII 126

2 Zwei Knieschnallen
je 6 Spinelle, 6 Brillanten, Silber, vergoldet
Dresden, vor 1719
VIII 107

3 Bruststern des Polnischen Weißen Adlerordens
1 großer Rubin, 168 kleine Rubine, 385 Brillanten
Dresden, zwischen 1722 und 1733
VIII 121

4 Zwei Schuhschnallen
je 6 Spinelle, 6 Brillanten, Silber, vergoldet
Dresden, vor 1719
VIII 106

5 (Farbtafel 61)
Kleinod des Polnischen Weißen Adlerordens
19 orientalische Rubine, 480 Brillanten, Gold, Silber, Email
Johann August Jordan, Dresden, 1744
VIII 123

6 Kleinod des Ordens vom Goldenen Vlies
3 Spinelle, 70 Brillanten, Gold, Email, Silber, vergoldet
Dresden, nach 1722
VIII 122

7 Zwei Hemdenknöpfe
1 orientalischer Rubin, 10 Brillanten, Gold
vor 1733
VIII 112
1 Spinell, 11 Brillanten, Gold
vor 1733
VIII 113

8 Hutkrempe
12 Spinelle, 96 Brillanten, Silber, vergoldet
Johann Friedrich Dinglinger
Dresden, 1736
H. 11,2 cm; VIII 124

9 Zwei Anhänger mit Rubinen in Tropfenform
links: 1 Spinell von 59 4/8 Karat, 3 Brillanten, Gold
rechts: 1 Spinell von 48 Karat, 13 Brillanten, Gold
erworben 1740
VIII 119, VIII 120

10 Zwei Schuhschnallen
je 8 orientalische Rubine, 8 Brillanten, Silber, vergoldet
Dresden, vor 1733
VIII 108

11 Zwei Knieschnallen
je 8 orientalische Rubine, 8 Brillanten, Silber, vergoldet
Dresden, vor 1733
VIII 109

6

12 Hutschnalle
6 Spinelle, 6 Brillanten, Silber, vergoldet
Dresden, vor 1719
VIII 105

13 Degen mit Scheide
112 Rubine, 401 Brillanten, Gold, Silber, vergoldet, Stahl, Leder
Dresden, vor 1733
VIII 125

14 28 Rockknöpfe
je 1 Spinell, Brillanten, Gold, Silber, vergoldet
Johann Friedrich Dinglinger
Dresden, 1736 und 1747
D. 2,1 cm; VIII 111

15 16 Westenknöpfe
je 1 Spinell, Brillanten, Gold, Silber, vergoldet
Johann Friedrich Dinglinger
Dresden, 1736 und 1747
D. 1,7 cm; VIII 110

16 Zwei doppelte Manschettenknöpfe
4 Rubine, Brillanten, Gold, Silber, vergoldet
VIII 114

17 Schnupftabaksdose
25 Rubine, 189 Brillanten, Gold
sign. Gouers
Daniel Gouers, Paris, vor 1733
H. 2,2 cm, B. 6,8 cm; VIII 127

XIII Die Brillantgarnitur

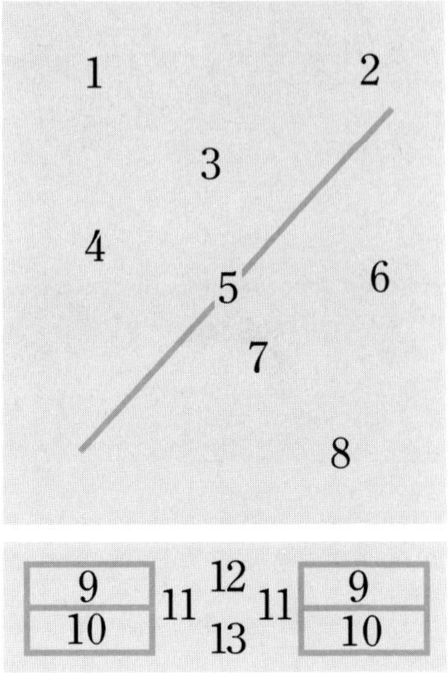

Die Brillantgarnitur war der repräsentativste Juwelenschmuck der königlichen Festgarderobe, stand immer im Mittelpunkt des Interesses und ist wie keine andere der neun Juwelengarnituren ständiger Bewegung und Veränderung ausgesetzt gewesen. Von der für August den Starken von Johann Melchior Dinglinger gearbeiteten Garnitur hat sich kein einziges Schmuckstück erhalten, nachdem sein Sohn, König August III., zwischen 1746 und 1756 den Brillantschmuck durch die Wiener Hofjuweliere Jean Jacques Pallard und André Jacques Pallard völlig umarbeiten ließ. Der große Auftrag ließ die beiden Juweliere vorübergehend ihren Wohnsitz nach Dresden verlegen, zumal der König plante, auch die anderen Garnituren zu modernisieren. Der Siebenjährige Krieg unterbrach dieses Vorhaben. In der bis 1756 vollendeten Fassung erreichte die »Neue große Brillanten-Garnitur« ihren stärksten Umfang mit 22 Einzelschmuckstücken sowie 60 Rock- und 50 Westenknöpfen. Durch Schliff und Reinheit besonders hervorragende Steine, auch die beiden größten Brillanten, die sich bis heute im Grünen Gewölbe befinden, der »Sächsische Weiße« in der Achselschleife von 44 Karat (Nr. 4) und der »Dresdner Grüne« in der Hutkrempe von 41 Karat (Nr. 3, Farbtafel 58), waren in sie integriert. Sie zierten damals das Mittelstück, das sogenannte Feuereisen von zwei Kleinoden des Goldenen Vliesordens und sind nach deren Auflösung mitsamt der von Pallard geschaffenen rokokozarten Blütenfassung in die neu erstellten Schmuckstücke übernommen worden. Die einzigen unverändert erhaltenen Teile der »Neuen Großen Brillanten-Garnitur« Augusts III. sind das Paar doppelter Manschettenknöpfe (Nr. 13) und der Brustsstern des Polnischen Weißen Adlerordens (Nr. 1). Während der Dauer des sächsisch-polnischen Königtums (1697-1763) gehörten das Kleinod und der Stern des 1704 von August dem Starken erneuerten Ordens mit der Devise »Pro Fide, Lege et Grege« zu den festen Bestandteilen jeder Juwelengarnitur. Unter Kurfürst Friedrich August III. wurde die Brillantgarnitur in den achtziger Jahren des 18. Jahrhunderts abermals umgearbeitet. Aus dieser Zeit stammen der Degen (Nr. 5), der Reiherstutz (Nr. 2) und die Schnallen für Schuhe (Nr. 7) und Kniebund (Nr. 8). Die Neufassung von je 30 Rock- und Westenknöpfen war die letzte große Veränderung an der königlichen Garnitur. Aus der zu jener Zeit offensichtlich wenig geschätzten Schildpattgarnitur (Vitrine I) ließ man weitere Steine ausbrechen, um damit die Einfassungen der Mittelsteine vergrößern zu können. Je 20 dieser Rock- und Westenknöpfe gelangten im Zuge der Fürstenabfindung 1924 an den Familienverein Haus Wettin.

1

1 Bruststern des Polnischen Weißen Adlerordens
Brillanten, Rubine, Gold, Silber
Jean Jacques oder André Jacques Pallard
Dresden, um 1747
D. 15,5 cm; VIII 23

2 Reiherstutz. Hutaigrette
360 Brillanten, der größte 9 3/8 Karat, Gold, Silber
Christian August oder August Gotthelf Globig
Dresden, 1782/1789
H. 14,8 cm; VIII 26

2

3 (Farbtafel 58)
Hutkrempe oder -agraffe mit dem »Dresdner Grünen«
grüner Brillant von 41 Karat, à jour gefaßt, Brillanten, Gold, Silber
Franz Diespach
Dresden, 1768/1769
H. 14,1 cm; VIII 30

4 Achselschleife mit dem »Sächsischen Weißen«
großer weißer Brillant von 44 Karat, Brillanten, Gold, Silber
unter Verwendung von Teilen von Pallard und Diespach
Hofjuweliere Globig
Dresden, 1782/1789
H. 20,4 cm; VIII 25

4

5

5 Degen mit Scheide
2060 Brillanten, Silber, zum Teil vergoldet, Stahl, Leder, Pergament
Hofjuweliere Globig
Dresden, 1782/1789
L. des Degens 81 cm; VIII 29

6 Schmuckstück mit Schlaufe, ehemals Teil eines Goldenen Vlieses
Brillanten, Gold, Silber, Messing, Stahl
Jean Jacques oder André Jacques Pallard
Wien, 1745/1746
H. 5,7 cm; VIII 22

7 Zwei Schuhschnallen
64 große, 181 kleine Brillanten, Silber, zum Teil vergoldet, Stahl
Hofjuweliere Globig
Dresden, 1782/1789
B. 8,4 cm; VIII 19

7/8

8 Zwei Knieschnallen
32 große, 105 kleine Brillanten, Silber, zum Teil vergoldet, Stahl
Hofjuweliere Globig
Dresden, 1782/1789
B. 4,5 cm; VIII 19

9 Zehn Rockknöpfe
je 1 großer Brillant, 13 bis 18 kleine Brillanten, Gold, Silber
Ignaz Konrad Plödterl
Dresden, 1827
D. 2,4-2,5 cm; VIII 21

10 Zehn Westenknöpfe
je 1 großer Brillant, 12 bis 14 kleine Brillanten, Gold, Silber
Ignaz Konrad Plödterl
Dresden, 1827
D. 1,9-2 cm; VIII 20

11 Vier Litzen zum Reiherstutz (Nr. 2)
je 15 Brillanten, Silber
Hofjuweliere Globig
Dresden, 1782/1789
L. 6,8 cm; VIII 26

Sechs schleifenförmige Litzen zur Hutkrempe (Nr. 3)
je 25 Brillanten, Silber
Franz Diespach/Ignaz Konrad Plödterl
Dresden, 1768/1769 und 1824
L. 5,8-6,2 cm; VIII 30

9/10/11

12 Zwei Hemdenknöpfe der ehemaligen »Goldenen Jagdgarnitur«
viereckiger gelber Brillant, Gold
Dresden, nach 1737
D. 1,9 cm; VIII 28

Blaßgelber Brillant, 25 kleine Brillanten, Gold, Silber
vor 1740
D. 2,3 cm; VIII 28

13 Zwei doppelte Manschettenknöpfe
4 große, 44 kleine Brillanten
Dresden, 1756
D. der Knöpfe 1,8-1,9 cm; VIII 31

6/12/13

XIV Die Smaragdgarnitur

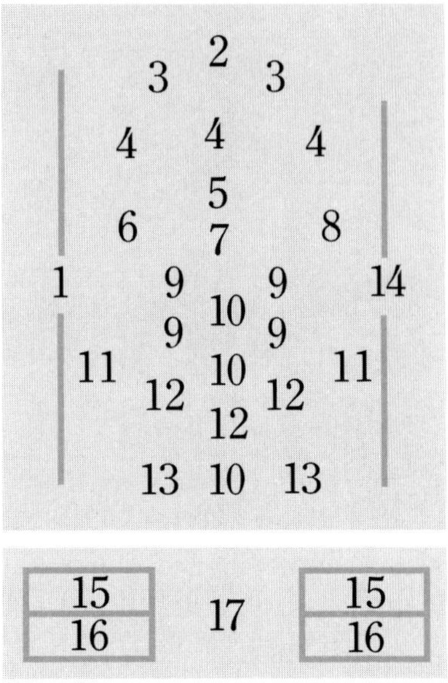

Manche halten die Smaragdgarnitur wegen der hohen Qualität vieler ihrer Steine für die schönste Smaragdkollektion der Welt. Aber auch die juweliermäßige Verarbeitung hat daran ihren gleichrangigen Anteil. Der Hirschfänger (Nr. 1, Farbtafel 64), das prächtigste Gerät der Garnitur, zeigt ihre Bestimmung zur Jagdgarnitur an. Sie bestand 1719, als die königlichen Juwelengarnituren zum ersten Mal verzeichnet wurden, aus der Hutkrempe (Nr. 6), zwei Fingerringen, drei Hemdenknöpfen für den Hals (Nr. 7) und »in die Ermel« (Nr. 11), einem Polnischen Weißen Adlerorden, dem Hirschfänger mitsamt Gehenk (Nr. 10, 13), einem Degen, einer englischen Jagdpeitsche mit »gewundenem Achatgriff«, den Schuh- und Knieschnallen sowie der Hutschnalle (Nr. 3, 4), vier großen länglichen hohen Smaragden, von denen noch drei erhalten sind (Nr. 12), neun kleinen Smaragden in Schnürkästen, je 36 Rock- und Westenknöpfen (Nr. 15, 16) und einem »türkischen Schloß« und repräsentierte einen Wert von 98 000 Taler. Nach 1722 kamen das Kleinod vom Goldenen Vlies (Nr. 8) und vor 1733 ein Stock von Schlangenholz und die »hohe Jagd-Dose« (Nr. 17) hinzu. 1737 gefiel es dem König, den Smaragddegen, den Stock und die Jagdpeitsche aus der Werkstatt Johann Melchior Dinglingers »zerbrechen« zu lassen, und der nachgerückte Hofjuwelier und Sohn des Meisters, Johann Friedrich Dinglinger, erhielt den Auftrag, aus dem Material einen neuen Degen und einen neuen Spazierstock anzufertigen. Beide wurden noch im gleichen Jahr von Dinglinger geliefert. Der Stock war ein spanisches Rohr, der Knopf von Gold, oben als Platte »ein schöner großer länglichter Achteckiger Smaragd«, umgeben von 24 Brillanten, unten am Stockknopf ein Kranz von 23 Brillanten. Er war so eingerichtet, daß man ihn »Auf- und Abschrauben« konnte. Der kostbarste Teil des Spazierstockes, der Knopf mit dem schönen und großen Smaragd, ist erhalten geblieben (Nr. 2). Vollständig und unverändert erhielt sich Johann Friedrich Dinglingers neuer »Cour-Degen mit Seitenbügeln, von Gold, über und über mit verschnittener Arbeit, der Griff mit Smaragden und brillanten Reihen-weise gewunden, dazwischen goldener Draht« (Nr. 14). 91 Smaragde und 239 Brillanten hatte Dinglinger in ihn verarbeitet. Entsprechend dem Kleinod in der Rubingarnitur (Vitrine XII, Nr. 5) wurde 1746 der alte Adlerorden durch den Hofjuwelier Jordan völlig neu erschaffen (Nr. 5).

1 (Farbtafel 64)
Hirschfänger mit Scheide
9 Smaragde, 81 Brillanten, Gold, Silber, Achat, Stahl, Leder
Johann Melchior Dinglinger
Dresden, 1. Jahrzehnt 18. Jahrhundert
H. des Griffes 15 cm; VIII 144

2 Stockknopf
1 Smaragd, 24 Brillanten, Gold
Johann Friedrich Dinglinger
Dresden, 1737
VIII 138

3 Zwei Knieschnallen
je 8 Smaragde, 8 Brillanten, Silber, zumeist vergoldet
Dresden, vor 1719
VIII 142

4 Zwei Schuhschnallen und eine Hutschnalle
je 8 Smaragde, 8 Brillanten, Silber, zumeist vergoldet
Dresden, vor 1719
VIII 141, VIII 134

5 Kleinod des Polnischen Weißen Adlerordens
16 Smaragde, Brillanten, Gold, Silber, Email
Johann August Jordan
Dresden, 1746
VIII 143

6 Hutkrempe
4 Smaragde, 67 Brillanten, Gold, Silber
Dresden, vor 1719
VIII 137

7 Hemdenknopf
1 Smaragd, 20 Brillanten, Gold, Silber
Dresden, vor 1719
VIII 131

8 Kleinod des Ordens vom Goldenen Vlies
3 Smaragde, 72 Brillanten, Gold, Silber, Email
Dresden, zwischen 1722/1733
VIII 135

9 Vier gefaßte Smaragde
erworben 1737
VIII 132

10 Schnalle, Schieber und Spitze zum Wehrgehenk
5 Smaragde, 75 Brillanten, Gold, Silber
Georg Christoph Dinglinger
Dresden, vor 1719
B. der Schnalle 6 cm; VIII 133

11 Zwei Manschettenknöpfe
je 1 Smaragd, 12 Brillanten, Gold, Silber
Dresden, vor 1719
VIII 130

12 Drei tropfenförmige, facettierte Smaragde in Schnürkästen
1719 vorhanden
VIII 136

13 Sechs Besatzstücke zum Wehrgehenk
je 1 Smaragd, insgesamt 54 Brillanten, Gold, Silber
Georg Christoph Dinglinger
Dresden, vor 1719
VIII 133

14 Degen mit Scheide
90 Smaragde, 220 Brillanten, Gold, Silber, Stahl, Leder
Johann Friedrich Dinglinger
Dresden, 1737
H. des Griffes 14,5 cm; VIII 145

15 16 Rockknöpfe
je 1 Smaragd, 20 Brillanten, Silber, zumeist vergoldet
Dresden, vor 1719
VIII 129

16 16 Westenknöpfe
je 1 Smaragd, 16 Brillanten, Silber, zumeist vergoldet
Dresden, vor 1719
VIII 128

17 Dose
Smaragdmutter-Platte, Gold
vor 1733
VIII 140

XV Schmuck und Pretiosen der Kurfürsten Johann Georg I. und Johann Georg II.

Die beiden diamantbesetzten Ketten mit den Monogrammanhängern J G S (Nr. 4) für Johann Georg von Sachsen und M S (Nr. 7) für Magdalena Sibylla beziehen sich auf das im Jahre 1607 vermählte Kurfürstenpaar Johann Georg I. und seine zweite Gemahlin aus markgräflich brandenburgischem Hause. Ihrer beider Bildnisse sind in dem Anhänger mit schwarz-grün emaillierter Einfassung vereint (Nr. 8). Der goldene Gürtel mit rubinbesetzten Spangen (Nr. 11) ist vielleicht in Anlehnung an ein ähnlich gestaltetes Degengehänge Johann Georgs I. für Magdalena Sibylla gearbeitet worden.

In der oberen Reihe des Juwelenbrettes sind zwei Kleinode des englischen Hosenbandordens angeordnet, das eine von Kurfürst Johann Georg II. (Nr. 3), das andere von Kurfürst Johann Georg IV. (Nr. 1), die 1669 und 1693 mit diesem 1350 gestifteten höchsten englischen Orden ausgezeichnet wurden. Ordenspatron ist der heilige Georg, das Ordenszeichen

15

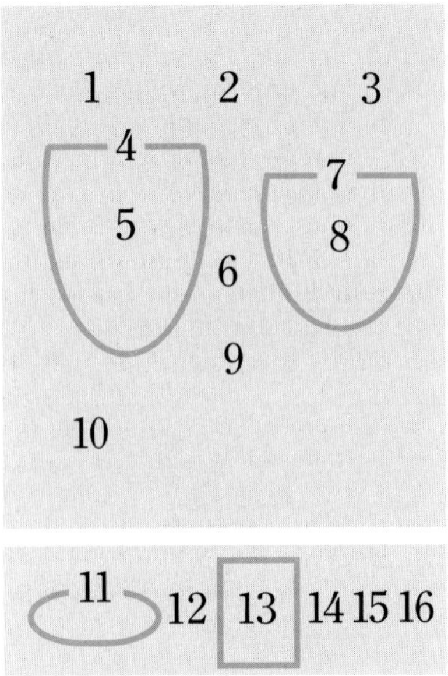

ein blaues Band mit Schnallen, das ursprünglich am linken Knie getragen wurde, mit der Devise: Honi soit qui mal y pense – Ehrlos sei, der Schlechtes dabei denkt. Über den Anlaß der Ordensstiftung existieren unterschiedliche Versionen. Im gewöhnlichen Gebrauch wurde das Kleinod mit dem heiligen Georg, umgeben vom Devisenband an blauer Schärpe, an der rechten Hüfte getragen. Das Anhängestück mit den Buchstaben J G C und der Ziffer 4 unter dem Kurhut (Nr. 2) ist eine Gabe zur Erinnerung an Kurfürst Johann Georg IV., der 1694 in jungem Alter starb. Man wechselte die Hängeperlen gegen einen Totenschädel und das Band mit seinem Sterbedatum aus.

Die Schmuckgegenstände mit emaillierten Blumen (Nr. 13, 16) sind Zeugnisse der Verliebtheit in die exotische Blütenwelt, die in Europa, bedingt durch den vermehrten Orienthandel, einen starken Niederschlag sowohl in der Malerei und der Graphik als auch im Kunsthandwerk fand. 1559 wurde aus importierten Zwiebeln in Augsburg die erste Tulpe Europas gezüchtet.

Die Emailmaler haben sich mit besonderer Freude auf die sehr bald reichlich vorliegenden Stichvorlagen gestürzt und mit meist opaken Farben, die naturalistische Binnenzeichnung und Schattierung gestatten, zu strahlender Wirkung gebracht. Ein ganz persönliches Besitzstück ist der auf Pergament geschriebene Immerwährende Kalender Kurfürst Johann Georgs II. in kostbarer Hülle (Nr. 15). An das Kalendarium erinnern die Medaillons auf dem Rücken des Büchleins mit der Darstellung der vier Jahreszeiten. Die Vorderseite schmücken sein Name und seine Titulatur (siehe Vitrine XVI), die Rückseite zeigt eine Pyramide mit dem hebräischen Namen Jehova und seinem bevorzugt verwendeten Wahlspruch »Sursum deorsum«, eine Verkürzung von: »Ein Auge sieht gen Himmel auf, eins auf die Erd herunter. Also für Gott und Vaterland verbleib ich allzeit munter.«

7

1 Kleinod des englischen Hosenbandordens
Gold, Email, 23 Diamanten, 1 Rubin
Dresden, 1693-1694
H. (ohne Öse) 7,4 cm; VIII 263

2 Monogrammanhänger J G 4 C
Gold, Email
Dresden, dat. 1694
H. 9,9 cm; 1929/2

3 Kleinod des englischen Hosenbandordens
Gold, Email, 100 Diamanten, 12 Smaragde, 1 Rubin, Eisen
Dresden, nach 1669
H. 7,5 cm; VIII 264

4 Monogrammanhänger J G S mit Kette
Gold, Email, 295 Diamanten
Art des Abraham Schwedler
Dresden, um 1630
L. der Kette ca. 112 cm; VIII 281

5 Fußturnierpreis in Gestalt eines Ritterfigürchens
Gold, Email, 3 Diamanten
Abraham Schwedler
Dresden, 1630
H. (ohne Lanze) 4,9 cm; VI 81 k

6 Anhänger in Gestalt des heiligen Michael
Gold, Email, Brillanten, Rubine, Smaragde
2. Hälfte 17. Jahrhundert
VI 81 n

7 Monogrammanhänger M S mit Kette
Gold, Email, 112 Diamanten, Miniatur in Öl auf Gold unter Kristall
Fassung: Art des Abraham Schwedler
Miniatur: wohl Johann Fasolt oder Christoph Klein
Dresden, um 1620
H. 10,2 cm; VIII 283

14

8 Anhänger mit den Bildnissen des Kurfürstenpaares Magdalena Sibylla und Johann Georg I.
Gold, Email, Miniaturen in Öl auf Kupfer unter Kristall
Fassung: Abraham Schwedler
Miniaturen: wohl Johann Woltersdorf
Dresden, um 1637
H. 6,8 cm; 1926/5

9 Anhänger mit geflügeltem Herz
Gold, Email, 93 Diamanten
Anfang 17. Jahrhundert
H. 8,9 cm; VIII 288

10 Anhänger in Gestalt eines Hirsches
Gold, Email, 32 Diamanten
Deutschland, Anfang 17. Jahrhundert
H. 6,2 cm, B. 6,4 cm; VI 7 g

11 Gürtel
Gold, 25 Rubine
Mitte 17. Jahrhundert
VIII 246

12 Ring des Kurfürsten Johann Georg I.
Bergkristall, Gold
Abraham Schwedler
Dresden, um 1626
VIII 387

13

13 Spiegel mit rückseitiger Blumenmalerei
Gold, Email, Spiegelglas
wohl Süddeutschland, Mitte 17. Jahrhundert
H. 19 cm, B. 14,5 cm; III 51

14 Muschelförmiges Döschen auf Mohrenkopf
Gold, Email, Diamanten, Perlen
wohl Frankreich, 17. Jahrhundert
H. 5,5 cm; VI 7 u

15 Immerwährender Kalender für Kurfürst Johann Georg II.
Gold, Email, Diamanten, Pergament
wohl Süddeutschland, dat. 1657
H. 7,5 cm, B. 5,3 cm; VI 81 w

16 Kapsel in Buchform
Gold, Email
wohl Süddeutschland, Mitte 17. Jahrhundert
H. 10 cm, B. 6 cm; VI 81 o

XVI Die Bergmannsgarnitur des Kurfürsten Johann Georg II.

Die Bergmannsgarnitur entstand im Auftrag des Kurfürsten Johann Georg II. anläßlich der 1678 bevorstehenden Zusammenkunft mit seinen jüngeren Brüdern, den Herzögen August, Christian und Moritz, die in Weißenfels, Merseburg und Zeitz residierten, und deren Familien in der kurfürstlichen Residenz Dresden, bei welcher Gelegenheit das neue Schießhaus eingeweiht wurde. Bei einer der Festlichkeiten, beim Aufzug des Merkur »mit der Bergwercks-Invention«, zeigte sich der Kurfürst reitend »in einem Bergk-Habit, mit Golde reich ausgemachet, und das Bergk-Zeug, als Sebel, Parthe und andere Zubehör alles von Silber und andern embelliret, auch mit Landsteinen reich versetzet.« Tscherpermesser (Nr. 6) und Bergbarte (Nr. 9) tragen seinen Namen und seine Titulatur: J. G. D. A. H. Z. S. J. C. V. B. C.: Johann Georg der Andere (der Zweite), Herzog zu Sachsen, Jülich, Cleve und Berg, Churfürst; auf der Rückseite des Schaftes der Barte sind die Wappen der Länder und Herrschaften seines Kurfürstentums angebracht. Die Bergbarte, hervorgegangen aus einem wirklichen bergmännischen Arbeitsgerät, der Axt, im 17. Jahrhundert bereits ein Standesattribut der höheren Bergbeamten und Aktionäre des Bergbaus, der Fundgrübner, überliefert in zwei Schriftmedaillons am Fuß und in der Bodenplatte des Schaftes Grund und Zweck der Herstellung dieser Prunkgarnitur: »Das Silber zu disen werck gab durch Gottes Segen der St. Daniel zum Schneberg« und »Die Steine so auf disen Berghabit verhanden sind durch Gottes segen gefunden in disen Landen«. Silber und Steine aus landeseigener Produktion: der Kurfürst hätte nicht augenfälliger als mit der Bergmannsgarnitur die Herkunft des Wohlstandes in seinem Kurfürstentum und seine eigene Stellung als oberster Bergherr demonstrieren können, auch vor seinen Brüdern. Periodisch ist in Sachsen stets infolge von Krisenzeiten die Suche nach nutzbaren einheimischen Edelsteinen verstärkt betrieben worden. Durch die Revision des Oberlandbaumeisters Wolf Caspar von Klengel im Jahre 1659 waren die nach dem Dreißigjährigen Krieg in Vergessenheit geratenen sächsischen Edelsteinbrüche erneut in den Blickpunkt gerückt. Dem Freiberger Goldschmied standen an heimischen Steinen zur Verfügung: Bergkristall, Amethyst, Rauchquarz, Milchquarz und Granat. Optisch aufgebessert durch unterlegte Metallfolien sind sie als Akzente über alle Teile der Garnitur verstreut, deren vergoldete Silberteile dicht mit transluzid und opak buntemaillierten Silberranken bedeckt sind.

Im Mittelpunkt ihres Dekors stehen weißgrundige Emailmedaillons mit szenischen Darstellungen aller Arbeitsphasen der Silberproduktion unter und über Tage bis hin zu Einzeldarstellungen der sehr differenzierten Berufszweige und ihrer Tracht. So ist die Bergmannsgarnitur auch ein einmaliges kulturgeschichtliches Zeugnis zur Geschichte des Bergbaus im 17. Jahrhundert. Zwischen den Bildmedaillons sind ovale Schrifttäfelchen bergmännisch-frommen Inhalts angeordnet, die in volkstümlicher Ausdrucksweise die Bildfelder erläutern, vor allem aber von dem tiefen Gottvertrauen künden, dessen die in die Finsternis der Berge hinabsteigenden Männer in besonderem Maße bedurften: »Bergleite scheuen keine gefahr noch sterbens noth. Sie getrösten

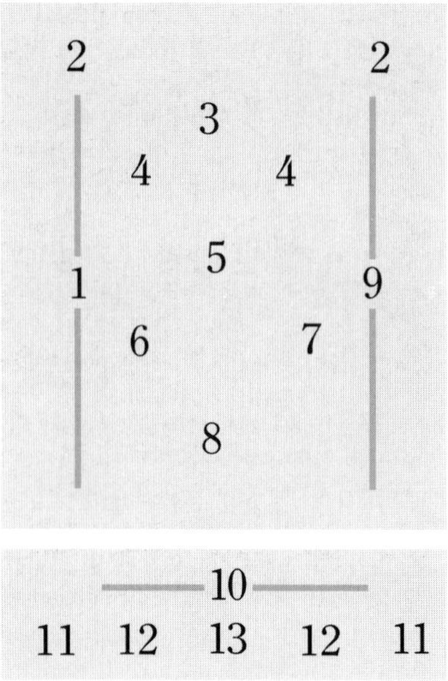

1

1 Säbel mit Jaspisgriff und Lederscheide
L. 80 cm; VIII 321

2 Zwei Teile aus dem Säbelgehenk
VIII 322

3 Schließe des Säbelgehenks
B. 11 cm; VIII 322

4 Zwei Zierschilder für die schwarzledernen Knieschützer
B. 6,5 cm; VIII 319

5 Hutzier
H. 16 cm, B. 11 cm; VIII 317

sich des HERRN JESU Schmertzlichen Creutz Todt. Dem thun sie Ihr Leib und Seel befehlen der Erlöst und behüet sie vor der höllen.«
Als 1719 zur großen Parade der Freiberger Bergleute beim Saturnfest August der Starke in einer seiner modischen Juwelengarnituren glänzte, dem Oberbergwerksdirektor Waldemar Freiherr von Loewendal aber verstattet oder anbefohlen war, die altväterliche Bergmannsgarnitur mit kurfürstlichen Insignien zur Schau zu tragen, war man sich ihrer aktuellen Bedeutung völlig bewußt. Sie stellte ein sichtbares Zeugnis für traditionell wohlbegründeten Reichtum dar und war zugleich eine Auszeichnung des gesamten bergmännischen Berufsstandes, der den Reichtum erzeugte.

Bergmannsgarnitur Johann Georgs II.
Silber, teilweise vergoldet, Email, Edelsteine, Eisen, Leder
Samuel Klemm
Freiberg, 1675-1677

4

5

7

6 Tscherpermesser mit Lederscheide
L. 19 cm; VIII 323

7 Grubenlampe mit Dochtkratzer
H. (ohne Haken) 11,5 cm; VIII 324

8 (Farbtafel 57)
Tscherpertasche
sign. »S. Klem«, dat. 1677
B. der Taschenklappe 17 cm; VIII 323

9 Bergbarte
sign. »S K«, dat. 1675, 1676
L. 90 cm; VIII 320

10 Hutschnur
L. 64 cm; VIII 318

11 Zwei Sporen
B. 4 cm; VIII 326

12 Zwei Schuhschnallen
B. 5 cm; VIII 325

13 2 Schieber oder Schlaufen und ein Besatzstück zum Säbelgehenk
B. d. Schiebers 4,3 cm; VIII 322

9/10

XVII Die Ordensvitrine

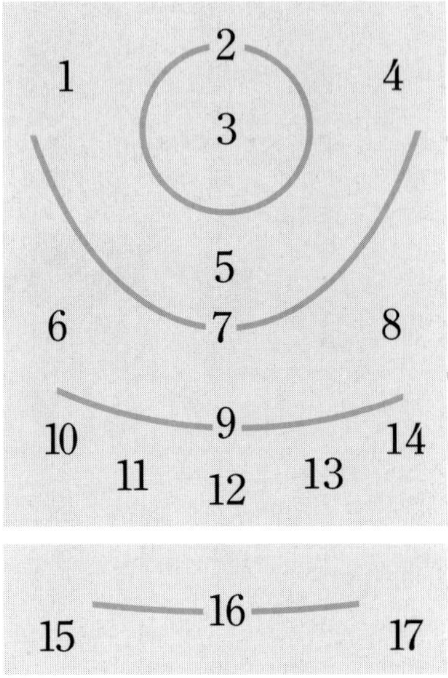

Mit einer Ausnahme sind in ihr Ordensdekorationen der sächsischen Könige Johann, genannt Philalethes (1801-1873), und seines Sohnes Albert (1828-1902) ausgestellt, die nach ihrem Tod aufgrund königlicher Anordnungen 1895 und 1903 dem Grünen Gewölbe übereignet wurden: der letzte größere bedeutende Zuwachs der Schatzkammer an Juwelen. Es handelt sich keineswegs um den kompletten Bestand von Orden, deren Inhaber die beiden Monarchen waren, da den Ordensstatuten entsprechend manche Dekorationen nach dem Tod ihrer Träger an die Ordenskanzleien zurückzuerstatten waren, wie beispielsweise das Goldene Vlies. Zudem ist es nur eine kleine Auswahl aus dem Vermächtnis, die unter rein ästhetischen Gesichtspunkten getroffen wurde und somit zwar hervorragende Werke der Juweliere und glänzende Leistungen von »Fabriken« für Orden im 19. Jahrhundert repräsentiert, nicht aber die Bedeutung der Könige. Bereits heute, nach nur einhundert Jahren, ist nicht mehr eindeutig zu belegen, welche Dekorationen König Johann, welche König Albert zuzuordnen sind, da beide in kurzer Zeitfolge ihre Besitzer waren, wie beispielsweise der gesamten kaiserlich russischen Orden (Nr. 6, 8), des Ordens des heiligen Ferdinand (Nr. 1, 10) und des Ordens der Ehrenlegion (Nr. 11). Mit Sicherheit trug König Johann die Kette vom Annunziatenorden (Nr. 9), den St. Alexander-Newski-Orden (Nr. 12) und den Orden des mexikanischen Adlers (Nr. 2, 3, 4), König Albert den Orden vom Goldenen Löwen (Nr. 5), den Guelphen-Orden (Nr. 13) und den Maha Chak-kri-Orden (Nr. 15, 16, 17). Durchweg sind es höchste Auszeichnungen europäischer und außereuropäischer Kaiser- und Königreiche an Mitglieder des wettinischen Königshauses, sowohl für Verdienste im zivilen als auch im militärischen Bereich. In zeitlichem Abstand zum althistorischen Juwelenbestand des Grünen Gewölbes stehend, schlagen sie dennoch eine auf dynastische Familientradition begründete Brücke zwischen ordensverwandten kurfürstlichen »Gesellschaften« im frühen 17. Jahrhundert (Vitrine X/3, XI/5), über Schmuckausführungen des Ordens vom Hosenband (Vitrine XV/1, 3), des Polnischen Weißen Adlers und des Goldenen Vlieses innerhalb der Juwelengarnituren des 18. Jahrhunderts bis hin zur Neuzeit.

Inmitten der jüngeren Orden befindet sich eine Kette des St. Andreas-Ordens aus dem 18. Jahrhundert (Nr. 7), der 1736 an König August III. verliehen wurde. Sie trägt die Initialen der Kaiserin Anna Iwanowna von Rußland (1730-1740), deren Politik entscheidend die Wahl Augusts III. anstelle von Stanislaus Leszczynski zum König in Polen beeinflußt hat.

3

6

1 Orden des heiligen Ferdinand, gestiftet 1800 von König Ferdinand IV. Königreich beider Sizilien
Bruststern
Silber, Gold, Email; bezeichnet: HALLEY 143 GIE VALOIS 143 PALAIS ROYAL
D. 7,6 cm; VIII 410 b

2, 3, 4 Orden des mexikanischen Adlers, gestiftet 1865 von Kaiser Maximilian 1. Kaiserreich Mexiko
Kette aus 30 Gliedern, Kleinod und Stern
Gold, Silber, z. T. vergoldet, Email, Smaragde, Rubine; der Stern bezeichnet: FABRIQUE D'ORDRES FRANÇAIS ET ETRANGERS LEMAITRE RUE COQUILLÈRE N° 40 PARIS
Kl.: H. 8,4 cm, St.: D. 9,3 cm; VIII 395

5 Hausorden vom Goldenen Löwen, gestiftet 1770 von Landgraf Friedrich II. Kurfürstentum Hessen
Kleinod
Gold
H. 5,6 cm; VIII 413

6, 7 St. Andreas-Orden, gestiftet 1698 von Zar Peter I. Kaiserreich Rußland
Kleinod
Gold, Email
Moskau, wohl 1846
H. 9,2 cm; VIII 397
Kette aus 20 Gliedern
Gold, Email
vor 1736
L. ca.110 cm; VIII 261

7

11

15

8 Orden vom Weißen Adler, 1831/1832 von Polen übernommen.
Kaiserreich Rußland
Kleinod
Gold, Email
St. Petersburg
H. 10,5 cm; VIII 399

9 Annunziatenorden, gestiftet 1360/1362 von Graf Amadeus VI. von Savoyen, 1861 durch König Victor Emanuel 1. zum ersten Orden Italiens erklärt.
Königreich Italien
Kette mit Kleinod
Gold
Kette: L. 53 cm; VIII 402

10 Siehe Nr. 1
Großes Kreuz
Gold, Email
H. 10,7 cm; VIII 410 a

11 Orden der Ehrenlegion, gestiftet 1802 von Kaiser Napoleon I.
Kaiserreich Frankreich
Großes Kreuz
Gold, Email
H. 11,7 cm; VIII 404 b

12 St. Alexander-Newski-Orden, gestiftet 1722 von Zar Peter I.
Kaiserreich Rußland
Kleinod
Gold, Email
St. Petersburg, um 1830-1840
H. 5,5 cm; VIII 407 a

13 Guelphen-Orden, gestiftet 1815 von Prinzregent Georg.
Königreich Hannover
Kommandeurkreuz mit Schwertern
Gold, Email
H. 13,3 cm; VIII 412 b

14 Siehe Nr. 9
Bruststern
Silber, z. T. vergoldet, Gold
D. 8 cm; VIII 402

15, 16, 17 Maha Chak-kri-Hausorden (Orden der großen Krone), gestiftet 1822 von König Chulah-Longkorn.
Königreich Siam
Halskleinod, Kette und Kleinod 2. Klasse in Gold
Gold, Silber, z. T. vergoldet, Email, Brillanten
H. 10 cm, L. ca. 51 cm, H. 8,9 cm; VIII 418

XVIII Die Kirschkernvitrine

Zu den vielbewunderten Werken der Schatzkammer gehört der geschnitzte Kirschkern (Nr. 1), der bis 1832 eine berühmte Attraktion der in diesem Jahr aufgelösten Kunstkammer darstellte. Auch die ihm beigeordneten, aus unterschiedlichen Materialien hergestellten Kleinstkunstwerke stammen größtenteils aus der Kunstkammer, in der es eine spezielle Rubrik für »Kirsch- und andere Kerne subtil geschnittene, auch andere subtile Sachen« gab, von denen sich nur ein Bruchteil erhalten hat.

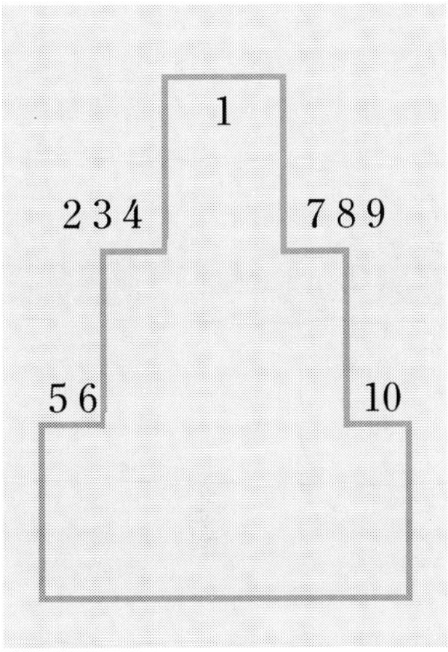

1 (Farbtafel 49)
Kirschkern mit 185 geschnitzten Köpfen
Gold, Email, Perle
Deutschland, vor 1587
H. 4,5 cm; VII 32 ee

2 Brustkreuz mit Kruzifix
Holz
wohl griechische Mönchsarbeit, vor 1677
5,4 x 2,7 cm; VII 32 x

3 Perle mit erotischen Szenen
Barockperle, Gold
Deutschland, vor 1725
L. 3,5 cm; VI 81 g

4 Pfirsichkern mit lachenden Orientalen
Ostasien, vor 1743
3,2 x 1,9 cm; VII 32 aa

5 Kruzifix
Knochen, Elfenbein, Holz
»Formschneider« Schlegel
Zschopau, vor 1827
H. 8,3 cm; VII 32 cc

6 Kästchen mit Pistolenbesteck
Eisen, Messing, Elfenbein, Perlmutter, Holz
Otto Vitzthum von Eckstädt
Dresden, 1853
6,4 x 4,3 cm; VII 32 kk

7 Kirschkern mit Porträt des Nikolaus von Loß
Elfenbein, Holz
Deutschland, Anfang 17. Jahrhundert
D. 2,5 cm; VII 32 gg

8 Kirschkern mit biblischen Szenen und Porträts
2 Perlen, vergoldetes Messing
Deutschland, um 1600
L. 7,1 cm; VII 32 ff

9 Kirschkern mit Wappen der Herren von Loß
Elfenbein, Holz
Deutschland, vor 1609
D. 4,3 cm; VII 32 dd

10 Gebetsnuß
Buchsbaumholz
Niederlande, Anfang 16. Jahrhundert
D. 5,2 cm; VII 32 hh

XIX Das Reiterstandbild des Königs August II.

Das Standbild wurde von Baron Raymond Leplat, dem Kunstintendanten Augusts des Starken, in Auftrag gegeben und zusammen mit anderen bestellten Bronzegüssen 1715 aus Paris geliefert. Vorbildlich wirkte auch hier König Ludwig XIV. von Frankreich. Sein Reiterbildnis im Prado zu Madrid ist das Modell der Dresdener Bronze; der Kopf wurde gegen das Bildnis König Augusts II. einfach ausgewechselt.
Die Kombination des Königs in der Kleidung eines römischen Imperators, die August der Starke auch als Krönungsornat wählte, mit vier kauernden Sklaven am Fuß des Sockels geht auf ältere Vorbilder zurück. Martin Raumschüssel gab darüber im Katalog der Ausstellung »Barock in Dresden« 1986 den Überblick aller wissenschaftlichen Beobachtungen und des damaligen Forschungsstandes. Der Sockel des Standbildes, 1945 verbrannt, wurde für die Ausstellung in Essen rekonstruiert. Die ebenfalls im Krieg zerstörte Marmorplatte mit umfangreicher Beschriftung, wie das Vorkriegsfoto zeigt, harrt noch der Wiederherstellung.
Während das große Vorbild, das Reiterstandbild König Ludwigs XIV., bis zur Französischen Revolution in Überlebensgröße auf der Place Vendôme in Paris stand, war das Reiterstandbild Augusts des Starken von vornherein in kleineren Ausmaßen zur Aufstellung im Innenraum gedacht, als sogenanntes Saalmonument.
Vielleicht endgültig erst 1733 wurde das Reitermonument in der Schatzkammer aufgestellt, in der gedrängten Fülle von Statuetten und Gruppen des Bronzenzimmers im Residenzschloß. So hat er wohl in der jetzigen Ausstellung im Albertinum einen ihm gebührenden Platz inmitten all seiner Reichtümer.

Reiterstandbild Augusts des Starken
Bronze, Marmorplatte, Holzpostament
Bronzeskulptur: Umkreis des François Girardon
Paris, vor 1715
H. der Reiterstatuette 105 cm; IX 67

Die Kurfürsten und Könige von Sachsen aus der Albertinischen Linie

Moritz
21.3.1521 – 11.7.1553
Herzog: 1541–1547
Kurfürst: 4.6. 1547–1553
Gemahlin: Agnes von Hessen (1527–1555), ∞ 1541

August
31.7.1526 – 11.2.1586
Kurfürst: 1553–1586
1. Gemahlin: Anna von Dänemark (1532–1585), ∞ 1548
2. Gemahlin Agnes Hedwig von Anhalt (1573–1616), ∞ 1586

Christian I.
29.10.1560 – 25.9.1591
Kurfürst: 1586–1591
Gemahlin: Sophia von Brandenburg (1568–1622), ∞ 1582

Christian II.
23.9.1583 – 23.6.1611
Kurfürst: 1591/1601–1611
Gemahlin: Hedwig von Dänemark (1581–1641), ∞ 1602

Johann Georg I.
5.3.1585 – 8.10.1656
Kurfürst: 1611–1656
1. Gemahlin: Sibylla Elisabeth von Württemberg (1584–1606), ∞ 1604
2. Gemahlin: Magdalena Sibylla von Brandenburg (1586–1659), ∞ 1607

Johann Georg II.
31.5.1613 – 22.8.1680
Kurfürst: 1656–1680
Gemahlin: Magdalena Sibylla von Brandenburg-Bayreuth (1612–1687), ∞ 1638

Johann Georg III.
20.6.1647 – 12.9.1691
Kurfürst: 1680–1691
Gemahlin: Anna Sophia von Dänemark (1647–1717), ∞ 1666

Diamantgarnitur, nicht ausgestellt (s. S. 245)

Johann Georg IV.
18.10.1668 – 27 4.1694
Kurfürst: 1691–1694
Gemahlin: Eleonore Erdmuthe Luise von Sachsen-Eisenach (1662–1696), ∞ 1692

Friedrich August I., der »Starke«
12.5.1670 – 1.2.1733
Kurfürst: 1694–1733
König von Polen: 1697–1704/06 als August II.
König von Polen: 1709–1733 als August II.
Gemahlin: Christiane Eberhardine von Brandenburg-Bayreuth (1671–1727), ∞ 1693

Friedrich August II.
17.10.1696 – 5.10.1763
Kurfürst: 1.2.1733–1763
König von Polen: 1733/34–1763 als August III.
Gemahlin: Maria Josepha von Österreich (1699–1757), ∞ 1719

Friedrich Christian
5.9.1722 – 17.12.1763
Kurfürst: 1763
Gemahlin: Maria Antonia von Bayern (1724–1780), ∞ 1747

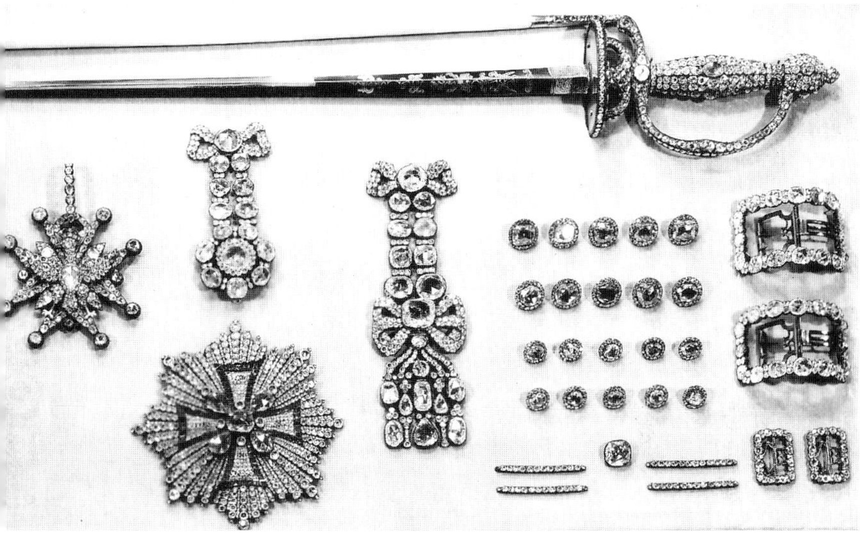

(Franz) Xaver
25.8.1730 – 21.6.1806
Administrator: 1763–1768
Gemahlin: Klara von Spinucci (1741–1792), ∞ 1765

Friedrich August III. (I.), der »Gerechte«
23.12.1750 - 5.5.1827
Kurfürst: 1763/68–1806
König von Sachsen: 1806–1813
Herzog von Warschau: 1806–1815
Kurfürst: 1813–1815
König von Sachsen: 1815–1827
Gemahlin: Amalie Auguste von Pfalz-Zweibrücken (1752–1828), ∞ 1769

Anton
27.12.1755 – 6.6.1836
König von Sachsen: 1827–1836
1. Gemahlin: Charlotte von Sardinien (1764-1782), ∞ 1781
2. Gemahlin: Theresia von Österreich (1767–1827), ∞ 1787

Friedrich August II.
18.5.1797 – 9.8.1854
Mitregent: 1830–1836
König von Sachsen: 1836–1854
1. Gemahlin: Carolina von Österreich (1801–1832), ∞ 1819
2. Gemahlin: Maria von Bayern (1805–1877), ∞ 1833

Johann
12.12.1801 – 29.10.1873
König von Sachsen: 1854–1873
Gemahlin: Amalie Auguste von Bayern (1801–1877), ∞1822

Albert
23.4.1828 – 19.6.1902
König von Sachsen: 1873–1902
Gemahlin: Carola von Wasa (1833–1907), ∞ 1853

Georg
8.8.1832 – 15.10.1904
König von Sachsen: 1902–1904
Gemahlin: Maria Anna von Portugal (1843–1884), ∞ 1859

Friedrich August III.
25.5.1865 - 18.2.1932
König von Sachsen: 1904–1918
Gemahlin: Luise von Toscana (1870–1947), ∞ 1891

Verzeichnis der Künstler, Kunsthandwerker und namhaften Werkstätten

Zusammengestellt und bearbeitet von Jutta Kappel
Kursiv erscheinen die Namen der nur erwähnten Künstler und Kunsthandwerker. In Klammern gesetzte Namen oder Buchstaben bezeichnen eine weitere, gebräuchliche Form der Schreibweise.

Literatur in Auswahl

Jean Louis Sponsel: Führer durch das Grüne Gewölbe. 2. Aufl., Dresden 1921
Jean Louis Sponsel: Das Grüne Gewölbe. 4 Bde., Leipzig 1925-1932
Erich Haenel/Walter Holzhausen: Führer durch das Grüne Gewölbe. 2. Aufl., Dresden 1937
Joachim Menzhausen: Das Grüne Gewölbe. Leipzig 1968
Gerhard Glaser: Das Grüne Gewölbe im Dresdener Schloß als Weiterentwicklung der barocken Architekturidee des Spiegelkabinetts. In: Jahrbuch der Staatlichen Kunstsammlungen Dresden, 12, 1980, S. 7-67
Sigfried Asche: Balthasar Permoser. Leben und Werk. Berlin 1978
Rudolf Distelberger: Beobachtungen zu den Steinschneidewerkstätten der Miseroni in Mailand und Prag. In: Jahrbuch der Kunsthistorischen Sammlungen in Wien, 74, 1978, S. 79-164
Anna Maria Giusti: Pietre Dure. Hardstone in Furniture and Decoration. London 1992
Yvonne Hackenbroch: Renaissance Jewellery. München 1979
Hans R. Hahnloser/Susanne Brugger-Koch: Corpus der Hartsteinschliffe des 12. bis 15. Jahrhunderts. Berlin 1985
Walter Holzhausen: Prachtgefäße, Geschmeide, Kabinettstücke. Goldschmiedekunst in Dresden. Tübingen 1966
Eva-Maria Hoyer: Sächsischer Serpentinstein. Ein Stein und seine Verwendung. Leipzig 1995
Werner Quellmalz: Die edlen Steine Sachsens. Leipzig 1990
Alfred Rohde: Bernstein. Berlin 1937
Albert Schröder: Leipziger Goldschmiede aus fünf Jahrhunderten (1350-1850). Leipzig 1935
Helmut Seling: Die Kunst der Augsburger Goldschmiede 1529-1868. 3 Bde., München 1980, Ergänzungsband, München 1994
Christian Theuerkauff: Die Bildwerke in Elfenbein des 16.-19. Jahrhunderts. Skulpturengalerie, Staatliche Museen Preußischer Kulturbesitz. Berlin 1986
Erna v. Watzdorf: Johann Melchior Dinglinger. 2 Bde., Berlin 1962
Wenzel Jamnitzer und die Nürnberger Goldschmiedekunst 1500-1700. Germanisches Nationalmuseum Nürnberg. München 1985

Fotonachweis

Die Farbaufnahmen führte Jürgen Karpinski aus. Ausgenommen davon ist die Farbaufnahme auf Seite 126, die von Christine und Günter Starke erstellt wurde.

Staatliche Kunstsammlungen Dresden, Archiv 11, 23, 26, 47, 60, 65, 89, 96, 104, 106, 107, 120, 144, 145, 147, 149, 248, 254, 256, 257, 269, 293, 295, 298, 307, 320, 322, 329

Staatliche Kunstsammlungen Dresden, Archiv Erna von Watzdorf 158, 162, 165, 166, 170, 180, 249, 261

Staatliche Kunstsammlungen Dresden, Pfauder 12, 38, 40, 41, 42, 47, 49, 50, 51, 52, 53, 55, 57, 60, 61, 65, 69, 71, 72, 92, 95, 96, 100, 112, 113, 138, 139, 140, 141, 143, 150, 153, 154, 163, 164, 165, 173, 175, 178, 184, 185, 188, 193, 194, 197, 198, 199, 203, 207, 213, 214, 215, 216, 234, 235, 236, 237, 239, 240, 241, 242, 249, 250, 255, 256, 257, 260, 266, 267, 268, 272, 291, 299, 301, 302, 309, 318

Staats- und Universitätsbibliothek – Sächsische Landesbibliothek Dresden Fotothek 8, 9, 10, 15, 16, 17, 18, 19, 20, 22, 24, 25, 39, 43, 46, 47, 48, 49, 50, 52, 53, 55, 56, 62, 66, 72, 90, 94, 97, 99, 114, 115, 116, 117, 120, 139, 144, 148, 151, 168, 177, 183, 186, 189, 211, 214, 215, 216, 235, 236, 242, 252, 253, 261, 267, 268, 271, 272, 294, 295, 297, 298, 317, 319, 322, 323

Klaus Beyer, Weimar 147

Jürgen Karpinski, Dresden 28, 38, 43, 45, 48, 53, 54, 56, 61, 64, 65, 67, 202, 205, 206, 209, 210, 211, 215, 311, 312, 313

Helmut Körner, Dresden 44, 95, 111, 141, 315

Dr. Werner Quellmalz, Dresden 260, 296

Christine und Günter Starke, Dresden 30, 34, 35, 102, 113, 114, 118, 119, 150, 156, 244, 262, 263, 264, 289, 291, 303, 304, 305, 306, 325, 326, 327